伦敦精神

伦敦市市长鲍里斯·约翰逊的伦敦生活指南
The Spirit of London

[英] 鲍里斯·约翰逊 著　何　虑 译

THE SPIRIT OF LONDON by BORIS JOHNSON
Copyrigh © 2011, 2012 by Boris Johnson
This edition arranged with A P Watt at united agents
through BIG APPLE AGENCY, LABUAN, MALAYSIA.
Simplified Chinese edition copyright:
2014 © The Shang Shu Culture Media Co., Ltd.
c/o Chongqing Publishing House
All rights reserved.

版贸核渝字（2014）第149号

图书在版编目（CIP）数据

伦敦精神：伦敦市市长鲍里斯·约翰逊的伦敦生活
指南 ／（英）约翰逊著；何虑译.— 重庆：重庆出版
社，2014.6
书名原文：The spirit of London
ISBN 978-7-229-08400-4

Ⅰ. ①伦… Ⅱ. ①约… ②何… Ⅲ. ①伦敦－概况
Ⅳ. ①K956.15

中国版本图书馆CIP数据核字（2014）第154138号

伦敦精神：伦敦市市长鲍里斯·约翰逊的伦敦生活指南
LUNDUN JINGSHEN: LUNDUNSHI SHIZHANG BAOLISI YUEHANXUN DE LUNDUN SHENGHUO ZHINAN

［英］鲍里斯·约翰逊 著
何 虑 译

出 版 人：罗小卫
责任编辑：肖化化
特约编辑：蒙 蒙
责任校对：刘 艳
装帧设计：钟 原

重庆出版集团 出版
重庆出版社

重庆长江二路205号 邮政编码：400016 http://www.cqph.com
重庆海阔特彩色数码分色有限公司制版
重庆市白合印刷厂印刷
（重庆市九龙坡区白桃路10号 邮编：400039）
重庆出版集团图书发行有限公司发行
E-MAIL: fxchu@cqph.com 邮购电话：（023）68809425

重庆出版社天猫旗舰店 直销
cqcbs.tmall.com
全国新华书店经销

开本：787mm×1092mm 1/16 印张：17.75 字数：250千
2014年10月第1版 2014年10月第1版第1次印刷
ISBN 978-7-229-08400-4
定价：38.00元

如有印装质量问题，请向本集团图书发行有限公司调换：（023）68706683

版权所有 侵权必究

目录

序 / 1
一场意外的胜利

第一章　　伦敦桥 / 17
通往城市的步伐

第二章　　布狄卡女王 / 23
她让罗马人前来投资

第三章　　哈德良皇帝 / 29
他把伦敦设立为首都

第四章　　伦敦桥（续）/ 36
一座孤桥的权力
供与求 / 坠落 / 资金缺口 / 获得收益 / 桥梁之战

第五章　　麦勒提斯 / 43
他带回了天主教，却遭到了驱逐

第六章　　阿尔弗雷德大帝 / 49
作为英国之王，他重建了伦敦

第七章　　威廉一世 / 60
他建造了伦敦塔

第八章　　杰弗里·乔叟 / 68
英语——当今非官方人类共同语言——的祖先

伦敦精神
伦敦市市长鲍里斯·约翰逊的伦敦生活指南

第九章 理查德·惠灵顿爵士 / 78
他不仅是世界上首位伟大的银行家,
也为慈善事业制订了高标准
@ 抽水马桶 / 87

第十章 威廉·莎士比亚 / 89
以及伦敦如何成为现代戏剧的先锋

第十一章 罗伯特·胡克 / 103
从未听说过的最伟大的发明家
@ 钦定本《圣经》/ 119

第十二章 塞缪尔·约翰逊 / 121
他给了这世界最温情的保守主义
@ 弓街追踪者 / 137

第十三章 约翰·威尔克斯 / 138
自由之父
@ 西装 / 160
@ 博·布鲁梅尔 / 162

第十四章 透纳 / 164
印象派绘画之父
@ 自行车 / 180

第十五章 莱昂内尔·罗斯柴尔德 / 182
他资助了帝国
@ 乒乓球 / 197

第十六章 佛罗伦斯·南丁格尔与玛丽·西亚尔 / 199
护士行业的先锋
@ 约瑟夫·巴扎尔杰特与伦敦下水道 / 215

目录
contents

第十七章　**W.T. 斯特德** /217
通俗新闻业的发明者
@《共产党宣言》／ 224
@ 地下铁 ／ 225
@ 红绿灯 ／ 227

第十八章　**温斯顿·丘吉尔** /228
他使世界免于暴政，并且是福利国家的无名的创始人
@ 老式伦敦红色双层巴士 ／ 245

第十九章　**凯斯·理查兹和滚石乐队** /247
他和米克·贾格尔先生给了这世界摇滚乐

第二十章　**米德兰大酒店** /261
重生的象征

后记 /271
莫·法拉

致谢 /277

献给玛丽娜（Marina）

序
一场意外的胜利

每个人都会有那么几次，觉得自己把事情搞砸了，觉得自己犯下了错误——或者正在犯错，甚至在有的时候，我们会发现自己再无回天之术。

2012年7月27日，星期五，大约傍晚九点半，我有了上述想法。

那会儿正是奥林匹克运动会的开幕仪式，我坐在斯特拉特福德体育场的政府官员专座上，玛丽娜[1]坐在我的左边，康沃尔公爵夫人（就是卡米拉[2]）坐在我的右边。在不远处的下排依次是女王陛下[3]，爱丁堡公爵[4]，威尔士亲王，首相夫人萨曼莎，国际奥委会主席雅克·罗格和贵为伯爵的罗格夫人，科爵士[5]和科夫人，米歇尔·奥巴马[6]，米特·罗姆尼[7]夫妇，还有来自世界各地134位国家领袖。

我们非常清楚，现在有数十亿人在关注着伦敦，我们的一举一动，哪怕是挠一下鼻子或者任何不雅的小动作，都会影响国家的荣誉。

我不否认，过度的紧张让我在超棒的VIP酒吧里泡了一会儿。但亲爱的读者们，我可以向你们保证，这依然无法压制我紧张的情绪。

我正在和卡米拉热情攀谈，无暇自顾。她本人的优秀程度完全符合她的铁杆粉丝的描述。她不厌其烦地帮我们伦敦做起了反强奸和反家庭暴力的宣传。她非常享受这样的场面，但我还是蜷身向前像只哈巴狗一样，同时试着去干点别的事情——辨认一些国家的国旗，或者讲解一下为什么这个环节有一点点法国味儿。当我想要挪动一下位置时，发觉这座椅还挺沉的（比十六个半石头还重）。这无疑是迄今为止最舒适的座椅，加软的白色坐垫是仿皮材质的，和运动场的其他地方一样美不胜收。但是，当我俯身向前再一次将其挪动时，座椅的支撑部分好像发生了扭曲，还发出了声响，然后……

---

1. 玛丽娜，鲍里斯·约翰逊的第二任妻子。（本书注释均由译者添加，下文不再注明。）
2. 卡米拉，威尔士亲王查尔斯的第二任妻子，她与查尔斯的婚姻受到了伊丽莎白二世的强烈反对。
3. 即伊丽莎白二世，现任英国女王。
4. 爱丁堡公爵，即菲利普亲王，英国女王伊丽莎白二世的丈夫。
5. 科爵士，2012年伦敦奥运会奥组委主席。
6. 米歇尔·奥巴马，美国第一夫人，美国总统贝拉克·奥巴马的妻子。
7. 米特·罗姆尼，2012年美国大选共和党提名候选人。

伦敦精神

伦敦市市长鲍里斯·约翰逊的伦敦生活指南

"哐当!"在为奥运会作了长达 7 年的准备之后,我右边屁股下面的某个东西"啪"的一声就断了。在这郁闷的一瞬间,我意识到,在我做完各种演讲以宣称我们是多么胸有成竹,把遇到的所有麻烦都一一化解,让大家相信这个国家的实力和效率之后,我把椅子坐断了!而我趴倒在地的样子,像极了一袋煤炭、一桶啤酒和摆在锡盘上的涂油乳猪。

我的脑袋更是直冲卡米拉的大腿而去。

在无可挽救的落地过程中,我觉得自己丢脸至极。我只好说我是喝醉了,这也是目前来看唯一成立的借口。

奥林匹克筹建局花费了 5 亿英镑的巨资来修建这个体育场,我不可能去责怪他们的品质。我想到了新闻头条,想到了那些不开化的反奥运报刊。主办城市的市长突然向前滑出了电视屏幕,我想,这就好比在拿破仑的战场上,一名士兵射错了目标。

一番挣扎之下我躲开了公爵夫人的膝盖,然后脸朝地趴倒在她面前,活像一只喘着粗气的猎狗;然而,在自己成为全球人民的嘲笑对象之前,在我准备好要将自己的身体抬起来的时候,我知道这并不是今晚的第一个悲剧。

我现在可以告诉你,我几乎错过了整场 VIP 庆祝典礼。有一部分原因是我们决定在上下班高峰期的时候,所有人都乘坐公交车从圣詹姆斯宫前往伦敦东部[1],而我们出发时的确预留了足够的时间。当中有坎特伯雷大主教,反对党领袖米利班德夫妇,大都会警察局局长和挂满各式勋章的三军将领,以及诸位重要大臣和代表。你可以想象任何一个大国的嘉宾清单。我们有伟大的基斯·米尔斯爵士,他是此次奥运会的无冕英雄,他在伦敦拿下奥运会的过程中功不可没。我们还有那么多位奥运会负责人,他们为了这一瞬间献出了这十年间最好的点子。就连我们的司机也是炉火纯青。可惜没有任何人向他说清楚,应该从 A12 的哪个出口下去。当然他最后还是开出去了,开到了一个我们说不清楚往哪儿走的地方。

此刻夜幕已经降临。我们迷路了。

我们发现自己在同一场反资本主义示威的人群旁经过了两次。我们看见安赛乐米塔尔轨道[2]的诡秘钢架朝我们缓缓靠近然后急速离开。我们似乎是在沿着一个直径越来越大的环路,围着伦敦东区作圆周运动。随着时间的推移变得越

---

1. 奥林匹克公园位于伦敦东部,这里是伦敦最贫穷、污染也最严重的地方。
2. 安赛乐米塔尔轨道,又被称为奥运塔,是英国最大的公共艺术建筑,凭借其尺寸和巧妙的外形成为了伦敦市的新地标建筑。因其酷似阿拉伯水烟,被鲍里斯称为"哈伯泡泡塔"。

序
一场意外的胜利

发明显的是，无论是基斯爵士还是司机抑或车上的其他人，无一能提出一个有效的解决办法，让我们能够一举进入奥运公园。一种恐慌却不失快感的情绪占据了我——这事的奇葩程度超越了阿尔曼多·伊安努奇和《二零一二》编剧的所有奇想[1]。

坦诚地说，当我们最终抵达——远迟于各路贵族的违约抵达——的时候，我的神经已处于高度紧绷状态。所以，当我匍匐在公爵夫人脚下时，一种极致的荒谬感再次油然而生。我拖着身体回到了专座，绷紧大腿呈半蹲状，避免让已经损坏的座位承受太大的重量。我环顾了一下四周，显然没人注意。

他们并未听到那断裂声。他们压根儿没发现我不见了。他们完全沉浸在丹尼·博伊尔[2]打造的盛大场面中。

* * *

开幕式很快就结束了，一位保守党议员在小声嘀咕，一派左翼的废话；尽管他不出所料地遭到了大家的严厉批评，但你仍能看出这些情绪为什么能被煽动起来。

打个比方，如果你是自费医疗的坚定拥护者，那么对NHS[3]肯定多有微词。但我着实不清楚玛丽·波平斯[4]为何会与伏地魔[5]厮打在一起。从一开始，丹尼·博伊尔就不得不与关乎他中心思想的沸沸扬扬的政治怀疑论相抗争。他尽量加入了一点沙文主义，多一点皇家部队的阅兵，多一些国王和女王。有的人（乃至于我）甚至建议他来一场军演秀，展示一下我们过去是如何战胜绝大部分应邀而来的国家的——比如脍炙人口的阿金库尔战役、重创无敌舰队、布莱尼姆战役、巴拉克拉瓦战役、罗克渡口战役、火烧华盛顿。

---

1. 阿尔曼多·伊安努奇，英国著名演员，曾获得多项大奖，代表作有政治喜剧《灵通人士》。此处提到的《二零一二》绝非灾难电影《2012》，而是指从奥运开幕式前500天开始播出的BBC情景喜剧，恶搞了伦敦对奥运会的组织，且获得了大量媒体的支持。
2. 丹尼·博伊尔，英国著名导演，凭借《贫民窟的百万富翁》夺得奥斯卡最佳导演奖。伦敦奥运会开幕式便是由他执导。
3. NHS，英国国家医疗服务体系的简称，该体系保障了英境内全民的免费医疗。但问题也接踵而至——每一位英境内的居民必须就近选择一名家庭医生，当家庭医生认为自己无法医治的时候，会将患者列入医院就诊名单中；患者也可以前往医院，但由于全民免费制度导致医院效率低下，基础医疗能力也良莠不齐，英国媒体经常报道有患者因为误诊或错过良机而不治身亡。
4. 玛丽·波平斯，迪士尼经典电影《欢乐满人间》的女主角。
5. 伏地魔，《哈利·波特》中的大反派。

伦敦精神
伦敦市市长鲍里斯·约翰逊的伦敦生活指南

我只能说，感谢科爵士，感谢他让丹尼·博伊尔可以独自做他想做的事情了。

我其实没怎么哭，起码没有旁边那人哭得厉害。但是，等到那演员读了5分钟的叙事诗之后，我开始像个小孩子那样号啕大哭起来。演出场景一开始是英国的田园风光——灌木篱墙，贝克里郡的人民，穿着罩衫在踢老式足球的小伙子们，还有那些在格拉斯顿伯里突岩[1]的阴影下心满意足地吃着草的家畜。接着那些巨大的黑色烟囱就像电影特效那样（他们究竟是怎么做出来的呢？），从这片无忧无虑的乐土逆冲上天。然后，画面一变，我们看到英国为了锻造五环标志，渐渐成为了工业魔都。最后，坦白地说，你会因为沉醉于那些美妙的音乐和戏剧而慢慢地从自己的椅子上滑下来。

那些看了开幕式的孩子们，这个故事在他们的余生中会留下深深的印记，它虽然简单但在本质上是正确的：大英帝国的崛起，是经过农业社会，接着经过工业革命，再向以通信和互联网为标志的后工业时代发展而来。在这场演出中，每个时代都以英国作家们、音乐家们、科学家们以及诗人们的成就呈现在观众面前。同时，讲述移民群体的故事也备受欢迎，因为它是世界性的。整个故事以这样的叙事方式来表达非常通俗，它讲述了近一千年来人类的发展。当然，这场演出也充满着爱国色彩。所以，让我对那些咆哮着的左派人士说，别吹牛了！伙计！

我们有温斯顿·丘吉尔、红箭飞机[2]、詹姆斯·邦德以及从直升飞机上跳下来的英女王陛下，这一切都是以一首《伊顿船歌》[3]开始的。让你最为动容而感到庄严的，莫过于这些情节了。

对，我们没有花费与安保预算一样的费用去做开幕烟火，我不认为我们会因为这点儿小爆竹就少给了世界人民些什么。这是一场史诗性的展示，每个演员都带着战斗的疲劳神情。当不屈不挠的保罗·麦卡特尼[4]在现代版的《欢乐颂》，也就是《嘿，朱迪》"啦啦啦"的高潮部分，仍然带领着人群向前时，我们都涌出VIP休息室去看是怎么回事。随后，我们都下意识地彼此恭贺这场成功的演出。但是，尽管我们都没说，相信所有人都会疑惑："嘿，这是什么？这真的就如它看起来的那么好吗？"

第二天早上，我们应邀去给女王陛下展示从安赛乐米塔尔轨道塔最高层看下来的景色。因为早到了，我便自己在草地旁的那段小路徘徊了一会儿。

十年前，这里是一片被后工业时代摧毁的废墟。一片堆满了废弃电冰箱以

---

1. 格拉斯顿伯里突岩，英国小城镇萨默塞特一个村庄的景点。
2. 红箭飞机，固定翼涵道飞机。
3. 《伊顿船歌》，伊顿公学校歌。
4. 保罗·麦卡特尼，披头士乐队成员，大英帝国最高骑士勋章拥有者。

序
一场意外的胜利

及废车空架子的荒野，从中还会流出下水道污水和电池硫酸混合的工业废水。而现在，这里俨然是一个水滨天堂了，有着矢车菊、牛舌草和许多英国特有的野花。这些花草都在六月开始种植，好让它们于七月末盛开。这一切的准备功夫，不仅仅包含着工作人员的心思，更多的是他们的爱心。

正当我如此诗意地漫步其中时，我发现大家正在桥上看着我。

"噢，鲍里斯，"他们喊着我的名字，"那开幕式太棒了！"

而我只能尽量让自己看起来轻松平常一些，仿佛这一切根本与我无关（在某种程度上，确实与我无关）。

"太美妙了！"有人赞美道。这种结论或多或少就像人们一开始给予事物评价那样，完全没有带任何的怀疑。在参观完轨道塔之后，我们带着拉克希米·米塔尔[1]和乌沙·米塔尔去了世界上最大的麦当劳——单单去看世界首富在买一个麦旋风的时候，给了那印度裔的女服务员50英镑的小费，以及她那不可置信的表情都值了。

当我们排队的时候，我试着去注意人们在议论什么。他们貌似喜欢乐高乐园的整体气氛以及它那个表面是多彩斑点的海绵底运动场。他们觉得体育馆看起来是一流的，也没有人抱怨那条奇怪的"围巾"——使人眩晕的白色三角形塑料饰带，那是由陶氏化学公司提供的。他们也喜欢轨道塔的设计，非常希望能够到塔上一游。所有人都对这个开幕式赞不绝口。

于是，我开始奢望，所有事情在开幕式之后都可以顺利完成。

* * *

总是有一个虚构事实在事前被媒体不断鼓吹：事情永远都是注定成功的，让事情不能顺利进行的危险也不会发生。

好吧，我只能说，这也不是意味着会有什么不顺利的事情会发生，也不是如一些记者在开幕式之前预言的那样糟糕。据说，一家受欢迎的家庭报纸的著名编辑，在开幕式前就以刻薄的态度去报道。"大家来瞧瞧，"他说，"这准是又一场灾难，我希望你们就以这氛围去报道它！我要去度假了！"

他的话也是代表着那些讨厌奥运会（和残奥会）的人所说的，自从2005年伦敦获得举办权开始。

他们反对奥运会准备前后所需的花费，在戈登·布朗[2]允许预算提升到93

---

1. 拉克希米·米塔尔，英国富豪，国际钢铁业巨头阿赛洛·米塔尔钢铁公司老总。
2. 戈登·布朗，英国前首相和财政大臣。

伦敦精神
伦敦市市长鲍里斯·约翰逊的伦敦生活指南

亿英镑之后，便更加对其嗤之以鼻了。这些反对者当中有一个——当然也是一位清高的"同道中人"曾经问我：为什么我们不将这些钱花在其他有用的地方，例如核导弹。

有些人是不满意奥组委嘉许托尼·布莱尔[1]、泰莎·乔维尔[2]，还有肯·利文斯通[3]这些工党人士对伦敦奥运会成功举办的贡献。他们也不能忍受伦敦臣服于这种超国家的体育官僚之下，他们更愤激于在拥挤的马路上开辟一条专用车道，让那车窗上涂满颜色的奥运会豪华轿车从其中驶过，步行着的人们一不小心便可能被溅上一身泥泞。

他们对已公布的2012年奥运会吉祥物文洛克和曼德维尔感到畏惧，并表示，这两只吉祥物庞大的外表，会让小孩子们做噩梦。在东伦敦，甚至有以鼓动大量纳税人为目标的行动小组，声称这次举办奥运会唯一带来的进步，就是让风景名胜杀杀毒和进一步净化而已。他们更认为伦敦奥组委的行动，表现出权力运用上的不明智。这个行动小组曾声称，美国放置铁血战士——无人驾驶飞机于五角大楼楼顶上方。另外，一个叫"反核弹南伦敦"的组织，激起了葛林汉康蒙[4]的女性精神。

离奥运会开幕的日子越来越近，新闻报道的氛围也变得越来越消极。在4月份，《星期日泰晤士报》就告知《纽约时报》的读者，整个英国社会都充满着抵制外来者的情绪。"我们表示我们是非常讨厌奥运会的！"

《明镜周刊》驻伦敦记者预言，这个城市已经渐渐迎来一次奥林匹克型灾难。伦敦和奥运会根本上从来不适合对方，也不是为对方而设的。大部分游客需要决心以及耐心才能到达场馆。至于当地人，他们会想这几十天的奥运会为什么不能快点结束。

这些冲击性的言论带来的问题就是，这一段时间内，它们看起来都是对的。在那段对奥运会举办报以怀疑的时期内，我们没有一个人否定他们的说法，起码在公共言论方面。我们自信地谈论"开幕前的不安骚动症"，又坚信，伦敦没有理由不比先前那些主办城市准备得更好。就是这样。

这是千真万确的。同时，我们确实又存在对三种问题的顾虑——交通、安全以及天气，至少在我心里面，这几方面的忧虑确实存在。

到了下一年，也就是2013年，伦敦的地下铁路网就会迎来它的150岁。这

---

1. 托尼·布莱尔，英国前首相。
2. 泰莎·乔维尔，2012年伦敦奥运事务大臣。
3. 肯·利文斯通，英国前议员，工党人士。
4. 葛林汉康蒙，妇女反对核武的和平营模式。

序
一场意外的胜利

是世界上最古老的地下铁路网，而它正在进行耗资巨大的大型升级工程。在每天成千上万的伦敦市民仍然使用它的时候，将会有新的地铁、轨道以及信号传输模式安装进来，这就像一个正在进行心脏手术的病人竟然还在打壁球那样。多年来，我们知道朱比利线[1]的升级工程——使其承载量上升30%——是为伦敦奥运会而进行的。我们要安装全新的信号输送去运行这个地铁系统，这样可以让更多人去到斯特拉特福德站[2]。然而，更换系统的过程以及新系统初次使用时遇到的小问题，会在行人过往时引发意外。

会有少数人不小心掉进火车的底部，或系统有可能发生短路，或相关硬件不及格，于是我们不得不一次又一次地让上百人步行穿过幽暗隧道逃生来解决事故。这些看起来莫名其妙的失败，我们都没有办法去避免它们的发生。

"是不是会有一些方法，能让这些事故避免在奥运会期间发生呢？"我记得这样问过自己。当然，我还记得，当我发现这个问题的答案是否定的时候，那种从心里发出的恐惧和悲哀。

接着，日子渐渐地过去，问题终于在"奥运大家庭"搭乘飞机在希斯罗机场降落时暴露出来了。高速公路局怀疑设在波士顿马诺的M4[3]的适当性。尽管一些管道工程师对高架铁路已经做好了最后一刻的检查——并确信这些管道非常坚固。结果，他们说，这里要封路，直到可以进行维修为止。

封路！这条负责让成千上万运动员、记者、外交官和官员们从希斯罗机场到伦敦市中心的主干道要封路了。我们用了7年的时间去检查这条道路的承载量，我们从7年前就知道它是奥运道路网的关键部分，而现在，他们竟然决定要关闭它。

接着，巴士司机开始罢工。针对在奥运会期间需要承担的责任，他们要求增加额外的薪水。接着，出租车司机也开始罢工，对所谓的专用车道进行抗议。我对这些出租车司机表示同情，他们的生计确实被奥运会搅和糟了。当然，我们也尽力在帮助他们。但是，我不敢相信，他们真的在国家举行这项盛事的时候，在全世界人民都关注着伦敦的时候，故意去让交通陷入瘫痪。

我站在办公室俯视塔桥[4]，看着那龟裂状的黑色出租车葬礼车队，完全是它们造成的交通全方位阻塞。我非常生气，只希望自己当时活在一个集权主义国家里，我们就可以用坦克发疯一样地撞开它们。另一边已经有报告说伦敦西区

---

1. 朱比利线，游伦敦地铁专线。
2. 斯特拉特福德站，申奥专用列车站，此专列把伦敦市中心与2012年各个奥运场馆连接在一起。
3. M4，伦敦特有的高速公路。
4. 塔桥，英国伦敦泰晤士河上两端各有一塔的桥。

伦敦精神
伦敦市市长鲍里斯·约翰逊的伦敦生活指南

有延误了，我们也只能自己顶住那些来自奥运会高层的投诉。

对，看来我们要为这交通付出昂贵的账单了，而它也成为了 2012 伦敦奥运的最大危机。

不过，那是在我们听到关于 G4S[1] 的安保问题之前的事。很多人对交通厅厅长皮特·亨迪的精明有着高度评价。在之前，他便发现了这个问题。圣诞节前后，伦敦组委会已经决定把 G4S 的安保人员增加到 14000 人，皮特对此持怀疑态度。他说：" 在这种时期，我不明白为什么他们只雇用这么少的人。" 我记得他的话。然而，G4S 决不妥协。没问题的，G4S 回应，他们可以控制好所有发生的事情。他们甚至声称，如果澳大利亚也在同时举行奥运会，他们都可以兼顾到。所以，当三个星期之后，我们发现搜索区域人手短缺时，问题终于暴露出来了。公平地说，我们也是大吃一惊的。

日复一日，我们开始了在哥普拉召开的奥林匹克内阁会议，并受到那些来自英国内政部的精英人物的批评。那儿大概有 3000，或 4000，甚至 5000 个示威者。G4S 不知道这些人是从哪里冒出来的。他们可能参加过外籍军团，可能在康沃尔郡的网渔船上工作，也可能是阿克普尔科的快餐厨师。

然而，G4S 没有任何联系他们的方法，我们也没有他们的电话号码，我们唯一的希望，就是请求更多的军事人员来防备。

有一个问题是比隧道、交通和这些无用的安保更加值得担心的，对于这个问题，每个人都束手无策。它就是，下雨天。

几乎全国上下都在狂欢庆祝 60 周年纪念。这是国民对女王陛下 60 年统治的忠诚与感激的非凡展示。其中，最重要的活动就是大河欢庆典礼。有着 300 年历史的平底船比赛，那宏伟盛大的整体场面——几百艘船，各自有着不同的形状和大小，把泰晤士河点缀得就像一幅现代的卡纳莱托[2]作品。但是，这一切也没能使那天看起来百分之百的完美。如果一直是晴天的话，那肯定会更加壮观。这凉爽的六月天其实不是什么好天气。

泰晤士河的两旁依然挤满人群——大概有 100 万人吧，这是我平生里亲眼目睹过的人数最多的聚会了。但是，在下午五点左右，大家开始感觉非常湿冷。当小型船队到达塔桥时，雨便开始以四十五度角倾斜着扑向我们，那是一种像银镖刺在身上的疼痛感。乐队继续演奏，唱诗班的人继续歌唱，尽管雨水已经滴到他们的鼻子上。因为云层确实太低了，飞行表演不得不取消。第二天，《卫报》（公认对皇室不怎么恭敬的报纸媒体）的头条也非常不厚道，自由主义的

---

1. G4S，英国上市的国际保安公司。
2. 卡纳莱托，意大利风景画家。

序
一场意外的胜利

左派组织则公开声明："这是一场对皇室的冲刷！"另外，90岁高龄却依然站得挺直的公爵陛下，因为全程参加，第二天被送进医院观察去了。

一些关于开幕式当晚可能会发生的问题：隧道发生事故，交通局部阻塞，肯定还有些人遭遇难以在VIP室找到自己座位的尴尬，我们都可以不去将其作为谈资。但是，我们真的不能避免讨论的是，那可能持续而寒冷的倾盆大雨。

4年多前，政府决定只建造一个没有顶棚的奥林匹克体育馆以节省费用。所以，在下雨的时候，只有30%的观众可以避雨，而70%的观众或多或少地都会被淋湿。当然，如果与一年中94%的时间都在下雨的罗马相比，这看起来还算是个合情合理的冒险。

然而，如今气象局的预测实在太糟糕了，英国广播电视台则预测当晚会下雨，但是，有人说这样的预测依然太过于乐观了。皮尔斯·柯伯恩[1]，因其天气预测比英国气象局更准确而出名。数年前，他对寒冷雨雪天气的准确预测，让我也成为了他的粉丝，并且订阅了他的定期邮件。他给出了令人恐慌的预测，他表示在7月27日晚上将会形成巨大的洪水泛滥，并且有伴着雷暴的倾盆大雨。

瞧！这是开幕式后第一天的早上，开幕式明显比预期的要成功一些。交通处理好了，也没有炸弹恐慌，更重要的是，几乎没有下过一滴雨。只有一个小时前出现的苏格兰雾，除此之外，别无其他。

在开头的几天，我们仍然在希望和担忧中徘徊，当然还伴随着一些媒体"竭尽全力"去施加压力的报道，比如一个关于G4S的保安因炸弹恶作剧而被捕，以及对一些票贩子的持续报道。但是，真正令我们受到威胁的是"空位丑闻"——一种在奥运会常见的现象。镜头一转，观众就会看到那些奥组委成员或者其他官员的位子空着的画面，那些买不到票的人难免会陷入一种可以理解的愤怒。

我们设法去解决这些"空位丑闻"，主要方法是让海陆空三军人员去坐在那些空位上。那时，伦敦被渲染成了一个"鬼镇"——在我们的旅游警告发布之后，伦敦旅游业陷入了困境；包括我在电视上做的一些非常合理的公告，鼓励伦敦人计划他们的旅行——据说，这吓跑了不少伦敦人。

后来，我听说，场馆直播站也没有出现过人满为患的景象——那是我们设立在海德公园和维多利亚公园的特别观众区。那么，大家究竟去哪儿了？

我将自己的疑惑告诉了奥运顾问尼尔·科尔曼："这就像我们给世界人民提供了一个最大的盛会，但是没有人出现。"

"别担心，"他说，"奥运会开始那几天都这样，会慢慢好起来的。"

---

1. 皮尔斯·柯伯恩，英国广播公司著名天气预报员。

伦敦精神

伦敦市市长鲍里斯·约翰逊的伦敦生活指南

为了让维多利亚公园的现场直播区招徕更多的游客，我亲自到那儿去，并表演了一次高空飞索。在奥运会准备期间，我就坚持我们必须在公园里举办一些高空飞索的活动，尽管尼尔说，从他的经验来看，如温哥华那次冬运会，这样的活动与它带来的价值相比，更多的是麻烦。现在，对于这个放手一搏的决定，我感到光荣。

到达维多利亚公园之后，我找来一名刚刚做完检查的保健与安全部门的工作人员，那一刻我稍微感到有点忐忑。因为他们提议，我应该是第一个上去的。

"你确定不要试一下吗？"我问其中一个看起来像是试过高空飞索的同事。

"不，不，"他谦虚地说，"我们不想浪费你的菲林。"

这玩意儿比我想象的更高更吓人，但是没办法了。挥了几下塑料的英国国旗之后，我便从塔上倾斜而下。瞬间，我发现自己已经旋转到不知道要往哪里去了。我在公园人群的头顶上拍照，接着，我在离地面还有大概30英尺的高空停了下来。一大群人在我的下方，他们在想，这不是计划的其中一部分。我尝试以叫嚣着我们的队伍是如何打败法国和澳大利亚的方式来娱乐他们，他们也享受着我的欢呼。然而，貌似没有任何办法让我降落。

我的降落伞背带开始磨损，尤其是腹股沟的部分。

"有没有阶梯？"我问道。

没有梯子。最后，我看见了我的特殊私人保安，一个叫卡尔的小伙子。他本来要保护托尼·布莱尔的，此时抽出身来，把我从这个尴尬的窘况之中拯救出来。

"卡尔，"我说，"你可以做点什么呢？"

他慢慢地从小胸袋中拿出他的手机，仔细对焦，给摇摇晃晃的我拍了一张照片。这次唯一感到不错的就是，我们还是给群众完成了一次高空飞索。

事实上，没有任何东西让事情真正有起色，直到我们开始赢得金牌。而金牌的缓慢到来是多么令人着急。单车手马克·卡文迪什在周六并没有在他的第一个公路赛中赢得金牌，尽管每个人都告诉我们这只是一个证书，不必太在乎。之后，我们在游泳比赛项目中也没有取得预想中的成绩，尽管贝卡·阿德林顿出色地完成了比赛，但她没能像2008年奥运会那样取得金牌。

我们似乎在奖牌榜上远离法国和澳大利亚。事实上，我们跌落到第十，甚至第十二。法国总统弗朗索瓦·奥朗德还跑过来说了些自鸣得意的话，他说英国人为得奖的法国运动员铺上红地毯的那一刻，是多么令人愉悦。

接着，在第一周进行到一半时，布拉德利·威金斯终于在自行车计时赛中赢得了金牌，你可以感受到，有一种令人振奋的情绪在群众中蔓延开来了。

每个人都被比赛所震撼了，甚至是那些迄今也没有对运动提起真正兴趣的人。那些有幸进入其中一个场馆的人，都在描述他们一生中最美妙的时光。塞巴·

序
一场意外的胜利

柯伊、保罗·戴顿和别的一些伦敦组委会的人，因此而备受称赞。

很多事情开始从心理上控制你，并使你前进。当你走进奥林匹克公园以及其他场馆的时候，你会被那些穿着粉红色和洋红色服装的志愿者热烈欢迎，有些人还挥舞着他们粉红色的手。他们可能呼喊着欢快的口号，甚至有些人会唱着他们自己的小调。而当你找到自己的位置时，你并不只是单单坐在那里。你会被充满活力的主持人慢慢诱导进一种活跃的氛围里。运动比赛进行时有着节拍强烈的音乐伴奏，赛事进行到一些比较沉闷的部分时则会组织玩人浪——这经常是由年轻的皇室夫妇凯特和威廉所带领的，他们似乎无处不在。然后在皇后乐队的《将你震撼》的播放中，大家响起整齐的拍掌声，所有人拍打着他们的膝盖，举起他们的手像阿兹特克[1]的太阳崇拜者一样。

如果这都没有打破你内心的小压抑，你便可能会被邀请去演奏小队鼓，在几万人面前跳舞——实际上是大群来自全世界的观众，你还可能被要求在大屏幕前亲吻你旁边的人，无论男还是女，朋友或者陌生人。

这是一个任何人都想参加进去的一场盛典。在某些带有热烈气氛的场合下，你会允许失去理智，这也是你一生只会经历一次的城市蜕变，这不会再次发生。伦敦组委会已经安排好了那些令人惊讶的场景。试想你是英国皇家骑兵卫队的一员，而你正在观看沙滩排球。大家坦诚一点吧，很多人在此之前都从没看过这个比赛——我不会告诉你规则或者究竟每队有多少个队员。但是，我们就在这儿，周围是古老的海事法庭，唐宁街以及十八世纪波特兰石的建筑，而在这之间，竟然传来了好像球拍进了来自科帕卡巴沙滩[2]沙坑的声音，当然还有半裸的人们在沙滩上翻滚的情景。

每个场景都值得一看，但是这些特别的感觉来自一切事物的融合与对比。这让我深感伦敦奥运的与众不同，新与旧的融合是伦敦特质的所在：这个城市从来没有止步，这里古老的建筑群貌似暗地里需要那些闪闪发光的现代化的新邻居和新点缀。古老与现代的建筑相互亲近，为彼此增添了魅力。

当你去到格林威治公园，看着在雷恩医院前那些马向着天空弓背跃起，那些马儿随着范·海伦乐队的名曲《跳跃》也跳了起来。当奥运会的第一周进入尾声而开始进行田径项目比赛时，我们便发现这体育馆的设计是一流的。甚至还在早上时，这里就充满了人文气息，大部分运动员都说他们从来没有听过像这样的鼓乐之声。

随着这种心理状况和这种环境的变化，大多数人开始准备自娱自乐了，运

---

1. 阿兹特克，14~16世纪墨西哥古文明。
2. 科帕卡巴沙滩，巴西里约热内卢的著名沙滩。

伦敦精神
伦敦市市长鲍里斯·约翰逊的伦敦生活指南

动员们也开始赢得比赛。

第一块金牌是由女子桨手海特·斯坦宁和海伦·格拉芙获得的。接着是布拉德利·威金斯。然后来自多赛特的农家小子在射击中获胜。接着，貌似已经没有什么大英帝国队伍不能获胜的项目了。我们不仅在一些需要加强装备的项目如单车、骑马和划船——同时也是一些全都是坐着完成的项目中取胜，英国的运动员更赢得跑步和跳跃项目的比赛——这是一些并不需要昂贵器材的运动项目。这些项目也是英国运动员代表着的世界上七十亿人口最好的表现纪录，甚至更好。

毫无疑问也是这种爱国情怀——个人奋斗与成就及其对大集体的承诺，让大家陷入狂热的欢乐。在体育馆、奥林匹克自行车馆、水上运动中心，人们的加油声就像一个爆炸气浪或者声波飞镖一样，可以帮助英国运动员跑得比其他人要快。在伊顿多尼赛艇中心，看赛事的欢呼声就像最后审判日的号声一样响亮无比。

观众们开始投身于这些赛事之中。在赛事的最后一刻，无论赢还是输，不单单只有运动员流下他们的眼泪了。有时候，甚至是英国广播公司的播音员，都会激动得用颤抖的声音播音。有时候，大部分听众的激动如潮水一般汹涌。谁说英国人是没有情绪的人，这时已经成为一种情绪的泛滥。

不久，观众不仅限于对英国运动员，而是对所有参赛者都充满了激情。不断有掌声送给那些富有运动精神的行为，那些从挫折中回归过来的人。我们为来自法国、澳大利亚的运动员欢呼，甚至当人们发现米特·罗姆尼的老婆部分拥有一只在花式骑马中表现良好的马之后，他们也以欢呼声欢迎他（之前，他对伦敦的备战状态发表了轻率言论，曾惹人讨厌）。一种欢快的气氛控制了整个国民情绪，就像我们往他们头上撒了内啡肽[1]一样，又或者是在泰晤士河水里加了血清素[2]。这种气氛从人们在电视里看到场馆的情况而播撒开来。

遍布全国各地城镇和农村的邮筒被涂成黄金色，以庆祝运动员们的凯旋。在四年的经济低迷期之后，尤其是暴动使伦敦和其他城市被捣乱一番的那一年之后，今天，仿佛有一种神秘的幸福感突然降临在这个国家。社会学家或人类学家都能告诉你接下来会发生什么，这种感觉像是一种良性的精神传播。戴安娜王妃死后，整个英国都蔓延着一丝丝的伤感和悲痛，但是这一次，蔓延着的这种情绪是积极的。

---

1. 内啡肽，化学激素，它能与吗啡受体结合，产生跟吗啡、鸦片剂一样的止痛效果和欢快感。
2. 血清素，会影响人的胃口、内驱力（食欲、睡眠、性）以及情绪，高血清素会引起亢奋情绪。

序
一场意外的胜利

人们突然开始讨论隧道问题了——并且没有人认为他们是疯狂的。一个女人向一个市政厅官员直接问道:"我想知道我可以写信给谁,去感谢他带来的这一切。"总而言之,这显然成为一头突然出现在我们眼前的怪兽一样,而且它远远比我们想象中的庞大。

那些我们以为会出问题的节点并没有出问题。交通系统运作顺利。更多的人租用克巴莱[1]的自行车。在高峰期,缆车可以承载超过 100 万人去游览东伦敦,游客中还有阿诺德·施瓦辛格,他觉得坎宁镇的风景非常好。地铁以稳定的效率每天承载着大约 450 万人。同时,朱比利线也运行得很好。事实上,奥林匹克大家庭的成员们也弃用了他们的专用车道,与我们使用着相同的公共交通设施。

运动员在其他乘客前亮出了他们的奖牌。人们看见卢旺达国家队的运动员出现在一个巴士站。当大卫·卡梅伦乘车进入隧道,一个群众感谢他为交通运行得更通畅作出的贡献。组委会主席雅克·罗格搭上了码头区的轻便铁路并表示赞赏。伦敦的交通运输让每一个运动员、政客、官僚和记者都按时到达了他们要前往的目的地。

G4S 已经使我们受到一次惊吓了,于是其高层开始陆续出现。成千上万的军事人员策划了精良的保安系统,他们所有人——包括警察的高效工作,让我没有听到任何被严重延误进入场馆的事情。

至于天气,它来了一个 180 度的转变,超过两个星期的时间里,天气都非常好,可能有时候有一些阴霾,但是对开游园会来说是十分适合的。于是,游客并没有全部逃离伦敦,他们可以比前些年停留更久。犯罪率也下降了 5%。

那些应该顺利进行的事情也惊人地顺利完成了。这让英国国家队的运动员状态很好,身心也非常健康。很多评论者提出了谦虚和工作道德之间的冲突,并针对专业足球员的行为提出了自己的意见。

这同时也保证了所有运动项目的质量,而不仅仅是对英国运动员的贡献。老运动健将尤塞恩·博尔特[2],他不仅参加了伦敦奥运会,并跑出 100 米短跑史上第二快的成绩。同时,他还赢得了 200 米短跑,成为史上最令人折服的出色运动员之一。他与他的牙买加伙伴刷新了世界男子 4×100 米接力赛的纪录。伦敦奥运会刷新了 27 项世界纪录,从举重到单车到女子 4×100 米短跑,还有大卫·鲁迪沙以 1 分 40 秒完成 800 米的惊人表现。更重要的是,这次奥运会不仅仅是英国的重要时刻,更是世界性的大事件,一个人类不断超越自己潜能的重要时

---

1. 克巴莱,英国著名银行。
2. 尤塞恩·博尔特,牙买加著名运动员。

伦敦精神
伦敦市市长鲍里斯·约翰逊的伦敦生活指南

刻!

当然,精英运动是为少数人而设的。只有少部分人会有天赋并有机会成为奥运会的运动员,更不用说奖牌获得者了。奥运会的伦理标准永远都是闪耀着的,如同荷马史诗般:一个产生赢或者输的两极比赛,总是以成功的荣誉或者失败的沮丧来结束的。所以,对于很多人来说,伦敦奥运的真正精神不仅仅是被运动员所展示,还有那些志愿者——70000名项目工作者以及8000名团队伦敦大使。

他们的存在意味着每个人都可以参加奥运会,2012年奥运会是属于我们大家的。他们使这项盛事变得平民化和民主化。在他们的热情和活力中带着红衫军[1]的某种精神,他们占据了群众心里属于他们个人的英雄地位。对他们当中许多人来说——他们不断地告诉我,这是他们这辈子做过最好和最令人振奋的事情(同时我们当中许多人也这么认为)。他们可能暂时性地要把这些粉红和洋红色的制服收起来了,但是大部分人都希望,能再次有机会参与这样的盛事。

在残奥会结束之时,仿佛也没出现什么问题。或者说,人们根本不会在乎它会有什么问题。我们在残奥会的开幕式后乘坐"标枪号高速列车"回家。后来这成为了一个问题,因为疏导服务渐渐减少,我们在成千的人群里等了接近两个半小时。在正常的情况下,我真的觉得自己好像被私刑拷打了一样。但是现在大家对这一切如此宽容,我发现自己也被大家感谢着。

接近残奥会尾声的一天,我漫步穿过公园,发现这里比奥运会的时候更热闹更丰富了。阳光照耀在那些快乐的人群身上,他们都聚集在桥上。很多家庭在花朵盛放的草地里玩耍。这有点像古代所描述的天堂之境,我想象着,并更加仔细地观察起来。

我们来谈谈价值吧。

在奥运会结束之时,我们已经为伦敦的交通付出了很大的代价;我们建造了上千供人民住的新房子;重新开放有150年历史的国内最大的绿色公园,而且使东伦敦的一大部分地区重生。我们向世界展示了属于伦敦的美好印象,也让人们有一种普遍的归属感以及与邻为伴的和谐感。

对于政治来说,它又有什么意义呢?如果你觉得那93亿英镑已经使用在了这10年间最美好的时光里,那么,这必须列为政府做过的最好的投资之一。

我们对伦敦和英国有了全面的理解,但是我们又已经忘记了一大半。在2000年那"圆顶"的混乱之后,我们终于可以上演一场完美的演出,应对一个大型而棘手的项目。一些愤世嫉俗者甚至会怀疑我们,是否有能力去实现那些国家迫切需要建设的新基础设施项目,这次奥运会的举办,给了他们一个很好

---

1. 红衫军,美国独立战争时穿红衫的英国士兵。

序
一场意外的胜利

的证明和警示。

我们也意识到了让公共和个人私营部门结合运作的重要性，而且，奥运会也是那些精明的官员和我曾见过的最聪明的生意人双方合作的一次胜利。

我们能在有生之年看到这个国家以及世界上其他的国家变得更好。沙特阿拉伯终于派出了他们的第一个女运动员。英国女人掌控了舞台中心，并一定程度上使男士们失色。"杰斯·埃尼斯（Jess Ennis）太帅气了！"我听到一个13岁的男孩说。他并不是指他为她着迷了，尽管可能是这样。他的意思是埃尼斯是一个优秀和令人钦佩的好榜样。这就是一种进步。

因为那些运动明星和破纪录者们，残奥会被公认为所举办过的最好和最激动人心的一次。在我的童年，40年前，我一定不敢想象，一大堆伦敦人为一场戴着假肢的运动员参加的比赛而兴奋地真诚地欢呼和喝彩。这也是一种进步。对，我知道谭妮·格雷[1]一定会跟我说，这发展的路还长着呢，但是我们已经向前又迈了一大步。

在这种热烈而又慷慨的反响中，奥运会也带来了一些有伦敦特质的东西。在很多方面，已经展示出这是一个英式城市，有着经典的英式酒吧、花园以及天国似的公园。吹着口哨的建筑工人和带着各种诡异表情的乘客坐在红巴士的顶层；郊区市民带着上面印着咖喱或者炸鸡广告的花哨尼龙袋在商店街购物；嘴巴里总是念叨着什么东西的出租车司机；每个周日清晨，150座美丽的尖顶之上，教堂的钟声都会照旧响起，回荡在残留着前夜的雨水和呕吐物的花岗岩或者约克石镶嵌的路面之上。

伦敦是英格兰的首都，也是大不列颠的首都，联合王国的首都。但是，奥运会提醒了我们，它也是一个国际化城市。

当所有运动员到达这里时，有50个国家在伦敦设立了超过一万个成员的主队。从来没有一个城市是这样的，可能纽约也是。这样一来，奥运会成了伦敦一个功能的隐喻，或者一个延伸的说法，那就是：近几个世纪，世界各地的人才都可以来到这里的竞技场、体育场和场馆比赛，然后功成名就。

在伦敦人热情的反响下，来自不同种族和不同背景的人也热烈（却不激进）地表达着英国式的爱国主义，我们目睹着这个城市的盛会让世界各地的人民参与进来，然后把他们自己变成"市民"。这是一个自信的都市文化标志——吸引了来自世界各地的人，并在各个方面把他们变成了"伦敦人"，无论用词、口音、对皇室的热爱还是他们的幽默感。这就是伦敦精神。

---

1. 谭妮·格雷，英国残奥运动员。

第一章
伦敦桥
通往城市的步伐

他们静静地来，涌向我，穿过这座桥。

他们在阳光、狂风、暴雨、霜雪中前行。每天清晨我骑车经过，他们整齐地排列在那里，高低有序，就像他们刚从伦敦桥车站出来似的。流浪，流浪，沿着239米的宽阔路面流浪，这条路越过河流，面对着他们工作的地方。

那感觉就好像我正在检阅一群艰苦跋涉的通勤者。当我在车辙累累的柏油马路上与他们擦肩而过时，他们就不经意地向左看齐。我向他们问好，他们或微笑，或哭泣。

他们时而打电话，时而和邻居聊天，或者查看短信。很少有人会看看这值得一赏的风景。左边是这座城市闪亮的塔楼，右边则是贝尔法斯特号巡洋舰上的枪炮和塔桥上的雉堞墙[1]，其建筑仍然保持着白色诺曼的样子。在它们的下面，是河流强大的旋涡，不停地旋转。随着一天时间的变化，看上去，它有时是绿色，有时是棕色。而那些乘坐汽车、地铁和地上火车的人，大部分都有着固定化的嘴型和眼神、呆滞的表情，他们钢化了一般杵在那里。

这景象你定然过目不忘。它曾让 T.S. 艾略特[2] 心生恐惧。涌过伦敦桥的人

---

1. 雉堞墙，雉堞墙由实墙和垛口有规律地组成，起源于防守，现多为装饰性母题。垛口，雉堞的别称，是城墙顶部筑于外侧的连续凹凸的齿形矮墙，在反击敌人来犯时用来掩护守城士兵。有的垛口上部有瞭望孔，用来观察来犯之敌，下部有通风孔，用来保护墙体。
2. T.S. 艾略特，全名托马斯·斯托尔纳斯·艾略特，世界著名文学家，以作品《四个四重奏》获得诺贝尔文学奖。生于美国，后移民英国。在其代表作《荒原》第一章《死者的葬礼》中曾写道："不真实的城，在冬日清晨的黄雾下，人流涌过伦敦桥，那么多，我没想过死亡毁灭了那么多。"

伦敦精神
伦敦市市长鲍里斯·约翰逊的伦敦生活指南

流如此之多，让人想起那些假扮诗人的敏感金融家。我没有想到还有这么多人，他抱怨道。而在艾略特被滚滚人流吓坏的 90 年后，这种景况却愈演愈烈。当我在非高峰期的时候经过那条街，我可以看到它饱经风霜的苍白与破败，它可不是嚼着一块口香糖就可以轻松地挽救的小绵羊。

在艾略特去世后的今天，人流本身还是发生了变化。现在，前进的队伍中有成千上万的女人，她们穿着运动鞋，包里装着高跟鞋。男人们背着帆布背包，而不是公文包。没有人再戴圆顶高帽，也几乎没有人抽烟，更别提烟斗了。但是，对跋涉的目标，伦敦的上班族们仍然没有改变，他们蜂拥而至，这是史无前例的。

伦敦公交运送的乘客比历史上任何时候都要多。地铁也比原来长出数英里，有更多的人坐火车上班。人们放弃他们的汽车，支持公共交通，这是非常好的一件事。矛盾的是，私人交通工具也在增长，在一年内，其数量同比上涨了 15%。

当我们回头看看过去 20 年的信息技术革命时，有一个当时十分肯定的预测竟然没有成真。

他们说，我们可以坐在乡间的厨房里，利用"信息高速公路"远程办公。我们还被告知，视频链接会使会议不再需要。这完全是忽悠！

不管我们认为他们可能"需要"做什么，人们总是希望能近距离地看到彼此。我让人类学家对此仔细分析，其结果是，你仅仅需要尝试"在家工作"一个星期，你就会知道它的弊端。

煮咖啡，上网，忍不住要去吃掉冰箱里的那块奶酪，所有这些都会消磨你的斗志。还有更多深层次的原因，比如顽固的人们总渴望能在饮水机旁就嗅到对方。就像哈佛大学的经济学教授爱德华·格雷瑟阐述的一样，通往城市的步伐在信息革命中是理性的，因为它处于工业革命当中。

在我骑车回家之前，早上大部分的人群又向着相反的方向攒动。像一些巨大的海底腔肠动物，伦敦已经完成了它的壮观日常行为，呼吸——早上 7 点到 9 点吸入无数的上班族，下午 5 点到 7 点又把他们有效地排出，让他们回到郊区，回到周围各郡。然而，回家的路径更加错综复杂。有人会去酒馆、俱乐部和酒吧，当我看到人行道上的酒徒们——他们三五成群，仿佛分解着改编着一支缓慢的小步舞曲——我可以看出城市优于乡村的原因。那纯粹就是机会多少的问题。

在地铁的自动扶梯上，你可以和你的但丁[1]或贝娅特丽齐[2]交换眼神；你可

---

1. 阿利盖利·但丁，代表作《神曲》。他被认为是中世纪的最后一位诗人，同时又是新世纪的最初一位诗人。
2. 贝娅特丽齐是但丁倾慕一生的女人，却在 25 岁不幸去世。但丁从 9 岁初见贝娅特丽齐时就爱上了她，但直至她去世，但丁也不曾表白。

伦敦桥
通往城市的步伐

能打翻别人的拿铁咖啡，主动给他们再买一杯。当他们踩着你的脚时，你可以道歉；你可以让你的狗与他们的狗戏耍，或在人行道上，你可以与他们相撞。你甚至可以使用服务晚报进行个人约会（我觉得这仍然是有效的），你也可以主动给他们买一杯饮料。虽然这些都是我们这个物种的无数交配策略中的一部分，但据统计，它在城市里的成功率相当高。因为城市里的人多，潜在的伴侣就多——失败的代价也低得多。

大都市就像是一个庞大的跨国反应堆。夸克先生和微中子[1]小姐以最快的速度移动，互相碰撞，产生了一个个最激动人心的结果。这不单单是浪漫或繁殖的问题，而是思想与理念的问题。这就像是成千上万的蜜蜂在进行异花授粉，而非仅仅几个蜂巢的蜜蜂。

你希望我这样说，当然，我必须承认，不少伟大的城市在许多方面都谈得上首屈一指。但是，我敢初步断言，有一点可能会令它们感到尤其沮丧——在过去500年，伦敦是文化、技术、政治和语言上最具影响力的城市。

事实上，当我说伦敦就是这样的时候，即便是巴黎、纽约、莫斯科、柏林、马德里、东京、北京或阿姆斯特丹的市长也不能与我诡辩——继雅典罗马之后，历史上第三个纲领性的城市就此诞生。

在世界各地，也有很多类似的大批上班族，跋涉在相同的路面，面对着经济竞争，情绪低落。他们穿戴着伦敦设计的东西——深色外套，配上夹克、长裤和领带。这是18世纪维多利亚时期[2]上层社会所倡导的。他们依靠伦敦生产或发展的交通工具旅行：地铁（从帕丁顿到法灵顿）、汽车，甚至自行车。如果不是在伦敦发明，这些交通工具就不会流行开来。

他们乘坐的飞机，都是由空中交通管制员利用源于杰弗里·乔叟[3]创造的现代英语来进行空中导航的。

在建立百货公司以前（1909年的牛津街）[4]，他们就已经利用了自动提款机（于1967年初次安装于柏克莱银行恩菲尔德分行）。当他们到家时，有可能会躺在电视机前（这首次发生于1925年苏霍区弗斯街那个如今已是意大利咖啡厅的地方[5]）观看足球比赛（其规则是在1863年的大皇后街制定的）。

---

1. 夸克和微中子都是构成世界的基本单元。
2. 维多利亚时期通常指代维多利亚女王在位的时期（1837-1901年）。这个时候的英国进入了有史以来最为强盛的时期，被称为"日不落帝国"。
3. 杰弗里·乔叟，英国诗人，宫廷官员，对现代英语的形成作出了巨大贡献。
4. 1909年，塞尔福里奇百货公司于牛津街成立，如今已有超百年历史。
5. 1925年10月2日，电视机之父约翰·洛吉·贝尔德利用一个名叫"比尔"的人偶，完成了最初的成像，发明了电视机的雏形。

伦敦精神
伦敦市市长鲍里斯·约翰逊的伦敦生活指南

你明白，我得拿很长的一段时间才能阐述清楚伦敦的创新清单，从机关枪到互联网再到奥比昂酒庄的期货市场。不仅如此，这座城市在精神思想方面也有卓越的贡献。英国圣公会的传教士在煽动整个非洲的时候，他们携带的是国王詹姆斯翻译的《圣经》，而这也是在伦敦完成的杰作[1]。当美国人创立伟大的共和国时，他们的部分灵感来自伦敦激进分子反对君主制的口号。在促使世界各地的政府对议会民主和人身保护做出至少口头承诺的问题上，伦敦的推广作用比其他城市都大。

达尔文进化论起源于英格兰首都。马克思主义和撒切尔主义[2]也是。

伦敦允许人们在国外发展事业，让这个帝国得到了极大的巩固。对维多利亚来说，这甚至是一场技术和能源的世纪性大爆发。帝国的发展并非源于偶然，没有什么从天而降的侥幸。伦敦在1800年成为地球上最具规模和实力的城市，帝国时代本身就是数百年进化的产物。维多利亚时代继承了诸多优势互补而成的能力——奇妙而灵活的语言，银行技能，海军专业技术，稳定的政治制度——伦敦已今非昔比。

大城市给人机会，得以寻找配偶、钱和食物。同时，聪明的人来到伦敦，寻找一种比金钱本身更贴近人心的货币——那就是名誉。

这是永恒的声誉和威望的较量，鼓励伦敦人捐建新的医院或写出伟大的戏剧或破解海军的难题。无论你周围的环境多么优越，你不可能窝在家里就成名了，这在今天仍然适用。你需要人来承认你做了什么，你需要一个走廊来迎接掌声。你需要知道其他人喜欢什么。

这是一座能让雄心勃勃的人窃听、借用或仅仅依靠直觉便领悟他人想法的城市，他们将这些想法回炉重造，然后拿出新的东西。对于那些淡泊名利之人，它也是一个机会，让老板看见自己很忙而避免被开除——如果有人"在家工作"，那恐怕他们更容易被解雇。

这也是为什么人们选择不留在家里和猫窝在一起，为什么有人敲着鼓走过伦敦桥的原因之一。几个世纪以来，人们一直在寻找石油或黄金，或其他自然资源——因为除了黏土，伦敦什么也没有。他们一直在寻找对方，渴望得到对

---

1. 这部圣经被称为《詹姆斯王圣经》，出版于1611年。最初是由于国王詹姆斯一世认为当时流行的《日内瓦圣经》中有鼓励违抗国王的内容，于是赞同了一位清教学者对于重新翻译《圣经》的建议。翻译工作由54名圣经语言专家来进行，共耗时7年（只有47人坚持完工）。
2. 撒切尔主义指的是在撒切尔夫人上台期间于保守党内占统治地位的新右派主义，主要表现在推崇自由市场和认同社会不平等的合理性。她在位期间曾大力推行私有化，但在经济危机到来时却暴露出了种种问题——尤其是在金融领域。

伦敦桥
通往城市的步伐

方的认可,那就是声望的竞争,它往往会产生天才的光芒,推动整个城市的发展——有时甚至是全人类的发展。

如果你一万年前来到伦敦,你会发现它与欧洲其他的河口与沼泽地别无二致。你可能已经发现古怪的猛犸象濒临灭绝,但还是没有人类居住。下一个一万年几乎也是如此。

巴比伦[1]和摩亨佐·达罗[2]的文明崛起然后陨落。法老们建造了金字塔。荷马吟唱着史诗。伯利克里装点着雅典卫城[3]。中国皇帝建成了他的兵马俑。罗马共和国在一场血腥的内战后成为帝国。而在伦敦,只有寂静在树荫之间保存着鹿的遗体。

那时的河比今天宽四倍左右,流得慢得多——但在那时,泰晤士河上几乎看不到一叶扁舟。当耶稣在加利利讲道之时[4],这里的生活还很原始——大不列颠人还生活在茹毛饮血的状态。如今的现代都市在那时根本无人居住,因为根本没有居住下来的可能性——没有最重要的、我每天都在使用的基础交通设施。

通过我的计算,现在的伦敦桥主体结构是12或13世纪建造的,它一再被撞击、破坏、焚烧或炸毁。它被用于向泰晤士河投掷女巫,它被维京人破坏,它被愤怒的暴民至少焚毁了两次。

在属于它的时代,如今我们每天都在使用的桥见证了教堂、房屋、伊丽莎白女王的宫殿、200多家商店和企业以及被尖刺插穿的熏黑的敌人首级。

这桥的上一个"版本"已经在1967年被卖掉了——这是证明伦敦多变的出口方案的最佳例子之一——卖给了一个叫罗伯特·P.麦卡洛奇的美国商人。他花246万英镑买下了这座桥。每个人都在背后取笑他,因为他们确定可怜的麦卡洛奇先生把伦敦桥与风景如画的伦敦塔桥给搞混了[5]。现在看来,这个密苏里的石油商并不像他看上去那么愚蠢。

在亚利桑那[6]的哈瓦苏湖,这座桥被一块石头一块石头地重新组装了起来,

---

1. 巴比伦(约公元前30世纪至公元前729年)大致位于当代的伊拉克境内,被公认为世界四大文明之一,国王尼布甲尼撒二世时修建的空中花园,被列为古代世界七大奇迹之一。
2. 摩亨佐·达罗为古代印度河流域文明,与巴比伦文明几乎处于同一时期,位于当代巴基斯坦南部,由于其城市规划非常科学,被称为"青铜时代的曼哈顿"。
3. 伯利克里,古希腊奴隶制民主政治家,其执政时期被称为伯利克里时代。他也是文化领域的倡导者,在建筑方面先后兴建了帕特农神庙、雅典卫城正门、赫淮斯托斯神庙、苏尼昂海神庙、埃列赫特伊昂神庙等。
4. 《圣经》的马可福音和马太福音都提到耶稣在加利利的事迹。耶稣最著名的训诫和大部分神迹都发生在这里,包括登山宝训、水面行走、平静风暴、喂饱五千人等等。
5. 作为伦敦的象征,伦敦塔桥被称为"伦敦的正门",是从泰晤士河口算过来的第一座桥。
6. 亚利桑那,美国的一个州。

伦敦精神
伦敦市市长鲍里斯·约翰逊的伦敦生活指南

成为了访问量仅次于科罗拉多大峡谷的旅游景点。我会说,考虑到伦敦桥对伦敦创造的不可或缺性,她的迷人是名符其实的。

这座桥梁创建了一个口岸。它的北侧是收费站,需要守卫,守卫需要住房供给。在公元43年或此后不久,罗马人建造了这座浮桥。

一批爱出风头的意大利人成为了伦敦城移民,17年后,愚蠢的大不列颠人对这份馈赠作出了回应:把伦敦烧为平地,摧毁桥梁,屠杀他们能找到的每个人。

第二章

布狄卡女王
她让罗马人前来投资

我想事情必定是发生在这样一个地方。那是一个秋高气爽的日子，我发现了一个地方，很有可能是最初罗马人殖民地的中心地区。它位于从伦敦桥往上，天赐教堂街和伦巴街的会合点芬丘奇街偏右的地方。

它前面有一家百货商场和餐厅。然而，根据我书里的记载来看，我感兴趣的那个地方已经被一个十字路口的黄色方格所取代。

于是，顶着司机们的一阵喇叭声，我骑自行车到了那里。瞬间，我脑海一片空白。我不再看到那些耀眼的新开的银行和会计师事务所，我看到的是一栋栋在建的房屋，一缕缕炊烟从千家万户升起，一条条新修的马路和远方的森林。在我离开之前，我想象着它一定和苏埃托尼乌斯·鲍利努斯[1]脚上那穷酸的平头凉鞋的样子相同。

他与部队一同前进，去现在的北威尔士的A5大道，攻向艾奇韦尔和齐普赛。如今，他所站立的那小块土地变成了伦敦最初的交易市场。在他之前，这儿就有一批商人处于极度恐慌之中。

他们知道埃塞克斯郡的科尔切斯特的人们都遭遇了什么。成千上万的人被凯尔特人锋利的宝剑劈成碎片，或被他们串在长矛上，或被活活烧死在木屋里。神圣的克劳狄[2]庙被洗劫一空，然后被烧毁。里面的人都化为了灰烬。他们早就

---

1. 苏埃托尼乌斯·鲍利努斯，罗马指派的不列颠总督。
2. 克劳狄，全名提比略·克劳狄·德鲁苏斯·尼诺·热马尼屈斯，罗马皇帝。

伦敦精神
伦敦市市长鲍里斯·约翰逊的伦敦生活指南

听说过爱西尼人[1]和他们的王后布狄卡[2]的残忍。他们听说过她是一个多么自大而易怒的女人。她不仅一头红发,还怀着一个可怕的决心,那就是一定要报复强奸她女儿们的罗马军队。

救救我们吧,苏埃托尼乌斯[3]!他们向罗马将军祈求着。痛苦的随从摇摇头,回看原来的伦敦,他随处可见移居者的野心。科尔切斯特是官方殖民地或说是首都,但正如塔西佗[4]描述的一样,商人和各种游客蜂拥而至,伦敦俨然已经成为了人口中心和贸易中转站。

如果苏埃托尼乌斯朝他的右边看,下了桥,就可以看到有船停泊在码头。或是刚卸下用来美化新家园的土耳其大理石,或是普罗旺斯的橄榄油,又或是西班牙的鱼露。他可以看到船只在装载全国首次出口的猎犬、罐头、金子以及潮湿的森林里的奴隶,他们看起来很沮丧,染上了忧郁的靛蓝色。

环顾四周,投机性货币的标志已经涌入城镇。现在我们相信,在他的面前是一座崭新的购物中心,其门廊高达58米。他可以看到女人们正在讨价还价,可以看到猪正在垃圾堆里嗅着。这里有成堆的新鲜木料,用于建设罗马特有的方形建筑,以取代原始的圆形茅屋。这里有用来制作篱笆的新鲜褐色枝条,以及制作涂料的新鲜泥土。有被雇佣的木匠,但不是所有的人都得到了应有的报酬。贯穿伦敦的街道都已变成了罗马式的,9米宽的路由石砾压成,两边呈拱形,方便雨水排进水沟。

大约有3万伦敦人待在一个和海德公园差不多大小的地方。当然,我在说伦敦人这个词的时候,并没有带着伦敦腔。事实上,他们不是英国人,并且相当蔑视"Britunculi"——小大不列颠人这个称呼。后来一个罗马军团也如此称呼他们。

这些说着拉丁语的商人是罗马人,他们身着宽外袍或束腰外衣,来自世界各地,即今天的法国、西班牙、德国、土耳其、巴尔干等地。他们保持着罗马

---

1. 爱西尼人,古代不列颠部落,居住在现在的诺福克和沙福克地区。国王普拉苏塔古斯是罗马人的傀儡,罗马人企图在他死后吞并爱西尼。因此,王后布狄卡领导全东英吉利进行反抗。罗马人打败义军后,肆意屠杀爱西尼人。结果,爱西尼人口只剩下一个小部落,首府为现在的诺福克郡的凯斯特·圣爱德蒙。
2. 布狄卡,旧名博阿迪西亚,或译波尔狄西亚,威尔士语中称她为比达格,她领导了不列颠诸部落反抗罗马帝国占领军统治的起义。
3. 苏埃托尼乌斯,罗马帝国时期的历史学家,代表作为《罗马十二帝王传》。
4. 普布利乌斯·克奈里乌斯·塔西佗,是古罗马最伟大的历史学家,其著作有《演说家对话录》、《阿格里克拉传》、《日耳曼尼亚志》、《历史》以及《编年史》,对后世产生了深远的影响。

布狄卡女王
她让罗马人前来投资

人化的消遣方式,对于红酒和红色陶器有着奢华的品味。即使是在如此烟雾缭绕的边区村落,他们也喜欢躺在沙发上,举着产自叙利亚的华丽的高脚杯觥筹交错。

这些都需要花钱,他们已经负债累累。从根源上讲,这就是他们即将被灾难包围的原因。

对不起,苏埃托尼乌斯对那些为他出谋划策的人(显然,他们也束手无策了)说,我们不能再停留了,不能冒这个险。他没有足够的士兵了。罗马将军的部队已经精疲力竭了,在向威尔士进军的时候,他们的脚都走废了。从整个岛上,他最多可以召集一万人。而布狄卡和爱西尼的部队加起来已有大约十二万人,并且簇拥在反抗旗帜下的人还有更多。

提醒你,这些士兵没有孬蛋。德国人、塞尔维亚人、荷兰人可以在只有压缩饼干和水的情况下仍然行军,抛出一座浮桥就能够过河。他们知道布狄卡的军队是如何击败白提里乌[1]、凯列阿里斯[2]和第九军团的。这就很好理解了,他们难以想象这一切发生在自己的身上。所以苏埃托尼乌斯刺痛了罗马人,这比什么都重要。

他制订了一个撤退的战略,带上所有能走和愿意走的人撤退到现在的艾奇韦尔路。一些不敢穿过森林的老人和妇女,以及舍不得抛弃他们投资的商人留在了那儿。

几个小时以后,伦敦城里充斥着一种荒野中的西部小镇的氛围,一种等待复仇的氛围。晃动的遮阳篷下,人们直勾勾地紧盯着窗外清冷的街道。

在位于现在的威廉国王大街的一间房子里,一个人拿了印有克劳狄头像的17个硬币,把它们放在一个小红釉碗里,塞进一个角落。毫无疑问,其他人都在祷告,祭祀动物,爱抚他们乌黑的小泥人捏成的神像。

现今已是主教门的地方发出了阵阵隆隆声。

伴随着嘚嘚声,马拉的藤编战车通过了满布树枝的小路,爱西尼战士和他们的王后来了。根据狄奥·卡西乌斯的描述,她可以称得上是人间一景,具有高大的个子、粗犷的嗓音、色彩缤纷的长袍、1000克的巨大项链、浓密的金丝绕成的项圈。她的胸部很大,足以让她能够藏下一只预言兔。这只兔子每次都会在她战前演讲的结尾被抛出。依据兔子向左或向右地跑动,她会预示战争的结果。在她的内心深处是一颗杀掠的心。

---

1. 白提里乌,罗马帝国的不列颠总督。
2. 凯列阿里斯,古罗马皇帝。

伦敦精神
伦敦市市长鲍里斯·约翰逊的伦敦生活指南

离开现代伦敦的街道，我们正透过一个约 45 厘米厚的红色烧焦碎片，发掘着布狄卡大屠杀的痕迹。他们在苏埃托尼乌斯遇见伦敦人的地方放了第一把火。由于许多手无缚鸡之力的市民逃离了他们的家园，凯尔特人在沃尔布鲁克砍下他们的头颅，屠杀他们。罪恶的人们跑向了科恩希尔和卢德门这两个山丘之间，它们组成了早期的伦敦。

城镇中心的建筑在一场大火中坍塌在一起时，他们穿过桥梁，去烧毁现属萨瑟克区内的建筑。大量的烟尘飘向天空。伦敦在仅仅建立 17 年以后，就被毁于一旦。

塔西佗说，布狄卡在对圣奥尔本斯做同样的事之前，已经杀死了七万余人。从比例来看，她对伦敦和伦敦人的破坏程度高于黑死病、伦敦大火和赫尔曼·戈林。在这次难以置信的商业恐怖行为中，她袭击了整个大不列颠的基础设施。在这个贸易关系中，爱西尼人需要的是他们自己。

他们依据罗马人的习俗，向侵略者出售马匹。布狄卡已故的丈夫普拉苏塔古斯基本上算得上是个罗马人。这一点被布狄卡吸收发展。你必定会想为什么她会如此勃然大怒，做出明显很盲目且弄巧成拙的事。答案就是，罗马人总是表现出恶魔般的愚钝。

当普拉苏塔古斯死后，他仍然希望能够拥有东盎格鲁人的王国，为了实现这个夙愿，他将王国一半留给他的女儿，另一半留给尼禄大帝。尼禄大帝是一个弑母的暴君，人们都按照他的命令去做，不管怎样，罗马政府决定征用爱西尼人的所有财产。一个叫卡图·德奇安努斯的人是那里的首席税务员、检察官。他是一个傲慢卑鄙的人，把百夫长派遣到赛特福特。这里就是普拉苏塔古斯和布狄卡生活的地方。

他们抓到了爱西尼人的女王，痛打她如牛奶般白皙的凯尔特人肌肤，还强奸了她的女儿。最愚蠢的是他们羞辱了整个爱西尼人的精英，掠夺爱西尼人的财物，让女王的亲人们做奴隶。这是一场羞辱，罗马人的贪婪激怒了爱西尼人。下一个问题是，为什么罗马人如此之坏？当然，答案就在那儿，就在塔西佗的书里。它主要是因为一场经济的惨败。

公元 43 年，克劳狄侵略英国。在军队的荣誉里，他就是一个口吃的书呆子，反对罗马历史性的建议。他说罗马专家就是一群废物，胆小的废物。一个世纪以前，当尤里乌斯·恺撒第一次领导他的未果的远征时，他就发现了一个没有任何东西值得带走的贫穷不幸的地方。奥古斯都大帝说，不要在像英国这样的地方费心思。这就像用金钩钓鱼，获得比产出少。

据说英国人可以在泥浆里游泳，他们有着奇怪的毛利人风格的图案或动物

布狄卡女王
她让罗马人前来投资

的文身,所以喜欢半裸自己的身体,就像现在我们都可以见到的足球迷。奥维德[1]说他们是绿色的。马提亚尔[2]说他们是蓝色的。有人说他们是半人半兽,去英国就像全垒打。也就是说,你做一件事仅仅是为了荣誉而不是投资。

所以克劳狄到达时发现自己接受了英国国王的投降。罗马几乎没有任何损失。那是特别值得罗马人骄傲的时刻。他的将军奥鲁斯·普劳提乌斯巧妙地解决了战败国的国民问题,修建了这座桥。

这座桥将战后的英国向从南海岸来的人们开放。不久,英国就成为了一座新兴之城。人口激增,物价上涨。人们需要自己来修建他们向往的房子或店铺。于是,他们向资本家求助,银行家孕育而生。

为了英国的商业发展,尼禄的导师瑟内卡借出了40米高的塞斯特斯币。当你知道一个军团每年的花费仅900塞斯特斯币,就可以看出这是多么大一笔钱了。问题是英国的投资款还没有付清。对于银行家这还不够快。在科尔切斯特,建造克劳狄的闪闪发光的白色教堂,以及为港口和商业街提供经费都是很大的开销。

还款金额远远不足,负债越来越严重,卡图长官开始表现出他卑鄙的本性。掠取当地人民的税费,把当地人赶出他们的家园,最后设法掠夺爱西尼人的土地和财产。

用今天的话来说,英国普通人正在为一系列不明智的房地产投机买单。借款人和银行都应该受到谴责。这已经不是英国第一次被划入罗马帝国了,也不是伦敦最后一次发生这样的事。

时过境迁,你可以说布狄卡用她自己的方式,成为了第一个打击伦敦金融城的银行家创始人。她也开启了伦敦女领导者的光荣传统。有证据显示,早期的英国人习惯于刚强的女性形象。

回看伊丽莎白女王在蒂尔伯里面对袭来的无敌舰队而做的演讲[3],内容是关于拥有一个女人柔弱的身躯,却有着男人强大的内心。这是一个纯粹的布狄卡。或者看看维多利亚,她标志性的格子呢斗篷和胸针。这里还有很多爱西尼女王的印迹。

---

1. 奥维德,全名普伯利亚斯·奥维德亚斯·纳索,罗马大诗人,代表作为六韵史诗《变形记》。
2. 马提亚尔,全名马库斯·瓦勒里乌斯·马蒂亚利斯,生于西班牙的罗马诗人,著有15部警句诗集。
3. 1588年,西班牙派出无敌舰队进攻英格兰。伊丽莎白一世在不带卫兵不穿铠甲的情况下亲临检阅,并发表了史上最著名的演说之一。

伦敦精神
伦敦市市长鲍里斯·约翰逊的伦敦生活指南

我们回看玛格丽特·撒切尔[1]，她也有着金色的头发，凝神的双眼，粗犷的声音和对国家主权的坚持。当我们站在伦敦的女主角的角度，仔细地识别布狄卡王后时，我们将接近事实的真相。

如果你有机会去到威斯敏斯特大桥，就可以看到雕刻于1884年著名的塑像，刻的是赤裸上身、手拿战斧、义愤填膺的战士和她可怜的被强暴的女儿们，在镰刀战车里与天空形成对比。在三角墙上，有布狄卡时期大不列颠的诗歌，就是那首广为流传的18世纪的威廉·柯珀的诗歌：

> 一代君主恺撒不曾料到，
> 你的统治将会动摇后世，
> 你的雄鹰不曾振翅高飞，
> 你的军队并非不可战胜。

柯珀的观点是，布狄卡拥有的是罗马最后的笑声。她的后代，她的英国后裔接着去寻找比恺撒皇帝还要宽广的帝国。这些都是爱国的，可安慰的，但完全不切实际。

在洗劫圣奥尔本斯后，她便动身前往密德兰地区。在途经一些不明平原时，她果断决定由苏埃托尼乌斯带路，他的部队纪律严明，斗志昂扬，足以以一当十。

布狄卡死于痢疾或是中毒。她没有被葬在国王陵的平台下。与柯珀说的相反，她的彻底失败在于她民族的语言几乎完全被消灭了。当大英帝国最终统一语言的时候，凯尔特人的大量后裔被驱逐到英国的边缘，在这一点上，他们对苏埃托尼乌斯的亏欠比布狄卡还多得多。

她为伦敦作出的最大贡献就是动摇和激怒了罗马人，夺回全省并赢得了巨大的威望，确保了伦敦更为辉煌和重要的地位。

多亏了布狄卡的洗劫，罗马人才得以重建伦敦城，使它成为了帝国北部最大、人口最多的城市。从某种程度上说，考古学家是近期才开始感激这件事。正是克劳狄对名望的追求才促进了伦敦的建设。当宣布哈德良大帝[2]即将到来的时候，最令人印象深刻的建筑就如泉涌般开始修建。

---

1. 玛格丽特·撒切尔，全名玛格丽特·希尔达·撒切尔，一般被称为撒切尔夫人。她是英国历史上第一位女首相，同时也是其所在党派保守党的首位女领袖。因其强硬作风而被人称为铁娘子。
2. 哈德良是罗马帝国安敦尼王朝的第三位皇帝。他在任期间于不列颠岛的北部修建了著名的哈德良长城，还对官僚制度和法律制度进行了改革。被称为"五贤帝"之一。

第三章
哈德良皇帝
他把伦敦设立为首都

哈德良皇帝将伦敦确立为英国的首都。

1843 年重建伦敦大桥时，人们在河床上发现了一个坚硬而奇怪的东西。它的颜色发绿且沾满了泥。在将它洗干净以后，发现那是罗马皇帝的头颅，高 43 厘米，略微超过真人大小。

他们并没有花太长时间就清楚了这到底是哪个皇帝的头颅。究竟是什么特点让他们得以确定的呢？是那核桃似的老头的发型么，还是那皱起的眉头或是如玫瑰般的唇瓣，还是那冷酷下达命令时的一抹冷笑？

朋友，那是胡须。自尼禄以来，哈德良是首位留胡子的国王。那个时代的文化认为，留胡子是有些女性化的表现。他选择留胡子必定有他自己的理由。

狄奥·卡西乌斯[1]猜测他也许是想要遮住脸上的疤痕？或者因为他是一名希腊爱好者，想要展现他与希腊人文化上的亲密关系。不管他留胡子的目的是什么，反正他推动了一种流行趋势，一直持续到 4 世纪早期的康斯坦丁[2]时代才结束。

他这个人也有些古怪。他出生于公元 76 年，是西班牙和意大利的混血儿。他是这个世界上曾经出现的最伟大的制造者和组织者之一。从罗马的万神庙到雅典的宙斯神殿，再到安塔利亚的哈德良之门，看看他留下的那些建筑吧，所有都那么雄伟壮观。

---

1. 狄奥·卡西乌斯，也被称为卡西乌斯·狄奥，古罗马著名政治家与历史学家，担任过罗马执政官。其历史著作对后世产生了极为重要的影响。
2. 康斯坦丁，罗马皇帝，也被译作君士坦丁。他是罗马首位信仰基督教的皇帝。

伦敦精神
伦敦市市长鲍里斯·约翰逊的伦敦生活指南

从苏格兰到北非、中东和亚洲,你都可以看到他行军的队伍,他自己下令修建的城墙和庙宇。他沉浸在游历和建筑中。很多罗马人都认为,一个皇帝有如此多的时间离开罗马是一件很奇怪的事。

"我不想变成恺撒大帝,"学者弗洛鲁斯[1]嘲笑他,"游历大不列颠,感受塞西亚的冰,漂泊游荡。"

哈德良(也标榜自己是诗人)傲慢地回应道:

"我不想变成弗洛鲁斯,徘徊在酒馆、餐厅,忍受着妇女们丰满的馅饼。"

上面两句谁又更胜一筹呢?餐厅又有什么过错呢?难道罗马皇帝不能忍受奇怪的馅饼味道?

一名女记者通过观察发现,没有哪个男人环游世界不是为了逃脱他的妻子。如若我们把痤疮、胡须和他对希腊文化的热爱,对战士们的短裙、训练和住所的强烈兴趣(他更喜欢跟他们一起睡在军营)结合在一起,我想这个古代塞西尔·罗兹[2]的心理活动就非常清晰地勾勒出来了。

无论是什么原因驱使他留胡子,驱使他将这个朝廷不断地在帝国内迁移,总之,在英国,我们有理由感谢哈德良的旅行癖。

公元121年,当他颁布英国是帝国下一步行程的目的地时,引起了各种建筑物如泉涌般出现,这是伦敦从未出现过的景象。到那个时候,人口数量已经从与布狄卡的战争中恢复过来[3]。虽然这里仍有来自凯尔特边界的暴动和压力,但商人们还是从全国各地回到这里,理由是,这些动荡对伦敦来说是有益的。

罗马军用机器的供给必须要通过伦敦港,所以伦敦变得越来越富裕。正如塔西佗所说,英国现在正满腔热血地屈服于罗马化后的益处。

他们脱掉了长裤,穿上了宽外袍,慢慢开始擅长拉丁语(很显然,他们的拉丁语说得比高卢人好)。他们修建了美丽的门廊,毫无疑问,主题是庞贝的女孩们在壁龛前弯曲着手指。他们学会了享受沐浴的舒适,中产阶级的大不列颠人开始举办第一个晚宴派对。

"天真的大不列颠人认为这些东西就是文明,"塔西佗冷笑着说,"其实

---

1. 弗洛鲁斯,古罗马诗人、演说家,也是同时代最著名的历史学家之一。
2. 塞西尔·罗兹,全名塞西尔·约翰·罗兹,1853年7月5日~1902年3月26日,英裔南非商人,矿业大亨,同时还是政治家。他大力支持英国及英国方式的殖民主义政策,协助英国政府从葡萄牙手中夺取了罗得西亚(现为独立国家津巴布韦),为纪念他,所以罗得西亚取他姓氏为名(根据造词习惯将Rhodes改为Rhodesia)。而南非的罗得西亚大学更直接以罗兹为名(其学校英文名实为Rhodes University,并非现在通用译名所表达的Rhodesia University),罗兹也在学校设立了奖学金。
3. 公元60年,英格兰东英吉利地区的爱西尼部落女王布狄卡率不列颠众部进攻伦敦。虽然布狄卡起义的初衷是自保,但在伦敦的战役中导致了无数平民的死伤。

哈德良皇帝
他把伦敦设立为首都

他们只单纯地是罗马奴役的一部分。"

如果真是这样,那这就是一场伦敦人从未想要逃走的奴役。作为英国公元78年至84年的统治者,他的岳父阿格里克拉[1]给教堂、广场和住宅的建设,提供了实质性的资金帮助。但是,现在这位君主自己的到来,是8年前被奉为神明的克劳狄入侵以来的第一次。

国王!活着的上帝!伦敦工业开始陷入了超速运转。

到这个阶段,罗马式伦敦在实质上已成为河北岸的两个低洼丘陵。现在很难发现这些丘陵的轮廓了,但是可以想象圣保罗[2]站在其中一个的顶端,另一个被英格兰银行加冕。它们现在叫作卢德门和科恩希尔。

考虑到国王的军队利益,伦敦政府好像为他的出行建立了一批崭新的营房——位于克里伯门的一个面积巨大的壁垒——营房里还配有生活区,他特别喜欢去那里视察。

统治者的宫殿建好了,这里有华美的庭院和喷泉。它现在属于坎农街。他们建造了一个新的广场,比苏埃托尼乌斯给最初的伦敦人那一小块碎石地要宏伟得多。现在,有一部分已经被划为伦敦肉类市场。在它的北角,他们修建了一座集购物中心和法院为一体的大殿。

如果在天赐教堂街90号的理发店下楼,你就会发现它不仅仅是个大殿。看着那些大块的砖瓦和石头支撑起的主体结构,你会感受到它规模的宏大。这是阿尔卑斯山脉北部最大的广场和大殿。该建筑有164码[3]长,当你在伦敦博物馆看到它的模型时,你就会改变对这座处于罗马世界的城市的看法。

这不是穷乡僻壤的阴湿的村落——它是一个重要而繁华的地方。

这里有一个圆形竞技场,是男人和动物被屠杀的地方(唯有女性能判断出哪些是女格斗者的残骸)。伦敦的奇普赛德浴场已经开始了混浴。在哈德良到达这里之前,这一切似乎都被包裹在丑闻之中。英国人因为没有能力在自己的地盘保护好他们的女人而声名狼藉,他们沉溺于这种男女混合洗澡的状态——于是乎,可能是因为国王对此敏感,在霍今山上的泰晤士街,一种分隔洗澡的方式出现了。

公元122年,哈德良带领着他随军的建筑师、测量员和军队登陆。伦敦人的银行账户里全都是流入的帝国硬币。也就在那个时候,伦敦正式成为该区域

---

1. 阿格里克拉,全名格奈乌斯·尤里乌斯·阿格里克拉,是罗马弗拉维王朝的著名将领。
2. 圣保罗为耶稣同时代人,曾是基督教的反对者。耶稣去世之后,在圣保罗前往大马士革的途中向其显圣,彻底改变了圣保罗的信仰。此后,圣保罗成为了基督教思想家中影响力最广泛最深远的一个人。
3. 1码等于3英尺,合0.9144米。

伦敦精神

伦敦市市长鲍里斯·约翰逊的伦敦生活指南

的首都。科尔切斯特,你应该很羡慕吧!

无论是人口还是纯粹的经济比重,伦敦已经达到了一个无与伦比的地位,并一直持续到今天。

我们不知道哈德良在伦敦待了多久,是否使用过那座统治者的宫殿,或者是否在部队的兵营里过夜。但是我们知道,他不仅仅给这个领域留下了不可磨灭的印记——这堵墙帮助人们记录了英格兰和苏格兰在精神和政治上仍然存在的差异。

爱德华·吉本[1]说,他给英国、给欧洲留下了黄金时代的记忆,人类历史上最幸福的纪元。由于他的"聪明才智"(吉本是这么说的),哈德良没有着手征服新的领土,而是安定下来保护罗马已经拥有的土地。他希望传播这种希腊罗马式文化的好处,经过这个帝国的人都接触到了这里新的语言、观念和宗教信仰。

当阿谀奉承的罗马-不列颠时代的人在林登豪市集[2]附近某处竖立起一座有胡子的巨大青铜雕像时,在那里发现了一条手臂,他们的本意并不是说哈德良是个出色的人。这是一种宗教行为。因为皇帝就是神的化身,对他忠诚、对他礼拜,都是快速获取整个罗马体系的支持和认可的手段。

现在看来,融合是罗马宗教最关键的一点。它包容、慷慨、混杂。每个人的重要性就是希望展示对国王的顺从和狂热崇拜(记住科尔切斯特的愤怒就是在克劳狄的神庙产生的),狂热的帝国牧师对当地官员来说是十分重要的——但是,在第二世纪的伦敦,并不排斥或咒骂宗教。

伦敦人不仅对朱庇特[3]和哈德良做出了牺牲。他们对外来的希腊和东方文化的崇拜激增,就像其余的远古世纪一样。

在短暂离开英国后,哈德良亲自参加了雅典附近的艾留西斯秘密仪式。我们不知道他追逐了什么(这是个秘密),但其要旨就是复兴的故事——通过宙斯的恩典,泊尔塞福涅[4]从下界回归。

在黑衣修士桥附近,伦敦人修建了伊西斯神庙。她是埃及神明之母,主要的成就是每年让她的丈夫(也是兄弟)奥西里斯[5]复活一次,具体化的表现是尼

---

1. 爱德华·吉本,英国著名的历史学家,代表作为《罗马帝国衰亡史》。他同时也是作家和启蒙运动的重要代表。
2. 林登豪市集,伦敦的一个室内市集,哈利波特电影取景地之一,也是伦敦历史最为悠久的市集之一,可追溯到14世纪。
3. 朱庇特,罗马神话中的第三任神王,他的名字被用于命名木星。
4. 泊尔塞福涅,希腊神话中宙斯与德墨忒耳的女儿,被叔父冥王哈迪斯绑架到冥界后成为了冥后。
5. 奥西里斯,埃及九神之一,生前为国君,死后为判官,掌管下界。

哈德良皇帝
他把伦敦设立为首都

罗河的年度洪水。他们崇拜赛比利，她也被认为是马格纳·马特，伟大的母亲。

赛比利个性鲜明，她爱上了一个叫阿提斯·阿拉斯的年轻人。阿提斯没有响应她的求爱。当赛比利和别人一起抓住他，他被逼疯了，阉割了自己。广大宗教地区的牧师切掉了自己的蛋，开始了对阿提斯的狂热崇拜，我们有确凿的证据证明，在英国，他们真的做过这样的事。

除了哈德良的头，另一个最令人惊奇的物品是从伦敦桥附近的泰晤士河捞出的。它是一对切睾丸的青铜钳子，有着令人恐惧的锯齿形边，装饰着支持女性神学的头像，毫无疑问，那就是赛比利的头像。这里的确有一些古文物研究者发誓说，考古证据告诉我们，自宫的神父总是习惯于满足古老节庆的需求。

早期伦敦人对阿提斯的狂热崇拜源于他应该死于失去睾丸的伤害，但是他活下来了。这应该是东方宗教心理优势的关键。他们强调新生，重生，救赎。

就像他们说的，在布莱恩即将走向生命尽头的时候，他们仍对此抱着乐观的态度——不同于传统希腊罗马式宗教的世界末日论，他们并不认为阴间是昏暗、寒冷、痛苦的，被口齿不清的巫师统治。在人民很有自知之明的罗马社会，其中许多人面临着苦难和不公正的尘世生活，让东部的这些赎回和复活的故事变得越来越流行，这也许不令人惊讶。

这片充满情感的土地是如此富饶，让哈德良国王建立了历史上最奇怪的狂热信仰，并把它传播到整个罗马世界。

在他离开英国不久，他前往卑斯尼亚旅行，也就是现在的土耳其境内。当他看到那些十四五岁的孩子时，他确定安提诺奥斯是人类中最美的，并邀请安提诺奥斯加入他的随从——毫无疑问，是以一个"研究员"的身份。

公元130年10月，他们在埃及的尼罗河上游玩。一件神秘的事情降临在了安提诺奥斯身上，他失足落水，被淹死了。

现在，对于哈德良与安提诺奥斯的确切关系仍存在巨大争议。他们争论这样一个贫穷的青年男子命运几何。有的人认为那仅仅是个意外。而有的人，比如狄奥·卡西乌斯，却认为这是件令人毛骨悚然的人为事故。

他说那时的哈德良已经55岁了——对罗马人来说已经是足够高龄了——他劝说自己最爱的人自愿成为古怪的埃及法老仪式上的祭品。安提诺奥斯同意了这个要求，他牺牲了自己年轻的生命换来国王的延年益寿。

他为爱而死，为哈德良而死——引申开来，他还是为了整个罗马的民众，那些脸如向日葵一样，朝向国王上帝的民众。在最现代的行政管辖区内，哈德良很幸运地逃脱了谋杀的罪名。

不管事实真相如何，我们知道哈德良对安提诺奥斯的死十分伤心，把他奉为神明，正式地将他与司阴府之神奥西里斯和尼罗河每年的重生联系在了一起。

伦敦精神

伦敦市市长鲍里斯·约翰逊的伦敦生活指南

建造了纪念他的神庙，以他的名字命名神谕。他喜欢噘嘴的特点被用在了造币上——虽然他不是国王。整个罗马世界开始令人惊奇地悼念他，安提诺奥斯的半身像也在这里频繁出现，就像已故的猫王或玛丽莲·梦露的照片一样随处可见。

我们发现安提诺奥斯的穿着与酒神类似，他或从卷发中异常地窥视，或者戴着法老头饰，着装似狂热崇拜帝国的祭司。很多人开始敬仰这个看起来有些愚钝的年轻人，狂热信徒的本质大家肯定都熟悉。

与阿提斯的故事类似，这又是一个关于青年男子超凡脱俗，为他人牺牲的故事。这没让你回想起什么吗？

在基督诞生的头两个世纪，我们没有伦敦存在基督教的证据。但是在那之前，由于保罗的热情和才智，耶稣复活的故事就在罗马世界广为流传。当然，这个新生的宗教有一个重要的特点，让它不同于其他任何东方的狂热。

是的，那就是关于重生。是的，就是它承诺了信徒们的永生。

然而，基督教和犹太教一样来自那个不需要忍受的国度（比如伊斯兰教就是从这两个教派中诞生的）——基督教徒不用接受宗教共存的观念，无论是朱庇特、伊西斯、哈德良、赛比利或其他什么人。耶稣说，我就是方向，就是真理，就是生活。没有人能够超越我。

异教的多元文化，多宗教的伦敦人大约用了两个世纪的时间才被劝服，接受大胆的一神论主张。在伦敦，也遇到了一些阻力，有证据显示，为实现宗教的一体化，使用了暴力措施。

伦敦人似乎不再被安提诺奥斯的狂热崇拜所鼓舞。但是我们发现了一座著名的东方寺庙。1954年9月18日，新闻报道说W.F.格莱姆斯教授在伦敦市长官邸附近，发现一座密特拉[1]教堂。

他们找到了密特拉、密涅瓦[2]、塞拉皮斯[3]的头，以及身形倾斜的墨丘利[4]。

---

1. 密特拉源于印度-波斯神话，起初是万神殿中的光明神，后被作为主要神祇进行单独供奉，成为罗马境内基督教的主要对手之一。密特拉也被认为是波斯太阳神，在吠陀神话中对应密多罗，后被引入佛教概念成为了弥勒。
2. 密涅瓦，罗马神话中主管手工艺的女神，常被等同于雅典娜，故还被认为是战争女神。
3. 塞拉皮斯，下界之神，由托勒密苏特一世——第一位入主埃及的马其顿国王——出于统治目的而传入埃及，他以奥西里斯和神牛阿匹斯为基调，糅合了希腊药神阿斯克勒皮俄斯、希腊酒神狄俄尼索斯和希腊冥王普路托的特征。
4. 墨丘利，罗马神话中朱庇特和女神迈亚之子，主管畜牧、商业、交通、旅游和体育，同时负责担任诸神的使者。他被认为是医师、旅者、商业和小偷的守护神，现代医药标志蛇杖就是出于他的缠蛇手杖。太阳系行星之一水星便是以他的名字来命名（体现在拉丁语族的名称中），他在希腊神话中对应的是赫尔墨斯。

哈德良皇帝
他把伦敦设立为首都

一座密特拉的浅浮雕上，一只大理石雕刻的手举着一把短剑，屠杀了一头公牛。密特拉是谁？除了做汉堡，为什么还要杀牛？

密特拉来自小亚细亚，是岩石之子。他通过杀牛来放血，用它的血作为让大地和人类重生的肥料。是的，这是一个东方第N个死而复生的故事，而这重生的血液祭礼与基督教教义是相违背的。

密特拉教在哈德良和安东尼时代都发展十分迅速——吉本告诉我们，那是人类最幸福的时代——然而在公元4世纪初叶，伦敦的密特拉人士不再掌权了。

康斯坦丁不仅成为了继哈德良之后的第一个罗马皇帝，在公元312年，他还将基督教确立为国教。在那段时间，似乎密特拉的拥护者们计划先发制人，反抗这一决定。

他们悄悄进入了黑暗中的神庙，蜡烛的火光忽明忽暗，像洞穴的空气中弥漫着公牛血液的芬芳。他们带走了戴着弗吉利亚无边帽的密特拉的头颅，密涅瓦和她拿着匕首的手，并将他们埋在教堂中殿和通道下的一个浅坑里。在那之后，基督教徒们破门而入，将神庙中所有伫立的神像全部打碎，将密特拉神庙彻底摧毁了，伦敦的宗教多元论覆灭，耶和华的一神论彻底执掌了大权。

是谁拿走了那巨大的青铜像，那尊异教徒的哈德良神像，把它从神坛上拿下，用黄铜打碎了头颅并丢弃于泰晤士河中，就像暴乱的爱西尼人曾经不屑地卖掉了克劳狄神像的头颅？

我的感觉是基督教徒——如果你读过如特土良[1]或者奥利简这样的早期教父的观点——对同性恋纵欲的憎恨——你就知道他们为什么会受安提诺奥斯祭仪的煽动。

在伦敦基督教长达一个世纪的胜利中，罗马的英国力量在不断下降，这似乎说明，不管是皇帝还是基督教，都不能将这个社会从灾难中拯救出来。

不管后世的辩论书对于哈德良和安提诺奥斯的古怪如何评说，伦敦人民或英国人民在很久之后，才享受到人口和社会相对繁荣的生活。

当然，安提诺奥斯并没有战胜哈德良的不朽功业，他愚蠢地同意跳进尼罗河。但是，这个不刮胡子的古怪皇帝，为英国创造了一段基督教在欧洲大陆极力想重现的和平时期。

虽然基督教徒在公元312年取得了胜利，但是异教徒们时刻准备着发起反攻。

---

1. 特土良，也译作特图里安或德尔图良，是早期基督教神学家和哲学家。

第四章

伦敦桥（续）
一座孤桥的权力

供与求

如果你正驾车从多佛到伦敦东南部，在穿过海峡时买了一些便宜的酒，那么你不妨在布拉克西斯的顶上停留一会儿，想象自己是古罗马的奥鲁斯·普劳提乌斯[1]将军。沿着多佛的A2大道行驶，你实际上走的是公元43年奥鲁斯带领的罗马兵团曾经走过的路线，沿着几十年前恺撒大帝的线路追击败退的英国军队。这种种景象仿佛只是发生在几十年以前似的。他停在那里品味着手中美味的高卢红酒（即使英国人的东西在此时也不可靠），俯视着眼前的胜利景象。就在泰晤士河前面几英里[2]，那时的河道与现在差不多，但比现在的泰晤士河宽4倍也浅大约4倍，蜿蜒地流过大峡谷。这条河道在奥鲁斯面前蜿蜒，在河流向西成为浅滩之前流入现在的象堡地区。在远处，奥鲁斯在思考，是什么让剩下的英国军队快速地消失在位于北岸的托尼岛河畔沼泽湿地。

野心勃勃的奥鲁斯并没有高兴过头。沼泽地不可能藏匿罗马军队。就像其他人一样，奥鲁斯知道，托尼岛——现在的威斯敏斯特——泥泞的沼泽让一个有雄心壮志的男人迷失方向太容易了。不！在得知几个月后克劳狄将会带着他的大象抵达这里的消息后，奥鲁斯决定就地建立一个安全的营地驻扎，静候上

---

1. 奥鲁斯·普劳提乌斯，古罗马第 I 世纪中期政治家，带领罗马大军征服不列颠，成为第一任总督，公元 43-47 年在位。
2. 英里，英美制长度单位，1 英里合 16093 千米。

伦敦桥（续）
一座孤桥的权力

级的指令。随着后续部队的加入，罗马人穿越了泰晤士河，清理了沼泽，向东北驱赶科尔切斯特的英国殖民，把他们的前哨推进到了大不列颠岛上。

太好了！然而，却不同于恺撒大帝，克劳狄依然驻扎在前方以求巩固其胜利果实。他发现在运输补给线上有一个棘手的问题。补给车的行进路线和从坎特伯雷出发的路线一样，耗时很长，他们要先渡过在威斯敏斯特的泰晤士河，再向西掉头去科尔切斯特。而科尔切斯特的驻军不能得到及时有效的补给。克劳狄非常沮丧。奥鲁斯更是寝食难安。事实上，整个补给都面临着极大的困难，终于，他们想到了解决的办法，那就是在浅滩上修建一个跨越泰晤士河2英里长的碎石桥。命令传达下来，挖掘器到位，就地伐木，数月后一个标准的罗马浮桥跨过碎石带，横跨河上。

严格地说，这并不是真正的"伦敦"桥，只能算是伦敦桥形成的前身。一般认为伦敦桥实际上是在北岸的浮桥上建立各种各样的检查关卡时开始形成的。由于北岸军队和百姓的增加，罗马殖民者在林肯和科尔切斯特的交通需求也随之增加，于是他们十分需要更多的桥梁。因此，挖掘器一次又一次地被调往现属伦敦桥东边附近30码的地方，用一种牢固且经久耐用的方法，把石质的桥墩和桥桩连接起来，用从北岸茂密森林伐来的木头做支撑的木结构。渐渐地，这些工匠把桥架在了这条河上。公元45年，伦敦桥正式出现了。

坠落

对于罗马人而言，在泰晤士河上修建一座桥梁成为了当务之急。作为一个拥有强大凝聚力的王朝，他们的补给线为正在不断扩张的、远在各个角落的王朝领域提供补给支持。

公元5世纪，当罗马人急匆匆地、错误地离开海岸后，其留下的空白使诸如盎格鲁人、撒克逊人和朱特人在内的日耳曼部落，开始同土著凯尔特人争夺领导权。最终，撒克逊人把凯尔特人赶到了北部，把盎格鲁人赶到了岛屿东边的角落。撒克逊部落的几位首领则为谁应拥有对这些岛屿的最大领导权力而争论不休，但有一件事似乎他们都十分认可，即罗马的建筑没有多大价值。考古专家发现，几乎没有证据显示撒克逊人在罗马人建造的房屋居住过或对其加以利用，相反，他们宁肯使其荒废而选择在混凝土建筑的内部或周围修建小屋。关于伦敦，撒克逊人的主要定居地在兰登维克，此处位于破败的罗马老城上游3公里处，罗马老城内还保留着人称在罗马人离开后不久就会倒塌解体的伦敦桥。兰登维克的居民到渡口很方便，所以他们也没有必要阻碍伦敦桥东西沿岸船运业的发展。事实上，如果有人被发现在建桥，当地居民会对其产生强烈的怀疑。

伦敦精神
伦敦市市长鲍里斯·约翰逊的伦敦生活指南

对于占领了兰登维克的东盎格鲁来说，泰晤士河是其与位于南河床的韦塞克斯撒克逊的分界线。修建这样一座桥梁无疑是发出政治声明，同时也有可能会为自己增加一个军事防御弱点。

颇为讽刺的是，在9世纪丹麦的一次行动中，修建桥梁会成为军事防御弱点的观点被证明是彻彻底底的错误。在这次行动中，丹麦的战舰可以肆意穿过伦敦并深入到富饶的韦塞克斯莫西亚土地上。如果伦敦桥还在，那么至少可以暂时阻止海盗的强盗行为。这一观点或许会得到阿尔弗雷德大帝的赞许。阿尔弗雷德大帝在他关于伦敦的改造计划中，谈到了要修建一座新的大桥。阿尔弗雷德大帝于公元886年从海盗手中夺回伦敦，并逐步统一了英格兰，所有这些举措都意味着，当时的政治环境使得在伦敦泰晤士河上再次修建一座大桥成为可能。当然，8年前，这座城市本有一座大桥。数据记录显示，伦敦人正不断研究着关于新桥梁的新用途——如一位寡妇因将大头针钉在一个男士的照片上而被从大桥上扔下。这或许是关于这座大桥历史的第一个文献记载，希望这可以给这位女子带来一点安慰。但最为著名的文献记载，出现在20年后的一首挪威诗词中。该诗词描述的是挪威国王奥拉夫在积聚于萨瑟克的丹麦侵略者通过桥渡之前，及时摧毁木桥从而挽救撒克逊伦敦居民的故事。如果这位词人能预见到为自己的作品申请著作权，他的家人或许现在就是半个挪威的主人，因为这首诗词仍被世界各地的儿童玩具广为"传颂"，尽管是电子曲调的诗词。起初，这首诗词应该是这样的：

> 伦敦桥毁掉了。
> 国王取得了胜利，大桥又回来了。
> 盾牌摩擦声再起，
> 吹响战争的号角，
> 希尔杜在喧嚣中大声咆哮，
> 射出的箭似乎也在唱歌，
> 甲胄叮叮作响，
> 欧丁神助伟大的奥拉夫获胜。

资金缺口

站在现在的伦敦桥上，看着这座单跨桥下汹涌澎湃的棕色水流，很难想象我们撒克逊祖先修建这样一座木制桥梁，来抵挡泰晤士河潮汐所产生的巨大力量，需要付出多大的努力。

伦敦桥（续）
一座孤桥的权力

但我发现，他们不可能修建这样一座桥梁。事实上，在奥拉夫因为帮助朋友而拆毁木桥后，在1018到1136年间，在同一地点修起的木桥被损坏了10次。

在失去桥梁的早期，撒克逊人并未因此而落后，随着桥梁维修费用的不断增长，撒克逊人将桥梁变得更为经济划算、结构也更为合理。在1090年，一场不知名的龙卷风摧毁了伦敦大概600间房屋及其桥梁以后，绰号"鲁弗斯"的国王威廉二世命令强制劳动营去修复桥梁。而他的继任者亨利国王甚至恢复特殊税种以资助这种没有尽头的结构修复工作。像给福斯桥的港湾喷漆一样，伦敦桥不断的修复工作可能会成为笑柄。

但是，伦敦桥是伦敦基础设施的关键一环，并从那时起一直存续下来。她为伦敦在20世纪早期的迅猛发展提供了有力的支持，确保英国南部和大陆上的乘客和货物能够到达伦敦并为快速增长的人口（1000年至1200年间，人口数量翻了一番，达到了2万人）提供服务。来自世界各地的货物，像多塞特郡的羊毛、多维尔的葡萄酒、德累斯顿的木材，常常压得这座孤零零的桥梁发出咯吱咯吱的声音。尽管没有对桥梁宽度的精确统计，但可以肯定这座桥的宽度在6～10米，刚好能允许两辆二轮运货马车同时通过，更不用说可以让行人在上面停留观看泰晤士河的水流和退潮了。

终于有一天，亨利二世在享用早餐之时，看到了一份关于对伦敦桥大修的计划，他彻底对木质桥梁设计失去了耐心。"不能再这样了，"他说道，猛拍着桌子，鸡蛋和培根洒落一地，"是时候放弃木质桥梁而修建一座石桥了，上帝保佑。""上帝保佑"这一想法是正确的。深受财政所限的亨利想出了通过设立修道院行会的方式为这一荒唐的、昂贵的设计筹集款项的想法，该行会被命名为伦敦桥兄弟会，通过贩卖赎罪券筹集款项。后来，他又通过对羊毛和羊皮革收税，进一步扩大了伦敦桥的资金预算。

不幸的是，亨利并没有亲眼见证大桥的完工，他的工程师彼得·德·科尔丘奇也没能看到，这也就解释了为什么这项工程留给了理查德一世来管理。没有这两位的努力，这项工程的预算款很快就用光了，理查德一世既没有时间也不想再为完成这项工程而筹集款项。在理查德一世精通财务的哥哥约翰登上王位以后，才又开始对伦敦桥进行研究和关注。

约翰研究了这一问题，并在跟中世纪对冲基金经理了解情况以后，向伦敦的商人发出了一项令他们难以拒绝的提议，从而筹集贷款完成了这一工程，该提议就是伦敦商人们可以分得一部分桥梁通行费，同时也可行使其在泰晤士河上所有关于桥梁的权利。

老伦敦桥最终于1209年修建完成。33年后又一超出预算项目的是温布利体育场项目，就是现在的温布利球场，该项目受到了热烈欢迎。

伦敦精神
伦敦市市长鲍里斯·约翰逊的伦敦生活指南

获得收益

牧师、建筑师彼得·德·科尔彻奇设计了一件美妙的作品，19 个桥拱构成的比例合理的石桥，宽阔的马路，两端宏伟的门楼，甚至还有吊桥。你可以想象，这个博学的神职人员骄傲地向约翰王展示他的建筑模型：快乐的小人手挽手漫步其上，偶尔停下看向那湛蓝的河水。你可以想象，当他的君主静静地审视着设计图时，他那紧张等待的心情。

"正如陛下命令中那样，干净利落，可供防御，结构坚固。"牧师想用这句来打破沉默。

"唔，"沉思中的约翰王摸了摸他的克劳迪·雷恩斯式的胡子，"确实，皮特，正如你所言，但是……它缺少弥撒。"

"弥撒？"德·科尔彻奇迷惑地重复道，"你是说教堂吗，陛下？我想我可以在桥的一头加一座教堂。这可是贵族的情趣，阁下。"

"不。是放在上面。在桥上放一座教堂。还要加些房子。建得越高越好。我要让这座桥上住满高价的租客。"

当然，这不是他们对话的真实写照，但约翰王确实经常建议往桥上加一些建筑，使其更加能吸引潜在的投资者。无论事件的真相如何，德·科尔彻奇最初的传统设计，蜕变成了欧洲最古老的居住式桥梁和伦敦的标志性建筑。它在欧洲和全世界名声卓越，以至于如果到了伦敦而不来看一圈伦敦桥周遭的 198 栋建筑，就算不上是一次完整的旅途。

1598 年，一位从德国来到伦敦的访客保罗·亨特兹纳写道："在城南有一座长达 800 英尺的石桥，工艺精妙；桥体由 20 根方石柱支撑，桥高 60 英尺，宽 30 英尺，由直径 20 英尺的圆拱连接起来。整个桥身两侧都有房屋，感觉就像是街道的延伸，而不是一座桥梁。在桥上还有门楼，门楼顶端那些因为叛逆而被处死者的首级插在长铁钉上，我们数出的数量高于 30 个。"

当然，这些游客驻足桥前，购买被刺穿的头颅钥匙环，并将他们的漫画像画到侧面的隔间上，对桥梁的交通没有任何益处。虽然有着先进的设计，伦敦桥事实上是个交通运输的灾难。约翰王的建筑让桥上原有的马路宽度减半，马车、人和动物经常在桥上混乱地停顿下来。直到 500 年后该问题仍未解决，而当时的伦敦市长发布了这个奇异的法令："所有从萨瑟克进入城市的两轮、四轮马车和其他交通工具，只能从桥的西端行走，所有离开城市的两轮和四轮马车，只能从桥的东端行走。"这项习俗后来也在国内的所有其他马路上应用。

另一位旅客，自然主义者托马斯·潘内特将过桥描述为健康和安全的噩梦："对于众多交通工具的乘客来说，它狭窄、黑暗、危险；街头、屋顶有大量坚

伦敦桥（续）
一座孤桥的权力

固木头做成的圆拱，将房屋连接到一起，防止有人落入河中。这里的居住者很快就对落水的声音、船夫的嘈杂声、溺水女子常有的尖叫声充耳不闻，只有这样，他们才得以在这里长期居住下来。"

如果要说有什么更糟糕的，那就是桥下的河水了。桥梁19根桥墩的位置由河床的状况所决定，间隔随之变化，让船夫们抱怨这座建筑让河几乎无法航行。报告称，从名为"直觉之锁"和"长入口"的圆拱掉落到最高10英尺的水中淹死的人数迅速增长，因为许多船只企图"快速穿过桥洞"而"在桥下淹死"也常写到附近教堂的死亡名册上。伦敦桥恐怖的声名在外，据说红衣主教沃尔西从格林威治前往威斯敏斯特时，他会坚持在伦敦海鲜市场停船，然后坐驴子前往桥的另一边再搭乘船只。不过，对于大多数船只来说，伦敦桥不过是河上一座无法穿越的障碍，迫使所有从河口到达伦敦的国际或沿海贸易船只，在桥东的码头卸货，而伦敦城可以因扩展码头网络而从中抽税。到16世纪，估计约有80%的英格兰出口贸易通过伦敦进行，其中大多数都是毛料。

这也不是伦敦城唯一的收益。在决定给约翰王贷款建桥时，他们也不会知道，这将是那个世纪——或者说，接下来的6个世纪中，最划算的买卖。伦敦城获得了未来控制任何桥梁工程的权利，这意味着在接下来的600年里，伦敦能够中止任何河上建桥计划，并且凭借伦敦桥的租金、通行费和遗产专心致志地积累巨额财富。直到1729年普特尼桥在伦敦城的管辖外建成，伦敦才有了第二座跨河大桥。这个交易直到现在还有影响，因为伦敦城桥梁住宅地产——早期造桥者的继承者，还拥有和经营着5座桥梁，包括伦敦桥、塔桥、贝克法亚斯桥、萨瑟克桥和千年桥。

桥梁之战

在老伦敦桥上的198栋建筑中，最好的便是"极品公寓"，一座横跨大桥的巨大宫殿。然而，如果它超出了你能承担的价格，14世纪的房产商人就会用桥梁南端一些更加经济的房屋来吸引你的注意。"没错，先生，每月40便士；如果你想找一个比城里任何地方都好，而且可以观看那些被刺穿的头颅的位置，只需付出那么一丁点的代价……"

当然你是不会缺乏娱乐的。几百年来，伦敦桥一直作为伦敦城最南边的入口，而它的萨瑟克一端，则在城市历史一些最重要的事件里，扮演着主要角色。如果你从1392年起在这里居住超过60年，你可以看到瓦特·泰勒的农民革命，它攻占南门，放下吊桥，还有国王在桥上举行的盛大仪式中恢复了伦敦宪章，接着是伦敦城迎来了理查二世的准新娘，波西米亚的安妮，最后你还能见证

伦敦精神
伦敦市市长鲍里斯·约翰逊的伦敦生活指南

1450 年杰克·凯德的第二次农民革命中的决定性战役——而这一切仅需每月 40 便士。

老伦敦桥的自卫故事中有个特别讽刺的地方。彼得·德·科尔彻奇设计了桥梁的堡垒结构，使其成为城市南方最无法穿透的入口。桥上有着三组巨大的城门，每三分之一处就有一座吊桥。桥梁的南端还有用来支撑百年战争中的大炮的碉堡。总而言之，这是一座难以穿越的防御建筑。事实上，从 600 年的历史来看，它只有一个弱点——就是伦敦人自身。

在 1381 年，伦敦遭遇了第一次人头税暴乱，埃塞克斯郡人瓦特·泰勒带着 10 万不满的农夫，从肯特来到了伦敦桥的南大门。成功攻破第一座桥屋之后，他们挺进时却发现吊桥已经拉起。随着革命遇到了第一个障碍，泰勒和他的暴徒们威胁烧毁桥梁南方三分之一的所有房屋，除非允许他们前进。堡垒中英勇的守卫们冷静地解释说，他们不跟农夫或者恐怖分子谈判，却没有人想到去提醒艾德曼·沃尔特·西比尔，于是他放下吊桥，叛军开始了屠杀。在几天的混乱中，暴民烧毁了萨伏伊宫，将坎特贝里的大主教斩首（将他的头放在了 76 年前威廉·华莱士被刺穿的头颅旁边），14 岁的理查二世国王终于来到了伦敦肉市场跟瓦特·泰勒会面。他们在马背上谈判时，伦敦市长威廉·沃尔沃斯一剑将叛军首领砍下了马，迅速结束了谈判、叛乱和泰勒的生命。这个埃塞克斯人的头随后代替了大主教的头被放在了桥上。

仅仅 69 年后，杰克·凯德又发起了另一次针对税收的革命叛乱。也许是吸取了泰勒的经验，他在吊桥还未升起前就快速地冲过桥并斩断了拉索。这是个代价高昂的愚行，因为吊桥在国王的军队返回时也无法关闭，因此凯德的革命和生命也被迅速终结。

泰勒和凯德，以及不少其他人都发现，伦敦桥是伦敦防御的关键。占据桥梁就占据了权力，因此不难想象，伦敦城如此谨慎地守护着它。约翰王将桥梁给予城市的决定，是伦敦和伦敦桥历史上一个决定性的时刻。由此，他不仅给予了伦敦城巨额的财富，还让伦敦城得以控制伦敦南方及其最重要的入口。在伦敦桥 600 年的历史中，由于伦敦城自由行使权力，国王、女王和军队都曾被伦敦桥拒之门外。伦敦城的财政和政治独立，他们对这座跨越泰晤士河的孤桥的权力的确立和发展，自征服者威廉时代起，就成为一个明确特征而延续至今。

第五章

麦勒提斯

他带回了天主教，却遭到了驱逐

"麦勒提斯？"导游很惊讶，轻轻地叫了一声。我感觉好像自己走进了维特罗斯[1]却要买一些奇怪的东西，比如一品脱甘松[2]或是一大桶蜂蜜酒。

但是薇薇安·肯曼斯是圣保罗大教堂公认的顶级导游之一，她熟知那些东西。

"当然，"她说，"麦勒提斯，公元604年，他建立了这边三座教堂中的第一座。这边请。"

"等一下，"我说，"这里没有原建筑的实物证据，对吗？"

"是的，我们没有，"薇薇安说，"但是我们有麦勒提斯的肖像。"

"肖像？"我吃惊地说道。

我们慢慢地穿过克里斯多夫·雷恩的大教堂、纳尔森和惠灵顿的纪念碑，也经过了戴安娜王妃与威尔士亲王举行婚礼的现场。再往前走，我们看到了前院长的名单，里面包括约翰·多恩和他著名的前辈亚历山大·诺埃尔（1560年），第一个想出如何用瓶子装啤酒的伦敦人。"或许这是他对人类最大的贡献了。"薇薇安说。

在教堂东边的正前方，我们来到了美国纪念教堂，那里陈列着一本烫金的名册，记录了28000名在"二战"中捐躯的美国人的名字，在这本名册的上方，即是麦勒提斯。

---

1. 维特罗斯，英国大型高档连锁超市。
2. 甘松，多年生草本植物，有强烈的松脂香气，其根和茎有理气止痛、醒脾健胃的功效，多用于治疗脘腹胀痛、不思饮食、牙痛和脚气。

伦敦精神

伦敦市市长鲍里斯·约翰逊的伦敦生活指南

更准确地说,这是一个近期的色彩鲜艳的图标风格肖像,描绘了麦勒提斯可能长成什么样,呈现出希腊东正教大教堂的模样。

我盯着他细长的鼻子和深陷的棕色眼睛,试图想让自己回到这个英勇的天主教圣人的精神状态。大约1400年前,这位罗马男修道院院士带着他的危险任务来到这儿。

"他让你想起了谁?"我问薇薇安·肯曼斯。"噢,我不知道。"她说。

带有一点胡须的巴里·吉布?我猜想,或是有点像查尔斯·莫尔,有着冷静和认真的目光。

"等一下,"我说,"这是菲利普·哈蒙德。"去掉胡须,你看到的是一位用所有逻辑和严谨管理运输的国务大臣。

在麦勒提斯后面的是伦敦,四周围墙和屋顶紧密整齐。顶上是有着不合时宜的圣保罗大教堂的圆顶。为了炫耀一下,我翻译了麦勒提斯打开的《圣经》上面的希腊引文。

"坐在他宝座旁边的人说,看,我把一切都变新了。"

"啊。"薇薇安说。

把一切都变新。这是这位罗马男修道院院士来到伦敦的任务。但是,希望渺茫。

在我对这幅肖像表达过自己的敬意之后,我走了出来,站在圣保罗大教堂的台阶上,想象着他面临的糟糕可怕的场景。

自从哈德良去世之后,罗马式伦敦经历了几年的兴衰。一些建筑已经年久失修,面临倒塌,但其他的著名建筑依旧矗立着。包括仍可以看到的2英里墙跌宕起伏地围绕着城市,我们猜测这座城市大约建于公元200年。

然而在第三世纪,罗马帝国开始进入持续的通货膨胀和混乱中。伦敦也开始遭受着这一切,供应的队伍越排越长。城市居民开始没有报酬,士气下降。

到了第四世纪,河流南岸的居民地开始荒废。然后像其他帝国一样,罗马式伦敦人开始受到日耳曼部落的威胁。在公元410年,撒克逊的袭击变得越来越可怕,伦敦人向他们的国王发出了绝望的请求。荷诺里,一位应被载入史册的人,因为他给予了这个城市一丝纯粹。

对不起,荷诺里说,我无能为力,罗马军团不能被闲置。公元446年,伦敦人孤注一掷,向埃提乌斯大将军[1]求助。

"撒克逊人将我们驱逐到大海,而大海又将我们驱逐回撒克逊的怀抱!这是大屠杀。"他们悲叹道。

---

1. 弗拉维斯·埃提乌斯,西罗马帝国末期的主要将领,主要战绩是抗击匈奴人的入侵。公元454年因被诬陷而被处死。

麦勒提斯
他带回了基督教，却遭到了驱逐

厄运，好运，埃提乌斯说，你们都得靠你们自己。伦敦已经被正式分离，遗弃，它已经不再是这个帝国的一部分了。罗马重新采纳了奥古斯都破碎的裁决，也就是说，我们国家不值得被称为独立军团的脊椎。

没有什么能够阻挡实力强大的日耳曼部落，亨吉斯特[1]和霍萨来了以后，他们所带领的大部分罗马伦敦人，要么被屠杀，要么被凯尔特人驱逐到边境。当麦勒提斯到达我现在所站的这个地方，也就是现在的路德门山街的制高点时，他看见的是后世的景色，一个让自豪的罗马人感到绝望的景色。

我在心中抹去公共汽车和游人的行迹，去掉银行和科斯塔咖啡[2]，看见了公元604年的伦敦。

圆形剧场和浴缸已被摧毁，家猪被养在旧木屋的天井里。壁炉装饰满了马赛克。在英国，古罗马的火坑供暖系统已经失传，英国人直到几个世纪之后才重新开始集中采暖。

统治者的宫殿被发掘出来，位于这个城市的最具控制力的地方，无数胸怀大志的伦敦人曾经在这里居住过或是梦想来到这里，现在满是黑色泥土。考古学家对此有两种不同的猜测：这种黑色的泥土表明当时可能发生了一场大灾难；或者，原因很简单，只是因为当时这片土地曾经被翻过来用于耕作。

不管是哪种原因，罗马人的伦敦已经消逝了，对于那些相信历史是持续进步的人来说，这个灾难是一种无力的反驳。

伦敦人曾经有与维吉尔[3]一辩高下的能力，但是现在他们甚至不认字了。他们被称为卡萨乌和查乌林，让我们面对这个现实吧，他们本质上就是一群日耳曼人。他们脱掉了阿格里克拉曾经教会他们穿的外袍，只穿了裤子。

是的，在伦敦，现在这群野蛮人穿着裤子，而曾经比这还要糟糕。差不多在康斯坦丁之后的三个世纪，他们完全放弃了天主教义。他们信仰丛林中的日耳曼万神庙，他们的统治者是沃登的后裔，每年11月，他们用大量的牛和猪向其献祭，所以这个月又被称为"献祭之月"。

在罗恩·威廉姆斯的描述中，当麦勒提斯到达伦敦时，"他几乎找不到任何天主教的痕迹"。然而，这位主教心中有了一个计划。

他站在路德门山街的顶端凝视，最终他的视线落在了一个荒废的古罗马神庙上。这个应该可以，他想。

公元591年，当格雷葛瑞教皇在罗马的奴隶市场四处闲逛时，他将他的构

---

1. 亨吉斯特，亚瑟王时代前的撒克逊王，与其弟霍萨率朱特人与不列颠人作战，建立肯特王朝。
2. 科斯塔咖啡，英国一个著名的咖啡品牌，也有自己的咖啡店。
3. 维吉尔，古罗马诗人，公元前70年至公元前19年。

伦敦精神

伦敦市市长鲍里斯·约翰逊的伦敦生活指南

思付诸实践。教皇发现了一些有着白皙皮肤和一头金发的男性奴隶。这些人从哪儿来？他问。

他们是英国人，或者说"Angli sunt"，拍卖商回答道。

教皇拍了拍手，说了一个非常著名的笑话。"Haud Angli, sed Angeli（不是盎格鲁人，而是天使）！告诉我，"他说，"他们是基督徒吗？"

"不幸的是，他们并不是基督徒。"拍卖商回答说。"好的，"教皇说，"我们再看看吧。"

公元596年，他先派出了有着锦囊妙计的奥古斯丁[1]。肯特国王埃塞尔伯特[2]是一个异教徒，但是他的妻子贝莎有天主教倾向。不久之后，埃塞尔伯特皈依了天主教，奥古斯丁立即向教皇请求支援。

事情进行得很不错，他向教皇汇报，他需要更多的支持，比如衣服、祭坛装饰、十字褡和宗教书籍之类。一定要快点运送过来，他催促教皇。

教皇又派出了麦勒提斯和其他人，还带去了一封书信，指导他们怎样使信仰异教的英国人转变信仰。不管你们做什么，教皇说，不要操之过急。

不用让他们完全丢弃掉异教徒的节日和献祭，让他们继续享受这些，让油脂和肉汁划过他们野蛮的脸颊，但是告诉他们这一切都是因为耶和华的荣耀。不要拆毁他们的神庙，教皇建议道，就在那些原有的神殿旁边兴建新的教堂。

就在现在我们的教堂的某个地方，罗马的麦勒提斯游说埃塞尔伯特的外甥赛博特建造一座教堂。就在曾经是黛安娜[3]神庙的那片废墟中，他建造了一座简单的木质教堂，并将它献给了圣保罗（St Paul）。

天主教重新回到了伦敦的土地上，虽然还不太牢固。

大约公元616年或618年，埃塞尔伯特和赛博特[4]接连去世，天主教失去了它的最重要的两个撒克逊信徒。根据法师比德的记载，埃塞尔伯特的儿子埃德沃德表现得尤其恶劣。他一执政就立即恢复了异教信仰，并宣布和他父亲的妻子同居，而这一切都没有告知格葛瑞教皇。

此外，赛博特的儿子还恶毒地戏弄可怜的麦勒提斯。这位伦敦新主教正在他小小的木制教堂中给信众们发放圣餐，他们却前来捣乱。

"麦勒提斯，"赛博特那些信仰异教的孩子们喊道，"也给我们发点面包吧。"

---

1. 奥古斯丁，罗马帝国基督教思想家。
2. 黛安娜，罗马神话中的处女守护神，狩猎女神和月亮女神。
3. 埃塞尔伯特，肯特国王，第一个改宗天主教的英格兰国王。他颁布了英国第一部法典，后来皈依了天主教。
4. 赛博特，埃塞克斯国王，第一个改宗天主教的东撒克逊国王。

麦勒提斯
他带回了基督教，却遭到了驱逐

"好啊，"麦勒提斯说，"你当然可以得到这些面包，但是首先你必须信仰耶和华，然后让我给你洗礼。"

"给我们洗礼？"赛博特的儿子们说，"我们不想受洗，直接给我们面包。"

"不行，"麦勒提斯坚持道，他想到了他的任务，"你必须受洗才能拿到面包，如果你想要面包，你必须信仰上帝。"

"滚吧，你这个蠢主教。"赛博特的儿子们说。传教士被赶出了伦敦，再也没有回来。

当然，最后，他的故事足以令人震惊。这座最初由麦勒提斯建造的建筑后来成为了整个国家在闪电战中坚持反抗的标志。直到今天，圣保罗的一瞥仍然让伦敦人胆战心惊，所以他们兴建了精心设计的监视廊道来保护自己。没有建筑能够阻挡修建在列治文山、樱草花山和位于这个城市周围其他地方的教堂圆顶映入民众眼帘。

当麦勒提斯被赶走之后，异教信仰在伦敦得到广泛传播，直到公元644年，切德成功成为第二个主教，天主教才得以在伦敦重新传播。"好久不见！"这一定是他在他的第一次布道中的句子。

2010年的一天晚上，我突然想起了麦勒提斯，而此时我正有幸见到了罗马教皇。我站在希斯罗机场的跑道上，希斯罗是一个有着无数种族和信仰的现代化大都市的代表。我隐约觉得我应该向无信仰和快乐主义的伦敦同伴们道歉或者做一个解释。

我感觉像是一个穿着靛蓝色裤子、有着黄油般头发的撒克逊野蛮人，被迫向光辉灿烂的罗马介绍自己和自己的城市。最后，教皇从他的意大利航空飞机中出来，十分疲惫，却闪闪发光，就像加了糖的杏仁，穿着一身白色的礼服和红色的拖鞋。

当我们一起坐在皇家休息室的沙发上时，我说道："一切都回到了公元410年。"

他热切地看着我，就像想要记住所有下午茶时间发生的事情一样。

我兴奋地说着，我的意思是，教皇荷诺里的决定在精神上对于这个国家有着极大的历史意义。大不列颠不像其他罗马帝国的地区，我们经历过一个完全的转变，一次惨败。

一个充斥着罗马文化和天主教文化的城市已经结束了，它坠入了异教和罪恶的怀抱中。

如果时间允许，我会告诉他，伦敦一直存在的底层的异教信仰、野蛮的感受和观点，我们在第五个世纪分裂出罗马帝国的经历，罗马对于我们的背叛，这些都导致我们在潜意识中一直对任何欧洲大陆的宗教或政治联盟的图谋持有

伦敦精神
伦敦市市长鲍里斯·约翰逊的伦敦生活指南

一种怀疑的态度。

我将要告诉他我的理论,从亨利八世到英国拒绝加入欧盟,荷诺里的脐带切割理论可以对这一切进行部分解释。

教皇很是幸运,因为我刚开口说了几句话,红衣主教的骑兵队就将他带回了宾馆。

"非常有趣!"他说。

* * *

想要嘲讽可怜的麦勒提斯主教很是简单,他被一群忘恩负义的异教徒赶出伦敦,却又为了天主教重新回到这个城市——这个国家,因此我们理所当然地可以将他视为一位非常重要的历史人物。

想象一下,如果他从没有修建那栋脆弱的木制圣保罗教堂,或者没能在后罗马伦敦(post-Roman London)的黑暗土壤上重新种植信仰的纤柔之花,那我们的国家将会是什么样子。再想象一下,如果英国精英直到今天还一直受到溪流、树林和岩石的诅咒,而不是耶稣基督的诅咒,又将是怎样一副光景。坦白地说,大英帝国一直以来都众口难调。美利坚合众国的情况也是如此。我们可以说我们是"沃登神[1]脚下不可分割的一个国家",我希望我们所有人都可以抱怨过度的商业化,而不是抱怨圣诞节或者感恩节。

对于那些信仰神圣天主教的人来讲,自然应该摒弃这样的幻想,但是在麦勒提斯之后的三百年间,异教徒从未走远。

现在我们已经找不到任何麦勒提斯教堂的痕迹,而且在古老的罗马伦敦,也确实找不到早期撒克逊的居住痕迹。撒克逊人迁出西方,迁往奥德乌奇和科芬园集中聚居,而上游敌人便顺着泰晤士河而下,前来进犯。

有这样一个人,他因击退了敌人,重新掌控并建立了这个古老的城市而备受好评。在几个世纪的衰败之后,他有着良好的文化修养,足以接受罗马人留下的记忆。

---

1. 沃登神,日耳曼神话中的主神,相当于北欧神话中的Odin(奥丁)。

第六章
阿尔弗雷德大帝
作为英国之王，他重建了伦敦

2008年平安夜，万蒂奇的人们带着一股令人厌恶的似曾相识之感，聚集在他们的古市集广场。不会有下次了，他们说。

一年前，一些混蛋对这个小城最著名的人物雕像造成了部分损坏。现在，有人对这个雕像进行了二次破坏，只是这次的雕像损坏情况比上次要严重得多。

阿尔弗雷德大帝的大理石雕像在这广场上已经伫立了130年。这座由维多利亚女王的亲戚莱亨伯爵亲自雕刻并由爱德华王子揭幕的雕像，留着长度及胸的胡子，戴着像圣诞老人一样的帽子，穿着奇怪的盎格鲁-撒克逊式的交叉吊袜带，深邃的眼睛盯着丹麦人或是本地喝着苹果酒的小坏蛋们，在晴朗的天气下显得格外庄严。但今天并不是个好天气。

今天，这些年轻人又破坏了这座雕像，他们不仅把它的右手打得粉碎，还拆毁了雕像所执的那把4英尺高的战斧。

"我们对这种肆意破坏文物的行为感到十分愤怒，"万蒂奇镇长帕特里克·奥利里拿着战斧的残骸对着镜头表示，"阿尔弗雷德大帝雕像对于万蒂奇人民意义十分重大。"

万蒂奇官员发现，当地的商业代表对于这一事件十分震惊。麦迪逊茶馆的莱斯利·杰克逊说："这真是个令人悲伤的消息，它是万蒂奇的标志。阿尔弗雷德大帝的雕像陪伴我长大，之前从来没有发生过这种事情。"

悲伤？这一事件不仅意味着悲伤，朋友。这次的破坏是一个预兆。我们将社会改变成了什么样子，使得这座沉睡的牛津郡小镇要承受这样的肆意破坏行为？这仅是无知造成的，还是忘恩负义呢？

仅仅一百年前，成千上万爱德华时代的人们来到温彻斯特，见证另一位伟

伦敦精神

伦敦市市长鲍里斯·约翰逊的伦敦生活指南

大的撒克逊之王的雕像揭幕。他们举行了海军阅兵式，主教为其祈祷，教堂的风琴演奏者们还献上了特别为其谱写的赞歌合唱。罗斯伯里勋爵发表了演讲，除了一些对阿尔弗雷德的最高赞誉外，他称阿尔弗雷德为"最理想的英国人，完美的君主，实现英格兰强大的先驱"，辉格党的历史学家E.A.弗里曼称其为"历史上最完美的人"。人们可以看出他这么说的原因。

阿尔弗雷德不仅被称为海军之父，还是大英帝国之父，直到21世纪初他仍然是盎格鲁-撒克逊世界霸权的奠基人，他鼓励和支持学术的发展，他击败了疯狂和残暴的异教徒敌人，他统一了国家。出于我们现在的需要，他将作为一个拯救伦敦的英雄，被永远传颂下去而不会被遗忘。

我们对于盎格鲁-撒克逊时期的伦敦不太了解，尤其是在梅利图斯[1]时期和阿尔弗雷德大帝之间的这段时期。这也就是为什么这段时期被称为黑暗时代的原因。虽然我们有文明遗迹，但它们还是令人沮丧。文物中包括制作粗劣的断齿的梳子，它们是用羊的肩胛骨做成的。还有一些青灰色的小玩意儿，是你可能想要在卡姆登市场[2]上找到的，只不过它们一点都不精致。

这里有一个沾上污点的釉面陶瓷会让你将它和小学手工课作业联系起来，当你坐在由伦敦博物馆建造的根据历史推测出的仿木制民居之一中，你会觉得这个地方简直就是一个垃圾场。这里没有砖，没有石头，没有壁画，没有马赛克，当然也没有古罗马人使用的公共卫生设施。

毫无疑问，我将会面对盎格鲁-撒克逊历史学家的愤怒，他们会坚持我们正在谈论的是黄金时代，但是你只能蹲在重建的棚屋里，跟猪挤在一起，闻着自己乱糟糟的头发的味道和猪的"芬芳"。很快，你就会感觉到"黑暗时代"渗入了你的脚踝，伴随着冻疮、脓疮和32岁的平均寿命。

撒克逊时代早期的伦敦提醒我们，历史不是一个单向的齿轮。自哈德良执政后，人口数量灾难性地下降，由大约3万人降至数千人。

伦敦人不再会读书或写字。因为一些对遗迹恐惧的迷信，他们搬出了旧的罗马城市。然而，在他们定居的地方，靠近斯特兰德大街和奥德维奇的兰登维克，我们发现了一些锅碗瓢盆，这表明他们与梅罗文加王朝[3]有着频繁的贸易往来。在20世纪80年代，在科芬园附近发掘出了一条有大约60座房屋的街道。

用圣比德的话来说，伦敦仍然是"一个以陆路和海路连接许多国家的集市"。尽管伦敦地位在后来有所下降，但一般来说，在9世纪初叶，伦敦仍然是英国

---

1. 梅利图斯，萨克森时代的首位大主教，第三位坎特伯雷大主教。
2. 卡姆登市场，伦敦一个大型市场，因集中出售服装、工艺品和古董闻名于世，成为了伦敦第四大景点。
3. 梅罗文加王朝是法兰西六个封建王朝中的第一个，西方餐桌礼仪就是源于这个王朝。

阿尔弗雷德大帝

作为英国之王，他重建了伦敦

最富有和最重要的城市。但这一情况即将改变。

当你回顾历史上盎格鲁－撒克逊人所遭遇的黑死病时，你可以说这是他们罪有应得。毕竟撒克逊人本身就是捕食者。这是一群穿着裤子的金发日耳曼暴徒，他们的故乡在易北河和威悉河之间的平原上，这群人侵略性极强，屠杀别的居民并将他们远远赶走，以至于拜占庭历史学家普罗科匹厄斯[1]认为，大不列颠实际上是两个国家，一个叫作布雷塔尼亚，在西班牙对面；另一个更日耳曼化的地方叫作布雷提亚，位于莱茵河河口。

即使是在阿尔弗雷德统治时期，撒克逊人仍然继续迫害凯尔特人，把他们驱赶至西边的威尔士和康沃尔。阿尔弗雷德的外祖父奥斯拉克是皇室管家，他曾经自夸，他的家族杀光了所有他们见到的怀特岛上的英国人。

没有什么好回避的。撒克逊人制造了种族大屠杀。在阿尔弗雷德出生前他们就受到了报应——生存的威胁。有人说这些入侵者是因为丹麦的人口大爆炸，尤其是在实行一夫多妻制的日德兰半岛、西福尔和斯科讷。对于饥肠辘辘的幼子和妻子来说，英格兰的富庶是很有吸引力的。不管出于什么样的原因，维京人来到了英国，暗中溯江而上登陆英国大肆掠夺。

为了揭示出撒克逊人渴望的命运，被俘的国王要经历一种被称作"血红苍鹰"的仪式，温和地说，就是在其背上刺上一只老鹰的图样，但实际上，在仪式中他们会从无法动弹的受害者的脊椎处砍开背部肋骨，从胸腔中拉出他的肺披盖在肋骨上，从而形成所谓的"血鹰的翅膀"。

他们是异教徒。他们进行人祭。他们洗劫教堂，因为教堂对于他们来说仅仅是一栋可能有金子的建筑而已。韦塞克斯和麦西亚绝望的国王们尝试通过贿赂让他们离开[2]。维京人收下了金子，立下毒誓会离开，最后却若无其事地背叛了誓言。公元842年，盎格鲁－撒克逊编年史记录当年伦敦遭到了入侵，"伴随着一场大屠杀"。但是真正的灾难发生于公元851年。

一队由350艘船组成的舰队航行至泰晤士河口。他们首先猛攻坎特伯雷，接着在泰晤士河北岸登陆，将伦敦洗劫一空。荒废的罗马城墙上满是缺口，毫无防御能力。女人遭到强暴，男人均被屠戮，血流成河，哀鸿遍野。

维京人在第二年被埃塞沃夫——阿尔弗雷德的父亲——在阿克雷（或者欧克利，没有人知道具体地点）击败这件事情，对于伦敦来说并没有起到任何

---

1. 普罗科匹厄斯，也被译作普罗科比，拜占庭帝国历史学家。
2. 韦塞克斯意思是西撒克逊，韦塞克斯王国是撒克逊人建立的盎格鲁－撒克逊王国，位于今天英国的汉普郡沿岸，后发展到了希尔腾山脉；麦西亚王国又译作默西亚王国，是盎格鲁人建立的盎格鲁－撒克逊王国，其所在位置是当今英国的米德兰地区。

伦敦精神
伦敦市市长鲍里斯·约翰逊的伦敦生活指南

安慰作用。阿尔弗雷德生活的那些年，伦敦是一片废墟，是死亡的象征，是对人类野心的浮华的布道和训诫。撒克逊的木质建筑兴建起来，街道成为一片黑色木头和焙烧的石头组成的沼泽。慢慢地，泽菊和醉鱼草的根系覆盖了最后的罗马建筑。至于在废墟中苟延残喘的人们，他们在桥边露营，如果还有桥的话。

阿尔弗雷德会为这场灾难复仇，但是当时他只有三四岁，生活在韦塞克斯王宫充斥着狩猎、射箭、捕鱼和祈祷的环境中。他是埃塞沃夫的儿子，埃塞沃夫是埃格伯特的儿子，埃格伯特是埃蒙德的儿子，埃德蒙是埃法的儿子，埃法是厄帕的儿子，厄帕是英吉尔德的儿子，换句话说，他是一个完完全全的撒克逊花花公子。

对于阿尔弗雷德来说，唯一不顺心的事情就是他的父母早已经有了四个儿子，埃塞斯坦、埃塞巴德、埃塞伯特、埃塞雷德[1]和一个女儿——我想你肯定猜中她的名字了——埃塞薇丝（大概意为淘气鬼的智慧）。但是阿尔弗雷德可不是只有一个时髦的名字那样简单。这是他出类拔萃的最早预兆。

阿尔弗雷德的传记作者，一个叫作安塞尔的修道士，告诉我们这个年轻的孩子在一次背诗比赛中击败了他的哥哥姐姐们。可以想象得到，他的哥哥姐姐们看见这个勤奋的金发小弟弟在一脸自豪的母亲面前喋喋不休有多么厌恶。

在他的成长历程中，更重要的是，阿尔弗雷德被他的父亲埃塞沃夫选中，参加一次很重要的聚会。埃塞沃夫在理论上是异教徒的神沃登[2]的后裔。但他却是一个虔诚的基督徒，他是如此虔诚，以至于在公元852年，在奥克利（或者阿克雷）战役不久之后，他作了一个特别的决定。当时维京人仍然在英格兰横冲直撞，这个威胁还未被解决，但是他决定带着这个5岁的孩子跋山涉水去罗马朝圣。

在历史上，教皇利奥四世在罗马圣彼得大教堂热情接待了这个大胡子的撒克逊人，仆从们小心地接过了这位韦塞克斯国王的礼物，一个四磅重的金冠，一把宝剑和一件饰以金钥匙的紫色短袍。教皇在他的这位访问者面前称赞衣服十分合身。最后埃塞沃夫被任命为执政官，这是罗马共和国最高行政官职，可怜的老西塞罗[3]费尽心机追求的职位，却被轻易地授予了这个名不见经传的日耳曼酋长，而小阿尔弗雷德也成为了教皇的教子。

有了这样的回报，这次罗马的经历有一点冲昏了埃塞沃夫的头脑就一点也

---

1. 在埃塞沃夫去世之后，这四兄弟曾先后担任国王。
2. 沃登，北欧诸神之父，也是风暴之神，英文中星期三的意思就是沃登之日。
3. 西塞罗，全名马库斯·图留斯·西塞罗，是古罗马政治家、演说家、雄辩家、法学家和哲学家。

阿尔弗雷德大帝
作为英国之王，他重建了伦敦

不奇怪了。这对父子在罗马待了整整一年，他们住在萨克森学院，一座圣彼得大教堂对面混杂着撒克逊风格的房子，这是专为英格兰虔诚的游客准备的，他花费了一大笔钱将它改建成罗马教堂。两年后，当阿尔弗雷德7岁时，这对父子又来到了罗马，进行他们的第二次朝圣之旅。

不久前，我带着我的女儿去了罗马，我们走在罗马圆形大剧场里，现在的它和阿尔弗雷德看到的时候一样美丽。我抬头看见雨滴坠落，就像银色的飞镖一样掠过乌黑的圆拱，这比在照片中要辽阔和疯狂得多。可以想象得到，这些建筑对阿尔弗雷德年轻的心灵造成了多么大的震撼，尤其是罗马建筑的规模。撒克逊的南安普敦，是伦敦之外最大的贸易中心，可以把卡拉卡拉大浴场[1]完整地放进去。

当然，大部分的罗马建筑都已被摧毁。但是，阿尔弗雷德的教父教皇利奥四世，是一位建筑家，一位重建者，一个决心建造基督教建筑来战胜异教徒遗迹的人。他围绕梵蒂冈建造了巨大的墙，它一度成为哈德良的陵墓，也就是现在的圣天使堡。在一个孩子最容易被触动的年纪，阿尔弗雷德大帝见证了一个城市的重建，也明白了英格兰曾经拥有但已被忘却的东西——城市自己的理念。

这是维京人用暴力拒绝的理念。他们对城市的理念没有丝毫兴趣，他们只热衷于城市陷入火海中的哀鸣声。

公元860年，他们攻陷了韦塞克斯的首都温彻斯特。阿尔弗雷德已长大成人，一直忙碌于与异教徒的斗争中。他的父亲在公元856年就已去世，他的兄弟也一个接一个地死去，没有一个人活到了30岁。在公元871年，23岁的阿尔弗雷德在悲伤的气氛中戴上了皇冠。维京人失去了控制权，公元872年，部分维京雄狮决定重新占领伦敦的废墟，他们强奸或者抢劫任何出现在那里的人。维京人首领哈弗德尼甚至在伦敦铸币来证明其统治地位。

阿尔弗雷德被迫去交丹麦税赋，最终却像逃犯和流亡者一样穿梭于萨默塞特的树林和沼泽。在那里，他烤煳了当地一个农妇的蛋糕，就像塞拉斯和伊曼[2]说的那样，他成为了阿尔弗雷德大帝。这里也是传说中，他和他的仆从化装成小丑和杂耍者，去侦察丹麦人军营的地方。

在某种程度上，对于现在来说有点尴尬的是，他有着维多利亚时期公学的精神，他是一个强身派基督教徒，他有着一种强烈的，不只是对于上帝，还有训练他的意志来克服身体的虚弱的信念。当他到了会被性冲动扰乱心灵的年纪时，他甚至祈祷自己生一场病来转移自己的心思。万能的上帝让他得了痔疮，

---

1. 卡拉卡拉大浴场是一座古罗马公共浴场，占地16万平方米，周边设施3万平方米。
2. 塞拉斯和伊曼，此二人为英国历史学家，合著有历史科普著作《1066和诸如此类》。

伦敦精神
伦敦市市长鲍里斯·约翰逊的伦敦生活指南

可病痛是如此厉害,以至于在痛苦地坚持了一次在康沃尔的狩猎之后,他停在了一所修道院,祈祷上帝为他降下另外的病痛。

后来他经常不明腹痛,后半生一直被这病魔所折磨,这种病后来被称为克罗恩病[1]。后来,当阿尔弗雷德认为他自己是这个世界的重要领导者时,他写信邀请耶路撒冷的东正教的伊莱亚斯教宗来医治他的肠道疾病。伊莱亚斯提供了一系列恶心的治疗方法,包括吃药旋花来治便秘,吃甘松来治腹泻,吃胶黄芪来治恶化的粘液,喝矿物油来保持内脏柔软,吃"白色石头"来医治所有的不明病痛。

我们并不清楚,阿尔弗雷德是否真的开始或者什么时候开始,靠喝石油来治疗他的腹痛,但是大部分现代医生都同意,如果他能够吃了元老的药而不死的话,那么没有什么别的病痛能够杀死他了。在征服他的内脏之后,可能他臀部的痔疮早已冒烟,阿尔弗雷德冲出了他藏匿的沼泽。他将撒克逊人组建成为常备军,并且建立了轮值制度,使得每个人都可以回到他的领地。他改变了原先的防御策略,将大概30个城镇转变成为加强型的双环壁垒。公元878年,撒克逊人与丹麦人在爱丁顿进行了决战。

军队几乎是像荷马史诗里描述的那样包围了战场。他们首先投掷出了长矛,它们有1.8米到2.4米长。接着是一阵低吼,挥舞着沉重盾牌的士兵打斗在了一起。如果你看到了活着的撒克逊人用剑向敌人刺去,是那种细长的、看起来很邪恶的矛或戟一样的东西,你就知道为什么维京人不喜欢被人用这个指着了。维京人被打败了,相当不情愿地同意受洗,阿尔弗雷德像教父一样骄傲地站在那里。

爱丁顿战役是这场战争的转折点,从那之后,维京人的威胁开始减弱。但是这些野兽并没有完全离开。公元882年,他们又一次袭击了伦敦,但是他们袭击的目标现在还不清楚。可能令人悲伤的真相是殖民统治已经开始,没有政府说话的权利。伦敦仍然在战略上有着极其重要的地位。它始终处于罗马交通辐射网络的中心位置,如果阿尔弗雷德打算阻止维京人搬向英格兰东部和东南部,要获得十字路口的控制权就再简单不过了。

根据盎格鲁-撒克逊编年史记载,公元886年,阿尔弗雷德包围并占领了伦敦,城中四处大火(维京人建造的民居),大量丹麦人死去。在克里登,人们发现了一个宝藏库,这似乎预示着,这一次是维京人埋藏他们的宝藏并逃命去了。当阿尔弗雷德占领古罗马首都时,他终于可以做他的教父曾经做过的事了。他把自己还是一个年幼的朝圣者时所学到的知识,全部应用于实际,用安塞尔

---

1. 克罗恩病,这是一种原因不明的肠道炎症性疾病,表现为腹痛、腹泻、肠梗阻。该病易反复发作,且不易根治。

阿尔弗雷德大帝
作为英国之王，他重建了伦敦

的话来说，"他重建了城市的美丽，使得它重新适宜人们居住"。

他希望一个城市有历史的底蕴，有人们的记忆。就像之前以及之后的所有统治者一样，他的脑海中全是罗马梦，将他自己视为曾经统治过欧洲的伟大的罗马基督教文化的继承人，来维护他的统治。因此，他颁布法令，称撒克逊人将会克服罗马恐惧症，并且搬回到那斑驳不堪的粉白色围墙中。

从奇普赛德街到河边，他占领了一大块大约300米宽、1000米长的老城区。他设计了一个网格状的街道模式，现在，我们还能在加力克山看到布莱德街、弯弓路和其他地方。兰登维克结束了，兰登堡诞生了。老城市焕发新生，新城市不断变老，正如它的名字——奥德维奇——提醒我们的那样。

新伦敦和旧伦敦都有两个港口，分别在比林斯门和昆尼士，贸易在重建的码头兴盛起来。我们在德国的尼德门德找到了挪威的磨刀石和手推石磨。我们有来自比利时、挪威和苏格兰的硬币，这都表明，伦敦正恢复成为一个跨国跨语言的贸易中心。

阿尔弗雷德创建了150年稳定和发展的框架。比物质上的重建更重要的是，阿尔弗雷德的伦敦展现了一种全新的政治风貌。他将城市交给埃塞雷德郡长，一个莫西亚人管理，从此伦敦成为韦塞克斯和麦西亚新联盟的标志和支点。在阿尔弗雷德娶了麦西亚的艾尔斯薇斯公主之后，他也不再仅是韦塞克斯的国王了。

阿尔弗雷德有了一个新的头衔——盎格鲁-撒克逊之王，他规定官方语言是英语。当他在公元899年尊享财富和荣耀逝世之后，他被称为英国之王。

他在遗嘱中留下了2000磅银子，这在当时来说是一个令人惊讶的数字，这可能也是一个盎格鲁-撒克逊人学会了在击败维京人通畅海路中赚钱的标志。他也是这个国家最伟大的教育家之一，他以文学和基督教义的传播作为武器，与丹麦的文盲现象作斗争。

他是一个学者，他将奥古斯汀、波伊提乌和《圣经·旧约》中的诗篇翻译成他的语言。他创建了法律和政府管理理论。他被赞为英国海军之父，他那丘吉尔式的能量和自信，鼓舞了他重新设计他们使用的船只。

可能有一些愤世嫉俗的现代历史学家会告诉你，阿尔弗雷德的船只过于沉重和呆滞，并不是很迅捷，但他是至今仍存在的盎格鲁-撒克逊制海权的直接创造者，他的船只最远可以到达太平洋。

他发明了十分特殊的阿尔弗雷德式钟——使得他可以很精确地将他的时间划分成两半，一半用于敬拜耶和华，另一半用于处理尘世事务。经过大量实验，他要求他的牧师收集有斑点的蜡，这些蜡的重量刚好等于72便士。它们被分割成6根非常细的蜡烛，每根12英寸长。阿尔弗雷德计算出每根蜡烛可以烧4个

伦敦精神
伦敦市市长鲍里斯·约翰逊的伦敦生活指南

小时,他的计划是保持蜡烛永久的供应并且使蜡烛持续燃烧,这样他就可以把握住时间的流逝。

然而,他所拥有的所有帐篷和教堂都会有一丝小微风,使得他的蜡烛不能稳定地燃烧。"嗯,"阿尔弗雷德说,"我们需要一种能够阻挡风却不阻挡光的东西。"

所以他要求他的木匠做了一个木制架子的箱子,它的侧板特别薄接近于半透明,国王发明出了灯笼!

碰巧的是,现代学者努力复制出了阿尔弗雷德的蜡烛钟。他们声称,一只12英寸的细蜡烛完全烧不够4个小时。这让人感觉是卖弄学问的迂腐了。这个男人不仅击退了维京人,还统一了国家。船只,钟表,灯笼,他有一系列以他名字命名的专利。

所以,在我们身上到底发生了什么,使得我们遗忘了这位士兵、学者、博学家和这个国家的救世主?在斯特兰德大街有一座雕像,就在法院旁边,它是为纪念阿尔弗雷德对于法律的贡献的,显然,没有任何事物可以提醒伦敦人,他为这座城市做了什么。

1912年,在皇家交易所有一幅著名的壁画,画的是阿尔弗雷德骑在一匹花斑马上,检视建筑师为伦敦街道新设计的网格。现在这幅壁画到哪里去了呢?似乎是被一家大型购物中心挡住了。

原来在昆尼士的港口上有一块匾,是在后来的伦敦博物馆馆长约翰·卡拉克的坚持下才被修复的,但之后也被开发商"弄丢了"。"人们几乎要怀疑这是除忆诅咒或者是集体失忆了。"克拉克先生说。

造成这种局面的部分原因,可能是阿尔弗雷德没有留下物质遗产,没有留下伦敦试金石。那些撒克逊宫殿,那些教堂,连一砖一瓦都没有留下。我们还要面对的一个遗憾是,阿尔弗雷德在许多方面都不时髦。他的筋疲力尽的基督教美德、极大的能量和自我否定,相对于我们来说,可能对维多利亚时期的人们更有吸引力。

什么使得一个人祈祷得痔疮来遏制自身的性冲动?"即使是一只蜜蜂,当它在愤怒中叮了人类后也必须死去,所以,所有灵魂在经历了非法的性欲后也要受到惩罚。"阿尔弗雷德在他对波伊提乌译本的修饰中悲哀地写道。

这并不是性爱小说史诗中的东西,对吗?小说家和好莱坞对他的形象发掘不出感兴趣的东西。我们必须接受的事实是,在过去的一个世纪中,他有一点过于日耳曼了而不是一个真正的国家英雄。在维多利亚女王时期,这是非常值得尊敬的,因此记录下了早期英格兰和德国的强强联合。她自己就嫁给了一个德国人。而在两次世界大战后,这种联系已经变得没有那么流行了。

阿尔弗雷德大帝

作为英国之王，他重建了伦敦

现在，也许他并不是因为表现得日耳曼化而受到指责，而是他是历史上终极的盎格鲁-撒克逊人。在纽约阿尔弗雷德的阿尔弗雷德大学，教学人员在20世纪90年代决定委托制作一个阿尔弗雷德的头像。这一决定引起了争议，琳达·米切尔抗议说："如果大学推崇尊重多样性，那么选择一个如此排外的、历史上强调白人男性权力结构的标志，这一行为是愚蠢的。"

即使是在韦塞克斯的首都温彻斯特，他们也背叛了这个男孩，他不应该因为他是白人或者是男性而受指责，更何况他还死了。在1928～2004年之间，有一所高等学府叫作阿尔弗雷德国王大学。不用说，现在它叫作"温彻斯特大学"。

在十二月的一个星期六的早上，我决定去昆尼士，那个曾经是古罗马城市后来被阿尔弗雷德建设成港口的地方。当然，我告诉自己，你不可能从这里逃脱。这里一定有值得看的地方。我一到上泰晤士街就遇到了这个城市百年不遇的暴风雪，我害怕昆尼士和阿尔弗雷德时代的所有基础设施的痕迹都会和别的东西一起，消失在这白色的地狱里。

几周后，当暴雪退去，我终于找到了它。我很高兴我努力了。它在泰晤士河河岸线边的一个方形入口，现在被现代红砖公寓和办公楼所包围。没人看我，我马上跃过围墙站在了阿尔弗雷德的河岸上。我看向我脚下的土地，惊讶到下巴都掉了下来。

昆尼士是洗东西的地方，我的脚下是成千上万上百万的骨头，白色的，棕色的。有羊的头骨、猪的肋骨、牛的大腿骨，还有无数乱七八糟的白陶土管、煤块、瓦片和罐子的碎片。当我看向对面，我能看到南岸时髦的餐馆，环球复合剧院。但是我正站在伦敦历史的垃圾箱上，天知道它可以追溯到最早的历史。

我明白昆尼士被现在的河流保护得有多好，这里对于装卸工作的进行有多么理想，我能够看出，阿尔弗雷德的港口在重建中世纪伦敦的工作中扮演了怎样的角色；我对这些容许阿尔弗雷德的记忆消逝的人感到愤怒，我对我们这个时代的冷漠感到愤怒。

在万蒂奇官员采访当地议员并记录下他们对于袭击雕像事件的愤怒之后，这些记者恰当地做了他们应做的事情。他们报道了另外的观点。贾斯汀·赫夫，18岁，在贸易市场的洛斯·帕金处工作，他说："老实说，这真的没有打扰到我，我可以看到在对地区和历史的认知所匮乏的状况下，人们是如何度过的，但这个事件可能是更为年轻的一代的所作所为。"

年轻人？哦，你们这群毒蛇！如果不是因为阿尔弗雷德大帝，伦敦可能变成锡尔切斯特[1]，成为另一个被遗弃的罗马城市。

---

1. 在罗马统治英国及罗马之前，锡尔切斯特是一座重要的城镇。

伦敦精神

伦敦市市长鲍里斯·约翰逊的伦敦生活指南

如果不是因为阿尔弗雷德，就不会有英国，就不会有像多洛斯·帕金[1]这样的牌子，贾斯汀·赫夫就会用丹麦语接受《万蒂奇报》采访了。

* * *

在一个世纪的和平之后，丹麦人又回到了这里，这一举动为阿尔弗雷德大帝创造的遗产（伦敦曾是他的战利品）又添了一笔。港口得到了开放，这片岛国与大陆之间的培根和羊毛（这取决于重要的文献是愿意写成"lardam"还是"lanam"）贸易得以继续。

阿尔弗雷德将桥放回了原处，虽然从桥上过来的伦敦人普遍要比罗马时代的矮小，而且人数也少一些，但他们拥有非常健康朴素的饮食习惯：豆豆和树根一起煮肉汤，炒鸡蛋，用古怪的鲸鱼肉炖鲸鱼汤。

伦敦人失去了罗马帝国奢华的酒类和香料，同时，他们还遗失了精美的叙利亚餐具。但是，伦敦首先设立了民主机构——撒克逊自由人大会（地点在圣保罗教堂），并且伦敦人积累了足够多的财富，是敌人眼中的一块肥肉。

公元994年，丹麦人抵达伦敦，他们遭遇了顽强的抵抗。在接下来的五十年时间里，这个城市的掌控权在不同的统治者之间转换。1014年，撒克逊人输给了丹麦人斯温·佛克比尔德。但是，一年之后，他们又回到了这里，桥梁已经摧毁，他们的船只能直达丹麦人占据的城镇。

在奥拉弗国王领导的一些挪威盟友的帮助下，他们将绳索系在木桩上，将桥拉倒——这就是为什么百万儿童都会吟唱那首《伦敦桥轰然坍塌》。接下来的一年中，斯温的儿子克努特出现在大众视野之中，到了1016年，他便掌控了这个城市。

除开他是历史上最能唤起回忆的印刷错误[2]，有着一半丹麦血统和一半波兰血统的克努特交上了一张良好的帝王成绩单。丹麦人不再焚毁教堂。他们都是基督教徒，因此他们会修建基督教堂。他们也没有废除群众大会，而是将其改成了丹麦版本，称为hustings（house-things的缩写，意为竞选活动）。

在克努特所有的作为中，最具远见的是将他的所有官员都带往了罗马城西部的沼泽地区，那儿有条河流从北到南蜿蜒而过。此处有一片平地名为托尼岛，克努特在此处修了一幢住宅，也是在这儿——至少下议院大楼指南上是这么说的——他将自己的椅子搬到河岸边，并利用涨潮向自己的国民展现政府权力的

---

1. 多洛斯·帕金，世界著名女装品牌。
2. 克努特国王名字的正确拼写应该是"Canute"。

阿尔弗雷德大帝
作为英国之王，他重建了伦敦

界限。

现在，这片土地是威斯敏斯特宫[1]的地盘。也是在这里，他的寓言的意义却经常被遗忘。

克努特之后的忏悔者爱德华也将托尼岛（或者说威斯敏斯特）用作皇家和政治权威的中心地带，而后来的诺曼人在其对手地盘上也一直稳健地越走越远。从此以后，伦敦的历史便开始涉及一些基本的紧张元素，政治家与金融家之间，伦敦市和威斯敏斯特之间，都开始出现紧张氛围。

在经历了这段时间的跷跷板游戏之后，伦敦人开始明白，他们有权"选举"自己的英国国王。他们愿意承认他们是通过全民拥戴的形式在1042年选出忏悔者爱德华的。

他们甚至愿意认为是他们"赐予"征服者威廉王冠的——这是一种令人感动的信仰，在当时的环境下，他们信仰自己的民主特权。

---

1. 威斯敏斯特宫，即英国国会（上议院和下议院）所在地。

第七章
威廉一世
他建造了伦敦塔

　　在我们去城堡的路上，自耕农看护恭敬地说道："试想一下，今天伦敦的小孩子们竟可以看到这座桥 1000 岁的样子。"

　　这是一个阴冷潮湿的清早，泰晤士河上不断吹来刺骨的寒风。毛色光亮的乌鸦不断发出刺耳的叫声。进到白塔屋檐下以后，整个白塔显得更大、更阴暗了。女王卫队[1]的守卫很爱开玩笑。有一次我在白塔召开新闻发布会，其中一名守卫将我们的一名女工作人员拉到一旁，指着他滚圆的肚子上的"EⅡR"纹章问：

　　"知道这是什么意思吗，小姑娘？"

　　"不知道。"她回答道。

　　"渴望并且准备好一夜两次，亲爱的！"守卫总是令人讨厌。在我们去威廉一世纪念碑的路上，透过薄薄的雾气，我凝视着那些白垩砖石，不得不承认，我感受到了这片区域的原始气息。

　　我有这种感觉并不是因为在这里惨遭迫害的安·博林等人的鬼魂所致，也不是因为在墙体里面发现的儿童尸体，或是在教堂地下发现的数以万计的无头尸体所致，事实上，是因为那个穿着黄色夹克、正打扫卫生的看门人。

　　自从威廉一世下令将伦敦桥称为"卢比扬卡"，它便成了权力的代名词，这座建筑也散发出一种盛气凌人的气势。

---

1. 女王卫队，英女王卫队是英国君主的卫队之一，最初由亨利八世创建，至今仍保留着都铎王朝风格的制服，胸前有醒目的"EⅡR"标志。

威廉一世
他建造了伦敦塔

当我们扭着脖子研究砖石的花纹时，自耕农看护维克多·卢卡斯（Victor Lucas）说道："这在当时可属于摩天大楼啊。盎格鲁－撒克逊伦敦人并没有留下任何东西。"当然，治理好泰晤士河并非难事，但是近几个世纪以来不断的水上侵略行径，却极大地破坏了伦敦的稳定。他们的做法极具象征意义。

它告诉英国人，他们被彻底地打败了。

日耳曼人并没有利用当地的石料修建白塔。他们不屑于使用肯特人的硬质岩石，相反，他们从卡昂运来了大量的石灰石。白塔的设计和实体材料均属于舶来品。一个巨大的外来长方形建筑，就这样矗立在古罗马废墟和拥挤的盎格鲁－撒克逊居民区之间。

这完全就是耻辱，这也是英国历史上最令人震惊的骗局。这位被英国贵族视为祖先的威廉，到底是何方神圣？他又有什么权力来到这里并征服所有的一切？

大概在1028年，威廉于法莱斯降生，他的父亲是诺曼底国王罗伯特一世，但他是个混蛋。他是罗伯特和一个制革工的女儿的私生子，他一直没有机会争取他在诺曼底王国的皇室权力和地位，当然，这里就先不提他是英国国王的事了。

还记得1066年，哈罗德·葛温森通过正当方式成为了国王，他被人们称为忏悔者爱德华的后嗣。但威廉会对英国产生什么样的影响呢？

他是诺曼人，他的祖先是自罗洛在公元911年到达法国后便再未离开的偏法国化的北欧海盗。威廉甚至不会说盎格鲁－撒克逊语（古英语）。他与伦敦的唯一联系是他是艾玛的侄孙。艾玛是英国历史上最为著名的无能君主之一——爱塞烈德二世的妻子。尽管这样的联系十分微弱，但是威廉坚信，他就是为统治英国而来到这个世界的。而且，他的行动之迅速也令人震惊。

在幸运地躲过少年时期的暗杀（凶手杀害了威廉邻居的孩子）之后，威廉长大成人，个头和我差不多高。实话实说，他的身高对于诺曼人来说确实算是很高的，一头赤黄色的头发，粗壮的臂膀使其即便在飞驰的马背上也可射出弓箭。吃是他的一大爱好，以至于在他中年时，他的敌人都说他的肚子大得像怀了孕一样。他十分热衷于战争和狩猎之术，所以当忏悔者爱德华去世之后，他便准备好像恺撒大帝那样，大胆地进行一场足以改变英国和整个世界的海上入侵探险。

似乎没有必要再提及这次战役的要点了：哈罗德是如何应对丹麦人和诺曼人的同时攻击的；他又是如何从斯坦福桥战役中仓惶逃回到南部并在黑斯廷斯被弓箭射中眼睛的。这一切都被10岁的孩子熟知（或应该知道）。但人们了解得比较少的是，威廉是如何做到的。

在萨塞克斯郡的一个小山丘上宣布自己是君主是一回事，但即使阿尔弗雷德大帝已使伦敦城及其防御工事得到了恢复，伦敦成为了整个英国的关键核心，也成为了罗马道路网上最为关键的一点，威廉依旧用了很长时间才成为这座城

伦敦精神
伦敦市市长鲍里斯·约翰逊的伦敦生活指南

市的首领。事实上，你研究历史越深，你越会发现黑斯廷斯战役的决定性意义。

那么伦敦人有没有机会进行抵抗并改变历史的轨迹呢？答案是有这个可能，如果伦敦人的表现没有那么差或是没有受到错误引导的话。

创作于12世纪的《黑斯廷斯战役之歌》[1]唱道："伦敦是一座伟大的城市，到处都是不幸的居民，也有倾城之富。左边有城墙，右边有河流的保护，他们不再惧怕侵略者的侵略，也不再害怕暴风雨带来的影响。"最终，是伦敦人的犬儒主义和内部分裂，将伦敦和整个国家拱手献给了威廉。

大约在黑斯廷斯战役一个月以后，威廉盼望着可以轻而易举地掌握伦敦的控制权。虽然在伦敦的确有支持诺曼人的集团，但在当时，贵族埃德加（Edgar the Atheling）言论的撒克逊支持者数量，远远超过了诺曼支持者。

你需要了解的是，当时伦敦正处于多元文化的激烈碰撞时期。诚然，阿尔弗雷德大帝成立了盎格鲁-撒克逊帝国，但同时丹麦人也从未真正离开过。1016年，伦敦的统治者为丹麦的国王克努特（Cnut，史上最出名的印刷错误[2]），曾在威斯敏斯特桥附近兴风作浪。他继任者是他的儿子哈德克努特，同样也是丹麦人。所以当威廉来到黑斯廷斯的时候，这里已混聚了盎格鲁-撒克逊人、丹麦人、凯尔特人和诺曼人，还不包括这里来自世界各地的商人。

如果你走进一家商店想买点动物肝脏的话，你都不知道应该说哪一种语言和对方进行交流。当伦敦人还在为说哪一种语言而喋喋不休时，威廉的士兵们却感染了痢疾。威廉想通过攻陷城南和摧毁萨瑟克而将伦敦的局势搅乱。但是他们却被伦敦人击退，这或许说明，伦敦人已明白要更加自律了。

威廉在南部和西部打了胜仗，最终跨过泰晤士河到达了牛津郡的瓦林福德，并最终到达了赫特福德郡的伯克汉姆斯特。在瓦林福德，威廉向伦敦市民发出声明，希望他们赶紧打包离开。但是，伦敦市民再次拒绝了。当时是1066年的深秋，疾病和战争给诺曼军队带来巨大的损失。

在城墙后，牧师安斯加组织领导着防御工作，在编年史的记录中，他是伦敦"市长"。安斯加在黑斯廷斯战役中负伤，被担架抬回时受到了英雄般的迎接。四周或者几个月以后，牧师离开了人世。

如果不是被同盟所害，安斯加或许能够取得胜利。盎格鲁-撒克逊人的另一选择，贵族成员埃德加，受到了他的哥哥莫卡和来自诺森伯兰郡的埃德温和厄尔的支持。在战争的关键时刻，他们似乎停止了对北方的援助，并带领他们的部队离开；另一位埃德加的支持者——大主教斯蒂甘德则选择投靠威廉。到

---

1. 《黑斯廷斯战役之歌》，用拉丁文写成，是记录1066年诺曼人入侵英格兰的早期书面材料。
2. 正确拼写应该是"Canute"。

威廉一世
他建造了伦敦塔

了 1066 年 12 月，安斯加再也没有作战的机会了。

像苏维托尼亚斯·保利努斯一样，威廉通常在现在的艾治威道行军前进。但这次他右转走向了现在的圣吉尔斯的环形交叉口，并在威斯敏斯特建立了他的总部。然后，他计划建造"工程车、防波堤、铁制攻城锥去攻陷伦敦，将堡垒毁为碎沙，将巨塔夷为碎石"。

这位亚眠人所指的"巨塔"具体是什么尚不确定，但人们认为他指的是残存的罗马防御工事。据说，安斯加和他的战友们利用叛变盟军留下的为数不多的兵甲，进行了有力的抵抗。但威廉的军队更为冷血，无数伦敦子民遭到了他们的迫害，给伦敦染上了一层层浓浓的悲怆情绪。

1066 年的圣诞节，威廉在威斯敏斯特大教堂正式加冕英国国王。伦敦市内十分动荡，以至于加冕仪式差点以悲剧收尾。

叛变者大主教斯蒂甘德被授权在诺曼神殿为威廉佩戴皇冠（尽管他在同一年曾为哈罗德佩戴过皇冠）。他用英语向英国代表团问道，他们是否愿意接受威廉作为他们的国王。他们都大呼同意——考虑到他们被诺曼士兵紧紧包围着，也许这的确是他们的本意。

来自康坦斯的杰弗里主教用法语向那些不会说英语的人提出了相同的问题。诺曼士兵大喊"愿意"，叫声太大，以至于让门外的看护以为屋内发生了动乱。

他们引燃周围的房屋，在场的人立即慌乱躁动起来，他们有的去灭火，有的则趁机抢夺屋内的财产。少数几个牧师和僧侣们则浑身打着哆嗦，继续留下完成加冕仪式。至于牧师安斯加，他位于恩菲尔德的土地被没收，然后，他在威斯敏斯特大教堂继续着他的牧师工作。

诺曼人在伦敦订立的规矩并没有继续和延伸原有的规矩。新的国王为伦敦市民颁布了新的宪章，在宪章中，他向伦敦市民、法国人和英国人表示了友好，并承诺爱德华时期的所有法律仍适用。这个新规定首先说道："我保证每一个儿童在他们的父亲去世后成为继承人，我也不会容许任何人在背后打小报告，上帝保佑。"

伦敦的政治体系仍保持原状，撒克逊的市长变为了诺曼的州长，伦敦市民仍享有其在爱德华统治时期享有的权利和自由。根据来自普瓦捷的威廉（众多爱拍马屁的诺曼编年史作者之一）称，英国人很享受被征服的感觉。

"许多英国人得到了在他们的父辈及前任领导人那里所没有得到的自由。威廉国王给予他们土地，作为他们忍受磨难和危险的回报。而给法国人的东西，并非是从英国人那里剥削而来的。"

英国人或许不这样认为。威廉摧毁了英国的北部地区，无论从任何方面解读诺曼人的侵略，无疑都对盎格鲁-撒克逊带来了巨大的文化和政治灾难。

伦敦精神
伦敦市市长鲍里斯·约翰逊的伦敦生活指南

土地和皇室头衔就这样被野蛮地剥夺并拱手让于诺曼的皇室贵族。许多英国贵族被迫离开英国，有的去了佛兰德斯，有的去了苏格兰，有的成为了拜占庭帝国北欧卫队的成员，有的则被变卖为奴隶。

到1086年，诺曼人几乎将撒克逊人赶尽杀绝，英国贵族土地持有数量只是原来的8%。190个人占据了50%的财富，而其中11人又占据了12.5%的财富。所有东西都打上了诺曼的烙印。精美的盎格鲁-撒克逊刺绣制品和金属加工工具就这样绝迹了。最为重要的是，全国被强制使用外来语言，法语成为了后来300年的官方语言。

正如沃特·斯科特先生指出的那样，在当今的语言中，亦可看出当时撒克逊人对于诺曼人的服从。当我们使用关于家畜的英语单词时，就会发现对应食品的法语单词。所以，撒克逊仆人会宰牛为诺曼人提供牛肉，杀猪为其提供猪肉抑或是杀羊而为其提供羊肉。斯科特还为此编了首小调，并让一个叫作万巴的人演唱这首作品："诺曼人看着橡树，看着戴着诺曼枷锁的英国人；诺曼人吃着英国人做的菜肴，英国人还得接受诺曼人的统治。"

这完全就是耻辱。对于现在每一个说英语的人来说，这个信息非常明确：我们英国人迷失了自我，诺曼人征服了英国，对吗？

目前为止，我与自耕农看护的同行经历还不错，已过去了一个多小时的时间，他也把我介绍给了其他同行的自耕农。我们走过螺旋梯，看到当时诺曼人瞭望他们领土时所在的屋顶。我们也看到墙体上的裂缝，诺曼人从这些裂缝中将粪便扔到反抗的英国人头上。

我们也看到了地下城，英国的罪犯在这里死去并腐烂。这个看护是个十足的爱国者，因在这里的长期服务和对苏格兰卫队的有效管理，他被授予居住在该宫殿的权利。他熟悉关于白塔的一切，因此，我想了解他对于侵略的看法。

难道他不认为我们英国人被外国人侵略了吗？他停了停，审慎地说道："先生，我认为最终是我们侵略了他们。100年的时间里，他们一直称自己为英国国王。"我想他说得不错；但是，300年来，英国贵族的语言由英语变为了法语，而且盎格鲁-撒克逊人也被粗暴地贬为平民。

威廉一世去世时并未安葬于伦敦，而是葬在位于卡昂的诺曼家中。因为他的体重过大，以至于人们很难将其放置于大理石棺中。当葬礼主持试图将棺盖盖死的时候，他的身体突然爆裂了，从腹侧腔散发出大量令人咋舌的气体，在场的很多人都晕了过去。

4000位失去土地的盎格鲁-撒克逊地主中，大概没有一位会去吊唁威廉一世，因为这场侵略战争是全部盎格鲁-撒克逊人的噩梦。但对于伦敦来说，这却是一件好事，因为统治者是威廉一世，而不是在黑斯廷斯失去一只眼睛的哈罗德。

威廉一世
他建造了伦敦塔

或者假设牧师安斯加夺去了伦敦战役的胜利。没有诺曼人的侵略,伦敦绝不可能会有由强大政府所带来的统一与和平景象。年代史编者告诉我们,在诺曼人的统治下,少女可以游遍全英国而不用担心受伤或是被抢劫。同时,安全也是进行贸易最重要的条件。

来自卡昂和鲁昂的商家来到伦敦做买卖,伦敦也因为其有名的宪章而变得异常繁华。这是伦敦在诺曼人统治下深受欢迎的象征,而且所有商人也无须向最终税册登记纳税——即便是温彻斯特,也被要求对其所有财产进行汇总。

伦敦显然成为了首都,这或许是罗马时代后的第一次。威廉一世也十分重视对促进伦敦发展至关重要的改革措施。

爱德华已离开了位于阿尔弗雷德和罗马边界外的法庭,因为他想监督公元8世纪威斯敏斯特修道院的重修工作,最终将其变成一个大教堂。威廉一世不仅决定在该教堂接受国王王冠,也决定在威斯敏斯特成立行政和司法中心——诺曼法院。

因此,伦敦具有了双重身份,从单一的经济中心转化为政治经济中心。伦敦的发展历史似乎成为了权力和经济的故事,成为了伦敦和威斯敏斯特两个城市之间的故事。

有时候,金融家会使政客抓狂;有时候,政客会怂恿百姓去反对金融家。但是1000多年以来,伦敦的商业区可以很方便地同政府进行联系,同时又与政府分离而独立存在。这样的半独立状态无疑有利于伦敦经济的发展。

诺曼人应为此而感谢我们,同时我们也应感谢诺曼人为我们带来的一系列的法律、宏伟的城堡,最为重要的是将我们的语言与法语混合。如果哈罗德赢得了黑斯廷斯战役或是安斯加保住了伦敦,我们也就没有机会看到将会征服全世界的"混血"语言了。

这种"混血"语言的成功得益于我们下一代大伦敦人的才能——第一代伦敦人完全属于土生土长。

* * *

在讨论乔叟[1]之前,我们必须考虑到有关他的一个重要细节——他是一名朝圣者。想想所有这些元素:与人私通的修士、生性放荡的老寡妇、个头硕大的丘疹[2]、终日醉酒的磨坊主、自命不凡的修道院院长。如果他们都来自伦敦或

---

1. 乔叟,英国诗人,代表作有《坎特伯雷故事集》等。
2. 丘疹,其实就是青春痘。

伦敦精神
伦敦市市长鲍里斯·约翰逊的伦敦生活指南

者泰晤士河北部,那迁往坎特伯雷就只有一条路可走,这也是我每天上下班所必经的道路。伦敦桥仍然是连通两岸的唯一通道,而且,在英格兰的诺曼国王统治期间,这座桥一直都是摇摇欲坠。

我们已经看到,1014年,挪威的奥拉弗国王认为,划船横渡泰晤士河非常简单,而且,在1014年到1136年期间,这座桥前后坍塌了十次,或者说经历了十次灾难性的故障,所以伦敦人也见怪不怪了。

这座城市的人口在1000年到1200年期间翻了一番——超过了两万人。沿着这条九曲十八弯的道路,人口和商品的数量一路攀升:来自多塞特的羊毛,来自多维尔的酒。道路最宽处不过6米或者10米,还不够两辆马车并驾齐驱。1170年,破破烂烂的基础设施面临着一个新压力——中世纪接送人们上下班的马车四处排泄,马蹄一路上发出敲击地面的咚咚声。

亨利二世与大主教托马斯·贝克特就教会和国家之间的权力关系有过一场激烈的争吵。在某种意义上,这次争吵最终对亨利是十分有利的,而出生于齐普赛街的贝克特的智慧此时已经溅满了坎特伯雷大教堂的圣坛。但是,伟大的伦敦人在死后会比生前更加有影响力。亨利最后完成了自己忏悔的朝圣之旅,在中世纪人们的心中,这表明了天上的神胜过了地球上的国王。

对于相信地狱火之火舌的字面意义的中世纪人民来说,自身的朝圣之旅正是赢得全能之神原谅的机会。无数的人开始前往坎特伯雷大教堂参拜。彼得·德·科尔丘齐,他是贝克特行浸礼的那个教堂的牧师,提出了一个最终的解决方案。

他告诉亨利二世,我们所需要的是一座石桥。其实,朝圣者和那些有造化的神圣殉道者所应得的不止这些。亨利同意划款重新整修这座木制大桥。重修预算非常昂贵,于是他宣布征收羊毛税,并成立了一个名为伦敦桥兄弟会的修道士协会,通过销售教会特赦权筹集资金。

即便有了这些筹款渠道,这个项目对于20世纪的英国来说仍旧太过沉重。这条河流宽900英尺,流水湍急,潮汐汹涌。整个设计需要二十座桥墩,这些船形的巨大石柱扎根于河床,高高的柱梁如船首般固定在流水之中。

如果是现在,一定会修筑围堰[1],然后将河水排出,以便建筑工人能够在河床上作业。但对于那时的人来说,暂时还办不到。

亨利用完了所有的筹款,随即便去世了。彼得·德·科尔丘齐全身心地沉浸在这座未完成的工程之上。狮心王理查德又忙于十字军东征。三十年后,在损失了一百五十条生命之后,这个工程在约翰国王的手上得以完成。

---

1. 围堰,指在水利工程建设中,为建造永久性水利设施而修建的临时性围护结构。其作用是防止水和土进入建筑物的修建位置,以便在围堰内排水,开挖基坑,修筑建筑物。。

威廉一世
他建造了伦敦塔

约翰国王与伦敦的商人进行了巧妙的周旋。他以借款的方式完成了这座大桥的修筑,而他们则可以永久征收过桥费并拥有未来泰晤士河上面所有桥梁的修筑权。现在,我们可以将这种手法称为个人融资计划。伦敦桥于1209年完工,并取得了巨大的成功。住宅和商铺如雨后春笋般迅速冒出来,在涌动的人流的头顶,屋檐鳞次栉比。桥上交通非常拥堵,甚至有时要花费一个小时的时间才能过桥。

这座桥见证了接下来的一百五十年的历史,见证了中世纪的所有大灾难——小冰河期、黑死病、与法国之间的百年战争的开始。

人们会前去参观修道士的神龛,是因为他们认为自己能借此摆脱痛苦和不幸,但是那个时候人们遭受了如此多的压迫,单单宗教的安慰是远远不够的。

第八章
杰弗里·乔叟
英语——当今非官方人类共同语言——的祖先

  时间来到了 1381 年的 6 月 12 日，这个季节应该说是英国最舒服的时候了。距离最热的时候越来越近，天也变得长了。一位 40 岁左右、胖胖的又带有一点压抑情绪的作家坐在家里的窗户旁边，开始变得紧张不安。他的妻子像往常一样，又去了冈特约翰法院（the court of John of Gaunt）。我们有理由怀疑她与冈特约翰王子之间的不正当关系。而关于冈特约翰王子，在一年前被发现有令人羞耻的男女私通关系，勾引了一位名叫塞西利·尚潘的女子。

  无论这项指控的实际情况怎样——在缴纳了罚款之后被免于处罚——这件事都不会对他的社会声望或道德评价产生任何积极作用。他曾有一份不错的工作，是羊毛税务部和海关补贴部的监察官，其诗人的身份也被人们熟知。确实，在既是诗人又是税务官员这一方面，他确实比海关官员卢梭要强很多。除了在他的皇帝叔叔那里每年可以得到 10 镑以外，他的诗歌造诣也使其在过去的 7 年中，每天都能为他带来一壶大概 1 加仑的酒。尽管他本人并不喝酒，但作为葡萄酒商的儿子，他知道如何将酒变为钱。

  杰弗里·乔叟是 14 世纪英国的焦点，他是一位商人，但从 14 岁起便进入官场，是一位既了解政治又了解商人的可予以信赖的大使。这样一位勤恳忙碌的人在伦敦和威斯敏斯特之间构建了沟通的"桥梁"。在那个他凝视窗外的晚上，他看到了可能会将他的生活完全颠覆的事情正发展而来。

  他住在阿尔德盖特，一个修建在古城东北角，老罗马铁门上的有趣槽形建筑物之内。从他房间的一边，他看到了中世纪的伦敦，它在追随威廉一世的历代君主们的领导下发展，但从很多方面来看，自诺曼时期以来，其在技术领域

杰弗里·乔叟
英语——当今非官方人类共同语言——的祖先

并没有多少进步。

他们或许已有玻璃窗户了，但是运输方式仍是马或是运货马车，使用的武器仍是弓箭，尽管他们已有刀叉，但切起猪肉来还是不那么习惯。他们没有水管设施，也没有热水。他们仍被牙痛和便秘所困扰。贫困、令人咋舌的婴儿死亡率以及时常爆发的瘟疫仍困扰着他们，这些都是上天给我们这些充满罪恶的物种的惩罚。但人口数量达到了罗马王朝时期的水平，3万到4万人左右，并且伦敦的财富也达到了前所未有的水平。几个世纪以来，英国一直同法国和低地国家[1]进行贸易，羊毛交易的收入帮助商人们，在位于斯特兰德大街和威斯敏斯特之间十分具有吸引力的查村修建了别墅。

金钱为商人们的挂毯镀上了金，让他们的妻子穿上了绫罗绸缎。富有的商业精英阶层炫耀着他们生活的美好：床头板上的雕刻，爱情诗歌以及映衬着他们虚弱身体和滑稽松软拖鞋的彩色玻璃窗。事实上，他们的富有已使得有些贵族开始对其抱怨连连。1337年，英国第一部节约法令正式出台，该法令禁止特定社会阶层的人穿着皮草制品。

金钱也导致了盗贼、妓女和特殊娱乐项目的出现。如podicinists，专业的放屁者（farters），等等。乔叟对他们的技能很感兴趣。还有马术比赛，乔叟和他同阶层的朋友穿上精心锻造的盔甲，比试击打安装在旋转木板上的目标物，在木板旋转过程中始终注意不接触到木板顶部的背面。

现在英国的统治阶级正面对着这种因没有处理好贫富差距而导致的紧张局势。透过别的窗户，乔叟望向了城外，那里是埃塞克斯郡，居住着大量的居民，通常，他们的日子不会好过。

一位14世纪的韵体诗人这样描述一位男人，他拉着耕犁，穿着粗布外套，带着破裂的头巾，他的鞋子破了，他的手套也破破烂烂。他那4头个头瘦小的小牛几乎拉不动那个耕犁，他的妻子冒着刺骨的寒气与他并排走着，孩子在耕田的一头哭喊着叫着妈妈。在1381年之前的10年里，耕作几乎颗粒无收，连续不断的瘟疫摧毁了整个村庄。

在乔叟的生命中，一次又一次地，他总会遇到人们遭受到的《圣经》所描述的困难，如他们的腋窝和腹股沟长出溃烂的横痃。孩子们将父母们妥善安葬，使南撒哈拉非洲的艾滋病显得没有那么严重。在1340～1400年期间——大概就是在乔叟的有生之年——黑死病使得英国人口下降了一半。更为可恨的是，政府要求再向国家缴纳一年的税金，以协助国王赢取在法国战场的胜利。这次

---

1. 低地国家是对欧洲西北沿海地区的称呼，广义上包括荷兰、比利时、卢森堡，以及法国北部与德国西部，狭义上则仅指荷兰、比利时、卢森堡三国，合称"比荷卢"或"荷比卢"。

伦敦精神
伦敦市市长鲍里斯·约翰逊的伦敦生活指南

收取的税金是人头税，意味着英国国内的每个人都需缴纳。

这太不公平了。假设可怜的农夫一年只能挣到12先令，同时还要为他的妻子缴纳，那么他所缴纳的税额和乔叟一样多，但乔叟的收入是他的1000倍。在那一年的5月，反对势力在埃塞克斯郡的一个小村庄点燃了星星之火。他们拒绝向征税员交纳税金（他们把税收员搪塞了过去）。而现在，这一事件真正达到了"星星之火，可以燎原"的效果。

这次农民起义是英国历史上第一次，同时在某种程度上来说，是影响最为深远的一次动乱。这是第一次带有左翼性质和高质量计划的农民运动，也是第一个纳入英国历史一部分的激进运动。当乔叟望向窗外米莱恩德的田地时，他甚至能听到蜜蜂和鸽子在夏天才发出的噪音。他能听到数以万计准备在城外安营扎寨的声音。

夜色降临，战争上演。伦敦市长威廉·沃尔沃斯已做出指示，所有城门，特别是阿尔德盖特的城门必须关闭。半夜，一位名为威廉·唐格的市政议员违反命令，让农民进了城。如果乔叟当时在公寓内的话，他应该能听到行军队伍经过老城门的声音，能听到希望摧毁这座培养他们精神特质的城市的农民的怒吼和咒骂，这次革命对于乔叟来说毫无益处，且有可能使其丧失全部。在一定程度来说，他是一位激进主义者，而不是一位革命主义者。但在一个重要方面，他与革命者是一致的，经过了300年的法语统治以后，他仍视英语为庄严、荣耀的语言。

以印刷乔叟的《坎特伯雷故事集》而开始事业的英国印刷业先驱威廉·卡克斯顿这样描述乔叟："他是一位值得尊敬的大家，是英语的奠基人，还将英语发扬光大。"那我们就要问了，为什么会这样呢？为什么是在14世纪末期，英语进入快速且复杂化的发展时期了呢？另外，为什么乔叟会扮演这一角色呢？

杰弗里·乔叟出生于泰晤士街（其下就是现在的坎农大街车站）。《坎特伯雷故事集》的追随者可能会注意到，乔叟的出生地成为了英国大事件的发生地。哈德良大帝在公元122年的旅行中也很有可能在这里——行政官别墅——居住了一段时间。令人惊奇的是，尽管该区域已经过了十多次修复，但乔叟的出生地仍保留着罗马石建筑的痕迹。

他在圣保罗大教堂（St Paul，现已被一座巨大的中世纪教堂取代，这座教堂的尖顶比我们现在的建筑物都要高出许多）接受教育，这座教堂由麦勒提斯在公元604年修建。从一本记录他制服的账簿可以看出，他在14岁时加入了阿尔斯特公爵夫人法院，穿的衣服是：短外套、红黑相间的袜子。当他参加法国战役时只有19或20岁左右，并在兰斯被活捉。后被爱德华三世以16镑的价格

杰弗里·乔叟
英语——当今非官方人类共同语言——的祖先

赎回——这预示着他并非一般人。

随后，他的大部分职业生涯都是担任外交官、下议院议员、间谍、国王工作书记员，其中官职最大的还是担任廷臣。在法院，不讲英语成为了潜规则。他们讲法语。他的名字乔叟，很有可能来自于法语单词"chausseur"，鞋匠的意思。当爱德华二世捡到其法庭中一位女士遗落的吊袜带后，将其系在了自己的膝盖上，他说了些什么呢？

他说的不是"没事，姑娘"或是"给你，拿好"这些话。他说的是"心眼坏的人可耻（Honi soit qui mal y pense）"[1]。当冈特约翰王子试图解释其给予他的妻子和另外一名男子养老金的原因时，记录内容是"pour mielx leur estat maintenir"，意即"这么做的目的是为了保持他们之间的关系"。法语当时也不是人们的日常用语。

如果学过一点法语的人尝试着说法语，他们很有可能因为其发音而受到讥讽，就像自命不凡的女修道士白玫瑰夫人，"她说法语时像嘴里塞满了毛。"乔叟温文尔雅地说道。她的法语发音带有英国东部的口音。

关于14世纪的故事，大多是关于反对那些贵族使用法语、拉丁语的内容。1362年，一份国会法案规定，所有法律辩护都需用英语进行。受约翰·威克里夫和他的英文《圣经》的影响，农村地区充满着罗拉德派的教义及信仰的声音。罗拉德派教徒们并不热衷于那些他们不懂的祈祷或布道。事实上，他们完全不相信诸如牧师调解等人神之间关系的事情。

当暴躁的罗拉德派牧师约翰·波尔在布莱克希思鞭打着农夫的时候，他灵机一动写出了一首押韵的英文诗。他问道："亚当耕土、夏娃织布，何来贵族？"一些人研究了乔叟的社会地位后——他是一位交际广泛的商人，却娶了一位弗兰芒地区的富家小姐——不禁好奇，他这个将无产阶级的语言融入新的五音步韵诗的决定，是否是某种政治行为。

一些历史学家很好奇，他是否在暗示自己的反教权主义感想？他是不是跟他所认识的某些爵士一样，是个罗拉德派？有其他学者反驳，因为他们找不出任何证据来证明他不是一个忠实（但刻薄）的天主教徒。有一点我们可以排除。

---

1. 这句话是古法语，英国皇家徽章上的两行文字之一，另一条为"天有上帝，我有权利（Dieu et mon droit）"，写在盾徽的圈饰上，而这个圈饰就是两条吊袜带。这句话源于1347年为征服加来而举行的一次庆祝活动。当时国王的情妇索尔兹伯里伯爵夫人因为在跳舞时失落了吊袜带（garter）而受到朝臣的嘲笑，爱德华国王立刻上前拾起她的蓝色吊袜带并将其系在了自己的膝盖上，并以指责的口吻说出了这句话，并宣布蓝色丝带Garter将成为最高级别的勋章。

伦敦精神
伦敦市市长鲍里斯·约翰逊的伦敦生活指南

即使真的有人像埃尔德曼·唐格一样愿意跟农民一起合作，乔叟也肯定不是其中之一。在接下来三天里发生的事情骇人听闻。

6月14日星期四，伦敦人早起参加圣餐节。但当天却没有任何庆典和圣迹剧的表演。街道上充斥着恐惧。城市外围的房屋已经开始燃烧。瓦特·泰勒带领的暴徒涌进南华克，袭击了英国法庭监狱。在朗伯斯，他们烧了所有的文书——用来表达对他们先辈的拉丁语判决的憎恨。

泰勒随后带领手下来到伦敦桥，拆毁了一所由市长"出租"给弗兰芒女性的妓院——这并不是因为他们抗拒妓院的概念，而是因为他们不喜欢弗兰芒人。接下来又是背叛的戏码（埃尔德曼·唐格和他的同僚又一次受到怀疑），伦敦桥守卫违背了沃尔沃斯市长的命令，放下了伦敦桥的吊桥。

暴徒们的行为进一步升级。他们闯入弗利特监狱，攻击了神殿，以摧毁更多的记载，然后出发沿着斯特兰德来到了伦敦最富丽堂皇的住宅，冈特约翰的萨伏伊别墅。他们将华美的亚麻布料、壁毯和雕塑烧了个一干二净，随后用三桶火药完成了最后的收尾工程。第二天，惨绝人寰的谋杀开始了。

在文垂区——乔叟长大的地方——35名可怜的弗兰芒女性被一群由杰克·斯托带领的暴徒从教堂中拖出来斩首。另一群人则进入了伦敦塔——这又是一次内部背叛的结果——杀死了大主教西蒙·苏德巴里以及其他几位富人和税收官员。他们斩下这些人的头，插在了伦敦桥上的长杆上。随后他们宣称，所有弗兰芒人都将遭受同样的下场，接下来，他们以平衡为名，到伦巴德街痛打了那里的意大利银行家们。第三天，星期六，烧杀一直持续到下午，幼年的理查二世命令所有人到斯密斯菲尔德进行谈判。

这是一件很有可能改变了历史走向的决定性事件。想象一下年轻的国王穿着那优雅的盔甲，站在瓦特·泰勒和愤怒的大鼻子肯特农夫的身旁。史书记载，泰勒对待英格兰国王极为傲慢。他想要废除农奴制度（强迫农奴为地主耕地的制度）；他想要废除因为犯罪而被宣布为不法之徒的处置方法；他还想终止新的课税和薪酬限制。随后他重复了最初的共产主义倡导者约翰·波尔的要求，即国王不应当再享有统治权，教堂应该剥除其财产，只留下牧师。

据说国王当时的表现异常冷静，平静地答应了这些过分的要求。但随后泰勒和沃尔沃斯之间爆发了打斗：伦敦市长沃尔沃斯将这个反叛者从马上拉了下来，一刀将泰勒捅了个对穿。

国王的其他侍从赶来，抵住了这个受伤的家伙。人群中传来怒吼，如果不是14岁的国王拍马赶来对他们大叫道："先生们，你们是要拿箭射你们的国王？我是队长！你们得听我的！"也许他们就真的把箭射向国王了。

他们服从于王室的魅力，一起来到北面几百码以外的克勒肯维尔。受伤的

杰弗里·乔叟
英语——当今非官方人类共同语言——的祖先

泰勒被送往圣巴特斯的救护机构，但沃尔沃斯不为所动。他把泰勒揪出来砍了头。理查随后把泰勒的头钉到了伦敦桥上，代替了大主教苏德巴里的位置，然后让农夫们都回家——奇怪的是，农夫们居然都遵从了。

伦敦的农民革命告一段落。国王也就此授予了沃尔沃斯爵士地位。

乔叟是不可能支持这其中的任意一方的，即便他气愤冈特有可能跟他妻子调情。别忘了他曾经给这位伟人写过一首诗，来纪念他死去的妻子布兰姬。得知——甚至看到——冈特的屋子被烧毁，都会令他万分震惊。乔叟这样一个游历甚广且举止高雅的人，对于无辜的弗兰芒人被屠杀和意大利人被殴打，怎么会有除了恐慌以外的其他感想呢？他又怎么会同情那些反对国王的叛军们来招惹他所倚赖的人呢？不会的。也因此，他在谈及这次革命——这个国家的灾难——之时，只说了一些怪异的诙谐语句。

在《女尼的教士的故事》中，他寻求一种方式来描述一群人在围捕一只狐狸。

> 那声响好生惊人，求天保佑！
> 杰克·斯托和他的党人，
> 击杀弗兰芒人时，
> 也绝没有像这天，
> 追赶狐狸那样咆哮。

大意是说，噪音是那么的可憎，主怜悯我们，杰克·斯托和他的暴徒在残杀他们能找到的每一个弗兰芒人的时候，不要吼叫得像他们追捕狐狸那天时一样刺耳。

他怎么能把杰克·斯托的残忍迫害跟一场猎狐相比呢？他怎能如此地轻松自得呢？但这就是乔叟的风格：讽刺文学家的冷酷而超脱。当老人贾纽厄里看到一名侍从在树下粗野地拥抱他的妻子时，乔叟说道：

> 他发出咆哮和怒吼，
> 作为孩子死去时情绪的抒发。

这让我们不禁嗤之以鼻，爆发出无情的大笑。这也确实就是乔叟的动机：娱乐大众。拿《磨坊主的故事》中荒唐的教区神职人员阿布索隆为例，他就对一个已婚妇人亚里森心怀欲念。

我想你也许会觉得这种愚蠢、金发、好色、轻浮的牧师形象，是对未改革的教堂的抨击。《磨坊主的故事》最精彩的地方，就是阿布索隆在漆黑的夜晚

伦敦精神
伦敦市市长鲍里斯·约翰逊的伦敦生活指南

来到亚里森的窗前索吻。

为什么乔叟要用英文写作——

他摆布人们的喉舌并不是想申明什么政治观点,而是跟所有作家一样,想要获得最大的受众群,还有让大家开怀大笑。

英语是种粗俗的语言,因为这是种民间的语言。这正是乔叟想要娱乐的人民的语言,也是写起来最具有娱乐精神的语言。从伦敦塔桥到弗利特的整个沿岸一带,满是伦敦人装卸那些让他们致富的货物的码头,意大利人的桨帆船专用的桨帆船码头。乔叟当时工作过的地方有海关大楼,后来是伦敦海鲜市场,再后来是统治着斯堪的纳维亚和东欧贸易的汉萨同盟的商人们用围墙封闭起来的钢院商站。

你觉得这些德国人在跟伦敦码头工人说话时会用什么样的语言?那些商人会用什么语言来互相交谈?英语随着商人阶层的崛起而越来越重要。到了14世纪末期,伦敦参议员在政治上举足轻重,国王只有依靠他们的财政支援才能进行军事冒险——人头税已经是一个凄惨的失败实例。

贵族也许想要战争,但商人更希望和平——从古到今的资本家懦夫们都一样——商人的决定一锤定音。其中一些人,比如尼古拉斯·本柏爵士,一位杂货商和未来的伦敦市长,一次能借出1000马克。但当尼古拉斯爵士和他的朋友们像1382年那样,不想给钱的时候,国王也毫无办法,只能停止征战。于是,政治权力由此转移到了一个新兴阶层。正如其他诸多无产阶级暴乱一样,农民革命失败了。但一次成功的语言革命仍旧开始了,像所有成功的革命一样,领导者是资产阶级。

乔叟之所以选择英语,主要是因为国王和王室的权力逐渐向伦敦的富商们身上转移。"绅士"也许无法成为参议员,但伦敦的参议员和郡长都逐渐认同了他们。同时,如往常一样,贵族的子女们依然向往着钱财丰富的婚姻。

随着伦敦的行业公会或者说"秘会(misteries)"逐渐强大,他们之间的权力斗争也越来越尖锐。他们不是同一类型的财富制造者,而是根据西恩那人的竞争,划分为杂货商、布商、绸缎商和鱼商等等。食物商人与布匹商人陷入了激烈的长期对抗,在为权力的斗争中,各个商人派系会追随不同的贵族和不同的皇室家族。

1387年,乔叟最大的支持者理查二世,差点被一些贵族(由布商支持的)废除,乔叟的一些支持者,比如诗人托马斯·阿斯克,跟最大的杂货商、富商尼古拉斯·本柏爵士一起被处死。乔叟在这一时期被贬职到格林威治,在肯特郡当治安法官,有段时间他甚至在萨默塞特做着卑微的护林员的工作。学者认为,当时他正专注于自己的诗歌写作。随着理查和冈特的回归,他回到伦敦,

杰弗里·乔叟
英语——当今非官方人类共同语言——的祖先

担任国王工厂的教会书记一职，监督王国的维修工作。但到了1399年，一切都结束了。

理查二世被他的堂弟亨利·博林布鲁克（后来的亨利四世）废黜，这一次，伦敦商人依然是背后的操控者。正如古今众多国王和政府一样，理查决定假扮成商人。他决定通过干涉城市的古体制，来惩罚这个在叛乱中出过力的城市。他指派了一位典狱长来管理城市——违反了征服者本人在伦敦实施的自由宪章——并想将市长改为一年一任。

但伦敦并不接受。当理查询问亨利是谁来拘捕他时，篡位者（弗洛萨是这么说的）回答道："最主要的，是伦敦人。"伦敦商人通过改朝换代来保护他们的特权。

冈特死了。可怜而虚弱的国王理查二世在囚禁中被饿死，终年33岁。有些人认为乔叟也被处死了。随着在新政权中的失宠，因为在《坎特伯雷故事集》中据说有一些是反宗教的论调，乔叟受到新的大主教阿伦德尔的迫害，用他的同时代好友霍克利夫的话来说——可能是被悄悄地"诛杀"了。

这是个精彩的理论，但除了霍克利夫的一面之词，实在没有足够的证据来支撑它。新的国王事实上刚刚恩准了他的退休。而终乔叟一生，他在这个王室与行会的战争世界中展现出了狡诈的生存能力——他能同时从王子和商人的口袋里掏钱——而且不会显著地冒犯任何一方。因为他的公共服务（而不是诗歌），他被下葬在威斯敏斯特修道院；但是，他的文学遗产永世长存。

乔叟搭上了两股语言的潮流，日耳曼语系和罗马语系，并将它们结合了起来。事故（accident），同意（agree），风笛（bagpipe），谬误（blunder），盒子（box），咏唱（chant），书桌（desk），消化（digestion），欺诈（dishonest），检验（examination），女人味（femininity），终于（finally），葬礼（funeral），地平线（horizon），增加（increase），感染（infect），模糊（obscure），观察（observe），公主（princess），剪刀（scissors），迷信（superstitious），宇宙（universe），村庄（village）：这些都是乔叟通过诗歌引入到语言中的日常词汇。我再来讲述一条为什么英语在五音步韵诗中是一种自然载体的理由吧：有了两条平行的词汇流，英语在韵律上具有独特的丰富性，乐趣之处在于从一个诺曼底法国的拉丁语词汇中找出英语的韵律；更令人感到满足的是，你可以挑一个可知的拉丁语词汇并找到低俗的英语双关语。

以queynte这个貌似来自拉丁语的词为例，意思是聪明和博学，这个词正好是一个盎格鲁-撒克逊人的四字词语的变异拼法。

《磨坊主的故事》中讲到，有一天，聪明的牧师尼古拉斯，趁一位年轻妻子的丈夫不在而去拜访她。"那天她的丈夫到奥斯纳也去了，他忽然把她抱住，

伦敦精神
伦敦市市长鲍里斯·约翰逊的伦敦生活指南

他紧抱着她的腰。"

诗歌中能用的词在日常生活中就能用上。由于本质上的混合语属性,英语给予了使用者无可比拟的适应性。可以任意选择拉丁语的卷舌或是盎格鲁-撒克逊语的重音。

英语可以是浮夸的,也可以是粗俗的。可以说报酬或是工钱,节约或是减少,累赘或是包袱,自乔叟之后,英语就像是一个巨大的、永不凝固的煎蛋卷配上永远也用不完的新鲜原料。牛津英语词典现在已经有了60万词汇,据全球语言监督机构计算,有超过100万的英语词根。

让大家作一个中肯的比较吧,中文方言词汇总共大约有50万,西班牙语22.5万,俄语19.5万,德语18.5万,法语10万,阿拉伯语4.5万。英语是航空管制、商业以及联合国使用的国际通用语言,世界上没有其他语言能够更简洁地表达"越位陷阱"。当然,我们为之骄傲的是英语的语法——被不起眼的中世纪农民阶级完善与简化之后——已经成了现代世界的文法。

想到是我们发明了英语,我们拥有版权,我们是最佳的英文阐释者,就令人愉悦。我们在越南拿起菜单看到"鲜垃圾猪肉"时会开怀大笑,中国厨师提议来一份"蟹卵巢和消化腺馅包"[1]时我们宽容地窃笑,日本料理上提供"草莓排泄物"[2]时我们笑得眼泪喷涌而出。然而,想到在英国仍有四分之一的11岁的儿童是半文盲,而在全世界14亿说英语的人当中,许多人的熟练程度早已超过了英国人,这些情绪都会平复下来。

英语已经脱离了英格兰粗暴的束缚,成为了国际语言,我们人类文化的统一大融合。我们只能说,整个冒险真正的开始就在14世纪,采纳英语作为一种正宗的文学语言,是在乔叟手里达到的巅峰——而这一切,都发生在伦敦。

还有一个我们应当感谢乔叟的理由,不仅仅是关于他所使用的语言,而是他所写下的内容。他凭借他的低俗、嘲弄、自嘲,他对伪君子的讽刺和他令人难以忍受的双关语,不仅成为了我们的英语的首位奠基人和我们崇拜的偶像,而且还成为了我们的性格中喜为乐见的一个部分。

我们热爱乔叟,我们爱他是因为一个如此明显的原因,那就是他对我们的热爱。他用他那亲切和万花筒般的语言,反映了伦敦阶层和个性的混杂(不用在意朝圣部分;《坎特伯雷故事集》本质上还是伦敦诗文)。他把这些生活描述得离我们如此接近,我们就像能触摸他们的衣服,听到他们的声音,甚至能听到他们肚子里的咕噜声。

---

1. 蟹卵巢和消化腺馅包,实为"蟹黄汤包"。
2. 草莓排泄物,实为"草莓奶昔"。

杰弗里·乔叟
英语——当今非官方人类共同语言——的祖先

  骑士和磨坊主事实上相互打断,差点就打成一片,诗里的故事,正如人生。骑士和磨坊主仍旧混作一堆,仍然在互相打断,在每天的生活中,那就是 25 路公交车。这就是伦敦的特点和特质。

  在乔叟时代,英语的崛起是经济和政治共同作用的结果。这个曾经的下等语言的胜利,反映出使用它的伦敦商人的自信和影响力。有一个人站出来成为了新阶层的代表,一个乔叟应该非常熟悉的人。

  这个人崛起的故事被代代相传,世代渲染,成了机会之城伦敦的主题故事。

第九章

理查德·惠灵顿爵士

他不仅是世界上首位伟大的银行家，也为慈善事业制订了高标准

当我还是个孩子的时候，我们并不是从"中世纪全面战争（Mediaeval Total War）"中学到军事历史的。我们也不会像无法入睡的蜥蜴一样坐在电脑前，玩什么"使命召唤——黑色行动"之类的电脑游戏。

我们有为好学的青春期少年准备的非常华美和满是插图的杂志《观察与学习》，而我就是个忠实的订阅者。在20世纪60年代末期，《观察与学习》首次发表了一张理查德·惠灵顿爵士巅峰时刻的照片。

那是他作为伦敦市长，为纪念英格兰国王而召开的盛宴——那真是一次令人难忘的盛典。这么说吧，近年以来，不是每个伦敦市会议厅的盛宴都能变成一场热闹的举国狂欢的。

我曾经西装革履地去听过一场戈登·布朗的演讲。在另一个严肃的场合，我们都得去拍普京总统的马屁，希望他能让英国石油公司多拿些石油合同。最近，在这个历史性国家集会场所举办的庆典，包括了"教育、儿童服务和技能标准部会议"，"英国皇家救生协会奖"和"全球酒店联盟展"。但在1415年，伦敦市会议厅才刚刚建成4年。

会议厅有着哥特式的正面，高耸的石灰石拱顶，充斥着弗兰芒式的宅邸气息，不过这也不足为奇，因为它就是用跟弗兰芒人的羊毛贸易收益建成的。这座建筑反映出伦敦人的成功和逐渐增长的野心，而今晚，他们理应感到幸福。

在整个英国历史上，对阵法国取得的最激动人心的胜利，被称为阿金库尔战役[1]。面对至少四倍的敌人，年轻的国王亨利五世带领英国弓箭手大胜敌人的精英

---

1. 1415年，英王亨利五世于法国北部阿金库尔村重创兵力数倍于己的法军。

理查德·惠灵顿爵士

他不仅是世界上首位伟大的银行家,也为慈善事业制订了高标准

部队。法兰西之花被无情地埋藏在皮卡特的烂泥地中。他们损失了三位公爵、八位伯爵、一位子爵和一位大主教。英格兰重夺法兰西王座的道路已经铺平——现在只需要惠灵顿市长代表伦敦市来引领这场欢庆了。

当时也正是这个老奸巨猾的商人在君王面前表现他——惠灵顿——在这场胜利中所占据的中心角色的时刻。这位市长准备了一场梦幻般的盛会。姑娘们拿出了中世纪晚期伦敦最美丽芬芳的打扮。诗人们在楼厢中奏响乐声。当然,还有杂耍者、壮汉、翻筋斗的矮子,绘声绘色地表演着法兰西的失败(无意中恢复了一项这座建筑的远古传统。在狂欢者的脚下,静静地消失在地基中的,是罗马竞技场的古遗迹)。

宴会上的盘子稀有且昂贵。红酒都是从导管中输送而来。烧火用的是白檀木和其他香料燃料。28岁的国王被震惊了。

"就连火里都充满了芳香!"他大喊道。

"如果陛下允许的话,"理查德·惠灵顿爵士应该是这么说的,"我还能让火变得更加芬芳。"

有了国王的默许,这位市长抽出了一捆字据——上面书写着国王的欠债——然后将它们扔进了烈焰之中。"我特此免除陛下6万英镑的债务。"

很难把当时的6万英镑换算成现在的金钱,但应该有数千万英镑吧。免除国王如此之多的债务,已经不仅是一种令人震惊的慷慨行为了。这是一种陈述行为。想象一下,如果苏黎世的金融家们去找哈罗德·威尔逊,告诉他,他的国家的债务被免除了;假设固定收益市场为乔治·奥斯本举办了一个奢华的晚餐派对,其中一个银行家最后醉醺醺地站起来,宣布赤字将不再落到英国纳税人的身上,而是由他们自己来承担。你会觉得整个世界都已经疯狂了。

当然,也没有什么证据证明这件事确实发生过,除开《观察与学习》上几页的图片之外。在那个未知的夜晚,那位国王应当是在法国,而不是在市会议厅。但是最基本的真相毋容置疑:迪克·惠灵顿(即理查德·惠灵顿)在百年战争中的关键时刻,为英格兰的军事机器输送了资金,他给三位继任的君主提供了极为关键的巨额贷款,他免除了亨利五世的债务,正如他免除了许多其他人的债务一样。

你觉得你了解迪克·惠灵顿的事了?再仔细思考一下吧。你圣诞节在赫舍姆救世军大厅看到的,由电视明星杰森·多诺万扮演的迪克和安妮·威德康扮演的他那位毛茸茸的猫科动物朋友的那个故事——这个哑剧只是被小报错误报道的粗制滥造的作品。当然,这也是一个很好的教材,讲述了一位顶级的资本家是怎样洗清他的名誉,并赢得公众永恒的支持。

真正的迪克·惠灵顿并不是天生的穷人。没有任何证据表明他把所有的财物用手绢包起来然后用木棒挑着。他没有在海格特山听到伦敦的声音而"再次

伦敦精神
伦敦市市长鲍里斯·约翰逊的伦敦生活指南

转身"。他四任,而不是三任伦敦市市长。还有,他不养猫。

在1400到1423年间,他只有两年没有向王室提供贷款。由此看来,他在伦敦经济史上的地位非常重要。在整整60年后,佩鲁塔的蒙特·迪·皮尔塔才第一次借钱给穷人,而且是用来交换小刀、帽子和其他典当物品。在奥格斯堡的福格尔家族、佛罗伦萨的麦德西家族之前,事实上早已有了商人、银行家迪克·惠灵顿。正如他肯定知道的乔叟一样,迪克·惠灵顿在政治上如此圆滑,他游离于伦敦的两大世界——伦敦城和威斯敏斯特的王室,以此赚来的巨额财富,让他的捐赠在今天依然源源不断地供给贫困者。

迪克于1354到1358年间生于格洛斯特郡,他的父母不是农民,而是庞特利封地的主人,有着自己的徽章。威廉·惠灵顿爵士确实曾经被"宣布为不法之徒",因为他在没经过皇家同意的情况下娶了托马斯·伯克利爵士的女儿(需要国王的同意才能迎娶臣子的女儿,因为国王是理论上的第一候选人)。但惠灵顿一家并未被剥夺封地;事实上,他们继续掌管庞特利达200年之久,而他们的后代现今还住在汉姆斯威尔的小镇上。

理查德·惠灵顿唯一的问题就是他是三兄弟中最小的,没有机会继承爵位,他只能选择(a)在格洛斯特郡待着,希望能找到个富家小姐;(b)到律师学院学习法律;(c)进教堂;(d)参军为男爵服役;(e)做学徒进入贸易圈。我们不知道他究竟为什么会选择成为学徒,但在他青年时代的中后期,他确实是花了四到五天的时间走到伦敦,大概在1371年从纽盖特进了城。正如我刚才写到的,当时伦敦是一个充斥着金钱和罪恶的城市。

最后一次大瘟疫已经是在几年前的1369年,而人们有着一种对世俗欢乐的狂热感情。我们有一封来自坎特伯雷大主教(那个想要迫害乔叟的一本正经的家伙)的信件,信中抱怨说伦敦人不再将周日看作休息日。在惠灵顿漫步街头寻找住宿的时候,他也许看到了被诱捕的熊,被上枷示众的窃贼和赌术骗子,还有浑身皮肤病的乞丐,以特尔菲女祭司般的热情挥舞着破损的残肢。

他也许正好碰上了一次圣徒节的游行,所有参加者都酒气熏天,到处呕吐和犯罪。虽然他看得目瞪口呆,但年轻的迪克还是无视了这些诱惑。他的母亲有一个联系人,一个名为雨果爵士,或是约翰爵士,要不就是伊沃·菲兹·沃伦爵士的绸布商,其家族投奔了征服者;迪克径直来到他家,希望找到一份工作。

成为学徒是一件严肃的事情。你需要参加弥撒,聆听说教,还要到伦敦肉市场参加箭术练习。你也许生于富足家庭,但你的生活情况几乎是斯巴达式的。初级学徒一般睡在阁楼,而高级学徒也许能在屋里的干草堆上将就一下。你要戴一顶圆帽,头发剪得短短的,穿上粗劣的长大衣,在晚上你要提着灯笼或者扛着木棒走在你的主人或者主母的前面。在都铎王朝时期,学徒成了一股重要

理查德·惠灵顿爵士

他不仅是世界上首位伟大的银行家,也为慈善事业制订了高标准

的政治力量,以暴动和杀人而闻名。但作为一个绸布商学徒,年轻的迪克已经比别人略胜一筹,而且他对自己的职务极为负责。

绸布商贩卖布匹和各种服饰。在那个时代,人们不仅开始富裕起来,而且开始想要通过奢侈品和身上的行头来让自己与众不同,所以服装的买卖正是生财之道。迪克学会了如何梳理羊毛,如何打包布料,如何区分行会标志,如何折叠和包装精致的织物,如何用拇指和食指来揉搓布料,然后宣称这是他这辈子见过的最好的布料,而且价格实际上比潜在的价值要低。

国王和王室当时在威斯敏斯特待的时间越来越长,商人们也透过官僚们永恒的浮夸行径赚了一笔。毛皮商提供兔皮来制作衣领;布商提供厚重的布料,像惠灵顿这样的绸布商则几乎能提供一切:亚麻布,丝绒,塔夫绸,丝绸,缎带。金色布料?很适合你,先生!皇家采购机构被戏称为"大衣橱",如果"大衣橱"找上你的店子,那你就获得了整个王室的惠顾。在"大衣橱"之后,就迎来了"大洪水"。

惠灵顿曾在绸布商业城工作,大概是在齐普赛的圣玛丽教堂附近,他工作勤奋,起早贪黑,一直到教堂钟声响起,才结束一天的工作。他的名字最早在1379年出现在记载当中,当时他也许刚刚完成了7年的学徒期,并且向国家提供了第一笔贷款——向城市官当局出借了5马克。

到9年后回来,他已经爬到了科尔曼街区8位下议院议员之一的位置上。1390年他提供了10英镑——作为一位市长而言,这可是一大笔钱——为伦敦的防御作贡献。到了1393年,在他30多岁的时候,他成了市参议员。1394年又成了郡长。

他的晋升并非可圈可点——不算快也不算慢——但这个时候,他拥有的钱已经足以与当代著名的大商人,比如本柏和威廉·沃尔沃斯之流比肩。决定性的时刻是在1397年,随着理查二世的王朝陆续走向终结。

你应该记得,这位国王对城市是有着病态的感情的,因为"领主控诉人"在成功对付他时,城市在其中扮演了重要角色;你也应该记得,理查曾经任命了一位教区委员来改变伦敦市的民主制度。在市长亚当·班姆死后,理查专横地将理查德·惠灵顿任命为伦敦市长。这位国王是这么说的:"他是一个忠诚而谨慎、我们由衷信赖的人。"但迪克·惠灵顿知道,作为国王的提线木偶不是什么好事。他需要同伴的支持。必须要进行选举。因此在向国王支付了一万英镑后,他安排伦敦市买回了被征服者所赋予的自治自由,在1397年10月13日,他被选为市长,不仅得到了国王的许可,也获得了伦敦城商人们的认可。

两年之后他就迎来了大丰收。亨利·博林布鲁克篡位,理查在囚禁中被饿死,新的王朝诞生了。惠灵顿轻松地度过了这段时期。事实上,新国王亨利四世还

伦敦精神
伦敦市市长鲍里斯·约翰逊的伦敦生活指南

同意了向他偿还一笔理查二世欠下的 1000 英镑的贷款。一位国王居然愿意为另一位国王偿还贷款，惠灵顿的善于交际从中可见一斑。

他是怎么做到的？为什么他没跟着他的债务人、施恩人一起陨落？答案就是，迪克·惠灵顿的狡诈，以及他与所有人都能做到圆滑相处。

他向被认为是理查二世最爱的恶名昭著的情人罗伯特·德·维尔出售了价值 2000 英镑的货物。还记得农民革命期间，冈特约翰的萨伏伊别墅被捣毁和烧掉大量的布料吗？惠灵顿提供了替代的柔软服饰品。亨利四世的女儿布兰彻（Blanche）和菲丽巴（Philippa）需要婚礼的丝绸时，惠灵顿的团队为她们量身定做。不难想象，他的冷静和专业能力，让他能轻易影响王室中的女性，而这些人在涉及颜色和品味时的意见举足轻重。然而，实际上这个伦敦最大的绸布商还有更有效的手段来将自己与皇家客户们绑到一起。在 1392 到 1394 年间，他向理查二世家族出售了价值 3500 英镑的货物，而且，他聪明地没有直接把钱收回，而是把钱又借给了渴望金钱的英格兰君王。

从 1388 年开始，他向皇室提供了不下 60 次借贷，金额最大的是亨利四世和五世。你也许想问，他是怎么做到的。高利贷不是非法的吗？确实是。英格兰是一个优秀的天主教国家，服从《圣经》的教导。"借出任何东西的高利贷都是不洁。"《申命记》中如是说道，而米兰的安布罗斯在公元 5 世纪就强烈抗拒收取利息的金钱借贷行为。"你从贫困者手中赚取财富，将它称为产业和勤奋，实则是狡诈的商业手段！"安布罗斯如是说，他无疑也说出了不少多年来负担着英国银行债务的人的心声。1139 年，第二拉特兰议会认为高利贷是盗窃行为，除了犹太人，所有人都被禁止这种行为；而犹太人得以继续有利息地借出钱财，是因为他们在仔细阅读《申命记》后发现，被禁止的是"向你的兄弟"，也就是其他犹太人收受利息。而向非犹太人借钱是没有关系的。不得不说，犹太人因为实施此行为而遭受了苦难，而现今这一点在世界各地（大概除了德黑兰）都被普遍认为是在拓展资本主义经济时极为重要的。中世纪英国人对犹太人的迫害是如此可怕，以至于我们有时都不敢在课本中随意书写。所有小学生都知道希特勒的大迫害，但又有谁来告诉他们，1189 年到 1190 年间伦敦和约克郡发生的大屠杀，还有西蒙·德·蒙特福特将犹太人从莱切斯特驱逐的行径？这样丢脸的事件还有数百起。1290 年，爱德华一世把所有犹太人从王国中驱赶出去，这些英国最大的债主直到奥利弗·克伦威尔时代才又回到英国。

市场上一旦有空缺，惠灵顿就会厚颜无耻地将它填补上。他的贷款不收利息，真的不收，利息这东西太不道德了。他只是让自己免除了几项会最终落入皇室家族中的税费。由于羊毛的贸易支配了经济，皇家财政收入最大的永久收益来源是"羊毛津贴"也就不足为奇了——这是一种在向欧洲大陆出口羊毛和布料

理查德·惠灵顿爵士

他不仅是世界上首位伟大的银行家，也为慈善事业制订了高标准

时要交给国王的税金。作为贷款的交换品，惠灵顿得到了国王允许他免除羊毛津贴的书面信件；因为他不用支付羊毛津贴，他得以用比其他人低得多的价格进行出口；由此他可以赚到更多的钱，再借给更多的国王，再获取更高的税务减免，乃至分割更多的市场份额。

到了1404年，他从伦敦和奇切斯特[1]同时出口羊毛，而在1407年，他已经垄断了奇切斯特的羊毛出口，向加莱派出了6艘满载总量250袋羊毛的货船。通过以王室最大债主的身份巧妙地操控自己的地位，他得以继续拓展自己的商业志向。有一段时间，他追随乔叟的脚步，成了"伦敦羊毛海关和津贴的收款员"。这可是赤裸裸的利益斗争。就像是要求高盛的首席执行官同时去做金融服务监督局的局长，他可以给自己一份执照，由此出口羊毛就无须支付关税。

惠灵顿通过巧妙的规避税赋迅速致富。他隐瞒，或者说掩饰了他从贷款中获得的利息。他在伦敦权力的两条杠杆——王室和城市——上都举足轻重，因此他不仅被亨利五世封爵，还被要求参与1421年的高利贷审判；实则他只是在以别的名义放高利贷而已！

皇家财政就是个无底洞，只有天才才能渡过难关。我们必须承认，迪克·惠灵顿是一个财政天才，因为终其一生，他都保留着最基本的信任要素。早在1382年，他就可以拿取总额600英镑的珍珠、珠宝和其他货物，而不需要任何担保。

他的威望让他在1406、1419年（第四次，如果算上第一次理查二世的指派的话）两次被选为市长，他1423年死时的勋爵身份，已经是自古以来商人能获得的最好名声了。这个谨慎的资本家是怎么获得在后世看来如此耀眼的成就的呢？为什么每年的温馨哑剧上都要纪念他呢？为什么他的一生被描述成一个从贫民到富人的励志故事呢？为什么我们都忘了他是个事实上的高利贷者呢？迪克·惠灵顿的公关是谁？今天的银行家们——惠灵顿的后代们——那些将在伦敦和全国各地圣诞哑剧上作为恶人而出现的人们，又能从中学到什么？答案很简单。迪克·惠灵顿懂得付出，他付出的程度完全异于现代的英国文化——不过也许与现代美国文化相似。

到他死时，整个伦敦的方方面面都感受到了他带来的益处。他装饰改良了市会议厅。他监督了用于完成威斯敏斯特修道院的经费。他对纽盖特监狱的状况大惊失色，因为那里的囚犯像苍蝇一样死于监狱热病，于是他在拉德盖特为债务人开了一间独立监狱。他在圣托马斯医院为未婚妈妈设立了病房，在伦敦海鲜市场和克里波门建造了排水系统。他还捐赠了格雷法亚斯图书馆。

他重建了自己教区的圣迈克尔祷告皇家教堂，也贴心地在自己的房子里为

---

1. 奇切斯特，英国国会一郡选区，包括英格兰东南部奇切斯特区大部。

伦敦精神
伦敦市市长鲍里斯·约翰逊的伦敦生活指南

学徒提供住宿，并且以市长的身份通过了一道法令，禁止湿冷的天气在泰晤士河中洗动物的皮——因为大量的学徒都被迫这么做，然后因为寒冷而死亡。他主张建立了伦敦——也许是世界上第一座公共饮水喷泉。他在文垂区圣马丁教区建立了也许是自罗马时代以来最早的公共厕所。这算不上什么特别复杂或者卫生的工程，因为泰晤士河涨潮就把它冲走了，但这也算是中世纪在个人卫生方面的摸索，在后来一直被称为"惠灵顿的长屋"。即使在他死后，这些钱依旧在不断地输出，至今仍惠及伦敦。惠灵顿娶了休斯爵士或约翰爵士（或者是伊沃·菲兹沃林爵士）的女儿爱丽丝。但他们似乎没有子女。他在遗嘱中留下了 7000 英镑，世代以来为许多本应由国家出钱的工程提供了资金。惠灵顿出钱维修了圣巴洛塞谬医院，建造了第一座市会议厅图书馆。他的遗产建立了信托基金，由绸布商公司管理，每年向 300 位穷人发放救济，时至今日——600 年后——迪克·惠灵顿还在为那些在艰难时世中跌倒的人们提供救济。

在东格林斯代附近的菲尔桥镇，有 56 间平房供给低收入的单身女性或已婚夫妇居住。到网站上查看，你会发现那里相当漂亮，房屋坐落在玫瑰盛开的花园中。那里有工作间，有单床和双床的公寓给超过 60 岁又经济困难的人居住。不过，那里不接受宠物。这一点又提醒了我。为什么虚构的惠灵顿收养了一只猫，而他的历史记载中却没有任何关于他的猫科朋友的记录呢？

有人说，那是基于一张惠灵顿的版画，他的手是放在一个骷髅头上，因为这样的图像太过可怕，骷髅被换成了一只猫。还有人说那是受了 10 世纪阿拉伯故事的影响，关于一个穷孩子唯一拥有的就是一只抓老鼠的猫的故事，他最后成了那个王国最伟大的人之一。但其实答案很明显。

迪克·惠灵顿的后代给他配上一只猫，是因为这样会让他看上去更善良、更和蔼、更亲切。这是在保持他在伦敦公众面前所维持下来的形象。他也许曾经穷苦过，但跟大多数穷人一样，他并没穷到养不起猫，也由于英国人对动物的兴趣，猫就成了惠灵顿极为慷慨的象征。

由此看来，这个谜题暗示了一个诗歌般的事实。伦敦需要惠灵顿的资本主义魄力和企业家精神。几代国王都需要他来资助他们的冒险。阿金库尔，这场对战法兰西的标志性胜利，被莎士比亚高度赞扬为英国人的自信成长的关键时刻——阿金库尔战役中的部分资金来源于惠灵顿。他在经济和政治上都是重要角色。但他的慈善行为给他带来的才是光彩夺目的名望。

他受得起这样的名望，而我们越深挖这个传奇背后的真相，我们就变得更加崇拜。在 1569 年，理查德·格拉弗顿的编年史中用劝诫的词句对他的善行和遗产作了总结："看看你自己，参议员，你就是一块堂皇的明镜。"今天，我们可以本着同样的精神说：看看迪克·惠灵顿吧，伦敦的银行家和财阀们，他

理查德·惠灵顿爵士

他不仅是世界上首位伟大的银行家,也为慈善事业制订了高标准

就是一个光辉的榜样。

在这里,为了作个比较,来看看迪克·惠灵顿的故事。

很久很久以前有一个叫作迪克·惠灵顿的穷小子。他没有父亲,也没有母亲,总是没有东西吃。有一天,他听说了大伦敦城,每个人都说,在那儿遍地都是黄金。迪克决定去伦敦,谋求自己的出路。

伦敦是繁华大都市,到处都是有钱人,也到处都是穷人。但是迪克走遍街头巷尾也没有见着黄金。他饥寒交迫,疲惫不堪,在一栋豪宅的台阶上睡着了。这栋豪宅的主人是费茨瓦伦先生,一个富商,为人慷慨,心地善良。他将迪克带进宅子,并雇用他做洗碗工。

迪克有自己小小的私人空间,如果不是有老鼠,他会过得很开心。每当夜里他躺在床上,这些老鼠就会在他的头顶跑来跑去,吵得他没法睡觉。一天,迪克给一位绅士擦鞋挣了1美分,他用这钱买了一只猫。从那以后,迪克的生活就舒适多了——这只猫吓走了所有的老鼠,迪克就能在夜里安稳入睡。

一天,费茨瓦伦先生在宅子里召集所有仆从。他的一艘货船即将远航进行货物交易。费茨瓦伦先生说,如果他的仆从们愿意,他们都可以拿出一些东西放在这艘船上,也许能给他们换回来一些金子和钱财。迪克只有他的猫可以送出去——他难过地把猫送上了船。

迪克继续在费茨瓦伦先生家里当洗碗工,费茨瓦伦先生对他非常和善。每个人对迪克都很好,除了库克,库克使得迪克的生活多灾多难、不堪忍受,终于有一天,迪克决定逃跑。他几乎已经逃到这座城市的边缘,却突然听见大本钟响了起来。这钟声听起来就像是在呼喊"回去吧惠灵顿,你将连任三次伦敦市长"。迪克吃惊极了——他按照钟声的指示回到了费茨瓦伦先生家。

迪克回去后发现费茨瓦伦先生的货船已经回来了,而他的猫卖给了巴巴里国王,他的宫殿鼠患成灾。迪克得到了一笔巨额财富,成为了一个有钱人。

他很快就从费茨瓦伦先生那里学习了经商之道,娶了费茨瓦伦先生的女儿爱丽丝,最后三次任职伦敦市长,正如钟声所说的那样。

最后还有一样属于迪克·惠灵顿的成就,我们在这里应该提及。多亏了他的一项遗赠,才使得伦敦在1423年建立了第一座公共图书馆。

它坐落于市政厅附近,它所传达的理念就是:公民应该拥有亲近书本的权利,否则这份权利就会成为神职人员以及贵族阶级的特权。到了1476年,图书馆里

伦敦精神
伦敦市市长鲍里斯·约翰逊的伦敦生活指南

装满了威廉·卡克斯顿[1]用他的绝妙机器所印制的书籍，其次是维金·德·沃德的作品。

1535年维金去世的时候，他已经出版了800本书——这种印刷文字的爆炸性增长、外借以及出售，都对整个伦敦的文化和宗教生活产生了无可估量的影响。随着受教育人口的增长，随着对故事需求的不断增长，改革已经不能完全跟上时代脚步了，在女王伊丽莎白一世时代的伦敦，呼唤的是一场艺术革命；而其中最首要的革命者，是在这场延续至今的言语盛宴中，用自己的方式赞颂阿金库尔战役的那个人。

* * *

在接下来的一年里，亨利八世国王解散了众多的修道院，成为了历史上所有政府中最大的一次亲商举动。突然之间，基督教的土地和财产都成为了有抱负的商人阶级疯抢的对象，物美价廉，先到先得。

各种协会逐渐搬进教会的地盘，皮革商人占据了修道院，屠户将牧师从其住宅中赶走。很快，伟大的伊丽莎白贸易集团建立起来，而其最初只是一家建立于1555年的莫斯科威公司。这家贸易集团是伦敦一些专业银行家合资建立的股份制企业。

尽管瘟疫频发，但人口数量依然不断攀升，不仅超越了威尼斯，而且到1580年时，其人口数量甚至堪比巴黎。这个城市早已突破了其古时的地界，让都铎王朝的绶带蔓延开来。

在其东端地区，混合着各种各样的家庭企业和小型工业公司：圆屋顶建造，玻璃制造业，象牙和号角手工作坊，随之而兴起的还有丝织业和造纸业。在西部地区，有钱人开始修建富丽堂皇的住宅。随着数以千计的移民从这个国家的贫困地区迁徙到此，伦敦地区便开始占据英国越来越多的贸易额，人口也越来越多地集聚到伦敦。

随着中产阶级读写能力和财富的增长，娱乐消遣市场也逐渐形成，加入市场的这些人不仅能够编造出很好的故事，而且还能在其中不着痕迹或者不那么着痕迹地歌颂伊丽莎白英国的文化和成就。惠灵顿不仅在故事中描述了阿金库尔战役，而且还出资赞助伦敦的一个文学社团，最后，这个社团造就了这场战役至上的艺术纪念仪式。

---

1. 威廉·卡克斯顿，英国首位印刷商，共出版100本书，其中24本为他自己的译作，被称为是莎士比亚之前对英语影响最大的人。

@ 抽水马桶

你们认为抽水马桶是汤马斯·克拉普[1]发明的，是不是？再想想，我的朋友们。

如果你来到特伦特河畔斯托克城的格莱斯顿陶瓷博物馆，你就会看见一个最有趣最富梦幻的装置的复制品，而这个装置最初是为了适应"童贞女王"（即伊丽莎白一世女王的称号）的翘臀而被设计出来的。这个令人着迷的装置只制造了两件——其中一件就在伦敦。

它被安置于童贞女王位于里士满的宫殿中，那大约是在1596年，现在这座宫殿已经毁坏，这件装置是约翰·哈灵顿爵士发明的，他是她的教子，也是她最任性的臣子。

"怪杰"哈灵顿有一点点声名狼藉，并且作为伊顿公学老校友颇有些自命不凡，他因为翻译意大利的淫词艳曲并在宫廷淑女中广为传播，从而惹上了麻烦。

于是在一些正式场合他就被禁止出席了。一天晚上他在威尔特郡，陪着他的是莎士比亚的赞助人南安普顿伯爵，这场谈话最后变成了粪便学大讨论。

受到他们所谈论的技术性问题的鼓舞，他写下了一篇低俗的名为《便池（Ajax）的形变》的论文——Ajax是"厕所（a jakes）"的双关语，是洗手间的俗称。他将自己努力的成果，附上蓝图，一并递交给了女王。

正如他所表明的，他设计新便池的使命是社会性的也是政治性的——他希望重新赢得女王的青睐并且获得"可以自由思考以及谈论的机会"，他成功了。

据说女王为他的努力而感到十分欣喜，并且安装了他设计的奇妙装置。放置于斯托克城的那件复制品就是以他自己的说明为基础，并且由一个带有圆孔的矩形长凳组成的——这个理念类似于古时候的发明，最早可以追溯至罗马时代。

变化主要在后方的巨大水箱，以及长凳下方的一个椭圆形铅制平底，用沥青填满，并且装满6英寸深的水。

这个椭圆形的平底向下倾斜朝向一个栓子，它被一根长长的绳索系在了终端的一个键柄上。当你想要排空平底的时候，你就拉一下这个键柄，那么平底的内容物就会顺着厕所的杆子排空。

---

1. 汤马斯·克拉普，19世纪80年代伦敦的著名管道工，他为英格兰王子爱德华修建了几个皇家宫殿卫生间。

伦敦精神
伦敦市市长鲍里斯·约翰逊的伦敦生活指南

然后你把平底的终端重新合闸，通过拉起水箱的另一个杠栓来使平底重新上满水。太聪明了！

除了有两个控键之外，这个哈灵顿抽水马桶在整体概念上类似于现代的厕所，并且在惠灵顿设计的长屋基础上有相当大的改进。

唉，这却并没有流行起来。尽管哈灵顿的发明获得了女王的好感（女王对于自己的个人卫生十分挑剔，并且"总是一个月洗一次澡，尽管她有时并没有洗澡的必要"），可是想在一般市场上找到与现代器具类似的物品，还需要再等上两百年。

这个过早诞生的突破性发明所彰显的意义在于，它引导了人们对于清洁革命的兴趣，并且也表现了伦敦朝臣想要取悦他们的君主。

一些人为女王谱写史诗，一些人为女王写十四行诗，一些人为女王从新大陆带来新的庄稼，一些人带着演员在女王面前表演，一些人为女王设计新的厕所，仅仅只是希望重新获得女王的青睐。

为了纪念（有时候人们会这么说）约翰·哈灵顿，美国人就将现代的抽水马桶叫作"约翰"。

第十章
威廉·莎士比亚
以及伦敦如何成为现代戏剧的先锋

1997年,人们开始在萨瑟克区重建环球剧院,此前不久,我去采访了佐伊·沃纳梅克[1]——这个有着翘鼻梁的《哈利·波特》里面的主角——她已故的父亲山姆对这一切的发生负有预见和决策的责任。

我不太确定在这次采访中应该期待采访到什么,也许我并没有像往常那样注意细节。但是,当佐伊和我走在木材中间,当我们站在理应是观众席的位置时,我不得不承认我大吃一惊。

"你是说这儿连一张椅子都没有?"我对佐伊说。

"确实如此。"她回答。

"而你真的认为人们赶过来聆听莎士比亚的作品,甘愿在这里好几个小时地从头站到尾?"

"他们当然愿意。"她说道,带着美国人特有的活力;尽管我的礼貌使我不能在这个时候说出这句话,但是我在心中第一时刻就说道,佐伊,你是在开玩笑吧。当你亲身体验了伊丽莎白一世时代的剧院,你就会觉得,当时的人们对于剧院环境的容忍是难以置信的。

为了"自由"的缘故,他们必须抛弃限制,凡所见到的剧院都无法无天,都是得到许可的,就像萨瑟克区的剧院一样,以容纳娼妓、斗兽以及窃贼等形形色色的人而闻名。当他们路过在城墙之内被禁止而在此被允许的行业时,他们必须捂住自己的鼻子:使用天然氨水的漂洗工;把骨头煮出各种刺鼻气味的

---

1. 佐伊·沃纳梅克,美国女演员,在《哈利波特与魔法石》中饰演霍琦夫人。

伦敦精神
伦敦市市长鲍里斯·约翰逊的伦敦生活指南

胶水制造商。如果这些还不足以使你精疲力竭，那么还有一种皮革工人，他们通过浸泡兽皮使之软化——这是令人完全没有办法能够忍受的——兽皮浸泡在一口炖着狗粪的大锅中。然后，他们走进一间没有棚顶的剧院，冒着在大太阳底下大汗淋漓、睁不开眼的风险。

这栋建筑里没有供热或者制冷系统。整个剧院随时都有可能着火或者坍塌，就像在圣约翰大道倒塌的那个剧院一样，死了30或者40个人，其中还有"两个慷慨、漂亮的娼妓"。剧院里到处都是扒手，而女士们又经常被人占便宜。没有厕所，一些戏迷就只能在前面看戏人的腿后根处小便，因此剧院的地板上覆盖了一层洒出来的啤酒、牡蛎壳，以及多多少少会有点不卫生的东西。

至于这群人自己——好吧，一直存在很大的争议，但是压倒性的观点是，在很大程度上，他们确实可以算作是伦敦的暴民。正如愤愤不平的枢密院（Privy Council）在1597年所说的那样，他们是漂泊游荡的人，是无法无天的人，是窃贼，是盗马人，是人口贩子，是猎兔人，是筹划叛国的人，以及其他游手好闲的危险人物。当他们摇头晃脑、哈哈大笑或者放声大叫的时候，他们生疮的头颅以及溃烂的口腔，就会使舞台上的演员们笼罩在如托马斯·德克所描述的那种"巨型野兽的呼吸"般的空气中。他们是"发臭的人"，他说。他们如何才能获得自己的演出费呢？又是建立在什么样的表演之上呢？

剧院没有窗帘，也没有多少舞台布景。演出服饰也是由有钱人用过的廉价衣物七拼八凑出来的。舞台灯光非常不成熟，特技效果也仅仅是羊血以及羊的各种器官变换使用。舞台上也没有一个漂亮的女演员抛媚眼，因为所有的女性角色全部由男性来扮演，出于某些英国式的原因，这样的表演在欧洲其他地区完全不能激发观众趣味。

整场演出可以持续三到四个小时，伴随着一种叫作"吉格舞"的舞蹈，一种奇异的、伊丽莎白一世时代的舞蹈，不像是承袭古希腊悲剧的滑稽羊人剧，对我们来说倒有点神秘化。如果你肯付1先令的钱，我想你就可以坐在加了衬垫的上议员的包间；如果你肯付6便士，那么你就能享受到等同于绅士包间的舒适待遇，但是压倒性的多数人更愿意花这些钱去买重达1磅的面包——这些钱是足够买到的——他们宁可极其不舒服地站着。

没有一个现代的英国观众忍受得了这样的状况，哪怕是在一个大型露天足球场，更不用说是在剧院了。他们在朱比利地铁线都是无法忍受的。但是伊丽莎白一世时代的英国人却很喜欢剧院，他们一周又一周地去剧院，以一个庞大的数量出动。在任何一天——假设没有因为瘟疫而关掉剧院——那么你就可以预期至少有两场演出正在舞台上表演，而每一场演出都容纳了2000到3000观众。所以一周之内，假设五天有演出，就会有大约15000伦敦人付钱去看演出。

威廉·莎士比亚
以及伦敦如何成为现代戏剧的先锋

一个月就是60000人——而这座城市的人口不过是20万人!

伦敦超过三分之一人口数量的成人每个月都会看一场演出。这些人是戏剧迷。为了满足他们的嗜好,成百上千的剧本被创作出来,很遗憾,这些剧本我们只保存下来了一小部分,而其中大约四分之一都是同一个人创作的。毫无疑问,这个人高妙地缓解了伊丽莎白一世时代拥挤人群的困顿处境。他的话语时不时显得新奇,但总是饶有趣味,威廉·莎士比亚用他的话语,使观众的不适变得更容易忍受。

他转变了环球剧院的氛围,加入了甜蜜芬芳的元素。他为观众开启了他们甚至从未梦想过的生活以及世界的窗口。他将那些苍白的纸板化成阿金库尔的熊熊篝火,尼罗河畔埃及艳后克利欧佩特拉的死亡,幽灵般的苏格兰城堡,阴暗模糊的埃尔西诺城的碉堡,以及维罗纳的背光阳台,在那儿,一个美丽的小姑娘(咳,当然,是由男孩子扮演的)走向她不被接受的情人。

通过越来越多的富于冒险精神的、自信满满的英国商船队在公海上的散播,莎士比亚的戏剧以惊人的速度在全球传播开来。在1607年,距离莎士比亚去世还有九个年头,在一艘开往塞拉利昂的船上,《哈姆雷特》和《理查二世》正在上演。在1608年,这个忧郁的丹麦王子被介绍给了如今称作也门的观众们。到了1609年,哈姆雷特父亲的幽灵出现在了印度尼西亚某个地方的临时城垛上,而到了1626年,德累斯顿的人们已经开始听闻这位王子关于生死的叩问——那是在德国。

演出被一群德国人传播,他们称自己为"英国的喜剧家",这是这种艺术形式公认的起源。问题在于英格兰——或者更具体地说,伦敦——负责这种商业戏剧的输出,没有别的城市可以做到这一点。

从1576年詹姆斯·博比奇的第一个剧院开张,到清教徒令人憎恶地关闭了剧院,在这70年中,没有任何事物能够达到戏剧这样的繁荣,从前没有见过,今后也不会再有。商业性以及竞争性剧院的概念——它使人们欢笑,它使人们哭泣,更主要的是,它使人们掏钱——说到底是电影的起源,在我们的时代,这个最伟大最流行的艺术形式是起源于伦敦的。

是的,西班牙也有伟大的戏剧,但是希格拉学院诞生于伊丽莎白一世之后,他们的戏剧更多地受到色彩的限制,并且主要地关注于农耕以及封建社会的压迫。当然,威尼斯也有戏剧,但是,同样地,他们诞生得更晚一些,并且他们没有任何作品比得上伦敦戏剧行业的辉煌规模。法国也诞生了高乃依[1],莫里

---

1. 高乃依,法国古典主义戏剧的奠基人,代表作《熙德》、《贺拉斯》、《西拿》、《波利厄克特》。

伦敦精神

伦敦市市长鲍里斯·约翰逊的伦敦生活指南

哀[1]，以及拉辛[2]这样的伟人，如果不是晚了一个世纪，他们也可以成为一代人的经典。

莎士比亚，他是主宰了鲜明的伦敦戏剧风格的神明。他的狂热追随者遍布全球，没有任何一个作家可以比得上。在美国国会图书馆，有7000部作品都是向莎士比亚致敬的，而在德国、希腊、西班牙、比利时、土耳其、波兰、朝鲜、巴西以及墨西哥，都有定期的莎士比亚庆祝节日。他的作品被翻译成90种语言。中国的学者将自己的一生都用在莎士比亚作品的研究上。一个以《罗密欧和朱丽叶》为背景的网络游戏，目前吸引了2200万的玩家。

莎士比亚广泛流传至印度东北部的遥远部族，在那儿一个叫作米佐的部族的人们显然已经着迷于《哈姆雷特》。他们定期完整或者片段地演出这出悲剧，如果观众中有任何一个人对于戏剧内容的连贯性表示怀疑，他们就会在演出之前加一篇序，声明哈姆雷特已经来到了米佐拉姆帮，并且化身为一个米佐人。人类学家已经报道过这出戏剧在尼日利亚的提姆部落刮起了旋风，尽管根据他们的习俗，他们认为克劳迪亚斯娶了自己亡兄的妻子是值得尊敬的，而哈姆雷特对他的叔叔或者说继父却是不可饶恕的无礼。我永远不会忘记那次去勃列日涅夫统治时期的莫斯科，那是1980年，眼见包裹得严严实实的俄国人涌进一些阴暗、肮脏的剧院，去聆听一个英国演员背诵莎士比亚的几行诗——当然包括了哈姆雷特关于要不要超越自身、战胜困境的那篇有名的冥想。

演出结束后，备受摧残的同志们缓缓走进夜色，除了一个憔悴的带着扁扁的帽子的家伙，他停在英国男孩子放学的聚集点，注视着他们，并且说："存在或是毁灭——这是个问题！"他拍打着自己复印的莎士比亚全集，点燃了我那极度振奋的"冷战"般的青春幻想。他是和这位被困在伪善的埃尔西诺城从而患上幽闭恐惧症的王子殿下产生了共鸣吗？还是说他尝试向我们传达某些讯息，再或者他仅仅只是（当然，他也确实如此）为自己能够引用莎士比亚的只言片语而感到高兴？不管他本意如何，我16岁的年轻灵魂是如此激动并且自豪，他在我们面前引用了这段话。

莎士比亚是迄今为止整个英语世界最大的英雄和最杰出的使者。单单是他一个人就为这个世界作出了突出的文化贡献，是对于贝多芬和米开朗琪罗的伟大呼应——而他也确实产生了相当有效的作用。他是我们在语言、人物特性以及生存状态上的伟大源泉。他是一位我们真正可以称之为全球性的作家。他是

---

1. 莫里哀，法国喜剧作家，芭蕾舞喜剧的创始人，代表作《无病呻吟》、《伪君子》、《悭吝人》。
2. 拉辛，法国剧作家及诗人，代表作《安德洛玛克》、《淮德拉》。

威廉·莎士比亚
以及伦敦如何成为现代戏剧的先锋

我们的荷马。

在整个伊丽莎白一世时代的剧作家中，我们了解得最多的是莎士比亚——我们甚而对其他的剧作家都一无所知。每一个事实或者虚构都只是脆弱的借口，就像一件挂起来的被"猜想"浸透的粗呢大衣，口袋里还装满了"臆断"。

我们知道他出生于 1564 年圣乔治日[1]这一天或者出生在这天附近（不管在哪个世纪，64 都是一个很好的年份），他的父亲约翰·莎士比亚是当地名人，他作为手套贩卖商或者制革工人而致富。莎士比亚年轻时需要照料屠宰场，而权威部门在研究他的作品时，发现他对于屠宰、贩肉和流血有着特别的理解。

他的性格也许并非完美无缺——1522 年，他因为保留一个未经许可的粪堆而被罚款，后来又放高利贷，这次是严重违法。但是他有足够的钱，这（至少我们可以这样认为）给了威廉一个在当地文法学校接受教育的极好机会，在那里，年轻人学习拉丁语的程度不逊色于现代大学毕业生在古希腊罗马古典课程上所学习的（他们反而没有以前的年轻人用得多）。我们知道威廉·莎士比亚在 1582 年与安妮·海森威结婚，那时他还非常年轻，年仅 18 岁。

由于安妮·海森威 26 岁了，而仅仅 6 个月之后他们就有了一个叫苏珊娜的女儿，我们也许可以推断，这场婚礼是理所当然。两年后他们又有了一对双胞胎，女孩儿叫作朱迪丝，男孩儿叫作汉纳特，汉纳特出生后不久就夭折了。莎士比亚在 1585 至 1592 年间于伦敦安顿下来，直到那时，他才被首次认定为出版过作品的剧作家，但是在其他所有关键问题上我们却毫无头绪。为什么这个手套贩卖商的儿子会成为一个演员和剧作家？为什么他来到了伦敦？又是谁给予他艺术的灵感？除了谣言和传说，我们别无所获。他曾经可能因为在牛津郡的查克特地区非法猎鹿而遭到起诉；他曾经可能是一个不服从权威的人，想要在兰开夏郡一个天主教家庭找到工作；他曾经可能在弗兰德斯的某支雇佣兵团里待过，或者曾与德雷克[2]航行于西班牙海域。对于这些多多少少不太可能的推测，我们都没有真实的证据。

不管出于什么原因——也许他仅仅只是想要供养家庭，而写剧本是最好最舒适的挣钱方式——他来到了伦敦。在一定程度上，可以辨认出，这同样是当年迪克·惠灵顿抵达的那座城市。古老的哥特式圣保罗大教堂依旧矗立，只是有些荒废。市政厅和皇家交易所据说看起来仍旧金碧辉煌，现在已经有了 120

---

1. 圣乔治日是纪念英格兰英雄圣乔治的节日。在这一天，城市会挂满白底红十字的圣乔治旗。圣乔治因为自己的屠龙伟业取代爱德华成为了英格兰的守护圣人。
2. 弗朗西斯·德雷克（Francis Drake），曾为海盗，被称为海上魔王；后获得伊丽莎白一世颁发的私掠许可，成为第一批拥有私掠许可证的海盗。同时他还是爵士、海军将领、航海家、探险家。

伦敦精神
伦敦市市长鲍里斯·约翰逊的伦敦生活指南

座教堂。这座城市开始流行食用土豆，只有少部分人觉得这是一种短暂的潮流而并不想追随。

不管是谁，只要他看见过现代中东地区或者印度的某一座城市，就会明白在伊丽莎白一世时代的伦敦会发生些什么。无序发展开始膨胀，不清洁的临时公寓不断涌现，用各种方式对抗当局权威。在1520至1600年间，英国的人口增长了四倍，而这座曾经一度沦为罗马殖民地的城市，现在已经比台伯河上的母亲城还要大上许多。可能除了巴黎和那不勒斯之外，伦敦的人口比其他任何欧洲城市的人口都要多，而这个地方还在不断地发展。它是欧洲最大的贸易中心，不仅仅是因为从中世纪就开始出口的羊背石和绒面呢。伦敦是世界贸易中心，西班牙和意大利的商人来到这里搜寻波罗的海的毛皮和纽芬兰的咸鱼，而通过贸易的增长，伦敦诞生了欧洲第一个稳固的中产阶级。

据估算，10%的人口有能力进行贫困救济，25%的人口有足够的钱去捐赠皇室津贴（或者税金），但是正如一位观察家所说："绝大部分的人既不会太富有也不会太贫穷，而是生活在平均水平之中。"那些生活在平均水平之中的人们需要什么呢？他们想要的是那些生活在平均水平之中的人们通常都想要的东西。

他们想要酒宴。在1563至1620年间，从法国和西班牙进口的酒多了五倍。

他们想要性。住在萨瑟克的克林克区的男人中有40%是船工，他们将赌徒摆渡到娼妓那里去，以此谋生。

他们也想要乐子。自从苍白肃穆的改革过后，彩色玻璃窗支离破碎，他们想要色彩，想要精彩的表演，想要情绪的快乐释放。当然会有一些表演，熊被群狗袭击的原始场面，或者有时候，表演团的经理为了引起观众的兴趣，会把一只大猩猩绑在一匹马的后面，然后把狗放在猩猩和马的背上。但是熊价格十分昂贵，而人们总是更愿意看见自己，这是人类的天性，想要一面照见自己生活的镜子，因此有时候会在旅馆带阳台的庭院里，让游客来陪同扮演一些短剧或是情景剧。这个商机最终被经理看透了，这一类的表演有可能相当赚钱，在1576年，一个叫詹姆斯·博比奇的演员完成了这个突破。

为什么不开创一个固定的专属空间——就像古时候的希腊那样——而且一直走商业路线呢？很快，大大小小的剧院就在这座城市涌现，英国的剧院，看起来更像是酒吧的院子而不是大剧场；如果想要更好地理解莎士比亚在16世纪末出现的意义，首先就要弄明白这些公司商业竞争的运行。

一个人，好比说菲利普·汉斯诺，他拥有罗斯剧院和财富剧院两家剧院，他付给作者3到5英镑，而这些钱他可以在一个晚上就全部赚回来——只要他有合适的剧本。所以，突然之间就出现了一个钱财的竞争机制，那就是不仅仅

威廉·莎士比亚
以及伦敦如何成为现代戏剧的先锋

要写出剧本,而且还要竞争哪个剧本最好;如果你是一个像汉斯诺或者博比奇那样的人,希望观众都来自己的剧院,你就必须准备好为内容恰当的天才剧本付出高价。

莎士比亚仅仅只是由15个中产阶级男性组成的小团体中的一分子,这个团体中的所有人都拼命苦干着同一件事情,每个人都想要比其余人受到更多的尊重,得到更多的称赞,从而赚更多的钱。这个团体中有乔治·查普曼,亨利·切特,约翰·戴,托马斯·德克,迈克尔·德雷顿,理查德·哈撒韦,威廉·霍顿,托马斯·海伍德,本·琼生,克里斯托弗·马洛,约翰·马斯顿,安东尼·马代,亨利·波特,罗伯特·威尔森以及威廉·莎士比亚。他们彼此剽窃想法,又彼此互相鼓励,他们彼此之间总是促使对方到达一个新的高度。正是这种充满天赋的小集团中的竞争意识打造了天才。想想洛斯阿拉莫斯[1],想想布莱切利[2]。充满着各种各样的嫉妒。

比较著名的是,理查德·博比奇有一次和一位女粉丝在舞台门口约会,后来等他去换衣服的时候,发现莎士比亚早就到了——嘲讽了一句"征服者威廉来得比理查德早呀"。这群人有时候也会发生肢体冲突。马洛杀了一个人,然后又在德特福德一家神秘酒吧的打斗中被杀。本·琼生在一场决斗中杀了一个叫作加布里埃尔·斯宾塞的新星,却通过朗读免罪诗而逃避了绞刑,这是中世纪律法的一种漏洞,受过教育的人允许通过拉丁语朗读《圣经》从而逃避裁决。他的拇指刻上了泰伯恩刑场的首写字母T,意味着如果下次再违法他将被绞死在这里。

在这种极端的竞争情况下,很自然就有演员和剧作家开始发明减少风险、分担责任的机制,因此他们创建了公司,它类似于贸易公司。贸易公司就是共同承担将货物运往全球各地的风险。在1555年成立了莫斯科夫公司,在1581年成立了土耳其公司,在1600年成立了东印度公司,而在1609年成立了弗吉尼亚公司。像贸易公司一样,演员们的公司也对收购很感兴趣,积极物色人才,并且激烈角逐市场份额。

想想莎士比亚以怎样的频率在用商业术语来描述一件事情或者海上冒险。正如埃古(《奥赛罗》中的反面人物)对卡西奥所说的,当奥赛罗必须和苔丝狄蒙娜分离时,"信念,它今晚坐上大帆船。如果它证实是合法的奖赏,它就会永远保留"。或者正如布鲁特斯在《尤里乌斯·恺撒》中对卡西乌斯所说的,

---
1. 洛斯阿拉莫斯,即洛斯阿拉莫斯国家实验室,成立于二次世界大战期间,是集中研究盟军首个核武器项目"曼哈顿计划"的秘密研究机构。
2. 布莱切利,即布莱切利园,又称"X电台",是第二次世界大战中英国进行密码解读的主要场所。

伦敦精神
伦敦市市长鲍里斯·约翰逊的伦敦生活指南

当他想要卡西乌斯参与到暗杀中来的时候,"我们必须抓住有用的当下,要么就抛开我们的种种风险"。

莎士比亚的戏剧是这个时代的企业家进行海上文化传播的产物,在《王的子民》中,它被估价为一个"利益分配者"或者搭档——莎士比亚也确实如此——他的奖金达到了每年100到150英镑,这是不可轻视的。伦敦位于公海的范畴,剧院的木质框架是由海上的船只构成的,战利品便是那些常去看戏的公众。而每个公司通过什么方式吸引海外的船客们蜂拥而来呢?通过研究他们的趣味,并且给他们看他们想看的。

观众们想要浪漫,想要性感刺激,举世皆知,"甜言蜜语"的莎士比亚很擅长这方面。据说年轻人在搭讪时就很喜欢用《罗密欧与朱丽叶》中的台词。他们想好好笑一场,那就是为什么莎士比亚的作品中总是充斥着双关语和滑稽的小插曲,而在这方面,莎士比亚处理得比其他人更为成熟。他们想要身临其境。他们想要惊心动魄。

他们想要被某种隐秘的想法所震撼,想要探究其中对于时下政治局势的影射。莎士比亚的戏剧从伦敦的两大权力中心获取支持:这座城市的金钱,以及威斯敏斯特的政治权力。这座城市里商人们汇聚资金进行日常消遣,而伦敦市民将钱花在表演上,恰恰是这些商人们为企业化的合资戏剧公司提供了模型。

是大都会的政治体制以及与法院达成的密谋,使得戏剧演出能够有额外的时事敏感性——这个令人吃惊的真相,使我们得以真正理解背景知识。在1588年,伊丽莎白女王为西班牙的无敌舰队送别;她已经处决了苏格兰的玛丽女王以及其他政敌。她的特务机关残酷无情,她的间谍遍布各地。但是她不过是一个已经步入中年而又没有子女的妇人,王位继承的问题也很让她苦恼。

西班牙政权会不会卷土重来?他们已经在怀特岛登陆了吗?面对着围绕在身边的这些恃强凌弱的贵族成员,她这个可怜而又羸弱的妇人该如何生存下去——尤其是她的"最爱",这个野心勃勃的、无法无天的、相貌英俊的、留着大胡子而又会写十四行诗的埃塞克斯伯爵?就像詹姆斯·夏皮罗在他精彩的《1599》所展示的那样,莎士比亚的作品并不像那些发型乱糟糟的理论家所言,是遗传给人类的即将灭绝的杰作。

作为一个伊丽莎白一世时代的观众,他们必须从对于时代大事件的共鸣中衍生出自己的能量。莎士比亚的戏剧触及了潜在的不言而喻的庞大领域——通常是无法形容的——对于国家局面是否安定的一种焦虑。所以他的很多作品都是关于王位继承、王权,以及颠覆自然顺序的事情所带来的风险——哈姆雷特,麦克白,尤里乌斯·恺撒,亨利二世,亨利四世,李尔王,诸如此类种种角色。大概他有四分之一的作品都是这个主题,用这样或者那样的方式表达着同一个

威廉·莎士比亚
以及伦敦如何成为现代戏剧的先锋

主题。

因此，当伊丽莎白一世时代的观众看到反叛者刺杀恺撒时，他们就会想到当庭曾经发生过的同样令人齿寒的事件。一天，伊丽莎白一世和埃塞克斯吵架，而埃塞克斯像往常一样得寸进尺——以为这个上了年纪的姑娘仍然宠爱着自己。他背转身子对着女王，这是对君主不可饶恕的轻侮，于是伊丽莎白一世扇了他耳光。就在那时，埃塞克斯对着女王拔出了匕首！难以置信。你无法用语言直接描述或者谈论它——但是你可以展示历史中差不多类似的事件。

《尤里乌斯·恺撒》这部戏实际上被禁止演出；莎士比亚死后的24年内你都无法购买到这出戏剧的副本。你必须亲自去看这场演出，而在你看这出诛杀暴君的演出时，你的眼睛要剔除这出戏剧对于令人焦虑的现状的影射。

想一想这一幕吧，布鲁特斯肆意评论着君主的娇气。恺撒遗憾地未能渡过台伯河，而当他被发烧打败时，他喊道"给我点喝的，提提尼奥斯，就像一个生病的小姑娘。噢上帝啊，这使我惊奇／一个男人竟然会拥有如此柔弱的脾气／要走在这宏伟世界的前面／并且独自承受重负"。这就是你所能想象的从一个性别歧视并且牢骚不满的伯爵口中所能说出的批评，而这些牢骚话在社会底层却能够得到支持。

曾经有人听到哈克金的玛丽·巴顿说过这样的话："我对女王以及女王的训诫毫无兴趣。"她被关进大牢，头上顶着状纸，详细陈述自己对于女王的冒犯，并且受到鞭打。世上有多少个玛丽·巴顿？而当埃塞克斯策动他那无可避免的叛变时，又有多少个玛丽·巴顿会支持他呢？

伊丽莎白女王为了镇压一场叛乱而派遣埃塞克斯作为赴爱尔兰军队的首领，是冒着一定风险的，关于他回国后的动态，女王感到非常紧张不安。爱尔兰的骚动提醒人们记起了另一位君主，这位君主一来孩子气；二来由于过度征税而受到商人们的排斥；三来扰乱了爱尔兰的和平——最后，被具有领袖魅力的伯爵所罢黜。

女王自身都不免闷闷不乐地作起了对比："你们难道觉得我会成为理查二世？"

当埃塞克斯带着他并不成功的军队从爱尔兰回来之后，他再次表现得桀骜不驯。他直接冲进女王的寝宫，一把抓起这个没有化妆、头发散乱的上了年纪的妇人。那时寝宫的女宾慌乱四散，埃塞克斯僭越了英格兰的女王。

他亲吻女王的手，亲吻女王的颈，并且以一种最激烈的方式试图表示友好，而在这种情况之下，伊丽莎白女王什么也不能做——尽管后来她简单地禁了他的足。但是自此之后不久，埃塞克斯又像没事儿人一样。在叛乱的那天晚上，埃塞克斯要求王公大臣们——其中也包括莎士比亚——去表演一出戏剧。

伦敦精神
伦敦市市长鲍里斯·约翰逊的伦敦生活指南

他让他们表演什么呢？《理查二世》。

　　上帝啊，让我们坐下吧，

在他被自己的篡位者囚禁在城堡、饥饿至死之前，国王这么说道，

　　然后讲一讲这将死之王的故事！
　　讲一讲这些人是如何被废黜，另一些人又如何战死……

　　理查二世被废黜的故事也许悲伤也许并不悲伤。但是，它很危险，这是确定的。

　　就像《尤里乌斯·恺撒》，莎士比亚在世时从未被印制，而1500份关于篡位者亨利四世的副本，都被伦敦大主教截获并且焚毁。我们不知道莎士比亚以及同僚在被要求表演这样一个具有政治煽动性的主题时会作何感想；我们也不知道观众们的反响。只是第二天，埃塞克斯和他的拥护者离开斯特兰德的官邸并且列队驶过伦敦卢德门时，号召伦敦民众加入他们，跟随他们前行。然而伦敦公民都从住房和商店向外张望，觉得这个倡议实在太过冒险。埃塞克斯意识到他的叛乱结束了，决定先去吃个午饭，然后等待被捕。

　　没过几天，这个后悔的伯爵就在伦敦塔上被砍了脑袋。女王自己也心力不支，坐在夜色中，无精打采地回想着这个她最宠爱的人对自己的背叛。

　　不久之后女王就去世了，詹姆斯一世登上王位——这是众望所归的结果。既成的秩序获胜了。正如吉曼·基尔所指出的，莎士比亚经常为了喜剧效果而颠覆这样的秩序。

　　莎士比亚是第一个将黑人作为自己戏剧中的英雄的剧作家，而在他的戏剧中，那些低微的人——小孩，仆人，傻瓜，流浪汉——总是能给予他们的长辈以启发和指导。他向我们展示了广泛的政权变更和革命；但莎士比亚所布道的这些势不可挡的讯息，却又总是支持现状的。长子的继承权，长幼有序，王位更迭——这些都是优秀王权的应得回报。

　　克劳迪亚斯这个篡位者受到了惩罚，格特鲁德也一样，尽管选举最后落到了福丁布拉斯头上，而不是哈姆雷特，我们也已经被费力地告诫过，在最开始，福丁布拉斯同样对丹麦有着合理的要求。恺撒的同谋者得到了他们的报应，李尔王的女儿们以及她们令人憎恶的丈夫们，也都理所当然地因为他们对于老国王的虐待而被诛灭（这是悲剧之所以在亚洲十分盛行的原因之一），而麦克白也并不是一帆风顺。

威廉·莎士比亚
以及伦敦如何成为现代戏剧的先锋

贯穿喜剧的主题是，所有形式的困惑和性别调换以及谬误身份，最后都在莫扎特的和谐曲调以及多场婚礼中得到解决。所有事情最后都圆满收场，而如果最后一个新的国王登上了王位，那么绝大多数情况下我们都可以肯定，这个新的国王比上一个国王要好得多。

莎士比亚作品中这种预定路线意味着什么呢？是出于紧张不安吗，也许，是因为检察官？正是剧本内容和真实政治事件之间的相互影响，赋予了戏剧以刺激，这吸引了大批观众，而这有时候会激起当局的愤怒。在詹姆斯一世即位期间，本·琼生被认定为反苏格兰罪而被关进大牢，甚至差点失去了自己的鼻子和耳朵。托马斯·基德（Thomas Kyd）[1]因为十分痛苦的折磨而崩溃，而马洛的死也经常被归咎于特工。

在1597年，也就是《尤里乌斯·恺撒》第一次演出的两年前，枢密院事实上要求伦敦的剧院全部关掉，声称它们除了"异教的寓言、淫秽的话题、阴谋诡计以及下流行为"之外，不包含任何其他的东西。当莎士比亚的同僚、王宫大臣们要为埃塞克斯表演《理查二世》时，他们被传讯，从而被认为是很幸运地避免了这场灾祸。

在所有这些情况中，你也许会猜测，仅仅只是出于谨慎，莎士比亚才给他的本质是支持君主的戏剧加上支持改革的外表。是吗？确实如此。

但是更确切并且更令人满意的是，莎士比亚的戏剧观反映了他对于世界的真实感受，以及他对于观众需要从他这儿得到什么的敏锐察觉。这是一段英国全球霸权受到动摇的时期。战胜无敌舰队的十年之后，人们仍然对于西班牙式的侵略心有余悸。

在1598年，一个商人据说十分恼怒地从布鲁塞尔回来，因为他在布鲁塞尔看了一场歪曲的戏剧演出。英国女王伊丽莎白被描述成一个摇尾乞怜的、阿谀奉承的妇人，想要窃取法国和西班牙之间的谈判内容。说女王亲自为法国的国王整理衣袖，观众们却对这个伪造的场景哈哈大笑。

因此，莎士比亚给了我们关于英国的一个确切看法，作为一处与众不同的地方，它就像金银海上的一块珍贵石头，而在《亨利五世》中，他使人们回想起了曾经最强硬的外交政策所带来的一场胜利。托马斯·纳什这么说，将亨利五世搬上舞台，这是多么荣耀的一件事情啊，使得法国国王遭受牢狱之灾，使得法国的皇太子也要宣誓效忠。这就是对于军队的最高奖励。

如果西班牙打算再次入侵，他们就要找这样一个国家，这个国家作好准备打败数量上具有压倒性的敌人们——正如英国人曾经在阿金库尔战役做到的那

---

1. 托马斯·基德，英国剧作家，代表作《西班牙悲剧》。

伦敦精神
伦敦市市长鲍里斯·约翰逊的伦敦生活指南

样。我们人数少,但是我们高兴人少!我们团结了我们的兄弟们!国王在战争前夕说的这些话,点燃了英国民众的英雄情结与爱国热情——以少胜多——这种精神贯穿于拿破仑一世时期以及第二次世界大战时期的英国。

这同样是一段对君主感到焦虑、对童贞女王之死感到恐惧的时期,莎士比亚自然而然地运用着这些恐惧,刺激观众的兴趣;但是,他总是会在戏剧的最后一幕让观众安心。

也许莎士比亚的戏剧不仅仅是与时局或者与观众的需求有关,而是更基本地,与人性相关。关于莎士比亚的家庭生活,我们所知的是如此之少——他对于儿子汉纳特夭折的感受,他在斯特拉特福德镇度过了多少时光,他和他的妻子以及女儿苏珊娜和朱迪丝的关系又是怎样。我们并不知道他是否嗜好囤积麦芽酒,我们也不知道是什么样的苦痛折磨,使他的生命在52岁这年就早早终结。

我们永远不会最终确定十四行诗中黑暗女士的身份,我们无法言喻的,是他离开安妮·海森威的时候,意味着他离开了自己"第二好的陪伴"。

但是我们知道一件被揭露的事实:为了得到一枚盾形纹章,莎士比亚惹上了一系列令人意外的麻烦,于是再次不情不愿地返回了英国纹章院,并且极富想象力地声称他和阿尔丁家族是亲戚关系,而阿尔丁家族据说比莎士比亚家族更为显赫。

换句话说,莎士比亚并不是使用英语进行写作的最伟大的作家。他甚至还有一点点像势利小人。他是一个有着波西米亚人一般狂放性情的演员和剧作家,他必须与宴饮、暴徒以及堕落的女人们为伍,而他去世前拥有一栋斯特拉特福德镇第二豪华的房子,有5个山形墙,10个壁炉以及高逾60英尺的阳台。在1602年的5月,他花费320镑巨资,在斯特拉特福德镇的老城区买下了一块107英亩的土地,就像他在教堂巷的小别墅一样,而在1605年,他花了440镑买下了斯特拉特福德镇的什一税[1]的部分股权,这份股权价值每年60镑,这还仅仅只是总数的五分之一。

就那个时代的标准来看,莎士比亚死的时候很富有;他的人生是资产阶级企业精神的胜利,而他想要获得盾形纹章来加以证明。他的作品被伊丽莎白一世时代商人们的海上冒险而带到世界各地,这有助于形成一种意识形态上的英化,而这种影响会持续好几个世纪:谦逊的、保守的宪法变迁,对于君主制的拥护,对于田园乡村的喜爱,以及可以同任何一个国家的人民一起畅饮的能力。

---

1. 什一税,源于旧约时代,是由欧洲基督教会向居民征收的一种主要用于神职人员薪俸和教堂日常经费以及赈济的宗教捐税,这种捐税要求信徒要按照教会当局的规定或法律的要求,捐纳本人收入的十分之一供宗教事业之用。

威廉·莎士比亚

以及伦敦如何成为现代戏剧的先锋

莎士比亚家族的繁荣伴随着大英帝国的兴起,这个民族开始认为自己是受到上帝福佑的,他自身也养成了这种想法——他并没有失去过"世界上最好的作家"这一名号。他创造了 2500 多个单词,为了证明他在我们的语言以及思想中的无处不在,我将给你们伯纳德·列文的颂词。试试大声念出来吧。

如果你不能理解我的论辩,并且断言"我听不懂你说的话",那么你正在引用莎士比亚的话;如果你宣称"人人负我而非我负人人",那么你正在引用莎士比亚的话;如果你开始回想自己的"青葱岁月",那么你正在引用莎士比亚的话;如果你"忧而不怒",如果你的"心愿乃思想之父",如果你"丢失的钱财已烟消云散",那么你正在引用莎士比亚的话;如果你 "寸步不让",如果你"遭绿眼的妒忌",如果你"反复无常",如果你"张口结舌",如果你成为"中流砥柱",如果你"遭到欺骗"或者"身陷困境",如果你"皱起眉头",如果你"把迫于无奈装作心甘情愿",如果你坚持"公平交易",如果你"一夜未眠",如果你表示"客套",如果你(向达官贵人)"阿谀奉承",如果你"笑破肚皮",如果你做了"临终忏悔",得到"象征性的安慰"或遇到"过多的好事",如果你"交上好运"或是"住在黄粱美梦之中"——就算如此,又怎样呢?你越是那么做就越证明你确实如此,无论如何,你正在引用莎士比亚的话;如果你认为"把一切收拾妥当还为时尚早",如果你认为"时候已到,无力回天",如果你认为"事情就要结束,真相即将大白",如果你因为暗箱操作而潜伏暗处,"不到末世审判绝不开口",如果你"莫名其妙地(突然)牙齿紧绷"——那么,平心而论——众所周知(当然你也可以保持自己的看法),你依然在引用莎士比亚的话;甚至如果你"恨不得让我即刻消失",希望"我像个门扣一样死寂",或者觉得我是"眼中钉"、"笑柄"、"魔鬼的化身",觉得我"铁石心肠"、"冷酷无情或傻得讨人厌",那么——"啊!""我的上帝啊!""啧、啧!""看在老天的分上!""这是怎么了!""别老跟我说'但是'、'但是'了!"——对我来说这全是一回事,因为不管怎样,你都在引用莎士比亚的话。

对的,你引用的是莎士比亚的话,而不是弗朗西斯·培根的。我一直觉得很奇怪,为什么人们都将培根视为莎士比亚的作者。

为了确认自己是一个与众不同的人,而且还是一个伟大的科学家,在一次实验中,培根将雪塞入一只鸡的体内,以观察冷冻的防腐作用,结果却因身体

伦敦精神

伦敦市市长鲍里斯·约翰逊的伦敦生活指南

羸弱，患上了风寒，不久便死去了。但是，并没有证据表明他写过莎士比亚的喜剧。不管怎么说，在科学方面，抑或说"哲学"方面，莎士比亚都大放异彩。

当他们寻找鬼魂的时候，哈姆雷特在戏弄他那来自威丁堡的学生："天地间的许多事情，霍雷肖，是你的哲学所无法理解的。"

莎士比亚著名的举动是将一座时差钟送给了裘里斯·恺撒的罗马；但是他的观众并没有手表，所以他们并不真的理解心肺的功能，对于苹果为什么要从树上往地心的方向掉落完全摸不着头脑。他们发现，如果不了解经纬线，就很难找到穿越海洋的路线。

在17世纪早期，当他们看完三个小时的莎士比亚戏剧表演，穿越伦敦桥走回家中之时，他们所看到的这个世界，与四百年前的约翰国王时期的世界在技术上几乎完全一样。当然，服装样式已经发生了变化，人们都穿着圆领服饰，还有引以为傲的遮阴布，用烟斗抽着新世界的烟草。但是，房屋的取暖仍然使用煤和木头，厕所里的垃圾也全都排放到河流之中，内河船的动力也全靠人力，而讨厌的监工依然高举着皮鞭不断地鞭打船工。

一个名为彼得·莫利斯的荷兰人在桥上安装了一个水泵，用桨从河流中汲水——但是，这对贾扎里来说算不上什么惊奇，20世纪他在大马士革安装了一个相似的装置。房屋、街道、卫生系统和交通系统——所有这些都基本是中世纪的设计。

但是，伦敦的商人变得更加愿意冒险和竞争，他们需要更好的技术。时间就是金钱，因此他们需要一种比基于绳索的擒纵装置更加有效的时钟。他们需要更好的滑膛枪去对付拒不服从的本地人，他们需要更好的指南针去阻止航船脱离航线。

"知识就是力量。"培根如是说，并且一再敦促成立"科技部[1]"。他也许没有写过莎士比亚的作品，但是在1621年他去世的时候，他对于科技的热忱为十七世纪的科技革命铺平了道路。

正是科技革命引发了工业革命，并让英国猛然冲到了所有对手的最前方，让伦敦成为了一座特级国际都市。

科技革命的动力与莎士比亚剧院得以发展的动力是一致的——一种对于赞扬的极度渴望，并从一小部分极具竞争力的伦敦人手中获得酬劳和金钱。

就像马洛和莎士比亚的横空出现，正是这种对于威望的不断探索产生了远远高于常人的才能——而只需要发挥其中任何一项的优势，几乎都能永存世人心中。

---

1. 在伊丽莎白时期，培根曾提议设计"科技大臣"职位，该提议并未实现。

第十一章

罗伯特·胡克
从未听说过的最伟大的发明家

9月5日，星期三，火终于灭了，仿佛神明已经在这场灾难中酒足饭饱。中世纪的伦敦已不复存在。经过1600年，伦敦人终于发现了比诺曼人、丹麦人、撒克逊人更为强劲的对手——一个单枪匹马就能比布迪卡毁掉更多建筑和生命的人。

他就是托马斯·费勒先生，一个住在普丁巷却忘记了自己本职工作的面包师。但我认为他纯粹是由于愚蠢无能，才被市长托马斯·布莱德沃斯打败。

普丁巷大火的准确时间仍然不是很清楚，大约发生在星期天的早晨。当市长赶到时，火势已经十分凶猛。

消防员试图使用常规方法来阻止大火的蔓延，他们想从相邻建筑物中用消防铁钩降落下去。但是这个想法遭到了住户们的抗议。由于一时间不可能找到这些房子全部的住户们，托马斯·布莱德沃斯认为这样做实在太复杂了。于是他命令消防员们带着水桶下去。

"呸，"他在得到消息时毫不在意地说了这句十分有名的话，"一个女人撒泡尿都能灭了这火。"在接下来的两三天，火势逐步蔓延，伦敦市民也逐渐感到绝望。大火好比一头猛兽，从一个木制山墙下跳跃到对街，在爆炸之前潜伏在茅草下，并从后面偷袭毫无还手之力的消防员们。

也许9月4日的这个星期二是最糟糕的，大火终于蔓延到圣保罗地窖内储存的成千上万册书籍和手稿。接二连三的爆炸把这些中世纪建筑里的石块像炮弹一样发射出来，如同洪水一样从屋顶滚落到大街上。

第二天早上，塞缪尔·皮普斯登上贝金教堂的尖顶，望着这满目疮痍的景

伦敦精神
伦敦市市长鲍里斯·约翰逊的伦敦生活指南

象不禁落泪。这时整个伦敦已经失去了87座教堂和13200户住房,近70000人的家园。按照现在的估算,所有被烧毁以及遭到破坏的建筑,包括皇家交易行、齐普赛街上众多的商店在内,所造成的损失大约在数十亿英镑。现代历史学家也拒绝相信官方公布的8名遇难者,他们认为数百甚至数千的无名乞丐在这场大火中丧生。当皮普斯看着这滚滚浓烟,他可以想象出这些可怜的民众当时是如何在大火中抢夺自己毕生的血汗钱。墨菲尔兹和伊斯灵顿已经沦为规模宏大的难民营,愤怒的伦敦人在余下的街道中挨家挨户搜索法国人、弗莱芒人以及其他外国人,他们当时认为这些人就是这场灾难的罪魁祸首。

对这个城市而言,这场大火是商业和政治的灾难。在近期的内战中,许多大商人已经向共和党抛出了橄榄枝。但因为布莱德沃斯这次愚蠢至极的行为,这些商人们对于自主权的支持马上就化为乌有。国王查尔斯二世终于下令将燃烧的建筑物全部推倒,并建造必要的防火墙。而他的弟弟约克公爵,也就是未来的詹姆斯二世,则策划了对大火的反击。

在熊熊大火中,曾经至高无上的伦敦市受到了威胁。除非商家们迅速行动,不然就极有可能使他们自己的投资化为乌有。商业中心将会被迁移到西部和北部,财富和权力集团将会集中在威斯敏斯特附近的皇家法院。但是要完成这些,他们需要一个有计划并且高效率的人。

想要知道究竟接下来发生了什么,我建议你去一个在伦敦桥边上由鹅卵石铺成的小广场看看,这个地方被称为鱼街坡。我每天早上去上班的时候都会经过这儿,并目睹数千伦敦人毫不在意地经过这处曾经是这座城市里最显眼的地标建筑——纪念碑。它现在仍然是有史以来建造的最大的单一石柱,一个近乎有点夸张的波特兰(Portland)潜望镜。

纪念碑高为202英尺,因为普丁巷大火距离这座碑所在的位置有202英尺。底座的背面是一个巨大的方形浮雕的裸胸女子,代表伦敦市(据说女子的嘴唇和桂乃尔很相似)。她用溺爱的眼神看着她的救世主——查尔斯二世。塑像上木讷的表情和铅笔似的小胡子,让国王看起来有点像窘迫的时装设计师约翰·加里亚诺[1]。这纪念碑可以说是美丽和概念的集合体,它被一个闪闪发光的青铜火焰包围着,非常值得前去观摩。

在311级黑色大理石阶梯的顶部,我像当年的皮普斯那样趴在栏杆上,探头看着伦敦的全景,阴霾中依稀可见金丝雀码头和圣保罗钟塔。如果我往下方

---

1. 约翰·加里亚诺生于1960年,获得法国荣誉军团骑士勋章,曾为著名时装品牌迪奥的首席设计师,后因醉酒后的"种族歧视"言论而遭解聘,骑士勋章也被时任法国总统的奥朗德收回。

罗伯特·胡克
从未听说过的最伟大的发明家

看去，还可以看到办公室屋顶上窗口清洗装置的轨道。

我径直往下看，在 100 英尺以下某家银行的桌子上，有一个人正慢慢地数着钱。巴士行驶在威廉国王大道上，这儿除了我只有少数其他游客，包括一名离开伦敦已经 10 年的男子，他对这儿的变化感到惊讶不已。

"那是什么？"他指着赫伦大厦问。"那又是什么？"他指着诺曼·福斯特上斑驳的椭圆形问道。这座建筑现在已闻名于世，甚至用它作为这个城市的缩影。

"这是小黄瓜（圣玛利艾克斯 30 号大楼，因为外形类似小黄瓜而得名）。"我说。他感叹地说："哦，这就是小黄瓜呀！"他的语气听起来让人觉得，在这地平线上还有其他建筑看起来更像小黄瓜。

如果皮普斯现在和我们一起站在这里，我猜想，与其说他会惊讶，还不如说他一定会震惊于看到 17 世纪壮观的教堂尖顶，已经被混凝土和玻璃的浪潮所吞没。但我想，他还是能认出这里的。

火灾发生后的几个星期，是一场关于如何重新设计城市的竞赛。约翰·伊芙琳的日记作者提出了一个出色的方案，包括古典矩阵的林荫大道和广场。克里斯托芬·雷恩爵士也提出了类似的想法。一个叫"情人节骑士"的人，甚至因为提出的改造计划太过于具有革命性而被逮捕。很快人们就意识到，这些计划都不可能被执行。尽管伦敦人的商店和房屋被夷为平地，但他们仍然对这些残骸持有所有权。他们不会放弃。

最后，新古典主义对于古典模式的推崇被废弃。某个凌驾于任何人之上的男人才是这片土地上说了算的人，他将这块土地进行规划，并确定如何重新建造伦敦。于是在这个世纪末，他成为了一个熟悉的身影，在废墟旁带着他自己发明的用于测量距离的"里程计"独自踱步。

在新建的 81 座教堂中，由他独自设计或者是参与设计的就有 57 座。事实上，他画的第一张草图就是我此刻所在的这座纪念碑。但这个人并不是克里斯托芬·雷恩。

他是罗伯特·胡克。伦敦杰出的现代历史学家斯蒂芬·因伍德给予了这位人物十分中肯的评价，他认为胡克是 17 世纪被遗忘的天才。1703 年，当胡克去世时，他独自一人，身上爬满了虱子，还带着性取向特殊和老吝啬鬼的恶名。和他同时代的人都认为他性格暴躁、牢骚满腹，是个以嘲笑他人想法为乐的自大狂。但这却不是一个公正的说法。

事实上，他是那个时代或者是有史以来最富有创造力的人。他在自己的兴趣范围内几乎如同达·芬奇一样无所不能，从绘画到建筑，甚至是一系列的科学理论创新。他抬头：通过架在自家屋顶上的大型望远镜仰望星空，便成为观测到木星的第一人，也是第一个计算出火星转数的人。他低头：通过微观的各

伦敦精神
伦敦市市长鲍里斯·约翰逊的伦敦生活指南

种镜头，成为第一个在精液内发现有趣的蝌蚪的人。与此同时，他也是第一个用锋利的小刀剖开软木，将其放置在显微镜下，确认存在小方块组成的组织，他称它们为"细胞"，这个名字一直被沿用至今。

他不仅设计了纪念碑和教堂，还构建了各种美丽的乡间别墅。推拉窗、空气泵和空气枪的点子，也随之从他活跃的大脑中蹦出来。他还发明了胡克定律（张力等于压力），这个物理原理听起来有点沉闷，却一点也没有折损它的重要性。

事实上，他所发明的各种设备并非都是尽善尽美的。比如他曾经设计过能捕杀鲸鱼的鲸弩、在黑暗中可以自我补给能源的灯、通用代数语言、采用四个字母的信号语。他还设计了一个罕见的单人飞行器，以及其他30个不同的飞行器，可惜没有一个能够真正飞行。不过，胡克的想法却往往是非常超前的。

在发明听诊器之前，他早就说过比起去尝病人的尿液这种常规方法更明智的做法，应该是去听病人的胸部。他看着贝壳化石，推算出《圣经》所说的"创世纪"并不是地球历史的开端。他还是第一个在一个科学讲座中给听众讲大麻对于人的影响的人，并且提出亮度应以烛光度进行测量。

他推断在空气中有一个元素能够使火燃烧，他甚至提出了一个致命的说法，早在艾萨克·牛顿之前就从原则上对中立的原理进行了挑战。在权威的百科全书的科学仪器领域，他比其他任何科学家都占有更多的条目。但最近，他的事业和成就几乎因为他人而黯然失色。他是一个需要有良好人际关系的典型例子，我希望用下面的篇幅来给予他应有的补偿。

1635年7月16日，罗伯特·胡克出生于怀特岛的鲜水河，是一个一文不名的牧师的儿子。他的父亲希望他将来研究神学，但年轻的胡克对此感到头痛。他喜欢模仿当地的工匠，制作木手表及漂浮在亚河[1]上的船模型。13岁的时候，他的父亲去世了。然后，他做了一件现在看来也十分古怪的事：他兜里揣着100英镑独自走到伦敦，这是他父亲留给他的所有遗产。

他来到的这个城市是个拥有40万人口的怪物城——有英格兰未来50个乡镇放在一起那么大。当他经过萨瑟克区和伦敦桥时，会看到种种连莎士比亚都未曾知晓的新奇事物：水果贸易已开始出现——我指的是字面上的水果：那些从热带运过来的香蕉和菠萝。牙刷（1498年由中国人发明）最后甚至对英国人的齿系也产生了影响。刀叉在人们的生活中变得越来越司空见惯。通过使用榆木管，人们已经设计出了原始的抽水系统。越来越多的人坐着轿子甚至是哈克尼（出租汽车）出行，年轻时尚的女性把滑稽的黑色斑块画在脸上，变成星星或新月的形状，但总的来说，她们那时还没有穿灯笼裤。也开始有越来越多的

---

1. 亚河，怀特岛上的河流。

罗伯特·胡克
从未听说过的最伟大的发明家

男性佩戴假发。伦敦在社会和文化上保留着一直流传下来的习俗，介于富裕和政治强大的西方和相对贫困的东方之间。第一批宏伟的广场已经在科芬园和林肯会所周围被建造起来了。但是还有一个方面，使得罗伯特·胡克的到来与莎士比亚甚至迪克·惠灵顿的到来都有些相似。

这就是，当时的伦敦仍然是一个被可怕的瘟疫所威胁的城市。并且，它的心脏是一个由杂乱无章的街道和悬垂的木制房屋所构成的网络。这是一个宏大的但却在火灾时没有紧急出口的建筑群。

极富上进心的胡克向肖像画画家彼得·莱利学艺，也就是那个将克伦威尔"毫无保留"地画出来的人。他或许已经成为了这位艺术家的学徒，因为他很有绘画天赋，但是油画和宗教一样，让他伤透了脑筋。于是他前往威斯敏斯特学校求学，并把他的现金交给伟大的巴斯比博士。

巴斯比博士一直致力于我们现在称为鞭毛的研究。在这个领域，他取得了显著的成就。他与胡克同时代的约翰·洛克和约翰·德莱顿齐名，他年轻时就在很短的时间里通读了器官学和欧几里得的前六本著作。他精通拉丁文和希腊文，并涉足希伯来文以及其他东方语言。他看起来也有点古怪。据说他在威斯敏斯特"很机械"，他后来声称，他需要花这么长时间来解下身上的板条，是因为他扭伤了他的背。

随后他的病情被确诊为脊柱后凸综合征，是椎骨之间的楔形空间内的病变。不管他的畸形是由于什么原因产生的，他大大的头、尖尖的嘴脸和鼓鼓的眼睛，被大家认为是一种莫大的遗憾。这个驼背的老家伙经常去牛津基督教堂，在那里他找到了一群志同道合的科学家，或者按他们自己的说法是"哲学家"。其实即使是"现代科学"这一词，也不足以概括他们兴趣和热情所涉及的范围。

这是一个充满了后哥白尼时代特有信心的年代，人们相信自己的能力而不是古人给出的判断。伽利略在天上巡视了一圈，地心说的宇宙观就不复存在了。亚里士多德的思想早已经被废黜。受到培根冷冻鸡的启发，一所科学学校在英国诞生了。这意味着在这所学校里，你依靠实证来测试你的想法，然后试着在实践中推导出理论。

笛卡尔和法国的做法并不适合他们，在一定程度上它现在仍然是不适合的，那就是在确定实践中是否可行之前，先去探讨理论上是否可行的问题。胡克被他的学生、波义耳定律的发明者罗伯特·波义耳所雇用，他是伊顿公学老校友的儿子。波义耳注意到他在机械上的天赋，于是便叫他去研究空气泵。此外，在基督教会里，胡克结识了克里斯托芬·雷恩，这两人共同工作了几十年，其间至少有1000次会面、散步以及对话，对伦敦市来说是一笔不可估量的财富。波义耳和雷恩是伦敦逐步兴起的科学家和艺术爱好者之中的一员，这也是胡克

伦敦精神
伦敦市市长鲍里斯·约翰逊的伦敦生活指南

常常返回首都的原因。

他们辩论的范围几乎涵盖了所有事物，从磁场到人类飞行再到血液循环。他们鼓捣着那些用抛光黄铜和木材制作而成的精良设备，进行测量并推算。在1660年王朝复辟之前，他们需要更多的现金来支持他们的业务，他们希望国王查尔斯二世能够给予他们资金上的帮助。在这种情形之下，英国皇家学会成立了。由于国王实际上给的补贴实在少得可怜，但又必须有一定的资金来维持学会的正常运营，因此，皇家学会的成员通过订阅期刊来为皇家学会提供资金，包括基本上谁都付得起的《花花公子》。这就是为什么真正的科学人才对于维持这个组织如此重要的原因。

胡克恰恰是他们理想中的专业科学家。在1662年，他被任命为实验馆长。其间，他负责举办一系列讲座以筹集资金，并引导民众对于知识的追求。他可以通过吹玻璃来使民众高兴。他会竭尽全力满足他们发酵的愿望，让死人的头骨上长出青苔，或让一辆马车用腿而不是轮子奔跑。他还发明了世界上第一个高压锅，把一头牛，包括角、蹄和所有的部分，变成了一种胶状的物质，他的同胞成员都称赞其十分美味。

必须承认的是，有一半的时间胡克和他的合作者不知道他们在做什么，但不管怎么说，之前确实没有人做过他们所做的实验。因此，这世界还存在着很多很多的谜。

他们对"呼吸"这个行为感到很困惑，他们希望了解它的意义。几年前，哈维曾表示呼吸是为了驱动血液，但这背后的意义却不得而知。胡克带头做了一个有些惊悚的实验，他将活生生的狗剖开胸腔。每个人都伸长了脖子看，试图研究肺和心脏的关系。但是结果仍然不显著。因为对这条可怜的猎犬的折磨，他发誓不会再重复这个实验。但仅仅几年后，英国皇家学会就又做了一遍，这些人的好奇心是永远无法满足的。

是空气驱动了骨架，使得肺部通过某种物理运动来进行呼吸吗？或者有可能是从空气进入到血液中的某种物质吗？胡克找到了另一只狗（第一只狗已经断气了），并在其胸膜刺破一个洞，他用一些管子以及弹簧将其固定。连续注入空气，充满狗的肺部，从而他发现肺部的运动并不是维持生命所必需的。

这只狗的眼睛依然明亮，它甚至摇着尾巴。当这只忠诚的狗咽气时，胡克和英国皇家学会发出了"啊哈"的喊声。这意味着空气中一定有什么东西。但究竟是什么？

胡克并不害怕在自己身上做实验。在第一阶段，他把自己密封在一个单独的容器中，在周围连接另一个单独的容器，并向这两者之间的缝隙内注入水，使前者完全密封起来。然后，他命令将他周围的空气抽空，当他感觉自己的耳

罗伯特·胡克
从未听说过的最伟大的发明家

朵快要爆裂时才停止。他经常将一些莫名其妙的物质当作药物给自己使用，并在他的日记中记录下他的感受。有一次他吃了硇砂（氯化氨）之后，发现自己"异常清醒"地醒来了。"这是一个伟大的发现。我希望它能把我胃里这么多折磨我的黏液都给溶解了。"

他会靠喝一杯香浓的土耳其咖啡来尝试抵消咖啡因、罂粟或糖浆的药效；或者，他会再次弄醒自己，在鼻孔里塞进去一些肉豆蔻、生姜或烟草。某个星期，他会每天都服下铁和汞，现在看来这些或多或少都是致命的。接下来一个星期，他又会让自己完全只喝豆浆。有一次，他决定喝两夸脱[1]从伦敦南部运来的德威水，并未发现有什么异样。他后来听说"很多人喝了德威水后都死了或者得了斑疹热"，而这时胡克体内有大量的铁，因此安然无恙。

我是认真的，绝不夸张：他会把酒和钢屑的混合物喝下去（出于何种医学目的我们不得而知），头脑麻木地醒来。他的身体可以消化几乎所有东西。他服用了所谓的"藏红花金属"溶液，可能是金属锑的氧化硫代物，次日不停地呕吐。之后他又喝下不新鲜的切斯特啤酒，喝下混合着牛奶尿液和鸦片酊的饮料，然后就倒头大睡。

再后来，他开始尝试一些所谓的"蜜饯"和"硫花"。在一天之内他似乎觉得安然无恙，但是第二天却惨不忍睹，据说这使得他"陷入昏迷，苦于严重的痢疾"。他不断把蜂蜜或苦杏仁油滴入自己的耳朵，或采取灌肠以及放7盎司血液的方式。他是人类强大复原能力的良好佐证，其他人则没有那么幸运。

当他的朋友切斯特的大主教约翰·威尔金斯，因为肾结石病倒时，处方是四个烧红的牡蛎壳和一夸脱苹果酒，并用斑蝥或西班牙苍蝇使之起泡。结果，他死了。胡克在私生活方面也很奇特。他似乎并没有遇到能够持续吸引他的女性，尽管他也有情妇（在他死后的遗物中找到了几对文胸），但这些女人大多都是仆人，或者近亲，她们以某种方式依赖于他的住房和收入。

他会通过和她们"摔跤"来进行挑逗，并在他的日记中记录了性高潮。其中最经典的应该是他在1672年10月28日记录的他和他的仆人杨乃尔那场轰轰烈烈的约会。他写道："今天和乃尔游戏"、"伤到了后背"。

他是和布兰斯顿教授一样的人，后者痴迷于结构精巧而不实用的小工具，并且沉迷于这些小工具的新突破，但胡克却没有像安静的布兰斯顿那样健忘。胡克也深深感觉到他的名声并不好，容易受到他人的嘲弄。在1676年5月25日，他与一些密友正在喝咖啡，他听到了一出由托马斯·沙德维尔导演的被称为《演奏家》的新戏。逐渐复苏过来的喜剧到那时已经如火如荼，野蛮的清教徒早已

---

1. 英制容量单位，1夸脱等于1.136升。

伦敦精神

伦敦市市长鲍里斯·约翰逊的伦敦生活指南

被人遗忘。胡克想去一探究竟。

我想这出戏恐怕是关于他的一切。戏中百无禁忌地描绘了英国皇家学会之前做过的种种蠢事，他们之间的争论以及许许多多的疯子实验。在场景中，主角尼古拉斯爵士华而不实，他被人发现躺在实验室的桌子上，牙齿之间绑着线的一端，线的另一端则绑着一只青蛙的肚子。他告诉观众，他同时学习游泳和飞翔。

对于胡克来说，这一切似乎是一种提示。华而不实的其实是这个花数千英镑用显微镜来看醋、奶酪和李子的青色素的人。他用绕口的科学术语说："首先要考虑的是流体，然后是球体，随后是固着、解析以及结晶现象，此后是萌芽或者沸腾现象，最后考虑植株、生机、感官、局部运动之类的元素。"每个人都知道这或多或少有些夸张了，如同之前所有精彩的表演一样。事实上，胡克对于显微图谱作出了突破性的贡献，他透过显微镜，将跳蚤、虱子以及荨麻绘制得精美绝伦。

沙德维尔接着取笑胡克古怪理念的灌输，他和他的搭档弗美尔·特福绘声绘色地描述狗和狗之间如何换血，甚至是如何把羊血输入一个疯子的体内。这一幕直接取材于现实生活。

胡克和他的同事们为了让贝特莱姆的医生同意他们的病人接受实验而做出的努力，显然已经付之东流。最后他们说服了一个叫亚瑟·科加的精神不健全的神学研究生从羊身上换血，并付给他1镑作为对他所受痛苦的补偿。最终他似乎躲过了这场闹剧，但舞台上浮夸的胡克扮演者，则仍在吹嘘这次"成功"的实验。

他告诉观众，他现在不是疯了，而是已经完全变成了一只羊。他全身都会长出羊毛来。"我很快就可以有很多衣服，我会让它们都成为我自己的衣服"。

接着，这个滑稽可笑的人借着腐烂的猪腿冒出的磷光来阅读《日内瓦圣经》，他看见狼蛛伴随着音乐翩翩起舞，又看见月球表面上爆发了战争。所有这些活动都是胡克的理论或实验，但肆意发挥和夸张化是最讽刺的事情。当喜剧逐渐推向高潮，这个滑稽主角的房子被一群织布工团团围住，他们抱怨他发明了织布机，这将使他们失去工作。胡克，或者说舞台上这个华而不实的演员，便出来安慰他们。

"听我说，先生们，"他说，"我从来没有在我的生活中发明这种机器。上帝一定会救我，你们一定是弄错了。我不仅没有发明这么多的机器来削减奶油奶酪，我们这些艺术大师从来也没有见过有这种用途的机器。这不是我们的风格。"

胡克坐在台下，怒火中烧。他的生活和工作都陷入了极大的讽刺。看台两侧的笑声都很放肆。"该死的狗，"他在日记中写道，"愿上帝为我辩护，人们几乎都要对我指指点点了。"

批评胡克只会构造无用的概念，这尤其不公平。他这么多的实验都是实证，

罗伯特·胡克
从未听说过的最伟大的发明家

那么多实验都建立在纯粹的经济逻辑上。在他的一生中，英格兰已将海上霸权拱手让给了荷兰和法国。伦敦是一个不断扩大的商业帝国的中心。在1630到1660年间，英格兰的外贸航运吨位上涨了60%，而在1660年到1688年间上涨了80%。换句话说，英国商船队的船舶数量增加了一倍以上。

这使得避免船只遇难以及遭受荷兰袭击成为了至关重要的一点。这就是为什么胡克辛辛苦苦研究各种形式的航标。他的四分仪和六分仪，用小黄铜螺钉作为标记，以便达到肉眼看不到的微小精度，这些都可以通过星星来进行定位。他发明过带风车的船，可能是（徒劳地）希望方便转动绞盘以及在浅滩上转移船只。此外，他还发明了测深仪以及轮盘晴雨表。

他甚至试图将他的手作为潜水设备，用色拉油浸泡过的海绵包裹自己的手，然后按在嘴巴上进行呼吸。不过这并没有成功。他的下一个解决方案是将一串装满空气的桶倒过来，这倒是好了一点。他像一只贪吃的松鼠扑向了坚果中最为坚硬的部分——那就是经度的秘密。

他辛辛苦苦研究弹簧手表的时候，一个灵感不期而至。这是一个全新的概念，它可以取代原始的自中世纪以来就一直存在的操纵装置。他觉得，如果他有一个准确的时间来记录黎明和日落，水手们将有一个更好的工作机会，因此他才开始研究经度。

至于他的陆地项目，它不是纯粹的智力乐趣，而是奠定了胡克关于拱形的曲线定律的基础——也就是说一个拱顶和一个点到悬挂的锁链会呈现出同样的运动曲线。他在道路工程继续进行他的工作，因为其他人并不像他那样有头脑。

在一条顺畅的道路上进行一次顺利的旅程，比在一条艰难的道路上进行颠簸的旅程更有效率吗？坚硬和颠簸是最好的，胡克说，你的马车车轮更薄一些也会更好。罗伯特·胡克在广阔的领域里引领着人类智慧的发展，有时一小步，有时则突飞猛进。同时代的人对于他的尊重就是他最大的满足。

想要了解17世纪的科学革命，你可以深入到这些如雨后春笋般涌现出来的咖啡馆，它们已然成为了这个城市的代表。在1652年，他们曾经以帕斯科·罗斯开头来命名这些咖啡店，最初是由一个叫作帕斯科·罗斯的土耳其移民，在科恩希尔镇边上的圣迈克尔巷创建起来的。由于英国的商人能够在西印度群岛和美洲水域里不断提高导航的精度，因此咖啡店里才能够售卖具有异国情调的粮草。

这里有阿拉伯咖啡、西弗吉尼亚烟草、印度食糖、中国茶和南美可可。1703年胡克去世时，这儿已经有500家大大小小的咖啡馆了。胡克最爱去的是戛纳维斯、德古兹曼和曼兹，但胡克将自己的最爱拓展得很广泛。他喜欢咖啡馆，因为它们是他可以炫耀自己的地方，是各种想法汇集的地方。根据他在日记中的记录，他会去曼兹与克里斯托芬·雷恩或约翰·奥布里一起嚼着肉，并在一个

伦敦精神
伦敦市市长鲍里斯·约翰逊的伦敦生活指南

咖啡桌上谈论包括黑暗中的望远镜、光的折射、肠道上的螺旋肌肉的解剖和悬崖上的鸽子是如何喜欢吃盐的问题。接下来，他和雷恩就会对他自己计划的飞行战车与战马有更详细的讨论。

咖啡厅是一个你可能会与你的朋友们分享新技术、工艺技术或如何使用磷的地方。如果幸运的话，你可能会在那儿遇上某个小伙子落下的一些珍贵的资料片，如"生石灰、白蛋、蜗牛血液或能使水泥管坚硬如石的黏液"。有时胡克也会分享自己的一些尖端发现，比如，如果你的拇指顶部被切断，他可以用从人体中提取出的香脂在10天内治愈它。

哲学家和名士们往往会被这些新发现冲昏头脑，他们会当场进行实验。胡克会定期爬上戛纳维斯的天花板，来证明地球是朝着一定方向旋转的。你会认为一个下降的球一定落在一条直线上，但事实上，它会落在稍稍偏东南的地方，胡克认为这种偏转不是因为球自身的急转，而是因为地球在球飞行中移动了。

至少有一次这个实验想法被证实了，球真的落在了东南方。胡克欣喜若狂，于是咖啡厅里充满了令人兴奋的氛围，伴随着新药尼古丁、咖啡因和可可，以及在激烈的竞争中所收获的荣誉。在某些合适的时候，伦敦的咖啡馆又成为人们买卖股票或保险的地方。伦敦劳埃德集团就是在一家咖啡店中诞生的。从一开始，他们的声誉就如同股市上的大涨与大跌一样。

你可以花钱购买或出售胡克、波义耳或牛顿的实验，这取决于哲学家们将会如何开展他们的实验。咖啡店成为这样的小道消息和其他谣言的温床。甚至在1675年的某个时间段，国王试图让它们关闭。公告上这样写道："这些房子假借科学研究的名义，和可耻的报告一起传播到了国外，对陛下的政府进行了诽谤和干扰，打破了这宁静的境界。"但国王后来发现，自己的这一举措竟会使自己如此不得人心。

胡克经常记录他是如何被喝咖啡的人所接受的。胡克曾有一次悲哀地指出，他们不但喝掉了大家的健康，也消耗了自己。咖啡厅是在胡克这个年代里体现环境作用的最佳场所，在这里，人的自我一会儿被抬高，一会儿又被贬低，因为他遇到了其他科学家和他们的成就，他为这些竞赛消耗了太多的体力和精力。

他的缺陷在于，他涉足如此多的领域，却总是嫉妒在他之前诞生的他所错过的那些科学成果。他划着小船，与伟大的荷兰科学家克里斯蒂安·惠更斯就谁曾最先发明弹簧驱动的手表吵得不可开交。更糟的是，胡克指责可怜的英国皇家学会秘书亨利·奥尔登伯格将他的发明创造卖给外国人，而事实上，奥尔登伯格是一名杰出的绅士。

胡克的自大经常会说出来——在听到一些进展时——他很多年前就有了这个想法，而且他会在下一次会议上证明它。然后他会离开并且在他的论文上到

罗伯特·胡克
从未听说过的最伟大的发明家

处搜索,有时他确实找到了某种显然的证明。当他阐述他著名的弹簧定律的时候,他是如此兴奋,以至于他将其加密写了下来,让偷窃他日记的人也无法解读。

一次,他在咖啡店里向他的朋友埃德蒙·维尔德传授飞行的秘诀,这时,3个陌生人走了进来。胡克立刻住了嘴,神色异常——连同周围的世界,一并留在了黑暗之中。

他和约翰·弗拉姆斯蒂德吵得很厉害。弗拉姆斯蒂德是未来的皇家天文学家,年轻的时候给胡克写过信,寻求一个关于光学问题的意见。胡克感觉到他试图在窃取他的想法,就拒绝了他,弗拉姆斯蒂德伤心地写道:"他肯定知道几个改善和提高光学器件的秘密,我们现在还没有论著……为什么要秘密地把这盏灯烧掉?"胡克称他为一个"自负的花花公子"。

1681年在戛纳维斯,当他们正在做一场关于透镜的讨论时,胡克和弗拉姆斯蒂德的争执爆发了。告诉你为什么吧,弗拉姆斯蒂德,胡克带着几分吹毛求疵说道——给他的对手布下了一个陷阱——如果你有一个透镜,一面是平的一面是凸的,那你要把哪一面对着天上呢?可怜的弗拉姆斯蒂德毫无准备地掉进了陷阱,他恐慌了。呃,那没什么关系,他说道,大体上只需要把平的那一面对着天。

哈!胡克突然扑过去,启动了一个电池,是事先就设计好的,用来证明这面透镜不得不曲面朝上。"他用言语就足够击败我,接着又对同伴扬言我对这些事情是无知的,只有他明白而不是我,"那个天文学家抗议道。胡克通过写短文攻击波兰的天文学家约翰·赫维留,指责他用原始落后的技术,这造成了巨大的国际争端。

"我,胡克,"他宣告,"为了研究天空,正在构建一个轰动的全新的象限仪,一个远好于赫维留做的任何东西的机器。"这确实是一个奇迹,充满了新奇的东西,比如为了日常的旋转,有一个水准仪来确定精确垂直的时钟机器。但是它实际上不工作,而且他的一些改进版本在其他人手中花了几个世纪才变得完美。赫维留怨恨地批判那些毁坏他的好名气和名誉的人,那些似乎鄙视他所做的一切事情的人。胡克能够自己制造产品,证据在哪里呢?他问道。于是很多人认为赫维留话里有话。

当胡克没有宣称他提前发明了几乎一切东西的时候,他正在暗地里试图借用其他人的想法。戈特弗里德·威廉·莱布尼茨带着他的计算机器到了伦敦。胡克在它后面徘徊,移开了后面的平板——让莱布尼茨大惊失措的是——他制造了自己的机械计算器。

这个机器工作很不错,而且顺利通过了评估,直到有人指出,它不会比纸笔计算更快。不要紧!胡克用他特有的风格说道。"我现在正在做一个工具,

伦敦精神
伦敦市市长鲍里斯·约翰逊的伦敦生活指南

会和德国人有同样的效果，不会有十分之一的误差……"等等。莱布尼茨对他的举动很恐慌，把状告到了皇家学会。

在1683年到1684年的冬天，胡克的思想在各种地区漫游。波兰的杰·索别斯基刚刚在维也纳通过避开土耳其人挽救了基督徒世界，所以他正在提醒皇家学会，用小山顶的信号灯和望远镜来告诫入侵的可能性。

那也是记忆中最寒冷的冬天，伦敦人120年来第一次头发结冰了。泰晤士河结冰持续了7周，在主街的冰面上还设置了一些流动商铺和摊位。伦敦人用马和马车比赛来自娱自乐。有熊出没，有纵狗咬牛的游戏，有玩乐，有妓院，用约翰·伊芙琳的话说，这整个就是一个酒神节的狂欢。

同时，胡克让他自己做了些有意义的事情，他在计算他们嬉戏的冰的坚固程度。他用一个棒子，3.5英寸厚、4英寸宽、15英寸长，然后断定，它不会断掉，除非承受350磅的重量。他也通过一个格外复杂的实验证实了，一块冰承受的重量相当于八分之七的同样体积的水，因此八分之一冰块的体积会出现在海面上：对于水手们来说，知道这个知识是很有帮助的事情。

1684年1月他非常繁忙，正在同克里斯托芬·雷恩与埃德蒙·哈雷谈话，胡克吹牛说他推翻了平方反比定律。好，雷恩说道，现在谁是皇家学会的主席。我给你两个月的时间做出一个证明，你可以得到40先令。没问题，胡克说道，带着特有的自信。我已经尝试了多年了。我只需要等别人通过一段很长的时间实验然后失败，当我公之于众的时候，他们就会真正感激我的努力。

雷恩挑起眉毛。噢？他说道，真是那样么？用得着问么，胡克说着，然后离开了，准备做完全不同的事情。

平方反比定律是宇宙的基石之一。它说的是两个物体之间的万有引力是平方反比于它们之间的距离。如果在 x 物体和 y 物体之间的距离是10，它们之间的万有引力就是1/100。胡克之前在他的一些演讲中推测过引力，他在1679年写信给艾萨克·牛顿，暗示平方反比定理可能适用。那个想法最初不是他的——是一个名叫布莱德斯的法国人，似乎第一次出现在1645年——他肯定不能提供一个数学证明。但是那封信，和他的不被承认的优先权，将会成为有毒的仇恨的源泉。

在雷恩给胡克发布了他的挑战之后，埃德蒙·哈雷离去了，然后给牛顿重复了那段对话，牛顿在29岁的时候已经在剑桥拿到了卢卡斯数学教授职位。苍白的、神秘的、头发飘飘的牛顿，现在决定要严肃地解决这个问题了。

胡克继续着他万花筒式的课程。有一天他正在研究奇怪的波金－波金鞋，他断言可以驱动它向上12英尺并且前进20英尺——尽管我们没有亲眼看到一个脑袋圆而秃的人在街上弹跳，但是我们可以假定，这是他仍然完美的发明的

罗伯特·胡克
从未听说过的最伟大的发明家

其中一个。

他继续格雷沙姆演讲，有时只有非常少的人参加——一个孤独的胖男人或者是一组挖鼻子的男学生。有时他会走进教室，然后坐在他的敌人弗拉姆斯蒂德发表演讲的讲坛下，他就这么凝望着他，简直是灾难性的，以至于弗拉姆斯蒂德指责他把剩下的观众全吓跑了。

他学习了荷兰语，因此可以通读伟大的显微镜学家列文虎克的作品，而现在他又尝试学习中文。但是他还是没有证明平方反比定律。

牛顿把自己关在房子里整整两年，并且深刻思考了天堂和人间的构成。在1686年，他发表了自己的发现。在英国皇家学会有趣的杂谈中，他们发现了他们最喜欢的话题——高压巧克力，畸形儿，大肠蠕虫——牛顿的《自然哲学的数学原理》就像一枚炸弹一样来临了。

1686年4月28日，约翰·霍斯金斯主持了一场会议，会上他宣称牛顿的成果"如此地值得嘉奖，因为它首创一个理论，同时加以运用了"。胡克为此而震怒。他确信牛顿是从自己这里窃取的原理，并且在会议后的咖啡聚会上喋喋不休地宣扬这个观点。

假定平方反比定律是一回事——这是从观察结果中得出的结论。而坐下来认真处理原始数据却是截然不同的另一回事了。

"胡克引起很大的骚动，假称牛顿是从他这里得出的原理，并且宣称，希望牛顿能够给自己一个公平的对待"，一个目击者这样说道。胡克的所作所为被牛顿获悉，坦白说，牛顿比胡克更加暴怒。

随着他听到胡克越来越多的喧哗吵闹，牛顿的怒火也上升了。胡克假装自己不堪忍受纯粹计算和观察的苦差事，而事实仅仅是因为他并没有做计算和观察的能力，这使牛顿恼怒。"通过他的话语就能知道，他其实并不知道应该如何正确操作"。这是残酷的评论，但是也许就是事实，胡克为此而感到十分难受。

他在生命的最后时刻仍然在发怒。我们发现，他在1690年声称，平方反比定律是"我所快乐地创造的定理"；或者说"重力理论是我首次发现，并且在那之后将它传播到社会上……而其后，牛顿先生却将之作为自己的发明而印制出版"。

胡克说，牛顿并没有行事公正，而是假装与自己发生争吵，然后假装被冒犯。这些全都没用。争辩已经消逝。事实上，在咖啡店的第一个晚上，争辩就已经消逝了，那时胡克抗议他的权威。他太过于频繁地自我吹嘘，太过于放纵地博取名声。

不管他对于重力有怎样的洞察力，他因为自己暴躁的脾气而难以得到理解。牛顿在第三本书《自然哲学的数学原理》中点名批评了这一点，而在随后的书信中，他对胡克的称呼从"胡克阁下"降级为普普通通的"小胡"。

伦敦精神
伦敦市市长鲍里斯·约翰逊的伦敦生活指南

这场争斗直到胡克 1703 年去世才结束。牛顿被邀请成为英国皇家学会的主席，他在这个职位上工作了 24 个年头。也有些人认为，全能的牛顿现在已经消除了对于那些激怒他的人的记忆。他们将没有人喜欢罗伯特·胡克这一事实，归咎于牛顿。

不管艾萨克·牛顿是否参与批评者画作的焚烧活动——而且看起来也并不像——在我们看来胡克都是一个输不起的人，同样——在牛顿的天才般的耀眼光辉下，他也有些卑微以及痛苦，无法谅解他自己。

实际上，你也许会争论，牛顿才是不合群的人，是隐居者，是涉足黑魔法的古怪的人。而胡克却是一个能够随时从文献研究中走出去参加各种活动，基本而言是个善于社交的人。是的，他的家庭关系以及两性关系比较特殊，而忍受这种状况多年的女主人是他的外甥女格蕾丝，比起清教徒时代，他很幸运地生活在王位复辟时代。

他有一个精神自由的管家叫作玛莎，有时候为了逃避她的粗鲁无礼，他必须躲避到他的前任管家和女主人杨乃尔那里去。也许是因为慷慨的缘故，他和乃尔一直保持着良好的关系，尽管她在胡克的背部受伤以后很快地跑掉，躺到了一个年轻男人的床上（有时候他会出门并且做大量演说，享用下午茶或者小点心，有时候不会）。

他将和皮普斯共进晚餐，而皮普斯对他的赞誉是如此之高，称他为"他是我所见过的人中最棒的人"。是因为他对科学永无止境的爱使得他继续讲学，而其他人却早已不堪其扰。

他的天性是群居的，喜欢不断地和朋友们散步，或者在咖啡屋游荡，和弗兰斯西·罗德维克或者罗德（胡克对于"罗德维克"的昵称），约翰·霍斯金斯或者霍斯克（胡克对于"霍斯金斯"的昵称），理查德·沃勒或者沃（胡克对于"沃勒"的昵称），埃德蒙·哈雷或者哈（胡克对于"哈雷"的昵称），亚历山大·皮特菲尔德（Alexander Pitfield）或者皮夫（胡克对于"皮特菲尔德"的昵称）以及科勒先生或者科（胡克对于"科勒"的昵称）在一起。他并非总是执着于自己的名声，他很乐于让雷恩或者其他人，在他起到主要作用的设计或者指导中获得名誉。他的造诣非常之高。

他与他最喜爱的钟表工尼古拉斯·多宾一起，成功地在克拉肯韦尔开创了伦敦的钟表工业。他看起来似乎差点就成功地发动了一场理论变革，据说曾经有后世决不再出现的稀有品种诞生，并且"认为事物在一开始的状态，就是我们现在所见的状态，这是非常荒谬的"。

他问他自己，爱尔兰和美国从前是不是可能并非联系在一起的，大海的底部曾经是不是陆地，而陆地曾经是不是海洋。他在研究一些很伟大的问题，而

罗伯特·胡克
从未听说过的最伟大的发明家

他自己知道这一点。

他是一个科学乐观主义者,他希望人们"抛开懒惰以及有害的原则,像他们的先辈一样学识渊博"。在他们最后长期不合的某个时间段,牛顿给他写了一封本意是调解的书信,在其中他做出了最著名的评论,那就是"如果我看得更远,那是因为我站在巨人的肩膀上"。

基本而言,他并不是有意影射胡克。但是如果不是的话,他又确实这样做了。罗伯特·胡克获得过很多胜利,但是也犯下了两个巨大的错误。

像所有追随他的不列颠科学家一样,他不能对他的突破得出完全商业以及实际的结论,并且他允许他的故事的第一份草稿,由那些想要扳倒他的人来书写。

* * *

如果你在胡克死前不久的1700年爬上过圣保罗教堂圆屋顶的顶端,你会发现,整个城市依然弥漫着乡村气息。

海德公园和圣詹姆斯公园周围还是一片农田或者开阔的原野。伊尼戈·琼斯的科芬园广场还是一个发展中的小岛的一部分。霍尔本的北部和查林十字街的西部,仍然是一片绿色海洋。而在舰队街和河岸街的南部,你还可以看到一个种满了玫瑰花丛和薰衣草的花园。透过城市中的小旅馆,我们可以瞥见后面远处的果园,而汉普斯特德和海格特还是两个相隔很远的修建在山顶的小村落。从高处的建筑往下看,你可能会听见牛群被赶往市场所发出的鸣叫声,以及鹅群追赶贵妇轿子时发出的嘶嘶声。你还会看到在泰晤士河边钓鱼或者游泳的男孩,而不可思议的是,这条河在当时只有一座桥连通两岸。

伦敦桥看起来破破烂烂,似乎随时都有倒塌的可能。都铎王朝的无双宫殿也处于没落的境况之中,而其他的店铺和住宅总给人一种稀稀落落、摇摇欲坠的感觉。从圣保罗教堂的屋顶,你可以看到伦敦整体上依然还是一个中世纪村落——150个这样的村落——聚在一起的模样,每个村落的中部都有一个自己的小教堂,一个自己的小旅馆,或者集市。每个村落都由各个阶层组成:有华丽的住宅也有一排排的小村舍,背景不同的人们聚集在同样的教堂和同样的酒馆,并为迪克·惠灵顿在抵达伦敦时所遇上的同一列中世纪游行队伍欢呼。

而你在几百英尺的高空所看不到的是罗伯特·胡克一类人的大脑所促成的技术变革:成百上千种发明逐渐累积,带来了各种农业、制造业和商贸业的变化。当你听见远处传来的伦敦的哭诉和叫嚣,你根本不会想到这个社会正处于从农业化向工业化跳转的边缘。然而,世界上的第一台蒸汽动力的抽水机是由托马斯·萨夫里在1698年的伦敦修建的。虽然这是一个效率低下的新发明,但是它直接影响了詹姆斯·瓦特1776年发明的蒸汽装置。而在1701年,杰斯罗·塔尔也发

伦敦精神
伦敦市市长鲍里斯·约翰逊的伦敦生活指南

明了他那革命性的条播机。1709年,煤溪谷的熔炉投入使用。

因此,如果你一百年后从圣保罗的圆屋顶往下看,你将会看到整个伦敦的格局都发生了变化。此时,你的视线扫过地平线,会发现整个城市一望无际。人们已经不再使用木头做燃料,转而使用纽卡斯尔生产的煤炭,整个天空都布满了厚厚的褐色烟雾。你还可以看到,在1713年的《乌德勒支条约》签订之后,伦敦修建的几处贵族区域——格罗斯维诺尔广场和伦敦上流住宅区梅菲尔。你还能看到乔治亚王朝时期沿袭了几代的标志性建筑竞相争艳:伯克利广场、卡文迪什广场、波特兰广场、菲茨罗伊广场。你会看到重建后的伦敦桥,所有的商铺和住宅都推倒重建,中世纪的拱门也全都用石头重新装饰。当时还修建了1750年投入使用的威斯敏斯特大桥,往来人群,川流不息。此外,还有1769年投入使用的黑修士桥。你把视线从东方扫向西方之时,会看到伦敦两个不同方向上不断扩大的著名鸿沟:西面是奢华住宅,广场上是一排排修剪整齐的树木和林荫道;而东面则是条件极为糟糕的出租屋。

你的目光所及之处全是一排排的房屋,中间穿插着砖窑和砂石作坊以及垃圾焚烧场。你能看到当时伦敦人所工作的血汗工厂、磨坊以及造船厂,无论男人还是女人,可怜的老汉还是强壮的青年,都在这些条件恶劣的工厂中苦苦劳作。羊舍和牛圈成为乡下劳工在圈地运动之后进城来的住所。他们的住所屋顶与头齐高,他们的工资仅够购买饱腹的面包,他们是技术革新——珍妮纺纱机、阿克赖斯纺织机——过程中最易受到伤害的弱势群体,这些机器降低了他们的劳动价值,但是他们却没有一个组织或者工会能够代表他们去争取自己的利益。他们的生命短暂,总会得一些难以治愈的怪病。正如一位观察者所说,他们的数目像蝗虫一样庞大,而他们的生活却像老鼠一样窘迫。

胡克以及其他人的技术进步提升了机器的重要性。而且,因为机器非常昂贵,所以社会的两极分化越来越严重——有人夜以继日地摇着织布机,有人却拥有或者贩卖那些生产技术。随着资本主义和工业革命的兴起,伦敦乃至英国变得空前富有,在每一项产出中都独占鳌头。有的人越来越富有,但很多人却生活在水深火热之中。随着伦敦的不断扩大,伦敦人的生活也变得越来越不公平。对于这个问题,始终都会有两种反应。

保守人士认为,不均等是人类环境中不可避免的一部分,甚至将其看作是老天注定的。其次便是一些激进分子的观点,他们让自己成为变革运动的头领,他们的运动都是为了解放贫苦大众。在18世纪,伦敦人这两个最为伟大的观点推向了全世界。最先有塞缪尔·约翰逊,他被称为富于怜悯之心的保守主义之父,随之便是他的反对者约翰·威尔克斯(John Wilkes)。塞缪尔对于这个在伦敦极富煽动能力的政客极度鄙视而且严厉责骂,到最后他们却握手言和。

@ 钦定本《圣经》

有一处描绘 17 世纪景象的街头涂鸦十分有名，其中写到"从前伊丽莎白是国王，现在詹姆斯是皇后"。这个都铎王朝时代名叫班斯基的人的身份已经无从考证，但是这句话概括了英国民众如何看待这位在嗜酒成性的亨利三世以及同性恋君主爱德华二世之后继位的国王。尽管詹姆斯一世只是强大的英国国王们走向没落的一个起点，但就如同马克里所指出的那样，"我们总是更多地看到他的缺点和卑微，而不是看到那些更好的国王们所拥有的智慧和勇气"。

詹姆斯对于斗争和分裂的厌恶，也许是人们对于他身为苏格兰玛丽王后儿子的刻板印象，在那个时代，这理所当然地被看作是一种软弱。事后来看，这也算是一种团结老对手的策略。身为一名长老教会的苏格兰人，詹姆斯的继位被英国的清教徒寄予了厚望。他们希望这位新国王能够表达他们自己的主张，并能够再次铲除天主教的信徒们。当他们发现这个众望所归的领路人居然是一个又矮又丑、拙于社交，像克林·弗斯那样结结巴巴而且并不希望出人头地的男人时，他们大感失望。而当伊丽莎白或多或少要保留被称为是"不要给人的灵魂留窗口"的状态时，詹姆斯却希望英国教会的各个分支能够启动建设性的对话，这使得清教徒们对其更加大失所望。詹姆斯所创立的汉普顿法院委员会，在 1604 年时包含了英国天主教的各个分支，甚至是天主教秘密党的成员。此外，自亨利三世时期的分裂造成的宗教信仰的大杂烩局面之后，詹姆斯也是第一位为整理归类宗教派别做出实际努力的君主。此外，这个委员会的结构也为之后的议会制度奠定了基础，并被世世代代的人所仿效。詹姆斯从一场结结巴巴但却激情高涨的演讲开始，然后所有的与会者都对自己的要求进行了陈述。尽管事实上并没有人在认真倾听其他人的叙述，但是所有人都因为表达了自己的诉求而稍感安慰。曾经有一幅油画描述了会议最后的场面，所有人肩并肩挨在一起，会议的主持人总结了会议当中极富创新性的重大决定，也就是出版《圣经》的新译本。

如果说钦定本《圣经》的构想是外交才华的一个突破，那么它的执行就是建立在政治天赋的基础上。新的版本将会以希腊人和希伯来人的《圣经》作为蓝本，并参考牧师手中之前所有贤人名士已经出版的译本。之后他们成立了六个被称为"公司"的委员会，分别来自牛津大学、剑桥大学和威斯敏斯特。每个委员会有九个委员和一个主管，这样能够保证每个委员会翻译的《圣经》都

伦敦精神
伦敦市市长鲍里斯·约翰逊的伦敦生活指南

会经过另几个委员会的审核。其中,两个伦敦委员会还被特许负责翻译面向民众的《旧约》和《新约书信》。

在外界严厉的声讨中,《圣经》的翻译工作举步维艰,当"火药阴谋案"威胁到汉普顿宫中好不容易组织起来的先锋团队时,翻译甚至一度中断。而将这一切紧密团结起来的人恰恰就是詹姆斯。他呼吁道,这个阴谋并不能对大家的辛勤付出造成破坏,相反,只会增强他们要将翻译工作进行到底的决心。到了1609年,詹姆斯的这种信念已经被民众广为接受,因此也完成了大量的翻译工作。这些译文使得伦敦文汇大厅中的修订委员们,能够拼凑出一本完整的翻译初稿,并对其进行修改。而这次非文字形式的编辑,即以口语而非书面语进行翻译,是钦定本《圣经》最杰出的部分之一。

1611年,钦定本《圣经》由罗伯特·巴克在伦敦出版之后,它就作为《圣经》唯一的指定读本,被分发到全国各地的教堂。全国各地的牧师都觉得,钦定本《圣经》既具有宗教性,深入浅出,而又极富感染力。历史学家们则认为它为社会、宗教团体提供了一个平台,是一个真正伟大并能体现团队合作精神的英国文学作品。对这个"基督教世界中最聪明的傻瓜"来说,这个结果并不坏。

第十二章

塞缪尔·约翰逊
他给了这世界最温情的保守主义

我们从塞缪尔·约翰逊对伦敦的描述中，可以对英国第一段伟大的自由时代有一定的了解，这是一个启蒙时代，一个全民喜乐的时代。

闭上眼睛想想十八世纪的英国，我们可以看到咖啡屋，看到凌晨三点的狂欢，看到女性第一次赢得话语权，看见草耙子靠在热得袒胸露乳还摇着扇子的老婆婆身边。四处可见蠢蠢欲动的科学、医药学、文学发展，以及迅速成长的民主主义。

因此，看到在几百年间社会发生了如此翻天覆地的变化，而大不列颠帝国在那段相当令人艳羡的时代，竟然会为其民众做出在当今时代我们觉得野蛮不开化的事情之时，你必定震惊不已。

这是针对一个名叫威廉·多德博士的古怪牧师的惩罚。在48岁之时，他成为了伦敦最受欢迎的传教士之一。他在布道的时候，教堂外总是挤满了达官贵人和时髦女士，在有关卖淫主题的布道中，他的言辞非常感人，以至他的听众——其中一些是卖淫女，曾得到过多德的救助——在他布道的时候会哭泣并哀号。他常身着一件长长的喷了香水的丝质法袍，戴着一枚钻石戒指，还会在乡下装饰有提香、伦布兰特、鲁宾斯画作的住宅中举办高档聚会，长此以往，他自然是负债累累。

于是他决定从切斯特菲尔德伯爵[1]那里借钱，这是他以前的一个学生，从

---

1. 切斯特菲尔德伯爵，英国政治家和文学家，因写给私生子菲利普·斯坦霍普的书信而闻名。由于其文学风格，如今人们将温文儒雅的写作方式称为"切斯特菲尔德式"。

伦敦精神

伦敦市市长鲍里斯·约翰逊的伦敦生活指南

来都非常慷慨大方。因此，多德为了节省时间，决定不告诉伯爵，在一张4200英镑的债券上伪造了他的签名，并自以为切斯特菲尔德——如果他发现了自己失窃——会延长他的还款时间。唉，但伯爵才没有我们今天所说的幽默感。

1777年5月26日，多德被判绞刑。

临死之前，多德知道自己唯一的希望就是博取当局的同情——在那个年代，自然是找国王了。他知道，真正有权势的只有一个人，他在自己的申辩中极尽了自己的文字天赋，辩论才能，并利用了自己在道德上的声望。在行刑的最后一刻，多德的申辩书最终抵达了一位同为词典编纂者、诗人、传记作家的年长全才手中，他被整个王国视为英国最重要的文学家，他是第一本语言字典的唯一编撰者，因此被视为英文语言这艘所向无敌战舰上的超级上将，带领全英人民驶过每一个港口，跨越世上的每一个小港湾。这个人就是塞缪尔·约翰逊。

我们很容易就会忘记他曾享有多大的名气，而且以现代名流的标准来看，他似乎非常特别。他有一个骄傲的鹰钩鼻，双唇突出，头上戴了一顶小小的与他不太相称的假发。他脖子上有婴儿时期罹患结核性淋巴结炎时，在淋巴腺上做手术后留下的几道伤疤，且有一只眼睛早已失明。在走路的时候，他就像戴着脚镣一样东倒西歪，不停抽搐，而他不由自主的痉挛和流涎症，使得他丢掉了好几份教书的工作，只因为怕他吓到学生。

他吃东西的时候异常专注，额上青筋暴现，汗如雨下。尽管如此，他仍然天生就有一种魅力，使得女性都力争得到与之共进下午茶的权利，使得有权势的男性都争先恐后地参与他混乱不堪的早朝，只盼从他那流着口水的双唇中得到几字珠玑之言。

人们对他这般的尊敬，这般的阿谀奉承，着实让人疑惑。

有谁读过他的《拉赛拉斯》，就是那本讲述阿比西尼亚王子的寓言故事的虚构史传？他曾写了一部名为《艾琳》的悲剧，在这部剧的最后一幕中，女主角在舞台上被绞死，引发了上演9天以来的满堂喝彩。T.S.艾略特认为，他应该位列英国最重要的诗人。他的散文颇受欢迎，被世人视为永远的杰作，但是国会图书馆却以10便士的价格，将他成卷的散文集廉价卖掉，或者送往垃圾堆放站。至于他那以拉丁文和希腊文写就的诗歌，我猜在充斥了现代文学的伦敦，它们的读者肯定认为其一文不值。

在我们心目中的他，会对政治上的错误嗤之以鼻，是一头颇有文化造诣的约翰牛[1]（John Bull），在今天看来，他的观点多少有些言过其实。在他的休

---

1. 约翰牛出自阿布斯诺博士所著《约翰牛传》，书中的约翰牛代表了英国。此后约翰牛就被用来指代英国和英国人。

塞缪尔·约翰逊

他给了这世界最温情的保守主义

闲作品中可以看出，他似乎是推崇男性至上、仇外、热衷君主体制的自由市场捍卫者，而且支持人与人之间不平等的必然性。要是在今天，难以想象伦敦舰队街[1]会有编辑敢聘用他。

他曾公然宣称，自己愿意去爱所有人，除了美国人。"阁下，他们是戴罪之身，我们没有赐予他们绞刑已是他们的大幸。"爱尔兰值得一看，但并不值得我们亲自前去欣赏。法国遍地尘埃，吹进茶壶的壶嘴才使得茶水涌流而出。至于苏格兰人，他们大都是骗子，直到克伦威尔的引进他们才有了卷心菜，而他们之前一直靠马的食物为生，而且苏格兰人能够看到的最好的风景就是通往英格兰的那条公路。他认为，减少藤条的使用可能会影响到教学质量，因为男孩子对于教训总是左耳朵进，右耳朵出。

他对女性秉持的是残忍的沙文主义，这样的观点没有一家报社敢将其变为铅字，甚至《太阳日报》或者《每日电讯报》都不敢做这样的梦。在他看来，"聪明的女人根本不会让自己苦恼的丈夫不忠"。即便在他听说戴安娜·博克莱尔夫人给了丈夫一个借口，让他得以无耻到无以复加的地步时，他却说："那个女人就是个娼妇，她还能有何要求。"

并非只有塞缪尔·约翰逊反对女性外出工作。他认为，即便是画画都是女性的失格。他说："公开作画，并盯着男子的脸庞一直看，对于女性来说，都是非常不得体的行为。"至于女性布道，这"就像是狗在用后腿走道。虽然做得不是很好，但你会惊讶她竟然也能做到"。

最近，我用这句话来堵我 15 岁女儿的嘴。她竟无动于衷。

但是，约翰逊一生之中却受众人敬仰，国王乔治三世每年都会给他发放 300 英镑的薪俸，让他得以维持生计。在他居住在舰队街的那段时间，这个地方更名为约翰逊街，游客四面八方涌来只为一睹其尊容，就像贝弗利山庄的宅邸外伸长脖子一探究竟的观光客。在他去世后，埃德蒙·伯克[2]也加入了扶柩队伍。他被葬于威斯敏斯特教堂，同时圣保罗教堂设立了衣冠冢，利奇菲尔德大教堂设立了纪念碑，而在全国各地，都为这一悲痛的损失举行了五花八门的布道。

上文中所有的言论——讽刺短文、隽语、沉思——每一个主张都甚为宝贵，且都被苏格兰的律师和新闻界守护神詹姆斯·包斯威尔[3]记录下来，并编纂成了

---

1. 舰队街象征着伦敦的报界。1702 年 3 月 11 日，世界上第一份定期发行的报纸在舰队街出版，此后 200 年间，舰队街都是出版印刷中心。
2. 埃德蒙·伯克，爱尔兰人，英国政治家、作家、演说家和哲学家。他反对过英国国王乔治三世，支持过美国革命运动，批判过法国大革命，是辉格党内的保守主义代表人物。
3. 詹姆斯·包斯威尔，英国著名传记作家，最著名的作品当属记录与塞缪尔·约翰逊交往的回忆录《约翰逊传》。

伦敦精神

伦敦市市长鲍里斯·约翰逊的伦敦生活指南

一本1400页的传记，而这本传记最终也成为了我们的文学里程碑之一。

约翰逊如何能够如此功成名就，使得包斯威尔手捧笔记本鞍前马后地追随其左右，将其最微不足道的呢喃也记录在册？只因这是一个有关抗争、失败、消沉的故事，这是一种想要获取成功的神经质欲望。

塞缪尔·约翰逊于1709年9月18日出生在斯塔福德郡的利奇菲尔德，他有时喜欢暗示自己的出身其实非常低贱。他夸口说："无论是出身低贱还是高贵，我都可以对他们表示关心，这是我的一大优点，因为我对自己的长辈都知之甚少。"

事实并非如此。约翰逊的父亲迈克尔其实就是利奇菲尔德的治安官，而他母亲与多个贵族成员有着千丝万缕的联系。确实，塞缪尔出生的时候迈克尔已经52岁了，他并不是最具活力的图书营销商，在约翰逊眼中，父亲的一生都庸庸碌碌，无所作为，他将其比作"船上骑马"。

在长辈的鼓励下，约翰逊还是小学生的时候就在语言方面表现出了过人的天赋，无论是拉丁语还是英语，无论是何种主题，无一不能脱口成诗。19岁的时候，他考入了牛津彭布罗克学院，也就是在这里，他经受了人生的第一次大挫折。

父亲负债累累，塞缪尔因此一贫如洗，面临着退学的羞辱。当有个学生注意到他的鞋破了脚趾都露出来之后，友善地在他房门外留下了一双新鞋，约翰逊却在一怒之下将鞋扔得远远的。

四个学期之后，他被迫从彭布罗克退学，屈辱地将自己的书留在了牛津，接下来几年他一直都很消沉。教书的工作换了又换，一直到25岁也没有过一场完美的恋爱。25岁时，他娶了一个名为伊丽莎白·波特尔的商人寡妇。

在学者笔下，这场婚姻充斥了心理上的狂喜。约翰逊的童年曾发生过一次意外，母亲在生下他之后直接把他交给了一个乳母，不幸的是，这个乳母的奶水感染了肺结核病菌，这使得他脸上留下了伤疤。一个年轻男子的新娘比他大整整20岁，这个伤疤跟这个情况有什么关系？她被别人形容为"胸脯伟岸，说话矫揉造作，脸上脂粉过厚"，这一点是否重要？他为什么称呼她是"泰蒂"或者"泰姿"？你无须成为西格蒙德·弗洛伊德[1]来对这一情况盘根问底。

约翰逊和泰蒂在伯明翰附近创建了一个学校，小大卫·格里克也成为了他的学生之一。后来，他这位学生在伦敦一些高档的晚宴上，喜欢充满深情却非常滑稽地讲述他从锁眼偷窥到的约翰逊夫妇的婚后生活，以此取悦众人。

尽管刚开始的时候吸引了一帮学生前来，但最后学校还是开始衰败。约翰逊陷入了深深的恐惧，害怕自己没有能力供养泰蒂，对于泰蒂，他愿付出一切，

---

1. 西格蒙德·弗洛伊德，精神分析学派的创始人，哲学家和心理学家。著有《性学三论》、《梦的解析》、《精神分析引论》等。

塞缪尔·约翰逊
他给了这世界最温情的保守主义

生死相随。1737年，为贫困所困扰的约翰逊和他最天资聪慧的学生大卫·格里克，开始了他们众所周知的120英里长途跋涉，前往伦敦。

其实，他们并不是全程都是靠走路，还是牵了一匹马，替换着骑——其中一人骑马走到前面，将马儿拴在一棵树或者一个木桩上，后来的人再去骑。当他们抵达伦敦之时，此处大约有65万～70万人，因此是当时地球上最大的城市。此处遍地贫民，满街粪便，乡下的穷人都被工业革命引进了城，街坊邻居也都不再彼此熟识。但是，这仍然是一个充满了激情辩论的地方，学者之间的唇枪舌剑此起彼伏；约翰逊明白，伦敦就是那个会让他最终声名大噪的地方。

他后来说："阁下，你会发现，只要是有才之人，是不会愿意离开伦敦的。不，阁下，如果一个人厌倦了伦敦，那他必然也厌倦了生活，因为伦敦可以提供你生活所需的一切。" 约翰逊之前对神这个主题毫无兴趣，但后来也慢慢变成了虔诚的信教之人，他终其一生，都秉持十分具有求知欲的自我鞭笞品质。

跟大多数有创造性的人一样，他的性格中也有着懒散的成分，总是四处闲荡混日子，有时还会求助于酒精，过后又会陷入深深的愧疚，激发起狂乱的创作热情。伦敦是一个让所有人都能策马前进的城市。他来到此地怀揣了一个简单的需求，就是挣钱，养活自己的妻子，在约翰逊研究者的眼中，这是一种伪的庸俗。"如果不能赚钱，傻瓜才会写作。"

他需要证明自己。他曾从牛津辍学，是一个失败的老师，还是一个下里巴人。在他口中，曾经是"程经"，上级是"丧级"，而大卫·格里克——迅速走红，成为了演员和制作人——也总爱模仿他，动作粗野地将柠檬汁挤到潘趣酒碗中，环顾一周后大喊："谁要潘趣酒？"

虽说他是阶级体系的顽固拥护者，但他对于别人的轻视却非常敏感。即便是成名之后，他有时也会遭遇一些尴尬时刻。在一次社交场合上，主持人没有将约翰逊和约书亚·雷诺兹爵士引荐给阿盖尔公爵夫人和菲茨罗伊夫人[1]。两位男士——文坛和画坛的两个顶级好手——在角落里沉默地等了一会儿之后，约翰逊放开嗓门大喊道："我在想，做他这份工，如果我俩都起早贪黑地努力工作，谁能赚更多？"

虽然他从意识形态上明白等级的必要性，但我们仍然可以看出他心里强压着的怒火，因为打败他的不是才华，而是出身。我们还发现，好斗性是他成功的因素之一。

那个时代，人们彼此评判的标准不仅仅是金钱或者其他世俗的东西，还有

---

1. 约书亚，英国著名画家，皇家学会及皇室文艺学会成员，还是皇家艺术学院创始人以及首位校长。后面两位女士为当时上流社会的贵妇。

伦敦精神
伦敦市市长鲍里斯·约翰逊的伦敦生活指南

他们谈话中的敏锐度和灵巧度。在《我有事要跟你说》、《乐坛毒舌嗡嗡鸡》、《真有意思》[1]以及你能在 Dave TV 频道上看到的任何以把你逗笑为目的的电视节目出现很久以前，英国人感兴趣的是一个人的智慧和应答时的机敏，而塞缪尔·约翰逊则是这方面的冠军。

他是尖刻反驳之王，是辛辣贬人大师，他并不介意别人知道这点。他敢宣称，奥利弗·歌德史密斯[2]只不过笔尖子厉害，如果口头答辩，他全无取胜的可能。查尔斯·詹姆斯·福克斯[3]只不过能在普通大众面前获得满堂彩，却从不敢与真正的大师当面对话。埃德蒙·伯克现在当然是个当之无愧的大师，作为《反思法国大革命》的作者，位居历史上伟大的演说家之一。在约翰逊生病逐渐衰弱的那段时间，他承认说："后生伯克得以传承了我所有的力量。如果现在与他辩论，我必惨败。"

但是在他那个年代，仍然是约翰逊略胜一筹，尤其是他在演讲时所表现出来的那种活力。他不仅身材高大，而且走路有些跟跄蹒跚，因此有些吓人。他与其他的学者不同，很容易就会爆发出体内那股充沛的活力，不了解他的人还会以为他是个暴力分子。他在利奇菲尔德的时候跟着叔叔安德鲁学过拳击，据说水平相当高。

曾有一个男人在戏院霸占了他的位置，而且还拒绝让位，约翰逊连同座椅一起将他拎起来，然后扔进了管弦乐队队伍之中。还有一次，他去看焰火表演，当时的焰火怎么也点不着，于是他引发了一起小型骚乱。据说，在牛津附近的河流有一处旋涡，非常危险，但他还是毫不犹豫地脱下衣服，潜了进去。

他曾跟一个个子稍小的朋友步行比赛，当他们快要抵达一棵树的位置时，他一把把他朋友举起来，砰地将他扔到一根较低的树枝上，然后继续比赛。还有一次，他头戴标志性发套，走在一条街上，在他前面走着的是一个负有重物的搬运工。这时他痉挛发作，无缘无故地，约翰逊将搬运工背上的重物一下打落——在搬运工的一脸疑惑中，他继续赶路。

在我们今天看来，他就是个贪玩好耍之人。在泰蒂去世几年后的一天早上 3 点，两个时髦小年轻——本内特·朗顿和托法·博克莱尔——决定将约翰逊从他的老窝里拉出来。他头戴睡帽，手持拨火棍，说："怎么是你们，俩小混蛋？小心我收拾你们！"

---

1. 这几个名称都是现在的一些娱乐节目。
2. 奥利弗·歌德史密斯，18 世纪著名剧作家，擅长讽刺时弊的喜剧。
3. 查尔斯·詹姆斯·福克斯，辉格党政治家，在下议院担任议员长达 38 年。由于美国独立战争的爆发，查尔斯从保守主义逐渐转变为激进派思想，最终成为了议会中最激进的政客之一。

塞缪尔·约翰逊
他给了这世界最温情的保守主义

一会儿，他就穿着衣服下楼来，在黎明中一同前往一个小酒馆喝酒，那里有约翰逊最爱的主教酒，由糖、酒和橙汁调制而成。在得到彻底放松之后，他们又往科芬园开进，在那里，他坚持要帮助那些愤怒的水果蔬菜小贩摆摊。然后他们又去了泰晤士河划船，后来两个年轻人准备打道回府了，但约翰逊仍不尽兴，还想再玩一会儿。那时他已经快 50 了，但他乐观向上的精神仍值得我们学习。

就是这种不知疲倦的精神，才使得他到最后都没被沉重的负债打倒，正如有的人所说："阁下，关于约翰逊没什么好说的，因为，如果手枪哑火了，他用枪托都会把你打倒。"或者就像包斯威尔在看到约翰逊得意扬扬地说自己"聊得很是愉快"时所说的："是的，阁下，你又推又揉打败了好几个人。"

他心中燃烧着一种荷马史诗般的简单渴望，想要赢得赞美和声望。毫无疑问，《伊利亚特》肯定是他最喜欢的文学作品，他常常引用狄俄墨德斯之父的那句忠言，他希望自己的儿子总是表现最佳，占据上风，打败所有人。

因此，他作为一个天才，很是派得上用场，这一点毋庸置疑。

他有一种惊人的能力，能用最简单的盎格鲁-撒克逊语言直击人类动机的核心，并开创既新鲜又真实的言论，直至几百年后的今天，仍为世人所传唱。他时时妙语连珠，滑稽好笑，虽然有时你可能会觉得，只有回到 18 世纪时期，才能真正理解其俏皮话中的全部内涵。

他曾有一次乘船从泰晤士河上经过。河上的船夫有个习俗，会彼此插科打诨，在包斯威尔眼中，这都是些"粗鄙的逗弄"。约翰逊说了一连串的气话，发起了一场引众人哗然的反驳："阁下，你的妻子打着开妓院的幌子，实则是小偷的销赃之人。"在爱德华·利尔发明有关古斯奇肉饼的著名超现实配方很久以前，约翰逊就已说过："黄瓜应该仔细切成薄片，然后撒上胡椒粉蘸上醋，最后扔掉那些没用的东西。"

当一个年轻人哀叹自己忘记了怎么说希腊语时，约翰逊回答说："我觉得，这件事很有可能是与我失去了在约克郡的所有财产同时发生的。"还有一次，一个治安官一直絮絮叨叨地说他已经将四个罪犯发配到了澳大利亚的流放地，约翰逊说了一句，希望他能成为第五个。换言之，他不仅幽默，而且还粗俗，这就解释了他为何到现在都还那么受欢迎。

在一个沉迷于逃避和窘迫的国家，我们会将那些粗俗的人视若珍宝，因为我们会相当乐观地假设，他们更有可能说实话。约翰逊曾有一次批评劳伦斯·斯特恩[1]的作品，而当时的一位蒙克顿女士却说作品很不错，很真实，她觉得非常好。

"亲爱的，那是因为你是蠢材。"他这么说。我们可以对比一下丘吉尔对贝茜·

---

1. 劳伦斯·斯特恩，18 世纪英国最伟大的小说家之一。代表作品《项狄传》。

伦敦精神

伦敦市市长鲍里斯·约翰逊的伦敦生活指南

布拉多克[1]发起的著名辩驳，当时她控诉他是蠢材。"夫人，你这么丑，大清早看见会被你吓得瞌睡全无的。"

在此，我们有两位十分强大的英国伟人，他俩都遭遇了异性的怒火。正常人也许只敢迎合两位女性，拍拍她俩的马屁。在我看来，约翰逊和丘吉尔的勇敢反击就是他们成为伟人的原因之一。约翰逊会拉丁文，并将里面所有的多音节单词都征集过来作为英语单词使用，但是，即便这一举动惹来了别人的闲言碎语，但他仍以盎格鲁-撒克逊[2]的直率坦然面对一切。

有些人"脑袋蠢"、"不招人喜欢"，总爱问约翰逊，德里克和斯玛特哪个才是最伟大的诗人，他回答说："阁下，虱子和跳蚤可有谁胜谁负之说？"

虽然英国人虚伪，但他们也喜欢那些诚实坦白自己愿望的人。约翰逊曾说："如果以后我无事一身轻，我会终吾一生与一名漂亮女子驾着马车四处闲逛。"这句话清楚地说出了英国男人的终极梦想。

这不正是杰里米·克拉克森[3]和他的几百万追随者的宣言么？我们认为他是一个学者，称呼他为约翰逊"博士"，他会长达数小时地凝视古代文献，也会如饥似渴地阅读爱情小说。他不喜欢别人尊称他为"博士"，但他是他们那个时代，抑或说从古至今，人类天性最伟大的研究者之一——最伟大的道德家之一。

在杰里米·帕克森[4]等研究英国精神的学者出现很久之前，约翰逊就发现了我们的冷淡。在国外，如果一个法国人偶然碰见另一个法国人，或者一个德国人在路上偶遇另一个德国人，他们很容易就能聊上天。约翰逊说，如果将一个英国人介绍给另一个英国人，其中一个会选择坐在椅子上，而另一个则会站在窗边，两个人都会尽可能长时间地假装另一个根本不存在。

他注意到了身边新闻记者和作家身上的弱点，他们从来不敢宣称对自己的工作有着高度的动机。哗！约翰逊说：作家为何是作家，只有一个原因，他们喜欢听别人一遍遍重复他们自己的名字。他作了一幅非常荒唐可笑的画，"就像乔装打扮的君王"，竖着可笑的耳朵偷听自己最新付出的努力又构成了什么样的世界——而真实的情况是，根本没人将其当回事。

当你一次又一次听到约翰逊的言论之后，你会发现自己在一边频频点头一边说：是啊，这就是我们，这就是人类。

---

1. 贝茜·布拉多克，一位性格暴躁的工党女议员。
2. 从人类学的角度来说，这个单词指的是盎格鲁和撒克逊两个民族所结合起来的民族，其主要后裔是不列颠人。
3. 杰里米·克拉克森，著名汽车栏目《Top Gear》的主持人，以风趣幽默见长，但其经常因口无遮拦而引起争议。
4. 杰里米·帕克森，当代英国记者、广播员和作家。自1977年开始任职于BBC。

塞缪尔·约翰逊
他给了这世界最温情的保守主义

几乎每个人都与某个著名人物有着某种真实或者假想的联系。

再没有什么事情能比依计划行事的欢笑更加让人绝望了。

对抗悲伤的普遍安全药物已被采用。

人类痛苦的解药虽不能治本尚可治标。

每一种动物都会将自己的痛苦就近报复在身边的动物身上。

还有很多这样的警句。

虽然他的悲剧《艾琳》也意外地成为了一本喜剧，虽然他的诗歌并不是全都符合常规，虽然他的对句头重脚轻，但这的确就是完整的约翰逊风格。在他的一本讽刺伦敦的作品中，他写道："在这里，垮塌的房屋在你的头顶上轰隆隆作响，在这里，秉持无神论的女士在谈论着你的死亡。"

他不仅给摆放在诗人角（Poets' Corner）的奥利弗·歌德史密斯写就了著名的墓志铭："奥利弗·歌德史密斯，诗人、博物学者、历史学家，作品几乎遍及每一种文学体裁，一经他手，无不升华。"[1]而且，在歌德史密斯的戏剧台词中，最为著名的那句其实出自约翰逊："人类的心灵能够忍受律法或国王可能引发或医治的那一部分的能力是多么的渺小。"

人们对于这个对句有很多看法。很多新闻记者花费数千英镑来对同一件事情发表长篇大论。但是，当时狡猾的牧师多德会转而求助于约翰逊，则完全是因为约翰逊超凡的文学修养造就了其威望和道德权威。

40个法国人花费了55年时间才编成了一本法语字典。秕糠学会[2]花费了20年时间才编成一本意大利语字典。而约翰逊只花了9年便成功编纂了他的英语字典，他自己就写了4000余个词条。今天有一个错误的观点认为，约翰逊将编纂字典看作是一件趣事，主要是因为他收录了很多搞笑的词条。

燕麦的定义是"这是一种在英格兰做马料的作物，但在苏格兰却担当着养活苏格兰人的责任"。守护神是指"以傲慢姿态帮助你的恶棍，而且人们还得对其阿谀奉承"。词典编纂者是指"无关紧要的苦工"。对于"网络"这种惊人的大脑延伸，人们的定义是"任何网状的或者相交叉的东西，其交叉点之间的空隙是等距的"。

一位女士对他错误地把"pastern"［注：（牛马等）足的球节与蹄之间的部分］解释为"马的膝盖"提出质疑，他说，这是愚昧，无知。然而很多来自

---

1. 原文为拉丁文。
2. 秕糠学会，这是一个建立于佛罗伦萨的意大利语学家和文献学者协会。

伦敦精神

伦敦市市长鲍里斯·约翰逊的伦敦生活指南

喜欢虚张声势的英国反智主义[1]者或者业余人士的建议,都是没有根据的。

约翰逊所编撰的字典在当时来讲是一个突破。相比起来,厄诺·韦伯斯特[2](Noah Webster)所编纂的字典可能更被人们所熟知,但即使是他也从约翰逊的字典里借用了成百上千的词条;在维多利亚时代的1888年,才有了真正意义上脱离了约翰逊影响的字典,他们称之为"新英语字典"。

给一门古老的语言编纂字典是一件很妙的事,而且这还是当时世界上最伟大的国家所使用的语言。这种行为需要极大的自信,这是把经过历史和文化洗礼而沉淀下来的语言记录成书的事情。在以后的时代中,词语的意思和用法还会随着时代不断地改变,但是字典会告诉后人,在当时的时代,这个词语是这样的意思。至于它为什么是这样的意思,那是因为我,约翰逊,词典的编纂者,认为它是这个意思。

这就难怪多德求助于他,因为这个人可以使他免于灾难。

这个风趣的传教士自己也是一个不错的作家,他本身有55个头衔,还收藏了数量可观的莎士比亚作品。但是他与约翰逊——文学界的普洛斯彼罗[3]——相比却是小巫见大巫。奇怪的是,约翰逊为什么答应帮助他呢?为什么他愿意帮助这个油头粉面的笨蛋呢?

尽管多德得到了约翰逊的帮助,他仍然是个名符其实的流氓。这距离他被牵扯到一宗受贿案不过三年时间:他以3000英镑贿赂英国上议院大法官的夫人艾普斯里,以使他能在位于汉诺威广场的圣乔治教堂里谋上一份收入可观的工作。你要知道在那个年代,在教堂里做传教牧师是一份非常舒适的工作,这非常值得像多德这样的人做出行贿的举动。

他的行为马上就被拆穿了。这封信被发现是由多德的老婆——一个曾经是女仆的丰满女人——所寄出。国王曾将多德从皇家牧师的名单里除名,所以多德在信里对上议院法官以及皇室进行了侮辱,国王看到这些信件后感到非常震惊,并且很愤怒。

整个伦敦都被这个丑闻所震撼,这件事之后被搬上伦敦剧院的舞台,以多德作为"渎神博士"的原型狠狠讽刺了一番。多德后来给报纸写信,可怜兮兮地诉苦说,以后他会解释这一切。后来他为了逃避丑闻飞去瑞士。

---

1. 反智主义,又称作反智论,是一种存在于文化或思想中的态度,而不是一套思想理论。反智主义可分为两大类:一是对于智性、知识的反对或怀疑,认为智性或知识对于人生有害而无益。另一种则是对于知识分子的怀疑和鄙视。
2. 美国词典编纂人,同时也是拼写改革家,被称为"美国学术和教育之父"。他编纂了第一本美国英语字典,被称为"韦氏词典"。
3. 普洛斯彼罗是莎士比亚作品《暴风雨》中的人物,一个魔法师。

塞缪尔·约翰逊
他给了这世界最温情的保守主义

之后他奇怪的行为又在伦敦变成了新闻——他被人看见在巴黎打扮成法国花花公子的样子参加比赛。当他回到伦敦的时候，他开始鼓吹他1777年2月2日的最后一次布道吸引了很多人并且很成功（刚好在一个盛大而且吸引人的盛会开始之前），他其实已经声名狼藉了。

当约翰逊得到多德需要帮忙的消息，他得了解整件事情的详细始末；包括他是怎样用一张假债券欺骗一位无辜经纪人的，他是怎样以切斯特菲尔德不愿亲自去办理这个理由为借口让经纪人给他现金的，以及他是怎样骗得赃款4200英镑之后逃走的。

约翰逊只在多年前见过多德一次，所以当收到这封信时，他很不安。

他读这封信的时候坐立难安，读完后他说，我会做一切我能做的。他确实也这样做了，约翰逊站在这个被纵容过度的传教士的利益上，在这件事上发挥了极大的作用，其中很多事都是秘密进行的。

关于他为什么这样做，我们必须明白他已经不再是保守派漫画中那个直截了当的反动主义者了。他变得更难懂，更具同情心，而且备受责任感的折磨。

约翰逊对社会的看法在今天看来可能会很怪异，因为我们从小就接受了相互平等的理念。我们接受，或者说至少是坚持，平等的手足关系是人性理想状态之一，在一个理想的世界中我们应该平等地对待和尊重他人。约翰逊却认为这是不现实的，他说，人与人之间相处不是这样的。

"没有两个人可以和平相处超过半个小时，而其中一个人总会比另一个人更优秀。"即使在今天，我们也或多或少地觉得确实是这样。但是约翰逊的思想更深远，甚至远远超出了当今政论家的水平，他认为人人平等不仅不现实，而且不符合人类发展需要。他曾经被一位名叫麦考利夫人的女记者所抨击。这位女士是辉格党中观点最尖锐的人之一。 记得在《伦敦》报纸上谈论死亡的那个支持无神论的女人吗？那就是她。她是伦敦首屈一指的专栏作家，她是那个时代的波丽·托比[1]。

麦考利夫人说，如果我们每个人都拥有相同大小的领地，而且没人骑在他人头上作威作福，这样对大家来说都是最好的。约翰逊却觉得很荒谬，他认为人类在不平等以及主从关系中才会更充实。他说，如果人人平等，人类永远不会进步。

当然这不会有什么智力上的进化，因为所有智力上的进化都来自于安逸的生活，但你不能有安逸的生活，除非一些人愿意为另一些人服务（来提供他们安逸的生活）。当约翰逊在路上看到一个乞丐时，他会很同情他。但是，他不

---

1. 波丽·托比，英国记者和作家，1998年被《卫报》聘请为专栏作家。

伦敦精神

伦敦市市长鲍里斯·约翰逊的伦敦生活指南

会因为那些乞丐与他处于一个不平等的状态而充满了愤怒。

他并不认为不平等会导致人们产生对势力或者权力的欲望。他相信不平等所产生的益处会更大。他的观点同时也是 18 世纪保守党非常推崇的。

在约翰逊的一生中，他从来不认为保守党是主流党派，他认为他们是失败者。他们支持小商贩和君主政体，而辉格党才是会进步的大党派。

曾有一件令人尴尬的事情，有一次约翰逊去见国王，回来之后大说国王好话，认为他是真的绅士，从不在乎流言蜚语。但是保守党尊敬国王并不是因为中了某种代代相传的符咒，而是因为他们认为国王本身就是人民的保护神。人们需要从国王那里得到一个保障来反抗富人和权势之人。约翰逊说："我经历过统治者从暴君到仁君的改变。"他的父母曾将自己的孩子交给君主，想让他抚摸孩子的头，他们相信这样可以治愈淋巴结核。

我们再看看约翰逊在经济方面的主张，就可以知道他有着非常特比特[1]式的想法。他认为给劳动者提高工资只会让他们变得懒惰，"懒惰是人性中一件非常不好的事"。他推崇奢华浪费——奢华的食物，豪华的住房；这个观念造就了保守派的经典理论——利益扩散论。

"一个人用半个畿尼[2]换了一盘豌豆。这样的行为能够填满多少菜篮子？""试想，如果把这些豌豆生产出来再投放到市场上去卖，这需要多少劳动力，"约翰逊说，"想想买豌豆这件事所创造的价值，花半个畿尼买豌豆可以保住这些人的工作，而不是直接把这些钱给一些穷人去买一顿饭，这样是不是好多了。"

这样做就帮助了"勤劳的穷人"而不是"懒惰的穷人"。他说：假设我们恢复古代常享用奢华大餐的惯例，人们会抗议这是奢侈浪费的表现。但从另一个方面来想，这将会给穷人们创造多少劳动的机会！

这些言论使约翰逊听起来像一个 19 世纪 80 年代的雅皮士怪物，吹嘘他们消费香槟推动了经济发展，这些人还会在乞丐面前不停地数钱。

但是事实上，他绝对不是铁石心肠的人。他曾经非常穷，有一次存了 5 个畿尼却弄丢了。他曾经因为欠钱被捕，他朋友希斯特·塔尔曾说——"他比任何人都对穷人好。"

他是一个非常慷慨的人，他常常在晚上去餐馆的路上把身上所有的银币都给了乞丐，但他却不承认他这样做过。他的作品中常常充满了对不幸者的祝福

---

1. 特比特，英国保守党前主席，他以言语率直著称，对政敌毫不留情，反对移民，被人们称为"从清福德（伦敦东区）来的光头党"。
2. 畿尼，guinea，英国旧时金币名。

塞缪尔·约翰逊
他给了这世界最温情的保守主义

以及为他们感到难过,他曾经还帮忙送一个中风的画家去医院。同时他也用爱和忠诚对待他最亲近的人。

在他帮助过的人里有一个很老的盲人,她同时也是一个诗人,她叫作威廉姆斯(Williams)夫人,据说她曾经的餐桌礼仪非常令人讨厌,但是现在就算约翰逊带她去伦敦最好的餐厅吃饭,她也不会显得格格不入了。然而在约翰逊帮助过的人里,最被人们所熟知的是一个叫作弗兰克·巴博尔的人,他是约翰逊的黑人男仆,他觉得为约翰逊服务是一件很特别的事。他帮助他脱离了海军。他教他念书,把他当作亲人一样看待,他甚至成为了约翰逊遗产的主要受益人。

他是一个天生的反种族主义者,这使他在牛津大学聚会上能高举酒杯去谈论自己的观点,同时说一些会给别人留下深刻印象的话:"让我们为在西印度群岛的下一个黑人暴动举杯。"这个言论被辉格党用来鼓吹说约翰逊支持奴隶制。这就是约翰逊,一个宁愿支持失败者——保守党——的人,因为他看到了辉格党邪恶和虚伪的一面。

他问道:"如果我们听到最响亮的声音都是来自黑人司机对自由的呐喊,这感觉会怎么样呢?"然后继续说:"我们没有理由不去相信,人在出生的时候是平等的。" 不,他的思维并没有混乱。

他认为主从关系和不平等是不可避免的,而且在某种意义上是令人向往的;他认为,这与每个人的尊严平等并不矛盾。如果需要进一步证明他亲切的本性,我还有一个例子,当他还住在威尔士时,园丁在花园里抓了一只野兔,并准备把它做成晚餐。

约翰逊让他等一下,然后他把这只吓坏了的兔子从窗户边放走了。或者我该说说他是怎样对待自己养的猫咪霍吉的:他会亲自外出给它买它爱吃的牡蛎。

在一个对学术上绝不含糊、常常以威严待人的外表下,实际上他是一个非常好的老好人。

所以当他在房间里走来走去,思考着是不是该帮助这位曾经造假支票而且前科累累的牧师时,其实只是他的同情心在作祟——因为联想到自己的过去而变得更强烈的同情心。威廉·多德的处境岌岌可危,因为他陷入了一个窘境,与他对峙的是他曾经的学生切斯特菲尔德,也是曾经两次拒绝容忍他犯罪行为的人。而这个人的父亲又曾经与约翰逊发生过英语文学历史上最令人震惊的争执,虽然这已经是 20 多年前的事了。

当约翰逊还在编纂字典的时候,他遇到了资金短缺的问题,于是他开始寻求资助。他找到了切斯特菲尔德,一个著名的外交官、政治家、文学家,同时也是非常温文尔雅的礼仪理论家。在朋友的鼓励下,约翰逊拜访了切斯特菲尔德,但是因为某些原因,约翰逊在客厅等了很久也没有见到他,直到最后约翰逊还

伦敦精神
伦敦市市长鲍里斯·约翰逊的伦敦生活指南

是空手而归，非常失望。

七年后，字典完成了。同时约翰逊的作品开始引起了一些公众的注意。此时懒散的切斯特菲尔德才写了一封信给约翰逊，奉承说，他认为这是非常好的一部作品。

约翰逊收到信后立刻回写了一封羞辱切斯特菲尔德的信。

"阁下，当一个人在水中挣扎的时候您一点不关心他，等这个人已经得救后您才向他提出帮助，这对他来讲已经不是帮助。您说您很开心可以帮助我完成我的作品，这对曾经的我来说是很令人感激的，但是已经迟了。现在的我已经不是那时的我了，我更愿意一个人完成自己的作品，不愿向别人求助，我已经不需要了，也不会为此开心了。"

然而切斯特菲尔德却很高兴受到这样的斥责，他把信放在桌上供客人阅读；但现在，约翰逊的同情心遇上了他曾经敌人的儿子——一个把可怜的多德送上断头台的角色。

可能还有另一个约翰逊决定帮助多德的原因。近40年前，约翰逊的弟弟纳撒尼尔在欠下债务之后死于萨默塞特（Somerset）。有人认为他是自杀，并伪造成他杀的场景；也许多德让约翰逊想到了当年弟弟临死之前的绝望，所以约翰逊决定帮助他，他几乎带有强迫性的热情。

不管他决定完成什么事，他的良心都会不断地鞭打、刺激他，直到把这件事完成。这个男人做事有他自己的逻辑、方式，他内心的小恶魔会强迫他把每一件他决定要做的事都做好。

如果有一件他要做的事没有做好，他的良心就会开始折磨自己——弹他的舌头，打他的脚——直到他最终把这件事完成。如果你想总结塞缪尔·约翰逊的强迫症事迹，那么第一个例子就是：当他还很年轻的时候，他爸爸要他去乌托克沙特办一件事，他当时没有办好这件事；50年后，他光着头站到那个他爸爸让他去的地方淋雨，以此赎罪。

他甚至以匿名的方式为这个他几乎不认识的人做了很多：他给伦敦市法院法官写了一封信，这封信会在多德于老城廓（伦敦老贝利街的中央刑事法庭）上被判处死刑时念出来。

他给多德在纽盖特监狱的狱友写了一封信——"一个有罪之人给同胞的致辞"。

他替多德写了一封信给上议院大法官，另一封给曼斯菲尔德法官[1]；一封给

---

1. 曼斯菲尔德法官，即曼斯菲尔德勋爵。

塞缪尔·约翰逊
他给了这世界最温情的保守主义

国王的请愿书；还有一封给女王的请愿书；他在报纸上写了几篇很长的文章，并指出请愿书已经提交给王室，上面附有20000人签名，呼吁释放多德。

他以整个伦敦市民的名义写了一份请愿书，他还写了一篇叫作多德博士的最后声明的文章。

这是所有约翰逊能做的了，却也是无用功。

国王怒气难消。请愿被驳回。多德被绑在马车上，在他曾经居住过的街道游街示众，人们为他哀悼，祈祷，甚至悲伤地哭泣。

在他上了绞刑台之后，一位名为维莱特的官员拿着最后一张郑重的申诉书（约翰逊匿名写的），让他读给骚动不安的人群。

信里充满了对忠诚的朗朗声明，对自己欺骗别人的行为感到后悔，忏悔自己只求感官享受、无法克制自己的消费欲望。他的收入满足不了他想追求的虚荣和快乐，这让他感到焦躁，纠缠不休的焦躁感迫使他唯有欺诈骗钱。

另一方面，申诉书中提出虽然他所犯下的错非常严重，他依然是一个虔诚的基督徒。这封申诉书非常冗长，以致官员认为人群将会因此而焦躁不安。所以他们决定不再让他继续念剩下的部分，他们必须开始行刑了。

把他放到绞刑台上后，马车就离开了。仿佛这还不算侮辱，在他还剩一口气的时候，他的身体被一个曾经偷盗过骷髅地[1]的盗墓者劫走了。他们带他去著名的外科医生约翰·亨特（John Hunter）那里，他试图用手用吹风器向他的肺里灌入空气。

这依然是无用的。多德注定救不回来了。约翰逊所有的努力都白费了。就像他在用自己的名义提出的申诉书里写的，这是一场没有硝烟的战争，这是历史上第一次一个牧师因为不道德而被示众行刑。

这是一个展现了约翰逊众多优秀品质的故事：他的慈悲，他的精力，以及他非凡的文学底蕴。他自愿匿名请愿，这代表了他无比的善心，以及执着的使命感，它们在他的人性中存在得如此强烈。

当多德被埋葬之时，争议已经结束。在18世纪的英国，就算最伟大且最具竞争力的灵魂，也无法抗拒一举成名的机会，他心里对被人崇拜和尊敬的渴望，使他一生都在追求名誉。

有位叫瑟瓦尔的先生质疑约翰逊，并说《一个有罪之人给同胞的致辞》不可能是多德写的，很有可能是约翰逊写的，约翰逊没有承认，但也并没有否认。

他借此机会开了个众所周知的玩笑。

---

1. 骷髅地，即耶稣被钉死在十字架上的地方。

伦敦精神
伦敦市市长鲍里斯·约翰逊的伦敦生活指南

"这么说吧,先生,"他说,"人之将死,其言也善。"

* * *

塞缪尔·约翰逊也许是个喜欢卖弄之人,但我希望我已经说服了各位看客相信他是一名绅士,而且非常友善。他曾为多德伸出援手,他对穷人的窘迫感同身受。在他早期的讽刺诗篇《伦敦》中,他曾这样说道:"财富为何上升缓慢,还不是穷人拖了后腿。"

用今天的话讲,他就是一个富于怜悯之心的保守主义者。但是,对于他的保守主义还存在一处疑问——他是政治哲学(如果这个词不是那么高深的话)的多位道义教父之一。也就是说,在为人处世的古旧方式中存在这样一种隐藏的智慧,即便是猴子,在面对危险之时也会建立起自己的秩序。

美国独立战争时期,他反对美国殖民者的独立行为。他说,他们是煽动叛乱的叛徒,他还写了一本名为《税收不是暴政》的手册,在这里面,他极力主张美国殖民者应该满足乔治三世政府所提出的一切要求。他打心底反对那些激发暴乱的反动分子。他说:"他们并不爱自己的国家,所以才会多此一举地破坏其和平。"他所针对的是18世纪伦敦激进观点的一部分。

@ 弓街追踪者

在查尔斯·达尔文建立他的进化论体系时，他可以很好地在从非洲之角到加拉帕戈斯群岛的旅程中自救，而不是回家。就在100年前，在科芬园，比家更近的地方，一场激进的社会革命发生了。在18世纪，科芬园是一个危险和邪恶的地方——妓女，抢手提包的拦路盗贼，他们来自于声名狼藉的圣吉尔斯贫民窟。查尔斯·狄更斯就是在这个不规则的贫民窟带领武装人员巡视了一次，随后创作了小说和短篇故事，比如《雾都孤儿》，他在里面描述了贫民窟的房子，房子如此小，如此肮脏，如此狭窄，空气看起来如此糟糕，木制的内庭把他们挤在一起而且就快要陷下去。

贫民窟制定了他们自己的法律并按照他们自己的方式生活。他们大约有一半的人住在伦敦，在18世纪中叶，他们那里是警察和闲人都免进的地方，人们通常也不住在那里。他们结成帮派，和那些想要逃出街区不被社会统治的人一起居住。

在18世纪的伦敦犯罪得不到惩罚，使得治安官亨利·菲尔丁建立了弓街警官部队。在18世纪中叶，伴随着英格兰的城市化，偷盗和抢劫的大量增长对于有限的警官、保卫者、捉小偷志愿者组成的武装而言，力量实在单薄。曾是作家的亨利·菲尔丁决定，组建一个由政府出资的依附于弓街警官办公室的正式机构。该机构的人员将拥有以警官的命令行使逮捕的权力。菲尔丁非常大胆，他曾提出在伦敦尝试巴黎风格的武装力量的提案，但为了避免警力过于强大，提案后来被拒绝了。尽管如此，人们还是会意识到亨利·菲尔丁有多么大的成就。

菲尔丁最初谈到，"一群勇敢的同事总是能在接到通知一刻钟里，就整装前往这个城镇或是王国的任何一个地方"，这第一批人员是由6个前巡警组成的团体。实际上，他们只有中央政府付部分薪水，他们收入的其余部分来源于奖励，以及他们作为皇室和贵族守卫所挣的钱。然而，他们的款项，远远比在伦敦中心简单地抓小偷要多，很明显的是，弓街警官把很多小偷追逐到大陆去了，甚至去了俄国和美国。

他的成功在于改变了伦敦人对于公众出钱的专业警察的看法，给后来由他弟弟约翰·菲尔丁先生建立的骑兵巡逻队铺就了道路。1798年建立了河流巡逻队，最终在1829年建立了罗伯特·皮尔（Robert Peel）先生的大都市警力。

就像达尔文进化论所提到的一样，18世纪的犯罪势力使得追踪他们的警力得以进化。

no. 45

第十三章
约翰·威尔克斯
自由之父

那是1768年的2月。英国仍然处在小冰川时期中,泰晤士河再次冰封起来了,威斯敏斯特地狱一般地冷。一天清晨,在离迪恩园不远处的街上打开了一扇门,镇上那座漂亮的房子曾是一处旧址,现在被政府机关占用——在过去的日子里,这座公寓是用来办教育培训以及技能训练的。明眼人看出了这一点。

说他面目不对称简直太友好了。他眼睛斜视,长着一个那种在出生时便会受到矫正的好色的大鼻子。鼻子下面是一张几乎没有牙齿的嘴巴和一个比其他任何正常尺寸都要突出的下巴。整张脸就是孩子们的噩梦,然而,当一个有着这些特征的人呼吸着空气的时候,他不仅有些奇怪的吸引力,还散发着自信。

他现在41岁了,他刚从4年的不是很磨人的大陆流放生活中回来,他非常满意,而且那个流放的城市他也很喜欢,他在那里取了自己的名字。在那斜视的眼睛中闪烁着光芒,就像他自己说的一样,那个男人渴望知道命运发源于何地。他脱下了他的帽子,紧了紧套在他高大倾斜身体上的外套,并且在内心牢记,他期望叫自己奥斯本先生。

再不会有另外一个如此苍白的别名了。那斗鸡眼的斜视和突出的下巴已经在威廉·贺加斯最著名的卡通片中得到了讽刺,那张图像已经被复印了上千张,成为了他朋友和敌人的乐趣。他被英国国王称作是"魔鬼",是他所有话题中最混沌的一个,而且被君王的一些思想最保守的幕僚们,认定是对这个国家和政府的最大威胁。

他是人类的楔子,一个插入这体制中最脆弱部分的撬棍,被大众的愤怒力量推进得越来越深,直到整个大厦快要毁坏。他曾经用他写过的一首最下流(或是最幼稚)的诗激怒了英国上议院。他曾经和一个贵族为了微末的荣誉而决斗,

约翰·威尔克斯
自由之父

在他的腹股沟仍然留下了一个鲜明的疤痕，一直保持到另外一场和国会议员的决斗。文人们相信一个流言，组织想秘密地把他干掉。

于他而言，他低垂的腹部已经充分地复原了，可以保持他浪漫的起伏频率。尽管他刚刚被一个18岁的适婚的有着国际著名魅力的意大利人伤害了，但是他在巴黎至少有两个出身名门的情人来安慰自己，而且她们似乎都不厌恶对方。他在拉丁语和希腊语方面是一个重要的学者，已经在词典编纂上超过了约翰逊博士，他不久前和鲍斯维尔一起用餐，还曾经在英语的用法上帮助过大卫·休谟，并且跟伏尔泰一起嘲笑过仍然控制着许多人的迷信和恐惧。

当他在这个2月的早上走出马逊街的时候，他在历史上的地位就稳固了。他的名字家喻户晓，曾经是支持个人自由和限制政府权力的法律诉讼的灵魂人物。他是如此有名，以至于一年前，当他第一次回到英国的土地时，教堂的钟为了纪念他而敲响，人群涌向他待的房屋。

他的名字是约翰·威尔克斯。他跳将出来，因为他对于下一步怎么做已经有了想法。他破产了——他不仅仅是破产，而且债务巨大。他是一个罪犯，依据法律可以在任何时候被逮捕，并且被驱逐流放。但是某种声音告诉他，他有足够的力量再试一试。他准备向国王和王后的谄媚者表示轻蔑。

他将做一件他们非常害怕的事情：再次代表曾经开除过他的国会。这样做，他将会证明一个重要的民主原则。

我有种不好的预感，作为只有15岁的孩子，在学习普通等级历史课程中，我对威尔克斯写了篇夸大的论文。幸运的是，那篇文章已经丢失了，但是主要讲的是威尔克斯是个傻子，是个二流的笨拙的人，是个机会主义者，是个无原则的煽动家，他散布的传言像是大众情绪上闪闪发光的气泡，这些他从来不会真正分享。在某些地方，这只是常见的舆论。

如果是这样，那么就错了。我喜欢威尔克斯不仅因为他的勇气他的活力，并且因为他有着无尽的充沛精力。任何对于他的功绩的冷静的评价都能确信这一点，他真的就像崇拜他的人民所看到的一样——公民自由之父。他不仅保证了报纸报道下议院议程的权利，他还是第一个在议会里面站出来要求所有的成年男性——不论是富裕还是贫穷——都应该被允许投票。

他的竞选被美国人热烈地支持，因为他们在乔治三世政府的误导下产生了摩擦。在北加州有一个威尔克斯郡，那里主要的小镇依然是威尔克斯伯纳，是著名的鸡肉加工厂和乡村音乐节之乡。当1969年第一个黑人国会议员亚当·克莱顿·鲍威尔被众议院排除在外时，和约翰·威尔克斯的情形一样，瓦伦伯爵法官做出了著名的暗示，他撤销了开除的命令，颠覆了上议院的错误，以及部分按照人种作出的决定，并下令阐明，那是人民和人民选举他们代表的至高无上的权利。

伦敦精神
伦敦市市长鲍里斯·约翰逊的伦敦生活指南

威尔克斯不仅对于英国而言是重要的民主自由之父，对于美国也是，这对任何人都是一个非常大的赞誉。

约翰·威尔克斯出生在1725年或是1726年，他的一生见证了余下的大半个18世纪。这是伦敦的力量和财富爆炸式增长的时代。在他出生的时候，霍克斯穆尔的教堂已经建起，梅菲尔广场正在规划中。英格兰银行和股票交易所已经在前30年就成立了。由于1713年的《乌特勒支条约》，不列颠要求在北美和其他地方建立新的殖民地，金钱流入不同行业商人的口袋。有通过简单贸易赚的钱——从西印度群岛进口的糖，然后在伦敦的码头提纯。但是更加赚钱的仍然是所有的联合服务项目，使得这些贸易成为可能，银行家给建造船只和农业田园股票投资承保，不论船是否会沉，庄稼是否会被糟蹋，经纪人在合资股份运营中都会分担股份。

这些人把钱带到伦敦，于是增长的资产阶级商人的需求驱动了工业的车轮，促进了不同种类的服务业和加工业的发展。威尔克斯出生在克拉肯韦尔的圣约翰广场，现在是一些建筑师的工作室，周围是一些奇特的餐馆，专门卖部分稀有动物，这些食物一般很少有人会吃。

克拉肯韦尔是尼古拉斯·多宾在罗伯特·胡克的指令下，用弹簧和手表做实验的地方；现在对于伦敦的商人来说，时间就是金钱，所以它是欧洲手表和钟表制造的中心。他们的妻子想要炫耀他们的珠宝和餐具，克拉肯韦尔就是一个可以找到你的刀匠和珠宝匠的地方。他们需要一个安全的地方来存放他们的战利品，克拉肯韦尔的锁匠开了商店来满足他们的需求。

威尔克斯家族本身就从事贸易行业。他的母亲是制革的继承人，他的父亲利斯莱尔·威尔克斯是一个蒸馏酒商人。他喜欢假装他是一个真正的啤酒制造者，他的麦芽糖浆和泛滥成灾的杜松子酒没有任何联系，那些酒对工人阶级的影响被邪恶地在贺加斯的杜松子酒小巷里面扩散（那是一个吓坏了的婴儿从他昏迷的母亲怀中掉进下水道的地方）。

不论利斯莱尔·威尔克斯是否因为通过母亲的死亡来麻醉手无寸铁的工人阶级而感到内疚，在人们之间，比如威尔克斯家族——成功的中产阶级——和市区里的穷人之间，总是存在着越来越大的收入差距。伦敦是危险的，是肮脏的，而且工人阶级频繁地受到技术改进带来的伤害，这会贬低他们的劳动价值。在1710年，距卢德主义[1]这个词的出现还有100年，伦敦的编织工们毁掉了多于

---

1. 卢德主义，指对新技术和新事物的一种盲目冲动反抗。"卢德主义"一词出现于工业革命初期，那时候的工人对于大机器生产的认识不足，盲目地认为是大机器的出现使自己丧失了就业机会，于是憎恨机器，开始破坏这些新出现的机器设备，以换取工作机会。

约翰·威尔克斯
自由之父

100架长袜针织机，来阻止他们的主人雇佣更多的学徒。在1720年，斯皮塔福德的丝绸编织者开始辱骂穿印花棉布的女士——令人愉快而且便宜的印花棉布。他们从她们的背上撕下衣服，谴责她们是"印花棉布女士"。

那些编织者不是坏人，他们只是对于亚当·斯密所描述的那只看不见的手的无尽打击已经绝望了。威尔克斯的职业生涯最令人惊奇的地方在于，他不仅成为了民主改革的优胜者，某种程度上像埃德蒙·伯克这样的人能够理解这一点：一个有限的概念，于是对一小部分人来说，意味着扩展了的政治参与，那部分人被认为能够抓住将来的走向而且有空闲时间来讨论。他是穷人的真正英雄，同时是明显傲慢的而且精力充沛的沙文主义者。这是一个神奇的结果，因为他父母都确信，他会成为一个学者和绅士。

不像他的兄弟姐妹一样，他享受着精心而且昂贵的教育。他被送到泰晤士河接受家教，然后从那里到了位于荷兰的莱顿大学——一个比牛津和剑桥都更加有名望的大学，他们因为麻木和假公济私而落寞。在大学里面，他养成的放纵堕落的习惯，伴随了他一生。但他不是在莱顿大学浪费了时间。他更好地掌握了拉丁语和法语；他喜欢古希腊文学。在他流放到启蒙运动者的圈子中间的时候，他第一次遇到了欢迎他的文人。他是一个坚定的可以称之为全面教育的信仰者。

在只有20岁的时候，他从莱顿回来了，在他家庭的催促下，他娶了一个家庭富裕但是有神经病的女人，那女人比他大10岁，名叫玛丽·弥德。那不是一个好的婚姻，于是在合适的时机，他们离婚了。但是到了1750年，他们生了一个女孩名叫波莉，激发了威尔克斯作为一个父亲的坚定的责任和感情。即使是那些不喜欢威尔克斯的人（有很多），也为他对孩子的付出深深感动，那孩子有着棕色的眼睛，活泼，像他爸爸一样机敏，但是拥有被诅咒了一样的突出的下巴。在那个夏天，这个家庭靠着他妻子在埃斯波雷公司的财产生活，在这里他成为了这个社区的核心：文法学校的公共不动产管理人，当地收费公路的委托人，以及治安官。他可能在这里定居下来，过着安宁的地主阶级的生活，但是他喜欢伦敦，而且他发现，他越来越需要成为一个智者和一个引领潮流的人。

"我只需要20分钟来讲清楚我自己。"他吹嘘道。有时候，只需减少到10分钟。1749年他被选入皇家学会，1754年进入了比富斯科特俱乐部。在1755年，他对自己在世界上的地位如此有自信，以至于在他的词典出版的时候，他发起了对约翰逊博士尖刻的攻击。

约翰逊曾经说字母H几乎不会出现在一个单词的第一个音节。哈！在一封给报纸的信件中，威尔克斯说道："做出这个评论的作者一定是有着快速理解力和综合能力的天才的人，但是我从未能原谅他对待贫穷的骑士、神职和寡妇

伦敦精神
伦敦市市长鲍里斯·约翰逊的伦敦生活指南

的丑恶行为,也不能原谅他对所有男人和女人的残暴……"他用 26 个 H 开头的音节的词来攻击约翰逊,然后那个伟大的人感到如此疼痛,以至于他修订了后面的版本,指出有些复合单词你可以在音节的开头找到 H。

他说,就像木头人一样,威尔克斯的脸皮非常厚。他穿着"艳丽而且奇特的裙子"到处走,伴随着两只名叫迪多和庞皮的狗。所有行径之中最有名的是,他参加了英国僧侣的白痴仪式。想想西尔维奥·贝卢斯科尼有着宗教主题的那个地瓜房子吧。

那个地方是一个半废弃的修道院,坐落在马洛旁边苍翠繁茂的泰晤士河岸上,它的所有者弗兰西斯·达斯伍德先生,渴望他的同伴僧侣应该显示出原始的性欲。高等级的妓女或大胆时尚的妇人被邀请参加晚宴,在晚宴的最后,她们——那些女人——应该选择一个搭档然后去僧侣的房间。这样结合生出的小孩,被称作是圣弗朗西斯的儿子和女儿。

一天夜晚,当蜡烛忽明忽暗,一半的僧侣醉得像猪一样,他们跳跃而苍白的影子闪烁在天花板淫靡的壁画上,威尔克斯用朗诵诗歌来盛情款待他的同事,一个叫作托马斯·波特的朋友,他是坎特伯雷大主教任性的教子。

那不过是为女人写的散文。尽管只是一些愚蠢的废话,但是给他带来了很多麻烦。威尔克斯忙于和约翰逊博士进行词汇学的争论。他正和伯爵们密切往来。最终他如愿以偿。他的下一步是谋求一份上流社会的差事,进入议会。在贝克里郡他犯下了错误,贿赂选民失败了,这个不光彩的插曲之后,他被选为埃斯波雷的国会议员,成为威廉·皮特[1]派别的成员,后来成为了查塔姆爵士。

威尔克斯不是很出众。他的牙齿很差,声音模糊。但是在 1760 年,随着皮特党人的危机,乔治二世死了,他的孙子乔治三世继位。他的时代到来了。

这距离他的"疯狂"还有很长时间。乔治三世是一个严肃的日耳曼人,用他著名的喉音开始宣言:"我以名为不列颠人为荣。"他想为他的国家做到最好,并且他被自己的宣言说服了,这一点对于国王来说意味着进入了更加积极的角色。自美国内战以来,英格兰国王的权力被大为削弱,然而仍有疏漏之处,这些漏洞便是他使用王权时界限模糊的伸展空间。毫无疑问,他通过行使自己可以解散国会以及任命并撤销首相的权力,能够对政局造成重大的影响。

---

1. 威廉·皮特,英国历史上一对著名的父子首相,父子二人同名,父亲老皮特是英国第 9 位首相,一个半疯狂的天才,是指导七年战争胜利的伟大战略家。儿子小威廉·皮特是第 14 位首相,也是英国历史上最年轻的首相,就任时年仅 24 岁,也是英国历史上在任时间最长的首相之一(近 20 年),小皮特以财政改革支撑了对拿破仑的战争。父子俩皆被视为英国历史上最伟大的首相之一。

约翰·威尔克斯
自由之父

乔治三世一时冲昏了头脑，他想看看如果将自己的全部力量都使出来，究竟会发生什么。他的尝试从他的前任家庭教师、他的继父开始了，传言那是一个曾浪漫地追求过他母亲的人。在1760年11月12日，他在自己的第一次国王演讲上，给比特的议会施压，宣告他会为七年战争寻求结束。

在不列颠，把世界地图印成大块的粉色仍然是惯例，为了表示联邦的疆域——从前的帝国。那些粉色的疆土有许多是在七年战争中得到的。在印度的克莱夫以及魁北克（Quebec）的乌尔夫的胜利，都是在皮特的杰出战略领导下取得的。

在这个城市，战争是普遍的。它们给伦敦带来了财富。现在这个汉诺威的君主以及和他软弱无力的母亲有奸情的苏格兰伊顿公学老校友呼吁着和平——所有这些都因战争而消耗巨大，就像我们今天所说的，需要在防卫预算上削减开支。威廉·皮特不会听这个的。他离开了办公室。他的支持者愤愤不平，威尔克斯发现了他的专长——不是一个演讲家，而是一个作家，再加上一个拥有自由思想的密友。和查尔斯·丘吉尔一起，他开始抨击政治体制。

他发表了一篇论文《北不列颠》，之所以这样命名是因为他的主要目标——比特——是一个苏格兰人；接着他开始写苏格兰士兵的疯狂诱惑，那一直是伦敦报纸的一个沉闷主题。所有篇章无不是在抱怨格子花呢黑手党；所有这些都在苛责西洛锡安地区的棘手问题，以及宪法上关于英格兰的纳税人给懒惰的苏格兰人支付免费医疗和学费的规定——他们在威尔克斯的新闻业上都有背景。有趣的是，他非常喜欢苏格兰，在1758年他游览了苏格兰，并且宣称，他没有在哪个地方比在苏格兰更感到快乐。

他的文章如此冒犯苏格兰以至于数十年间不断激怒苏格兰的军队长官，他们在街上拦截他并且对他挑战，希望进行一场对决，苏格兰的小孩会烧毁约翰·威尔克斯的雕像，直到维多利亚时代才停止。对于那些喜欢威尔克斯的人，那是启蒙运动的时代，那是一个文明人能够跟着伏尔泰并且说着做着或多或少是他自己愿意的事情。其他许多人仍然被深深震惊到了。

有一个又穷又老的塔尔伯特君主，在乔治三世的加冕礼上，给自己做了一个荣耀的表演。作为典礼的一部分，他想要骑行进入威斯敏斯特大厅里面，向国王致敬，然后再骑马出来。

这对马的要求很高。他进行了多次演练，认为一切都已在掌控之中。在那一天，阿奈斯被人群的声音所惊吓，转过身，扬起它的尾巴，然后把它的屁股对着国王。看到这个，英格兰的贵族发出了巨大的笑声，然后爆发热烈的掌声——这不该是加冕礼上做的事情。威尔克斯对这件事情的渲染发挥出了它全部的价值。他在《北不列颠》那篇文章中写道，那匹马是一匹传奇的马。它就像是堂

伦敦精神
伦敦市市长鲍里斯·约翰逊的伦敦生活指南

吉诃德的驽马，它就像诗人弥尔顿所漫游过的一个星球，一个天堂的影像。那匹马有如此不可思议的自然天性，他说道，以至于它应该由国王奖励津贴。

塔尔伯特君主是易怒的。他要知道威尔克斯是否是那篇匿名讽刺文的作者，而且他要满意的答复。在1762年10月5日，他们在柏格逊荒野对决，那是一个险恶的地方，经常有强盗出没。威尔克斯很快到了这里，穿着巴克斯民兵的红色官员外套。他宿醉严重，一直到早上4点才和麦德罕的僧侣起来，并且认为这个决斗会到第二天才开始。塔尔伯特坚持要在那天晚上决斗。他想知道，威尔克斯是不是作者。威尔克斯根据原则拒绝回答这个问题，并且说，上帝已经赋予了他等同于他贵族身份的坚定意志。

事实上，威尔克斯处于一个很糟糕的境况。他的视力糟糕，反之塔尔伯特是一个有着一双好眼睛的运动员。更糟糕的是，如果他杀死了塔尔伯特，他可能会被处以绞刑，而塔尔伯特确信会赢得国王的宽恕。在夜幕降临的时候，他们走进了红色里昂客栈的花园里。他们背对背地走着。他们走过了8码，然后在说话的瞬间，他们同时转身开枪了。

由于18世纪的弹道学原理以及他们对决斗共同的恐惧，他们都没有射中对方，但是威尔克斯用勇气和荣誉采取了行动。他走向塔尔伯特然后说，对，他就是那个讽刺文章的作者，而塔尔伯特也说威尔克斯是上帝造就的最高贵的朋友。

在某种程度上，这件事情有些荒诞可笑。塔尔伯特是这个笑话的失败的受害者，而威尔克斯清楚，通过一场荣誉的决斗他可以赢得光荣。但是这件事情还有更多后文。塔尔伯特向政府说明了对于这些匿名攻击彻底的愤怒。而威尔克斯正在维护记者写作和出版匿名攻击的权利，而不用害怕遭到报复。威尔克斯的名声因此大振。

在某种程度上，对于威尔克斯来说，一切都是一场伟大的游戏。他知道他正在做的所有事情都只是为了自我提升，并且像许多好争论的结巴一样，他知道他经常需要加大他攻击的音量，这个音量要远比他的对手所应当得到的还大。当他后来在意大利会见鲍斯维尔时，他承认他狠揍过约翰逊，因为那个伟大的人实际上没有承认罪行。他对待他"就像文学中无耻的伪饰者，不是我想要的，但结果如此。所以这是我的计划"。带有政治性的作家就像《伊利亚特》结尾的宙斯一样，他后来说道，任意给予祝福，然后在善良和邪恶的容器中诅咒。

有时他们的议题被攻击，有时被掩盖。最近大多数政治家接受了这就是新闻人的工作方式。他们有张厚脸皮。乔治三世的大臣不是这样。自从威尔克斯对塔尔伯特承认作者身份之后，其他人开始控告他；而且随着《北不列颠》发行量的增长——极快地增长到了2000份——论战变得越来越激烈。作为一个

约翰·威尔克斯
自由之父

被威尔克斯诅咒的苏格兰人和一个倡导和平的国王的谄媚者，比特发现，他被群众发出嘘声并且被扔石头。

威尔克斯收到了让他闭嘴的各种各样的贿赂：加拿大的州长，东印度公司的董事会。他拒绝了。当巴黎和平条约在1763年签订的时候，他说，那就像"上帝的和平，传递了所有的理解"。在1763年4月23号，他出版了《北不列颠第45号》，满篇都是对阁僚的挖苦和攻击。他抨击苹果汁税，他说，通过这种方式，平民不列颠人的家里会被官方以搜寻非法烈酒为借口侵入。搜寻平民的家里来看他们是否发酵苹果汁是违反宪法的，他说道，而且他呼吁反抗。对于国王乔治三世来说，这就太过分了。

尽管威尔克斯在严格的意义上是效忠于国王的，但是每个人都知道，他对和平条约、对比特[1]还有其他的抨击，都正中国王的要害。国王要求逮捕威尔克斯，这令那些阁僚紧张不安。尽管在当时国王的确十分生气，但要逮捕一个国会议员并不容易，毕竟国会拥有特权。

他们也不完全确定应该对威尔克斯做什么样的控告。在一阵忙乱之后，他们找到了叛国罪的控告理由，然后给国王的信使普通的委任状，在上面，他们列出了罪名但是没有罪犯。带着这个不平凡的文件，国王的信使——那个年代最接近警察职能的人——去抓捕任何他们能找到的和《北不列颠》有关的人。

他们进入了大楼，在出版社撕毁了文件。他们逮捕了染墨的雇佣工以及他们的差役和学徒，然后把他们赶到一个客栈里面。不包括威尔克斯在内，他们一共逮捕了48个人。他们发现《北不列颠》的编辑们正处在酒精的兴奋之中。威尔克斯给他们做了一个关于国会权力的演讲，无奈之下，他们只好回去找他们的主人了。

"是的，哈利法克斯和艾格蒙特阁下，"这个州的部长说道，"你必须抓捕威尔克斯。"最终他同意出席了——尽管他坚持坐在轿子上，大约离了100码远，后面跟着欢呼的人群。然后威尔克斯给出了一个彻底无耻的采访，其中他宣称"在阁下您桌上的所有纸张都应该如最初一般洁白"。被激怒的阁僚把他送到了伦敦塔。

现在流言开始传播。作为一个不受欢迎的政府的祸害，人们开始熟悉威尔克斯。他正在成为自由的殉道者。来游行的知名人士进到塔里面看望他。为了纪念他，好多民歌被创作出来——有一首叫作"塔里面的宝石"，主题是威尔克斯是王国所有宝石中最珍贵的，而且据说是一个高贵的妇人创作的。在那些天，一些客栈在他们的标志上刻上了他扭曲的容貌，当他从伦敦塔被带到威斯

---

1. 比特，指约翰·斯图尔特，第3代比特伯爵，苏格兰贵族，乔治三世时期的英国首相。

伦敦精神
伦敦市市长鲍里斯·约翰逊的伦敦生活指南

敏斯特大厅的时候，一大群人跟着他只是为了听他的声音。在那栋雄伟大楼的东南角，在贾斯蒂斯·派瑞特勋爵后来成为卡姆登勋爵之前，派瑞特成为了公正的英雄。

出版文字表达诽谤并不是对秩序的违背，他这样判决。威尔克斯是被国会权力所保护的。他被释放了。"这不是下层社会的吵闹，"煽动家告诉法官，"而是自由的声音必须而且会被听到。"

威尔克斯蜕变了，从一个恶棍小文人和纨绔子弟变为了一个激进分子。可能是因为他母亲的清教徒主义以及不因循守旧天性的遗传：在这爱玩乐和炫耀的个性中，现在表现出坚守原则和固执的倾向。威尔克斯逐渐变得对真实的难题着迷：支持自由，更重要的是重压下的自由。

国王的阁僚们被他所公布的观点激怒了，他们透露了他们希望的细节。在这些给他当下状态带来影响的事物中，还包括一包避孕套。就像他其他的私生活一样，这对他没有任何伤害，不管是在伦敦公众的眼中，或是对他自己而言。

威尔克斯继续进行报复。他开始用合法的行动来对抗国家的大臣。他控告他们擅自闯入民宅以及实施抢劫，因为在搜寻住房的过程中，有人带走了一个银质的烛台。在利用45号案例来折磨乔治三世的朝臣这方面，他不是孤军奋战。

25个雇佣印刷工和学徒参与了与信使对立的议案。这一定是在不列颠历史上的第一次，工人阶级用合法的体系来争取自由并且反抗国家——包括国王。威尔克斯处于优势，并且在圣乔治街成立了一个新的打印社，在那里是他写满了讽刺短文、爆炸性文章和地狱般的《北不列颠》的新版本。然后他遭遇了一次厄运。

在打印店的楼层上有一个名叫塞缪尔·詹宁斯的印刷工，他发现了一片有意思的纸片。它看起来像是一首污秽的诗，被威尔克斯先生自己改过。与其说是诗，还不如说是政治讽刺打油诗，其中一句不甚起眼，却是有意为之："然后，……比特代表了天下第一的男人。"

嗯，詹宁斯说道：这很奇特。我会把它带回家然后读给我的妻子听。他找到的是一张波特纸——威尔克斯把他写的关于女人的诗轻率地印在13个有限版本的复印件上。我们不知道詹宁斯太太是怎么看那些写满了肮脏词汇的诗，第二天她用它来包一小块黄油，给她丈夫做打包的午餐。这顿饭在一家叫作红色狮子的酒吧进行，他们显然不在意顾客们带来的打包的午餐。

詹宁斯和另外一个名叫托马斯·法勒的印刷工一起享用了他的午餐，有洋葱、萝卜、面包、黄油和啤酒。哦，法勒说道，他读着出现在他刀下的擦上黄

约翰·威尔克斯
自由之父

油的字迹。这些是什么？他把这张纸带回了他自己的打印店，把他展示给工头看。

工头展示给他的雇主。雇主是一个名叫法丹德的苏格兰人。他恨威尔克斯。他找到一位名叫齐格盖尔的狡猾的沉迷玩乐的牧师，这牧师把它带到了玛奇勋爵那里，勋爵把它带到了朝臣那里。哈利法克斯和艾格蒙特带着狂喜读完了。他们看到这就是一堆学者的胡话，但这足够让他们的军队把他关起来。因为乱写淫秽和侮辱的诗——而且还把它印刷出来了。

那是煽动性的言论。那是亵渎神明。威尔克斯被他的一个名叫加里的印刷工背叛了，他交付一些作为定罪证据的纸张而得到钱。在贾斯蒂斯·派瑞特失败了之后，国王和他的朝臣制定了一个大胆且空前绝后的计划——让威尔克斯同时受下议院和上议院的审理。"威尔克斯的厚颜无耻令人吃惊，"国王吸了口气说，"即便他离灭亡如此之近。"国王以个人名义要求国会议员们以煽动罪和危险诽谤罪来审判约翰·威尔克斯。这是他对宪法职务的滥用，令人惊讶和可悲的是，国会议员们迫于国王的压力屈服了。

在一场极好的浮夸的辩论中，一个接一个的演讲者站起身来对抗伟大的威尔克斯和45号文件。那文件是错误的、可耻的、煽动性的、诽谤的、粗野的，而且就像有些人所说，"它试图离间人们之间的感情"。对威尔克斯来说，最糟糕的一刻是皮特带着他痛风的脚蹒跚着走过来——威尔克斯曾在皮特的旗帜下斗争，威尔克斯曾经以皮特的名义大骂比特——加入了对《北不列颠》的普遍谴责中。在上议院的隔壁，政府希望他们的抉择会掉入陷阱。

当干瘦的华伯顿主教站起来，说他曾经被威尔克斯在一首下流的诗中诽谤过的时候，他们的爵士疑惑地看着他。其实在他说话的时候，那些新印制的、耸人听闻的副本复印件，正在焦虑的同僚之间悄然传递着。下一个站起来的是萨拉维奇勋爵，他发明了由两片面包夹着一片肉的快餐。萨拉维奇曾经是赫尔凡尔俱乐部威尔克斯的密友，但是他们在一次恶作剧中撕破了关系（据猜想是和一只戴着角的狒狒有关），现在他充满了愤慨。

一些同僚不得不离开房间……其他人认为萨拉维奇需要被教化是一件可笑的事情——就像有人说的，像是魔鬼去教化罪恶；而且从一开始就注定了这两个国会的审判都会成功。人们对这整件事情中政府鬼鬼祟祟的动作感到非常恐慌——以淫秽的诗去贿赂一个人的仆人来背叛他，然后，在荒谬的言论达到顶峰的时候，打印出比威尔克斯自己所写更多的诗。

加里因为他的背叛而被诟病，后来自杀了。一个被威尔克斯愚弄过的议会人士在决斗中得到了满足，当他开枪打中威尔克斯的裆部的时候，人们普遍怀疑这是有计划的暗杀，而且这怀疑并非毫无根据。当刽子手听从下议院的公告，

伦敦精神
伦敦市市长鲍里斯·约翰逊的伦敦生活指南

试图烧掉45号文件的复印件时，这一行为被骚乱的人群打断了。他们抢过文件，同时击退了试图干涉的警察。可能是觉察到了人群中的气氛，法庭当时就惊慌失措了，因为法庭的裁决本身是不合法的。

国王的信使再也不能随意逮捕人，也不能随意侵犯私人财产。国王现在在公众前露面都是沉默的，当他去剧院的时候，等着他的是"威尔克斯和自由"的呼声。但是皮特的大转变是决定性的。在1764年1月19日，当威尔克斯在巴黎看望他女儿的时候，他被下议院开除了。

在法庭上，一个不情愿的陪审团给他定罪为诽谤，因为出版《北不列颠》和关于女人的文章；因为他没能在量刑时出现，于是他成了一个通缉犯。他再也不能控告。他也不会受到法律的保护。他能在任何时间被逮捕，警长一看到就可以射杀他。但是他在意这个吗？他在巴黎，和他亲爱的女儿波莉一起，而且他正被人崇拜。

对于革命前的巴黎的知识分子来说，威尔克斯是一个英雄，一个敢于和国王抗衡而且取得胜利的男人。一个法国的国王可能说"国家是我的"。在威尔克斯被审判之后，这样的话对一个英格兰国王来说是想都不敢想的。当威尔克斯不在巴黎的时候，他正在进行一次伟大的旅行。他在日内瓦会见了伏尔泰，然后在罗马得到了著名学者温克曼的款待。某一次，威尔克斯和鲍斯维尔共进晚餐，鲍斯维尔发现他喜形于色。威尔克斯吐露道："感谢上帝让我得到了女人的爱。她给了我太多，不仅是性爱的崇高激情。"

他想要写英格兰历史和某个版本的查尔斯·丘吉尔诗集。和多数明智的作者一样，他已经花掉了预付款项，但是却没写出多少。他已经卖掉了他的书和他在埃斯波雷的房子。他在法兰西借了钱。是时候回伦敦去面对惩罚了，1768年1月是那么地冷，他偷偷地潜回了马逊街，一个有原则的骗子在等待下一个施行偷盗的银行。

他已经代表伦敦城开始了。尽管有穷苦的马车出租人的疯狂支持——"我的兄弟们，工匠，木匠，煮皂工，蒸馏工"——他最后出现了。他宣布他将会走得更远，让每个人都很惊奇。

成为一个国会议员最好的事——就像他所说的——就是你拥有国会的权力和对被起诉诽谤罪的正当保护；所以现在他代表中性，那个位于泰晤士河北边，已经被大伦敦吞没的小郡。投票将要在米德尔塞克斯进行，很快这小镇就被维基特的热情吸引了。不管威尔克斯真正站在哪一边，伦敦的穷人都觉得他站在他们这边。

面包的价格在增长。这个冬天冷得厉害。他们的工作是不确定的。但是当威尔克斯站起来并开始他咒语般的呼喊"独立！——权利！——自由！"的时候，

约翰·威尔克斯
自由之父

他们兴奋得甚至狂野起来。对于一个不识字的织布者或是锯木匠来说,威尔克斯和自由的概念,能够被一个眯着眼睛的人的潦草字迹简单地描述出来。更简单的仍然是45号,是他的《北不列颠》具有煽动性的版本数字,逐渐成为了自由本身的符号。

他成为了一个有魔力的数字,在米德尔塞克斯的每一扇门上涂鸦。威尔克斯被选举成功之后,数以千计的民众汹涌地沿着大韦斯特路走到伦敦,拦下了他们能找到的每一辆马车,呼吁他们的雇佣者为威尔克斯欢呼,向那些拒绝参加庆祝的人用力投掷泥巴和石头。他们拦下了法国大使的大马车,给他递了一瓶白酒,然后命令他说出"威尔克斯和自由!"的祝酒语,他站在他马车的台阶上优美地完成了。当奥地利的大使拒绝这样做的时候,这个"最庄严和讲究仪式的人"被人倒立过来,数字4和5被分别画在他的两只鞋子上。

第二天外交官冲进了怀特霍尔,代表政府表示抗议,发现阁僚们忍不住大笑。并不是每个人都为威尔克斯而激动。威尔克斯讲了一个他自己的故事,他遇到了一个老妇人,当他的一个酒吧标志在风中摇晃的时候,她在那个地方摇头。"它到处摇摆,但是不在它应当摇摆的地方。"她说道。威尔克斯越过她,转身,然后礼貌地鞠了躬。

政府处于蓝色恐惧中。威尔克斯是一个已经被选入国会的通缉犯。就像卡姆登勋爵写给首相的一样,有一个实际的危险就是,如果他们把他逮捕起来并加以处罚,群众的暴怒会无法控制。但是政府还能做些什么呢?他仍然面对着数项亵渎神明和诽谤的罪名,而且他已经不知羞耻地逃亡到法国而不是面对他的判决。他是对国王和他的阁僚们无耻攻击的出版者。

如果他们假装没看见,那么整个国王的权威会被嘲笑。在1768年4月20日的第一次审讯中,威尔克斯被曼斯菲尔德勋爵解雇了,勋爵神秘地说逮捕他的委任状是错的。在最后,是威尔克斯自己坚持要将自己送入拘留并且接受审讯;因为他知道那么做,才是解决这件事情的最佳途径——自由发言权和一个国会议员的特权——保证最大的公开化。成为一个国会议员意味着你不可能因为诽谤罪被诉讼,在监狱意味着你不可能因为债务被诉讼;所以所有事情最好的解释就是,做一个在监狱里面的国会议员!

当一群他的崇拜者试图干涉(然而毫无帮助)时,他正在被送回拘留所。在威斯敏斯特桥上,他们打败了守卫,然后解开了送他去国王的本奇监狱的马车缰绳。其中一个人告诉他:"我告诉你,威尔克斯先生,马通常是拉驴子的,但你是一个男人,你应当被男人们拉。"

威尔克斯小声对警察以及守卫说他们最好逃跑,他会在监狱里面看到他们;在适当的时候,他会伪装之后溜进监狱。就像《摩登时代》里面的查理·卓别

伦敦精神
伦敦市市长鲍里斯·约翰逊的伦敦生活指南

林一样,他发现监狱是最安全、最好而且最便宜的地方。他被人民选举出来,然后被政府折磨。他是一个受到狂热崇拜的英雄。

对于所有受到英格兰国王威胁和贬低的北美人来说,威尔克斯是他们的英雄。在弗吉尼亚州的公报上,他比任何其他人被议论和引用的次数都要多,尽管波士顿的人们把他扔去喂海龟了。在纽卡斯尔、在伦敦,他们有疯狂的"45主题"盛宴:45个绅士在精确的1点45分吃午餐,喝完45及耳[1]白酒,吃掉45个新下的鸡蛋,接着在精确的2点45分时上了45道菜,包括45磅牛里脊肉。之后,他们和45个女人举行舞会,跳了45支舞、吃了45个果冻。最终,这场盛宴以3点45分的欢笑和庆祝结束。"在瓷器里,在青铜器里,在大理石里,他站在这大都市里半数房子的烟囱上。"他摇摆在每个村庄的标志公告上。

他的数字出现在袖套纽扣和胸扣上,打孔的碗上,烛花的盒子和杯子上。他还被那些买不起这些东西的人们欢呼。似乎没有其他人为他们的问题而开口说话的时候,威尔克斯就以某种方式为他们说话了。当抢劫者和海盗戴着带有威尔克斯蓝色帽徽的帽子时,他们站出来不仅是为了自由发言和议会权利,还为了那些在体系或国家的控制下感到不公平的人。

作为一个在严格的法律意义上忠诚于国王和宪法的人,威尔克斯是一个闪电般的标杆,一个合法抗议的焦点。他不是革命者,但是用他天性的快活和挖苦讽刺的性格,削弱了君主制复兴的虚荣。对于宪法问题的回答,表明他正是一个英格兰人和伦敦人。

在18世纪的英格兰我们没有恐怖主义。我们不会对贵族斩首,虽然没有丹东和罗伯斯庇尔,但是我们有约翰·威尔克斯。不过,仍然有丑恶的时刻。

威尔克斯的监狱和一个名叫圣乔治广场的巨大空地相邻,在1768年5月6日,人数众多的民众在此聚集一团,并且吵闹不堪,以致政府将情况呈报给军队。民众一开始很愉快,脱下了其中一个士兵的靴子,把它作为比特勋爵的象征烧掉了。而后他们愈发地无礼,甚至误杀了一个人。全面的暴乱爆发了,军队朝他们的头目开火,击中并杀死了十来个群众。

整个城市马上陷入骚乱,来访的本杰明·富兰克林说道:"那些正午在街上巡逻的民众,有的砸坏东西,却并不是在为威尔克斯和自由呼吁。"一家新的风力锯木厂被500个锯工破坏殆尽。煤工和斯皮塔佛德的织工发生暴乱,水手也参与进来,阻止船只离开伦敦。乔治三世扬言说要退位,威尔克斯的人气飙升到了最高点。

---

[1]. 及耳(gill),一译及尔,英美制液量单位。英制1及耳合0.1421升,美制1及耳合0.118升。

约翰·威尔克斯
自由之父

法国知识分子送来支持他的信息；北美革命分子的代表也来到监狱探视。在波士顿可以听到"威尔克斯和自由"的呼声，数字45刻在小镇各处的门窗上。甚至在北京，一位英格兰船长偶遇了中国商人，在商人那里看到的一个瓷质半身像，竟是一个目光斜视而且有着尖下巴的英国人。

"他僭越了你们的国王，"中国商人说道，"你们的国王真傻。该这样做（他用手抓住喉咙），砍掉头。"我相信他是在劝国王处死威尔克斯，而不是另外一种做法。

威尔克斯写了文章来指责政府诱发和谋划了圣乔治广场的大屠杀。在1769年前，对格拉夫顿心有余悸的部门已经受够了。他们觉得威尔克斯应当由于诽谤罪被驱逐出国会，这个议案以213对137票通过了。威尔克斯一点也没有被威胁到。他马上参加了同一位置的候补选举，在2月16日他无反对票地回来了。格拉夫顿的部门处于窘境。威尔克斯正在让国王和他的阁僚们看起来完全荒谬，他变得如此的有名，以至于本杰明·富兰克林相信，人民会让他当上君主。

对他的一生来说，监狱并非地狱。他似乎依然拥有选举权。贫乏的食物不会给他带来困扰，他从他的支持者那里能够得到资助：一小桶石蚝，一个柴郡奶酪，两只肥鸭子，火鸡，鹅和鸟，等等。当其中一个支持者带着他妻子来看望威尔克斯的时候，他不知道自己犯了个错误。威尔克斯看见了他的前女友，并递给了她一封情书。很快，她就很有规律地独自来看望他。

有一群威尔克斯的支持者正准备付清他的债款。离他释放出狱的日期越来越近了。格林夫顿内阁决定，唯一的选择，就是再次将他从国会开除。这一次，可耻的下议院中的谄媚者们投票说他是不能参与选举的，为了将事态弄得更糟，他们用军队力量强加了一个傀儡候选人——克尔·亨利·拉特尔——来代表米德尔塞克斯的人民。

这是粗暴地废止人民决定谁应该代表他们权力的行为。在每个地方都诞生了大量的小册子，其中最有名的是塞缪尔·约翰逊的《错误的闹钟》。保守党的约翰逊争论道，上议院开除威尔克斯是正确的，因为上议院是它自己权利的唯一裁决者。威尔克斯在《一封给塞缪尔·约翰逊法学博士的信中》回应道，"人民的权利不是下议院分让给他们的，而是他们自己理应得到的"。对于威尔克斯来说，关键点在于政治力量是从底层散发出来的，而不是从上层过滤下来的。

在1770年4月，威尔克斯在国民的欣喜中，被从监狱释放出来了。一个45英尺长的桌子摆放在伦敦街道上。在桑德兰，45秒之内有45个冲天火箭点火了；在格林威治，有45个大炮按顺序鸣响，向威尔克斯致敬；在北安普顿，有45对夫妇跳了名叫"威尔克斯扭一扭"的乡村舞蹈。米德尔塞克斯的选举事

伦敦精神
伦敦市市长鲍里斯·约翰逊的伦敦生活指南

宜现在就结束了。威尔克斯再也不是国会议员了,但是他已经找到了回去的第一步。就在他释放出来后的一天,伦敦城的官员们聚集在市政厅,让他成为了这个城市的总督。

威尔克斯现在开始了他长久而杰出的第二段职业生涯,在这段生涯中,喜好玩乐的煽动家逐步变成了一个非常高效的伦敦政治家,最后成为了这城市的市长。他仍然能为自由采取强大的行动。他阻止了陪审团的伪饰,反对死亡处刑而且禁止了强征入伍。他还拆毁了出版社和公众之间长期的屏障,解除了报道国会议程的禁令。

伴随着令人激动的米德尔塞克斯的选举,政治镇压在迅速扩大。自从卡克斯顿(Caxton)的第一次镇压之后,就有了一个反对报道国会的法律。对于城市的商人来说,这显然是偏执狭隘的。这看起来就像是一次皇家的阴谋,想要防止他们找到对其名声不利的事情。

威尔克斯,曾经是这个城市激进分子的拥护者,组织了一场挑战。不同的印刷工开始违背法律,逐字印刷已经发生的事情。就像威尔克斯所预见的一样,国王的信使被派来逮捕这些印刷工,特别是一个名叫米勒的人。就在这一刻,警察出现并逮捕了信使。

这个倒霉的家伙在市长阁下来之前被带走了,而伦敦市市长布拉斯·克劳士贝是威尔克斯的狂热追随者。他穿着睡衣,宣称在这个地球上,没有任何力量可以未经地方法官的同意抓走伦敦城的市民。国王愤怒了,召集市长和另外一个总督来到伦敦塔。但是,威尔克斯却使国王陛下得到了教训。

查塔姆报告说"国王陛下对于魔头威尔克斯毫无办法"。这是在首都发生冲突的另外一个重要时期,这冲突发生在伦敦城和威斯敏斯特之间,在商人的意愿和(这个案例中)国王反对改革的意愿之间。威尔克斯又一次赢得了民众的支持。

他们袭击了罗斯爵士的马车且当着他的面销毁了马车。议会大臣们勉强同意一般市民拥有阅读国会报告的权利,威尔克斯帮助建立了一项至关重要的民主自由权利,尽管这些时日议会一直努力严守秘密,相反,却促使更多报纸媒体公开报道了这件事。

威尔克斯的市长职位是辉煌的,会运用多种语言的波莉(Polly)扮演着市长夫人的角色。在伦敦市长官邸,威尔克斯举办了各种各样的舞会和聚会。像以前一样,他陷入了债务危机,当他陷入债务危机的时候,威尔克斯继续他惯用的策略。他再次参加国会竞选,在1774年他无反对票地被选上了,同时当上了一个国会议员(为什么不呢)和伦敦市长。威尔克斯现在做常规演讲,全神贯注地研究,做一个自由的理想主义者。他公开谴责糟糕的城镇环境,并

约翰·威尔克斯
自由之父

且辩称，拥有众多人口的伦敦应当肩负起更大的责任——这在今天仍然是一个好的观点。

在 1776 年，他成为了第一个我所能找到的能为每个人呼喊的国会议员，不管是富人还是穷人。"最吝啬的商人，最贫穷的农民和日常劳动者，他们的个人自由是最重要的权利"，威尔克斯告诉打盹的小部分国会议员。"所有政府都是为了它管辖的民众的利益而成立的，"他总结道，"他们是权利最原始的源泉。" 提出这项议案的人用一种散漫的嗓音作出了表决，但是威尔克斯仍然领先了法国人好多年，法国人直到 1792 年大革命之后，才建立了普遍的（男性）选举权。

他已经成功地开展了一个活动，为扩展一直延续到 1928 年的公民权和同意女性投票权。他在投票这件事情上是右倾的，在北美和为其独立而战斗这件事情上也是右倾的。在很多方面，这是最具威尔克斯特色的行动方式——一边为捍卫自由而斗争，一边为打击乔治三世的政府而奔走。

1775 年，他警告国会议员，不能再称之为叛乱。除非政府做出更大的努力去理解北美精神，否则"整个大洲会从大不列颠肢解，这升起的王国的宽阔拱门会落下"。他的演讲在《波士顿公报》被出版。在 1775 年 4 月，他获得了 2000 个城市激进分子的签名，其中包括关心自由贸易和低税更甚于北美主权的马车出租人。资本家们欢快地在威尔克斯的请愿书上签字，在那上面，他控告国王"试图在北美建立专制政权"的罪行，对于这份注定会成为国会大臣们的耻辱的请愿书，威尔克斯运用他的权力，把请愿书以个人名义呈递给了国王。

两边的对抗者第一次对峙起来了，或者说，就像是威尔克斯奇妙的眼睛能看到的那么近，双方这样近距离地对峙着。有经验的肇事者弯下腰，每一次尊重，都把凌辱送给高雅的对手。

乔治三世后来说"他从未看到过一个如此有教养的市长"——为了避免同样的情景再次发生，他立即修改了这些规定。在年底，威尔克斯变得如此积极地赞成美国，他被怀疑有直接的叛国罪，以及积极支持一个为北美枪支筹备资金的网络。

在 1777 年 11 月，他公开谴责北美战争是血腥的、昂贵的和无用的。"先生，人们是不会被胸口上刺刀的力量所改变的"；在 1778 年，对浮躁的不列颠来说事情发展得相当糟糕，他病了。"一系列的耻辱和挫败显然足够让我们相信，通过武力来征服北美是绝对不可能的，而且我担心友好的劝服方式也同样已经失败。"这个不是谣言煽动。

就像过去一样，在战争中，民众开始站在"我们的军队"这一边，而威尔

伦敦精神
伦敦市市长鲍里斯·约翰逊的伦敦生活指南

克斯因为自身的立场招致了民众的不满。如果你想要他追求自由的勇敢意愿表现出更多的迹象,那么在天主教的救赎演讲中带上这些评论吧。"先生,我甚至不会迫害无神论者……我希望在基督徒大教堂的旁边,在哥特式的塔旁,在土耳其式的清真寺的尖塔边,一个中国的宝塔和犹太的教堂,都可以看到太阳在寺庙边升起。"

在宗教宽容的问题上,我们可以看到是什么最终影响了威尔克斯。迫害天主教徒的时候,比起民众的欢呼,他对自由的捍卫要更感兴趣。

乔治·塞维尔先生的天主教救济行为是温和的措施,是为了给天主教徒足够的权利来买下和继承土地并且参军。这些常识导致了苏格兰宗派主义者的恐慌,在他们之中,有传言说,罗马教皇已经下令秘密的天主教徒去参军然后对新教徒开火。骚乱爆发了,很快麻烦就传播到了英格兰。

一个叫作乔治·戈登的狂热国会议员,开始激发出民众的反天主教徒的情绪,他聚集了一封带有12万个签名的废除塞维尔行动的请愿书——现在重要的是,他的令人讨厌的请愿书是被伦敦城里威尔克斯的老政治密友所支持的。在1780年1月2日,戈登带着五万个强壮的民众从圣乔治广场一直走到威斯敏斯特,对此项运动的争议仍在继续时,他却突然离开国会,用反对他们偏执国会议员的报告来阻止这些人群。

在晚上11点,人群暴动了。他们闯进了杜克街撒丁岛大使馆的小教堂,砸毁它然后放火烧掉。巴伐利亚大使馆遭到了同样的对待。第二天,暴民模仿农民起义的例子,用镐和大锤席卷了纽盖特和其他的监狱,很快监狱被烧毁,响起了重罪犯脱掉他们镣铐的声音。

国会惊慌失措。国王命令军队行动,在没有地方法官的批准下压制群众。他们中间有一些暴徒和罪犯,但大多数都是那些在米德尔塞克斯选举中拥护威尔克斯的人——劳工、学徒、雇佣工、服务生、国内的佣人、工匠和小贸易商。于是约翰·威尔克斯又一次位于骚乱的中心——这又是另一回事情了。

一些民众攻击伦敦桥,在某些地方放起了火。这时士兵们出现在现场——他们是由总督威尔克斯议员带领的!

紧接着发生了一场打斗,其中很多暴乱者"被扔进了泰晤士河"。后来,人群把注意力转向了英格兰银行,金钱、权力和资本家的阴谋的象征,那座建筑在我们这个时代被G20的抗议者涂抹和轰炸了。威尔克斯在哪里呢,这个煽动叛乱的激进分子?他带领一支分队,射击并杀死了几个暴乱者,并驱逐了剩下的人。

威尔克斯在他守卫的城市安排了一场合适的镇压。他关掉了酒吧,没收了武器,他关押了元凶,被尊敬地称为法律和秩序先生,他使暴乱得到了控制。

约翰·威尔克斯
自由之父

纳撒尼尔·纳索说，他已经提供了他对国王的忠诚的难忘证明。他肯定已经毁坏了他作为伦敦人普世英雄的身份；他应当得到更多的赞颂。

我们已经看到威尔克斯不喜欢暴力——记住，当人民在伦敦桥上试图解放他的时候，他对守卫的态度。在这个戈登暴乱的例子中，他不喜欢暴力，但他更痛恨暴乱的起因。他被他反罗马天主教的同事所痛恨，比如弗雷德里克·巴尔总督，尽管他现在被标注为一个拥戴天主教的人，但是坦白地讲他并不在意。

约翰逊博士赞许地对海斯特·斯内尔写道："杰克·威尔克斯领导的团体把他们赶走了。杰克热心于秩序和规范，宣称如果他得以掌权，就不会任由哪怕一个暴乱者逍遥法外。"约翰逊那是在说反语。威尔克斯不总是一个秩序和规范的拥护者，也不是像约翰逊所看到的那样——他是一个严遵医嘱的人。

可也许我们必须承认，在18世纪的伦敦，这些伟大的身影实际上存在很多共性。从表面上看，他们是正好相反的。约翰逊是一个保守主义者，威尔克斯是一个激进分子。约翰逊是一个君主主义者，威尔克斯在形式上宣誓对君主效忠，实际上却无情地违背君主命令。

约翰逊是一个在性上面非常受折磨，甚至有点自残的基督徒；威尔克斯是一个非常有活力的浪荡子。每当他们见面时，就像是历史上很成功的晚餐宴会似的，显得格外顺利。

审判地点是一个出版商查尔斯·狄力的家，时间是1776年5月15号，这个主意是鲍斯维尔的。他想看看当这个伟大的人面对未曾预料的人群，会发生什么。他决定让他作好思想准备。他暗示，医生可能不会赞成他所有的晚宴同伴。约翰逊说，该由狄力决定他该邀请谁。如果狄力的一些激进朋友也在那里呢？如果威尔克斯也在那儿呢？"那对我有什么影响呢，先生？"

当约翰逊和鲍斯维尔到达狄力的家，这是威尔克斯第一次看到他意识中的敌人在靠近。如果说威尔克斯看上去是古怪的话，约翰逊就是看上去有点奇怪，因为他脚步拖沓，皮肤松垮，假发又有点荒谬。刚开始，约翰逊虚弱的眼睛甚至无法在人群中识别出来。"先生，谁是那位绅士？"鲍斯维尔一眼看出了亚瑟·李先生，一个美国独立老兵。"都一样，都一样，都一样。"约翰逊伴随着他的呼吸声咕哝道，就跟平时他被别人打断时一样。接着约翰逊瞥到了一个高个子的男士，穿着时尚，一张非常罕见的脸。"那个戴花边的男士是谁？""先生，他是威尔克斯先生。"

约翰逊有点惊慌失措，他没有办法控制住自己，随手拿起一本书，坐在一个靠窗的座位上，开始读书。"晚宴开始啦！"欢快的声音打断了他的深思，所有人都毫无怨气地坐了下来。威尔克斯先生坐在了约翰逊旁边，对他表现出

伦敦精神
伦敦市市长鲍里斯·约翰逊的伦敦生活指南

格外的关注，并且举止得当，彬彬有礼。没有人吃得比约翰逊还要欢畅，或者说更爱那些精美可口的食物。威尔克斯先生非常勤于照顾他吃一些牛肉。"先生，请允许我离开一下。""先生，这是一些肥肉。""先生，这是一些肉汁。""请允许我给你更多更好的。""请允许我建议您喝一些压榨的橙汁或者柠檬汁，或者也许可以给它们调个味。"于是，约翰逊这样叫喊道："先生，先生，我必须向您表示感激，先生。"然后鞠躬，却又自鸣得意地露出一副乖戾的神情，虽然只是一瞬。

"请允许我再给您一些黄油，那不是更好吗？瞧，如果你能做到如此，下次你就可以跟一些阴沉古怪的老学究一起共进晚餐了。"

威尔克斯有很多富于魅力的地方，而最为得心应手的可能就是讨好塞缪尔·约翰逊。时间回到1759年，当约翰逊还是一个新的国会议员的时候，威尔克斯试图通过帮他一个大忙来平息其敌意。弗兰克·巴博尔，约翰逊的黑人仆人，已经被强征入伍到海军里面。正如我们所看到的，约翰逊对他以前的从属非常好，而且会让他做他的继承人。他极度渴望他获得释放，在不同的人试过然后失败之后，威尔克斯介入了，开始和海军上将交谈。

就像约翰逊一样，他反对奴隶的种族歧视（当他是市长勋爵的时候，他对穷困的曾经做过奴隶的人特别好）。巴博尔最终回到了约翰逊身边；然而据我们所知，威尔克斯没有因为他的友善得到一句感谢的话。现在，差不多20年之后，在晚餐上，他们相处极为融洽。

他们转开了北美这个他们明显意见不合的话题。他们谈论贺拉斯和荷马以及维斯托尔的诗集，尤其是，他们在谈论苏格兰和苏格兰狂欢节缺点的时候绘声绘色。关于麦克白最大胆的事情是博南·伍德来到邓斯纳恩的住处，威尔克斯说道。你知道为什么吗？因为苏格兰没有灌木丛，更不用说木头了。哈哈哈！

呵呵呵！那个医生边笑边摇晃着。第二天约翰逊写信给海斯特·斯内尔，沉思时光的变迁。"要看透威尔克斯所讲的那些有关苏格兰人的笑话，亲爱的女士，你得清楚这些笑话所饱含着的人事变迁。"

1781年，约翰逊和威尔克斯再次会面吃饭了，鲍斯维尔报道说他的朋友"非常乐意再次见到威尔克斯"。看起来约翰逊正修正把威尔克斯驱逐出国会的判决，在1782年，国会最终同意了。

国会议员们对威尔克斯的无数次举动让步了，看到上议院的文员站在桌子旁边用墨水涂去杂志上有冒犯性的文章，是他一生最伟大的时刻之一。1784年约翰逊死去那一年，国王宣布，放弃他最初在比特岛的政府部门所捍卫的皇家特权。

威尔克斯已经达成了他的宣言，然后他将他的垂暮之年作为支柱。他仍然在不同的情人和子孙之间狡猾地来往，他还打算成为一个高效率且高薪水的这

约翰·威尔克斯
自由之父

座城市的管家,并且出版拉丁文和希腊文书籍。

自从那次戈登暴乱之后,他在伦敦无产阶级中的声望肯定变小了,他也没有做出特别的努力来维持它。当一个老妇人看到他的时候,用颤抖的声音大喊:"威尔克斯和自由!"他厉声说道:"安静点,你个老笨蛋。那都是很久以前的事情了。"

这种自我开脱让那些一本正经的历史学家做出这样的推断:他在某种程度上是很不严肃的,并且没有原则地玩弄女性。与此相反,他花了20年的时间为自由斗争。他担保了不受到任意逮捕的自由,决定谁坐在国会上的投票权,以及出版社报道和批判下议院所作所为的权利。

他开始没有支持13个殖民地的分离,但他用自己的原则来激励美国人,到了18世纪80年代,他对北方政府如此厌烦以至于他实际上是一个美国革命者。基于他对英格兰的影响力,他的激进主义被对国王或者至少是对这个体制的基本忠诚所缓和了。

威尔克斯太有礼貌同时太喜欢讽刺了,就像法国革命的感觉。当然,早在一个世纪前,我们英国人就已经裁决过我们的国王,18世纪后期,威尔克斯的改革帮助这个国家控制了经济灾难和社会动荡,伦敦人没有席卷伦敦塔也没有对贵族进行屠杀。

他们有一项更温和的运动,由一个才华横溢但是讽刺时事的人来领导,他总是眼高于顶,却总可以让他们所有人都振奋起来。商人、工人阶层、宗教的少数人,他们得到了自由——相比于法国大革命的极权主义噩梦——虽然这些自由没过多久就消散了。一个名叫弗里德里希·韦德本的人在18世纪末来到伦敦,他嫉妒最贫穷的伦敦人所拥有的自由和独立。

"一开始,一个外国人几乎不会对生活在伦敦的风俗习惯感到满意,"他写道,"但是如果他感觉足够强,感知和看到了在伦敦可以享受到的思想和行动的自由,他就会希望在这里度过他的一生。"那思想和行动的自由,部分地是从约翰·威尔克斯那里得到的。

如果你现在去寻找圣乔治广场,你不会找到他留下的一点监狱的痕迹,也找不到数以千计的他的支持者对抗乔治三世士兵的地方。但是你可以看到在圣乔治的圆形广场旁边的方尖塔,这是为了纪念布拉斯·克劳士贝,那个穿着睡衣的狂热市长,他曾经阻止逮捕报道国会议案的普通市民。

环绕着现代萨瑟克区的是时髦的餐馆、著名的波罗市集[1],居住在这里的成千上万的人的生活,已经无形中被威尔克斯和他帮助创造的伦敦所改变:1800

---

1. 波罗市集,伦敦最知名、最大、历史最悠久的食材市集。

伦敦精神

伦敦市市长鲍里斯·约翰逊的伦敦生活指南

年,这座拥有 90 万,甚至 100 万庞大人口的城市已经准备好成为英帝国最伟大的大都会——这座城市的自信,深植于穷人和富人均享受的自由中。我怀疑并没有那么多萨瑟克区的居民清楚很多年以前,圣乔治广场上发生了什么。

几乎到他生命的尽头,威尔克斯都享受到了很好的健康,尽管他的口齿不清,有时让他很难被别人听懂,但他总被认为是很棒的陪伴。在生命快结束的时候,他变得相当瘦小,在 71 岁的时候,他患了消瘦症,一种营养不良的疾病。

在 1797 年圣诞节的后一天,他感觉到生命即将结束,然后叫了一瓶白酒。当波莉产下婴儿的时候,他祝酒说"我亲爱的优秀的女儿",再递回酒杯之后不久,他就死了。

* * *

你也许会争辩说,威尔克斯不仅在鼓舞美国革命家这件事中发挥着重要作用,他政治上的成功还为 19 世纪伦敦的相对冷静和繁荣昌盛铺平了道路。从 1789 年法国革命到 1848 年欧洲发生的一系列革命,再到 1917 年俄国革命,除了英国之外的几乎每一个国家都经历了某种暴力剧变,通常都会涉及到谋杀或者驱逐国家君主。

伦敦则并非如此,以威尔克斯的经验,他告诉政府要找个折中的解决办法,要一步步逐渐地走向议会改革。因此,英国人获得了政治稳定的美名,在今天看来,这样的举措确实在商业和金融上都收益颇丰。

随着伦敦越来越富有,伦敦人口也一度暴增,从 1800 年的大约 100 万人激增到 19 世纪末的 660 万。1820 年,威廉·科贝特(William Cobbett)就已经将这个城市称为"巨大的囊肿城市"——英国脸上的一处沸腾或者喷发之地。如果你在 1900 年登上圣保罗教堂的屋顶,你会发现城市化的溃烂已经蔓延了 70 多平方英里的面积。

数目空前庞大的人口从乡下迁徙到伦敦周边的贫民窟,他们将老旧的家庭住宅划分为臭气熏天而且肮脏不堪的公寓,越来越多的人口使得交通运输也成为了一个越来越亟待解决的问题。伦敦的第四座、第五座、第六座大桥在三四年时间里几乎不带喘气地迅速修建起来:1816 年的沃克斯豪尔桥,1817 年的滑铁卢大桥,1819 年的索斯沃克桥。

伦敦池的老港口也愈发显得小了,从 1801 年开始,人们开始挖掘新的港口:首先是伦敦港,然后便是萨里港和金丝雀码头。1831 年,一座新的伦敦桥投入使用,就在旧伦敦桥以西几码的位置——旧伦敦桥终于被摧毁了。

1836 年,人们迎来了第一列上下班往返火车,从伦敦桥站开往格林威治,

约翰·威尔克斯
自由之父

其拥挤程度简直让人难以置信。马拉公交车穿过新伦敦桥,就像是印度火车,车顶上都坐满了人,在来往不息的四轮马车和其他马拉公交车之间绝望地寻找着前行的道路。车夫在挫败情绪中用鞭子抽着那些戴着眼罩的可怜畜生,所有的车辆周围都是摩肩擦踵的人群——戴着高顶帽的男人和戴着女帽的女人,以及一些试图偷取他们钱袋的顽童。

单是1859年这一年,就有20498辆车辆和107074位行人经过这座桥。这些人群能够顺利抵达车站,完全得益于一种比人或者动物肌肉更加强大的机器。蒸汽时代降临伦敦。

乡村的穷人再一次受到自动化新浪潮的折磨。1828年,蒸汽滚筒印刷机出世,《泰晤士报》的印刷工人全部失业;明轮蒸汽机船出现后,帆船制造工人也丢了工作,而浓厚的烟雾开始笼罩这个城市。一位伦敦人记录下了这次突然的变革,技术革命与绘画风格的变革在此刻产生了共鸣。

@ 西装

如果你去参加联合国集会,会看到地球上所有国家的代表性物品,而关于他们的打扮,有一样会让你非常吃惊。来自 192 个国家的公使馆人员,每一个国家都有其自己骄傲的历史和文化传统。但是他们中很少有人穿着他们本土的衣着。

聚会上没有海豹皮裙,没有草裙,没有皮草的头饰或者文身或者豹皮饰品,也没有象尾拂尘或者鼻梁骨装饰品。也很少看到土耳其式长衫和阿拉伯长袍。目之所及都是西装革履的男人,而女士也都身着女士西装。而且,这些西装不是红色,不是金色,不是蓝色,不是绿色,更不是条纹的糖果粉。

它们一律都是严肃的暗色系,V 形翻领,搭配上亮色的衬衣和领带。地球上的每个想要显得庄重的男人都会选择西装,这样的风格由摄政时期——19 世纪早期——一位名为博·布鲁梅尔或者乔治·布莱恩·布鲁梅尔(1778~1840)的男子最先草创出来。

从表面上看,有很多人反对这种风格。在今天看来,布鲁梅尔就是一个将金钱用于花天酒地和服饰,喜欢赌博和浪费的衣着华丽的皇室成员。他声称自己每天会花上五个小时来穿衣服,并推荐大家用香槟酒来抛光长筒靴。当有人问他一名单身男子应该在衣着上花费多少金钱之时,他答道:"如果经济条件允许,我建议你花费 800 英镑。"这样的话是很难说出口的,因为在当时,伦敦人一个星期的平均工资才 1 英镑。

他是一个嗜爱享乐之人,一个有钱的无业游民,也是后来的游手好闲之徒的榜样,他们太过关注自己的衣着,会不停地掸拭绣有梅希林花边的袖口上的灰尘。但是,博·布鲁梅尔还是有值得称赞的地方,第一条便是他不会跟在权贵人士后面溜须拍马。

1813 年的一次聚会上发生了一件众所周知的事情,威尔士的王子遇见了四位摄政时期的花花公子,并结识了其中两位,洛德·阿万利和亨利·皮尔庞特,却"忽略"了布鲁梅尔和另一位名为亨利·迈尔德梅的男子。在这次聚会上,布鲁梅尔问道:"阿万利,你这位肥友是谁啊?"这可不是这些贵族所期望得到的待遇。虽然他对男士的服装有着重大影响,但他其实是非常反对摆阔和卖弄的。

这是在拿破仑战争时期,而布鲁梅尔却将潮流引向了法式褶边的相反方向。

@ 西装

他引领着新潮的伦敦男士远离了色彩缤纷的双排扣礼服、丝绸、天鹅绒和搭扣。他引入了裤子来代替马裤和长筒袜,他喜欢领带胜过系在衬衣衣领里面的男式围巾。整体的效果更加暗淡严肃,却更加优雅。用拜伦的话说,布鲁梅尔的衣服除了"优美得体",便没什么新奇了。

换言之,博·布鲁梅尔为我们男人大大以简化繁。他给予了我们一件全球通用而且人人欢迎的制服,这样一来数亿人不再为到底穿什么而发愁了。他也让伦敦成为了男性潮流的经典,直到今天,萨维尔街和杰明街的裁缝业仍旧是英国经济的主要来源。先生,请穿上西装!我们手拿卷尺说出这话,并给中东地区的君主提供十五种细条纹布料,给爱发牢骚的摩尔人奉上一种哈利斯牌呢。是的,博·布鲁梅尔名副其实。

@ 博·布鲁梅尔

　　皇室的青睐对一个有理想抱负的时尚设计师来说是非常重要的。从迪克·惠廷顿时代开始，如果一个布商进贡了天鹅绒和金丝织物给莎拉·伯顿——著名品牌亚历山大·麦昆的掌门人，英国家喻户晓的时尚界人物——就确保了皇室婚纱会使用他的布料。但这些例子在博·布鲁梅尔面前根本不值一提。

　　作为乔治四世威尔士亲王的朋友，他成为了世界上第一个名人造型师，为英国摄政时期的皇室做关于礼仪穿着的顾问。他对时尚的独特偏好不仅影响了整个英国，甚至整个世界都为他疯狂，直到现在，人们依然穿着有着强烈博·布鲁梅尔风格的服装——简单的西装。

　　生于1778年的布鲁梅尔，成长于一个时尚界转折点的大环境下——19世纪90年代到20世纪的过渡期。当时，刚好与20世纪50年代到60年代时彩色系比冷色系更受欢迎相反。所以在18世纪晚期，英国时尚界还在流行着模仿奢侈的路易十四皇室礼服，以及色彩鲜艳的双排扣长礼服、绸缎、天鹅绒、褶边、带扣和马裤。

　　布鲁梅尔认为，着装是对思想的挥霍而非削减。他强调了色系、良好的剪裁和装饰对服装的重要性，他喜欢长裤多于马裤，领带多于领结，他喜欢高贵而不是艳俗的服装。新式服装的简单和阴沉的颜色恰好与奢侈浮华的蛙式风格（Frog styles）相反。据报道，拜伦（Byron）勋爵曾经说，布鲁梅尔的着装除了"精美适当"再没有其他语言可以形容了。此外，他引领世界进入了一个注重仪容仪表的新时代，包括作为一个男人应该定期洗澡，以及在卫生间花几个小时穿衣打扮。

　　当他还是威尔士王子的朋友同时又是皇家第十轻骑兵队的队长时，布鲁梅尔的风格就影响了整个皇室。王子当时是出了名的爱打扮。在他18岁时，在上议院的首次演讲中，他选择穿粉红色的高跟鞋搭配粉红色缎面衬里的黑色天鹅绒礼服出场，礼服上还有粉色和金色的刺绣。我们现在称他为极具艺术范儿的君主。作为乔治时期第四代君主，他是一个狂热的艺术爱好者，他的皇家艺术学院培养了很多像雷诺兹[1]和透纳[2]这样的天才。众议院的贵族们怀疑，王子的

---

1. 雷诺兹（1723 - 1792），英国18世纪伟大的学院派肖像画家、油画家。
2. 透纳（1775 - 1851），英国最为著名、技艺最为精湛的艺术家之一，19世纪上半叶英国学院派画家的代表，在西方艺术史上无可置疑地位于最杰出的风景画家之列。

@ 博·布鲁梅尔

风格也许是遗传自他疯狂的父亲。

幸运的是，在王子穿上这些粉红色衣服之前，博·布鲁梅尔赶到了众议院。在布鲁梅尔看来，他赶到的时机不能再好了。在拿破仑战争中全力以赴的英国人，仿佛就是在第二次海湾战争中的美国人一样，他们抵制法国薯条、法国装饰以及法国时尚，布鲁梅尔简单的衣着风格被认为是表达爱国之情的一种方式。

甚至到了今天，如果你要去孟买、阿根廷或者塔什干，或者如果你开车穿越整个非洲，从好望角到开罗，你会在这些生活在不同城市的人身上发现一些有趣的事情：办公室的男性职员几乎都会穿着差不多一样的套装——西装、长裤，甚至他们都打着领带——严格参照由博·布鲁梅尔制定于19世纪的伦敦的着装规范。

不幸的是，虽然他对时尚的独特品味流传百年，但是他在生活上却过得并不富裕。在长达15年的挥霍和赌博后，布鲁梅尔就像一个喝醉了的彩票得主，突然发现自己破产了，他因为害怕自己由于欠债而被捕被迫离开了英国。1840年他死于卡昂[1]，身无分文、肮脏不堪，而且穿着法国衣服——这是对他最后的羞辱。

---

1. 卡昂，又译冈城，法国北部城市，靠近拉芒什海峡（英吉利海峡）的港口城市，为下诺曼底大区（Région Basse Normandie）和卡尔瓦多斯省（Calvados，14号省）的省会。

第十四章

透纳
印象派绘画之父

人们去画廊有很多原因：熏陶灵魂、约会，或者避雨。一般来说，人们在画廊不会遇到两个伟大艺术家激烈碰撞出艺术火花的场面。

在皇家艺术学院里，17世纪的萨默塞特府，人们正在紧张地为1831年的夏日秀做最后的彩排。那时的展览馆没有现代展览馆中的那种留白，没有学术上的注解，也没有满怀敬意的沉默。

从地板到天花板的墙上都铺满了大师的作品，每一幅画都渴望能在这些大师级作品中脱颖而出。如果一幅画能被挂在墙的正中，显然是一种荣誉，而被拿下来就是一种侮辱。

进到这个展览馆最主要的房间，你可以看到一个56岁的男子站在那儿，戴着一顶破旧的大礼帽，穿着一件闪亮的黑色外套。他一只手举着他在欧洲旅行中使用过的伞，另一只手拿着里面藏有刀剑的棍棒。他有一个很大的鼻子，一个突出的下巴，以及一双只有19英寸长的腿。即便就那时来看，他也算是个矮个子。

如果不是他指甲里的颜料，我可能会认为他是一个马车夫或是一个客栈老板。

他是威廉·透纳，一位非常自信的画家。他曾经表明："我是当代名流。"现在，这头大狮子正在寻找猎物。

他的视线又一次徘徊在挂满了大师作品的墙壁上。他那幅巨大而鲜艳的罗马帝国的蓝图——《卡利古拉的宫殿和桥梁》——已经消失了，取而代之的是一些四四方方的灰色教堂。然后透纳灼热的视线落在了罪魁祸首身上——一个有胆量换掉《卡利古拉的宫殿和桥梁》的人，而且这个人还在同样的位置挂上

透纳
印象派绘画之父

了一幅自己所画的风景画。

透纳在1813年就认识了约翰·康斯太勃尔，当时两个人还常常坐在一起吃饭。康斯太勃尔一直对透纳非常友好，至少在公开场合是这样。康斯太勃尔还称赞他"有眼光"。据透纳所知，这位年轻人成为大师级人物也只有不过几年时间（尽管有人对他成为大师的过程存在一些疑问）；而现在，康斯太勃尔的画作已经能将透纳的作品取而代之了。用他们的话来说，这是一件了不得的事。

透纳旁若无人地唾骂他。用目击者大卫·罗伯兹·拉的话来说，透纳"就像侦探一样质问他"。康斯太勃尔尽力让自己处于道德高点，认为透纳只是想让自己的作品霸占那个位置。透纳抗议说，他是完全无私的。

他只是急于做好这个职务——为大师的作品争取到最好的待遇。最重要的是找到恰当的方式，然后公平地对待每一幅作品。"无论康斯太勃尔怎样反驳，"大卫·罗伯兹·拉说，"透纳都能有力驳回。""对啊，"他对康斯太勃尔发出嘶嘶声，"既然你认为不公平，那你为什么把你的画挂在这儿？"

"很明显透纳讨厌康斯太勃尔，"罗伯兹说，"当康斯太勃尔看向我的时候，我相信每个人看到那个眼神，都会觉得他像一个做错事被抓到的小孩，但明显透纳没有任何愧疚之意。"

"透纳的愤怒起源于种种原因，这里面确实还包含了一点嫉妒。康斯太勃尔不仅长得好看，而且还是一个富裕农产品商人的继承人，他曾私下说，透纳是'粗野之人'，在那个时候这是说他很奇怪，或者行为异于常人的意思。透纳是一个白手起家的伦敦人，出生于少女巷的一家理发店里。"

康斯太勃尔是一个传统、虔诚而且怕老婆的家伙，他曾经全身黑色来纪念他的妻子。透纳却是鄙视已婚者的，他曾经说："我讨厌所有已婚男人！"——这言论自然被认为是在针对康斯太勃尔。"已婚者不会为艺术做出任何牺牲，"他接着说，"他们总是想着他们应该对老婆和家庭或者其他没有意义的琐碎事负责。"

但是，透纳和康斯太勃尔没有因此关系不好。那天让透纳生气的不仅仅因为康斯太勃尔很没有礼貌地想让自己的画挂上去——但现实却着实令人讨厌，此处提到的这幅画名为《从草场地看索尔兹伯里教堂》，确实是不可多得的佳作。正如透纳所说，《卡利古拉的宫殿和桥梁》属于还不错的那一种。但是在过去的180年里，恐怕它已被《从草场地看索尔兹伯里教堂》完败，成为了饼干罐的一种装饰。透纳是一个非常精明的人，他已经通过评判一幅画的商业潜力，看出自己不仅一败涂地，还在无意间支持了一幅备受争议的上等作品。他渴望复仇。机会马上就来了。

1832年康斯太勃尔展出他的《滑铁卢大桥的揭幕典礼》，这是他认为在他

伦敦精神
伦敦市市长鲍里斯·约翰逊的伦敦生活指南

十年间所有作品里分量极重的一幅画。人们都知道他擅长画云、树、天空、干草,以及在河里嬉戏的小孩。但他能掌控好这样的大场面吗?

透纳是一位公认的田园水彩画的大师级人物,他同时还完成了几幅自命不凡的油画大作:《蒂朵建立迦太基》、《尤利西斯嘲弄波吕斐摩斯》和《特拉法加战役》。现在,康斯太勃尔开始转而画风俗画,却颇受诟病。

一个伟大的画家曾经告诉我,每一幅作品都必须要有一个"主人公",这是指,在观众的眼睛浏览整幅画作时,首先映入眼帘的那一束光或者一种颜色或者一个物体。康斯太勃尔的作品《滑铁卢大桥的揭幕典礼》的问题就在于重点太多——大量的人群、飞舞的白颊鸟、引人注意的桨手、戴着高帽子的士兵;而对湖面所闪烁的金银、朱砂和深红等颜色都没有突出焦点。画里没有真正的主人公。

画面有点混乱,不走运的是,它还被陈列在一个小小的屋子里,挨着透纳的作品,那是一幅极为简单的海景画。据目睹了随后经过的莱斯利所说,透纳的作品是"一幅灰色画,美丽而真实,却不带任何愉悦的色彩"。康斯太勃尔和往常一样,在画廊的墙上作画——他正用深红色和朱红色画些装饰品和驳船上的小旗,用色一点一点逐渐加深。

透纳进屋来,站在他身后。他就那样看着康斯太勃尔一点一点加色。接着,透纳走到另一间屋子,为他的一幅画润色,之后又拿着调色盘和刷子回来。他走到自己的画前,毫不犹豫地在那灰色海面的中央加了一抹红色,那红色的一块比硬币还大些。然后,他就离开了。

正当透纳往外走时,莱斯利走了进来,他一眼就看见"那色感强烈的红丹,在他那幅冷色画的映衬下,显得更加生动,就连康斯太勃尔画上的朱红和湖面(深红)也黯然失色"。于是康斯太勃尔转身和他说话,语气里透着绝望。

"他来过这儿,"他说,"还开了一枪。"透纳不介意过一天半天再来改这幅画——然后,他注视着自己盖上去的红色印章,并在最后一刻,把它改成了浮标。

它并不只是一幅画;它是一颗子弹,穿过了他对手的船头。它还是一场战争。这,是英国画家之间的一场古老的较量。我们已经见识过伦敦人的回旋本领:将人们拉到一起,然后通过一连串力的反作用和较量,把他们弹开,直到——"砰"的一声——天才爆发了。弥尔顿说过,名声是马刺,而伦敦就是名声的回响室。

伊丽莎白时代的剧作家们苦苦追逐名誉,剧团又拼命吸引观众,这才导致莎士比亚的千年爆发。自然哲学家们在咖啡屋里各不相让,这才激励了罗伯特·胡克的发明和猜想。如今,在皇家学院里,英国人建立了一个竞技场,在那里,人们(恐怕总是男人们)可以为了画家的名声而战;不过,我们得老实承认,与巴黎相比,伦敦的步伐还太慢。

透纳
印象派绘画之父

　　伦敦人的戏剧成就可居世界之首,但他们在科学上可直不起腰。然而,几个世纪以来,在绘画艺术方面,甚至最伟大的倡导者们,都有着令人尴尬的外国名字。汉斯·荷尔拜因、安东尼·凡·戴克爵士、彼得·保罗·鲁本斯、彼得·莱利爵士、戈弗雷·内勒爵士[1]——都铎和斯图亚特时期最伟大的画家似乎都出生在国外。法国总理黎塞留于1648年成立了法国绘画雕塑学院,比乔治三世成立皇家学院早了大约120年。

　　该学院的第一任校长是约翰逊的朋友约书亚·雷诺兹爵士,他于1788年做了一番介绍托马斯·庚斯博罗的演讲,并在演讲中指出,自己多么希望"这个国家能够出一位天才,建一所能为我们带来荣誉的英国学校"。那时,英国还没有艺术学校。在法国、荷兰和意大利的艺术成就面前,他们有的只是文化的畏缩和知识的附庸。

　　有钱的年轻人完成他们的伟大旅程后,会用明信片来帮助他们回忆去过的地方。他们想要大师的作品,或是具有大师风格的作品——就连透纳也曾花数年的时间来模仿伟大的(欧洲)大陆人。2009年,泰特美术馆举办了一次名为"透纳和大师们"的展出,我们被邀去见证透纳如何挑战以往的巨匠。展出中,透纳的画被挂在(早期)绘画大师的画作旁边,正是那些大师们给了他灵感,馆长这样的安排,可算是成功了。他们还建立了一个互动网站,你可以在对比之下进行投票。有时——当与范德维德或者普桑[2]的画作相比时——你会觉得透纳更有胜算。

　　每当透纳去罗浮宫看伦布兰特的画作,都会带着那惯有的自信说,它们"画得很糟糕,表达也差劲"。比如,在他的《比拉多在洗手》这幅画里就有缺陷。此后,伦布兰特便招来尖刻的批判。他似乎不会画脸。他画中的人物都很粗糙、模糊。许多画中人还似乎背对着我们,也许伦布兰特觉得他们那样比较自在吧。他不是伦布兰特。

　　透纳最终并没能成为一个模仿者。他的成就在于他最初的作品。他的精力和好斗性形成了一种新的绘画风格,这种风格结合了水彩画的半透明性和油画的野蛮与富丽。在我小时候,有一本企鹅出版社出版的查尔斯·狄更斯的《远大前程》,好多年,我都喜欢盯着它的封面看,不只是因为我在聚集读它的欲望,

---

1. 他们依次分别是:①德国画家,尤擅油画和版画,代表作《死亡之舞》;②比利时画家,查理一世时期担任英国宫廷首席画家;③巴洛克早期代表人物;④荷兰裔英国画家,在查理一世时期担任绘画助理,后又为克伦威尔父子做事,1660年查理二世复辟后再次成为宫廷御用画家;⑤生于德国的英国肖像画家,代表作《牛顿肖像》。
2. 以赛亚·范德维德(1587~1630),荷兰杰出的风景画家;尼古拉斯·普桑,17世纪法国巴洛克时期的重要画家,也是17世纪法国古典主义绘画的奠基人。

伦敦精神
伦敦市市长鲍里斯·约翰逊的伦敦生活指南

还因为我被上面的画所吸引。

那是一幅河上落日图，画上的太阳就像一个火球，它与我所见过的任何画上的东西都不同。前景是一条稀奇古怪的棕色小船，或是驳船。我见右边写着，"被拖去解体的无畏号战舰"[1]。

我想，在今天，这幅画已经被看腻了。我们看得太久，都无法入眼了。可它仍然值得一看，因为那是一幅无上的英国杰作——事实上，在2005年，它曾被《今日》节目的听众选为至今还应该挂在英国画廊的唯一巨作。

该作品在情感和风格上，有着革新的成分，那是领先大陆几十年的伦敦天才们的产物。他不仅是一名画家，还是一位诗人和思考者。他把他那个时代的变迁浓缩进一张画布里，他的画中反映出了科技和社会的变革。

让我们回到从科芬园的理发店到《被拖去解体的无畏号战舰》那一段历程。让我们将透纳的头脑看成一幅画作，将他那成熟的天赋看成一张巨大的画布——以纯透纳式风格——上面覆盖着被层层洗涤的颜色、思想和各种感官印象。

我们就从画布的准备开始，也就是在少女巷的理发店的伟大诞生。透纳后来声称，他出生在4月23日——那也是莎士比亚的生日，是英国日历上最为吉利的一天；虽然我们并没有证据证明透纳或者莎士比亚（更别说圣乔治）对这特别的日子有什么意义，可透纳的话却是一种文化地位的宣告：莎士比亚能为英国诗歌戏剧做些什么，他就能为绘画做些什么。

他的父亲威廉·透纳曾是一名假发商，自18世纪70年代假发过时之后，他剪头发的次数就变少了。可见，他开的也不是那种最低级的理发店。

我们一定得想象一种俱乐部式的氛围，在这样的氛围里，还是婴儿的透纳第一次自己去看周围的事物，绅士们来这里喝咖啡，或是快速翻阅着《旁观者》的篇页，甚至注视着墙上的画。然而，透纳很明显不是一名绅士。他在小贩的咒骂声和妓女的吆喝声中长大，在他的一生中，他的伦敦佬口音都是别人的笑柄——即便他在皇家学院担任教授时也是如此。

他从未学习过礼貌用语，也不会得体地穿着。他一直都没有变得和那些买他画的有钱人一样。他也从未有过这样的虚荣。他的心理还扎根在科芬园的后街，若说他的主顾是穿着花边袖子的保守派花花公子，那么透纳就还是情感和政治上的激进分子。他很活跃，却也把握不住自己，到最后容易受伤，而且，毫无疑问，正如我们所想，他的童年也是动荡不安的。他的母亲疯了，总是"狂怒不止"。

---

1. 这是透纳在1839年创作的油画作品。该油画描绘了战舰"无畏号"在退役后被拖曳至海斯港解体的景象。

透纳
印象派绘画之父

自从女儿过世后，可怜的玛丽·透纳的悲伤情绪久久不能平复，以至于最终心理出现了问题。透纳才20出头，妈妈就被送往莫菲尔兹的疯人院。如果你想一睹这人间的地狱，不妨想象一下贺加斯画作中的人物"雷克"变成疯子的最后一程；而且直到死去，她的儿子才来看她。

10岁时，家里的情况糟透了，他就去和母亲那边的叔叔约瑟夫·马诺德·威廉·玛莎住在一起，住在米德尔塞克斯的布伦特福德——是的，就是威尔克斯进行著名运动的布伦特福德，"自由"的呼声仍然回荡在它的上空——那声音足够大，有人说，是为了让透纳听到它们的回声。也就是在这里，他将背井离乡的凄苦植入作品中：他画他所见，同时延续着他8岁时发现的一个习惯。

泰晤士河流经此处，这里曾是（从某种程度上说，现在也是）一幅田园景观，放眼望去全是葱郁的草地和森林，从很小的时候，他就沉迷于想象——树后的一缕光照，阳光与水的嬉戏——他一生都在参照这些景物。然而，他第二年就去了马盖特的学校，在那里，他发现波浪的画面竟和他想象中一样，也就是这番经历，激励他画成了许多作品，他那骄傲的父亲都可以在理发店的橱窗办一次展览了。

12岁的时候，他卖出了第一幅画，同时感受到了用艺术赚钱的喜悦。这幅画假定了一个新纪元，简·奥斯汀笔下的女主角们在午宴之前，一边想办法打发着无聊时光，一边等待着达西先生的出现。还是个孩子的透纳寥寥数笔将天空作为整幅画的背景，这幅画后来拿到苏霍区的货摊上卖掉了。

光顾他父亲开的理发店的老顾客都会得到"周末惊喜"——他年少之时、意气风发之际所作的江景作品。当时，年仅14岁，他便在一家建筑师开的公司入职，负责为图画上色。正是由于这份工作，皇家艺术院在他早熟的年纪，就为其敞开了大门。1789年12月11日，已经66岁的第一任校长约书亚·雷诺兹老先生亲自拜访了他，随后他便被录取了。终其一生，透纳对皇家艺术院以及校长雷诺兹感恩戴德，生前要求死后要葬在发现他才华的伯乐旁边。

关于绘画，雷诺兹提出过这么一个理论——一幅画应该像一首诗。他说，一幅伟大的画作应该以深厚的人文主义为根基，辅之以流畅的表达，适当的语言、测量和图像，以及宏伟的规模；当然，也少不了最为高尚的诗性和诗剧的道德话语。

换句话说，一幅画作不应只是对某个地方做描述或单纯地只是为某个人而做的纪念品。它应该像一首诗，情感掺杂其中，自然宣泄其外。它是一种叙述。他胜过以往和之后任何英国画家的一点是，透纳设法将内心纯粹的感情赋予了无生命的颜料。虽然他后来的绘画技巧连雷诺兹院士都备感惊异，但一直以来，他基本上都遵循着约书亚·雷诺兹的艺术思想。

伦敦精神
伦敦市市长鲍里斯·约翰逊的伦敦生活指南

不过，雷诺兹很明智。他明白，将穷小子带进皇家艺术院是远远不够的，他希望这些穷小子将来能成为与伦布兰特和普桑同样出色的英国画家。所以他们必须得学习绘画。根据他的计划，学生必须花两年的时间在雕塑画廊临摹，直到绘画技艺已经纯熟，才能被准许画人的裸体。透纳画得很好，不仅如此，他慢慢地还对画裸体女人表现出浓厚的兴趣，这种兴趣贯穿其一生。

在这个我们的感官日渐迟钝、电子图像可以在我们手掌心闪过的数字时代，我们很容易忘记二维具象派艺术对18世纪思想的影响。伦敦这个城市弥漫着浓厚的"纸张文化"的氛围，印刷品，包括情色图片，销售量成千上万。但对于绝大部分的伦敦人而言，如透纳那样历经生死逃亡是不可思议的；触礁，冬天迷雾漫漫的早晨，穿越阿尔卑斯山脉吞没了汉尼拔的雪暴，所有这些都让他们觉得，在某种程度上，他们只是旁观者。

这就是为什么他们如此重视这些画作的原因之一。18世纪90年代，透纳开始拥有了可观的收入，讨价还价也正是从这个时候开始成为其习惯。

事实上，他就要成为一名吝啬鬼。后来，当沃尔特·司各特（Walter Scott）让他做一些关于爱丁堡历史的雕刻品时，他对雕刻品的价格表示不满，甚至是惊讶。"透纳对金钱的渴望，就像他的手指想要掌控一切一样，是永远也无法满足的。"司各特悲叹道，"没有钱，他绝然不会做任何事。他是我认识的唯一的、利欲熏心的天才。"

不管是否是利欲熏心，25岁的他就已经赢得了为数不少的一批有钱的老顾客了。这些有钱人希望与大英帝国一样，日渐繁盛富足。但我们可以猜想他们遇到的挫败感。他们可能希望一个普桑或一个卡纳莱托走进画室。不过，持续多年的拿破仑战争，让这个希望在欧洲大陆的实现变得困难，甚至是不可能的了。

他们不得不设法应付这位本土成长的人才。事实上你也可以说，因为欧洲大陆有力地切断了皇家海军与大英帝国的贸易，18世纪后期透纳的出现，可以视为是"进口替代"策略一个极为明显的例子。

拿威廉·贝克福德为例，这位双性恋作家出资建造了极其奢侈的、哥特式风格的特希尔修道院（现已倒塌）。他是残暴无能的昏君阿尔德曼·贝克福德的儿子。他曾拥护约翰·威尔克斯的政策，拥护议会改革。折算成今天的货币，他身价就算没有数十亿，至少也有数亿。尽管如此，他却想要一些克劳德的画作。

偶然地，他在意大利找到了克劳德的两幅画作，但价格却高得惊人，达到6000英镑。他后来意外地仅花了150英镑就将透纳的一幅法式风格作品收入囊中。据说因为审美上的变化，在1947年，庄主肯特公爵将克劳德那两幅画作以4300英镑的价格卖给贝克福德。按当时贝克福德家族的资产计算，4300英镑仅算很小一部分钱。如今，画作兜了个圈又回到了贝克福德的手中。

透纳
印象派绘画之父

年轻时的透纳非常地崇敬克劳德。有一次他竟站在崇敬者的画作面前感动得泪流满面。他因为忧虑不能如这位法国绘画大师那样画出优秀的作品，曾一度陷入悲观绝望之中。最近一次，大师克劳德的画作在市场上售出几百万英镑，而透纳，这位绝世巨匠也获得290万英镑。他说：哈，克劳德，我不在你的后面了。

到了18世纪末，透纳开始涉足所有艺术家都极其渴望的事情——开创绘画创作风格的先河。商业画家普遍都选择了妥协——在自己的兴趣和客户的要求之间绘画。基本上，人们都喜欢掏钱让画家替自己，他们的庄园、宠物狗、爱马或者妻子作画，或者让他们用出色的外国画家的风格画出绮丽的田园风光。

在透纳20多岁时，他进入一种创作的愉悦状态之中，此时他尽可以忽略绘画习惯，为任何像贝克福德的绅士服务，并且知道他们一定会为其带来大量的生意。直到1799年，人们要求他画出60幅水彩画，透纳不得不建一个专门的回转工作台来加快创作的速度。

如果说透纳的绘画风格只不过是他作为一个伦敦人所特有的那种精明的商业头脑的产物，那显然是错误的。他深谙，这不仅得益于那些来到伦敦的绘画大师，且得益于皇家艺术院的院士们，尤其是浪漫派水彩画家，如约翰·罗伯特·科泽斯和理查德·威尔逊等人。事实上，他受大量非凡思想的影响，不断地找寻创作的新风景，浸淫到新的氛围之中。他周游整个大不列颠，在1802年巴黎和约[1]签订时，他迅速赶到那里。在那里，大家可以看到这个古古怪怪的小男人叫停马车，好让他能用画笔捕捉黎明和日落时的独特风景。他在卢浮宫待了好几天，狂热地临摹这座拿破仑从战胜的欧洲汇集起来的艺术宝库。到了1803年，他不仅是中央院士，且是水彩画和油画的大师。

他已经卖出很多幅画，并且能够在哈利街附近建自己的房子。房子里有一个展览画廊，这可以让他同时在家里和在皇家艺术院展览自己的画作。他的成功使之更为自信，创作风格也慢慢变得更为大胆。有些评论家抨击他的"动态创作"和"令人震惊的色彩运用"。但是他对绘画的渴望与所付出的努力，以及其所掌握的高超的绘画技巧，所有这些都令那些评论家哑口无言。

他一个老顾客的侄女回忆道，我们都很敬佩他超凡的记忆力。1818年，透纳在约克郡里兹附近的法恩利邸宅暂住。那里是曾试图炸毁议会的、著名的自由派改革者沃尔特·福克斯家族后裔的住宅。透纳曾一度拥护共和党的政策。但是与他相比，福克斯则是一个爱国者，心中难掩对英国近些年来航海战争所取得的胜利的激动之情。

有一天早晨，沃尔特·福克斯在用餐时拜托透纳作画一幅——这是很罕有

---

1. 此处指英法两国1802年签订的《亚眠和约》。

伦敦精神
伦敦市市长鲍里斯·约翰逊的伦敦生活指南

的事。通常而言，他一般都给予其尊贵的客人以充足的时间作画。在电视机还没诞生的年代，在第一张照片出现的 50 年前，福克斯渴求一幅可以满足其视觉的画作：那就是曾战胜拿破仑商船队的战舰的画作。他对透纳说："我希望你绘出一幅普通大小的画作，它可以让我看到浴血奋战的战士的伟岸与豪情。"

根据福克斯侄女的回忆："这幅画的要求激起了透纳的想象。"他对着沃尔特·福克斯的长子，一个 15 岁左右的小男孩窃笑，"来，霍基，看看我们能为你爸爸做些什么。"小男孩在他旁边坐了整整一上午，见证了《粮食备足的一等舰》的诞生。她有关透纳绘画方式的描述是很特别的："透纳一直将湿颜料倒在纸上，直至颜料渗透整张纸；然后狂暴地撕扯，抓刮，擦除画纸，让一切显得混乱不堪；像施了魔法似的，一艘瑰丽的船，以及它精致的细节，渐渐成形。到了午餐时间，这幅画就被透纳得意地从画架上取了下来。我已经听我舅舅评论这些细节好几十次了……"

看看英国的地图，你会发现约克郡里兹附近的法恩利邸宅离海洋很远。再看看《粮食备足的一等舰》，透纳重新构造的惊人细节——大量的绳索，桅杆上确切数量的炮眼和帆横杆，船首的形状，还有在海浪上泛起的光亮，都一一可见。

透纳就像是一个有着超强记忆力的"雨人"，一种嵌入式装置，一部"活人相机"。根据另一个说法，人们将之形容为"他（透纳）用鹰爪般的手指将大海撕碎"；看，他被赋予了如此丰富的创造力。直至 1818 年，他有不少关于海洋的画作问世，对战列舰有着非常丰富的想象力。他能将他脑海里所想的用强大的自我表达呈现在画纸上，他的画作非常协调精确，完全符合顾客的要求。

坐着看名画家透纳作画，对于一个小孩来说一定是难以忘记的经历。事实上，艺术家也喜欢炫耀自己的才华。尽管他可能说话语无伦次，但是，一旦拿起画笔和海绵，他就是一位大师，一位演说家，能让画作为自己辩论。

在透纳的表演中，我们不难看到艺术家罗尔夫·哈里斯的影响。这种影响绝非是微小的。也许，在他一生中，最为重要的"你能看到这是什么吗？"这一时刻就定格在 1835 年 2 月。59 岁的透纳大清早就来到英国科学研究所找他在墙上的画布——其实，上面除了类似江景的一个模糊轮廓，什么也没有。一群人围着他，然后他开始表演。他从管子里挤出一团各式各样的颜料，用手上的刀夹紧，并在手指周围涂抹开来。过不了多久，这些颜料就找到了它们在画布中所适合的位置。

在前一年的 10 月 16 日，威斯敏斯特宫（西敏寺）建筑工程监督决定不再使用统计木棍。统计木棍是中世纪的一个有名的系统，用以记录缴付税项——在淡褐色的木棍两头刻下凹痕，然后劈开，纳税人和州长各执一半儿。这样，

透纳
印象派绘画之父

之后只要拿出各自那一半儿有着独一无二裂痕的木棍，使二者相契，就能证明这项交易。几个世纪以来，国库已经累积了无数根这种木棍，现在，它们已经不再有任何用途了，所以，人们决定将之烧掉。

将其堆在一起烧掉也许会惊扰附近的邻居，所以，工人约书华·克洛斯（Joshua Cross）和帕特里克·弗朗决定利用安装在地板下的煤炉，这个煤炉可以为上议院的议会厅供暖。整个一天，他们都在忙于焚毁这些木棍，很快火舌就舔满了炉膛，将死了很久的英国人交上来的那点可怜税也化为了灰烬。下午五点，有人发现上议院的门都已变热，到了晚上，烟囱的黄铜烟道也非常烫手了。

地板的托梁最后也燃了起来，议院里面柔软一点的家居用品都像纸片一样翘了起来，那晚的伦敦发生了自1666年以来最为特别的一次大火灾。圣史蒂芬教堂——威尔克斯和皮特在此供职——烧起来的时候，首相墨尔本和内阁成员都在一旁观望，透纳当时也在。

他最开始站在滑铁卢桥上看，然后又绕到威斯敏斯特桥的南面，一帧一帧地将每一个火势画面都牢牢地刻在记忆的摄影细胞之中。现在，站在他身后见证了这场灾难的群众再次揭示：他不仅仅是罗夫·哈里斯（Rolf Harris），还是距离电视新闻最近的人物。他画了整整一天，仿佛周围的人都不存在。画完之后，他甚至都没有退后几步欣赏一下自己的画作。他不需要听见任何人的欢呼——他知道，他们会喜欢的。

他只是将自己的画作随手扔回了盒子里，转而注视着他刚刚躲开的那面墙。爱尔兰肖像画大师丹尼尔·马克莱斯[1]当时也在一旁观看。"他知道已经完成，于是便离开了。"透纳离开的时候他这么说。

透纳从不同的角度几番绘制了《大火中的国会大厦》，每一幅中都有着一个显著的特征。不能说你会对这些画作产生某种崇敬之情，我们看不到任何一只在绝望中挥舞的手臂——比如，在一幅描绘了汉尼拔的军队穿越阿尔卑斯山时被暴风雪吞没的画作中，就出现了这样的手臂。这是一次相当有趣的篝火会，湛蓝的夜空，如日落般的火焰照亮了毛茸茸的云朵。这也许只是透纳想象中的场景。他常常提倡改革，如果你想要议会革新，将其烧毁也许是个不错的开端。透纳的赞助商也许是有钱的保守党人，但是透纳本人却是个革新主义者，自由论者。他支持希腊人为争取独立而抗争，还为此画了一幅精美画作，讲述了希俄斯岛大屠杀。单从他家中的摆设中，我们就可以清晰地看出，他通常所坚持的自由主义特征。

---

1. 丹尼尔·马克莱斯，擅长历史、文学和肖像画，虽是爱尔兰人，但大半生都在伦敦度过。

伦敦精神
伦敦市市长鲍里斯·约翰逊的伦敦生活指南

他一生未婚，会定期召妓或者与那些有得商量的女士约会，无论是在自己国家还是在国外都是如此。我们有一首他在三十几岁时写的一首粗俗诗歌，他将一名唤作莫莉（Molly）的女子称为他的"极乐通行证"。

很长一段时间里，他都在与萨拉·丹比谈恋爱，这是一位著名的歌曲作家留下的寡妇，也是透纳的密友。丹比夫人比他大10岁，有研究者认为她曾为透纳生下了两个女儿，名为艾薇莉娜和乔治亚娜。

最近又有爆料称，萨拉·丹比的女儿其实是她与透纳的父亲威廉生下的。自从透纳的母亲去世之后，这个老男孩就成为了透纳家庭的一个重要部分，会帮助他撑开画布，还帮他给油画上色。他的责任是否包括侍奉透纳的情人我们不得而知，也许永远都无法知晓，但可以肯定的是，这绝对不是个传统的家庭。

中年的透纳常与女儿20岁上下的朋友打情骂俏——也许不止这些，在他逐渐厌倦这些事情的时候，他发现了在马盖特经营一家公寓的索菲亚·布斯。在肯特州这片风景宜人的度假胜地，他欣赏了大海的壮丽美景和超凡脱俗的天光，并见识了科技发展的新奇迹（蒸汽船和蒸汽机）——这使得快速且定期的伦敦之行成为了可能。

他常流连于船尾，观察船行驶过程中水体的翻滚。索菲亚的丈夫去世后，透纳便对这位寡妇展开了在追求丹比夫人时所用过的攻势——并让自己成功地渗透到了她的床上。他的安排现在变得有些超现实。当人们靠近他临近哈利街的房屋之时，他们就会看到狄更斯式的腐朽气息。有位访客认为"这完全就是发生过某种巨大罪恶的样子"，门上的漆已经剥落，"窗户上布满了长久以来灰尘和雨水混杂所形成的污垢"。

开门的是一位缄默的佣人，脸上绑着绷带。画廊自身也处于一种使人惊慌的绝望之中，屋顶和窗户都有破洞，参观者都会得到下雨时带把伞的建议。但有趣的是，透纳自己并不住那儿。他带着索菲亚·布斯搬往了切尔西的一所河边小屋，在这里，他可以带着这位小他25岁的寡妇，沿着河流四处巡游——她高大且强壮，而他就像一只罗圈腿的老海狗，亦步亦趋地跟在她后面。

切尔西的邻居和商人都喜欢叫他"布斯先生"，或者"老布"，而他更喜欢别人因为他的水手架势称呼他为"布斯舰长"。没人意识到这个红鼻子的怪老头就是英国最伟大的艺术家。透纳对清静的贪恋，使得他离开了皇家艺术院和他位于蓓尔美尔街的俱乐部，这样一来，就不会有久仰其大名的人叫上出租车前去拜访他了。

这就是他与索菲亚·布斯的那段恋史——秘密，却比之前所有的恋爱都让他更加满意。一直到1839年，我们发现他坐上蒸汽船突突突地从马盖特回来，站在船的右舷懒洋洋地让伦敦映入眼帘。如果透纳的才能是一幅油画，到此时

透纳
印象派绘画之父

已经完成了所有的工序和色彩。一层层的经历和领悟，已经被用于世上著名的最能被接受的想象之中。

他模仿那些年长的大师，与他们展开竞争，进而打败他们，并锻造了自己具有革命性而且能够赚大钱的风格。他对伦敦景象的变化了如指掌，比起之前几代的画家，他的改变速度更快，更能震惊世人。伦敦人口在他有生之年增长了三四倍，速度和猛烈程度都史无前例的科技革新，使得人们的生活方式发生了巨大的动荡。他见过所有人的生活，从佩特沃斯大楼[1]大厅的合唱团队到唯品酒店中举止轻佻的水手妻子。与他之前的画家一样，他造成的影响已经堪比太阳光对自然的恩赐，在伦敦，他已经看到了阳光是怎么通过工业革命带来的烟雾和水汽变成过滤器的——其颜色也更加惊人。

他已经作了数千幅油画，并用水彩画过数千种物品和人，但是相比他现在所瞥见的东西所带来的名气，没有一幅能够比得上。这是一艘曾经辉煌的大船的遗骸，静静地停泊在路夫希夫的码头。它没有船帆也没有桅杆，但是有了透纳犀利的眼神，他一定能在它身边画出最好的作品。它就是无畏号战舰。对于透纳时代的男士来说，这个名字就像一座钟。

在1759年的拉格斯战役中，无畏号战舰在特拉法尔加表现英勇，俘获法国74个炮手。它誓死保卫纳尔逊的主舰胜利号，最终受到重创。它协助其他战舰迫使法国战舰敬畏号投降，并俘获了激昂号——拿破仑舰队的主舰。换言之，他所注视的是英国整个海战英雄史上最具英雄气概的战舰。

他30岁时，这艘船已经沉淀了历史的进程，巩固了英国在这个世界上的海事和商业地位。从那次交战开始，从那次在滑铁卢赢得陆地上的胜利开始，随之而来的便是英国作为世界工厂的不断崛起。透纳从他在泰晤士河蒸汽船上的最佳角度所看到的事物——码头、工厂、所有人类栖息地和工作场所的四处蔓延——在一定程度上，都是这艘船无畏行为的产物。现在，看看它。

资本主义的力量几乎将她撕成碎片，受到严重的损坏之后，勇敢的栋梁之才变成了废料。这就像是一匹年老的赛马冠军被卸下赛马鞍，套上枷锁运送狗食，却在不经意间咔嗒一声就撞入了透纳的视网膜中。咔嗒咔嗒咔嗒，就像他坐的蒸汽船突突地在河流上游绕圈，他数个星期数个月地冥想，只为找到一个适合无畏号，适合这堆闪耀着红色和金色光芒的丧葬柴堆的告别方式。

自维多利亚女王登基，即1837年的几年之后，她的统治开始充满了耻辱。康斯太勃尔已经去世，透纳在英国艺术舞台上已经没有了对手。但是，在女王的荣誉名单前几位的只有微图画家牛顿、雕刻家韦斯特马科特，以及透纳的弟

---

1. 佩特沃斯大楼位于英国佩特沃斯，是一栋17世纪晚期的大型建筑。

伦敦精神
伦敦市市长鲍里斯·约翰逊的伦敦生活指南

子卡尔科特——而不是透纳自己。"我想,他可能伤心了。"皇家艺术院会员莱斯利如是说。这样的说法却是重事轻说了,但问题是,女王很显然是认为透纳整日里疯疯癫癫的。

从 19 世纪 20 年代开始,他所受的争议越来越多。他拒绝做一些别人认为艺术家该做的事情,即用一种可识别的方式来代表人和物,而且,他总是以自我为本位,痴迷于落入自己眼中的光芒,他开始一步步走向堕落。还有人说他是个骗子,喜欢玩弄大众的轻信。他还获得了另一个类似的名声,叫作达米恩·赫斯特。"肥皂泡沫和石灰水"便是大众对他非正统地坚持大片留白的一种嗤之以鼻。有一个这样的戏剧性小喜剧,面包房的小学徒将一些红色和黄色的果酱馅饼掉在了地板上,于是便在这糟糕的一团上放了一个画框,将其称为透纳的画作,卖了 1000 英镑。如果透纳对外界的批评保持沉默,并用一幅极具明显的代表性但又高涨着透纳风格的画作为自己的名声鸣不平,这也不足为奇。

因此,他所画下的是一艘筋疲力尽的老监狱废船,并添加了一些不确切的东西。在他眼中,那艘靠在码头的船舰没有桅杆也没有船帆。对于他是否亲眼看见了一艘拖船拉着这艘废船入港,这一点值得怀疑。无论如何,如果它是被从查塔姆拖往路夫希夫,那么太阳的位置就错了。而且它的船员并不知道它被称为无畏号战舰。它的名字是俏皮的无畏号,但是你能看出,为什么"俏皮"与透纳想要的注解并不特别相符。

只要将之公之于众,他的无畏号就是冲击众人眼球的庞大物体。他非常喜欢自己的这幅画作,并将之称为"亲爱的"。透纳耀武扬威地实现了约书亚·雷诺兹的箴言,他创作了一首诗。

当你仔细观察无畏号战舰,你会为之震惊,不仅因为其效果和构图:西沉的太阳浮在玻璃镜般的海面上,三角形的蓝色背景下战舰和拖船慢慢驶向整幅画的左方,整个画面的右前方摆放着一个不详的船标。你还会不断地感受到整幅画里存在着一种争辩、隐藏着一个主题,它还是一篇正式声明。询问画家他的画作蕴含了何种含义毫无意义,无论如何,就解读而言,透纳是出了名的晦涩难懂。

用乔治·琼斯的话说:"透纳的想法要比普通人所能洞悉的更为深刻,而且要比任何时候所描述的东西都深刻。"曾经,对于透纳的风格特征展开过一次生动的讨论,在他的画作《威尼斯,公爵宫,海关,以及圣乔治的一部分》(1841年)中,水面上出现了一个明亮颜色的物体。

这是个船标么?他的助手问道。是一只华美的浮标,还是海员的帽子?"他的双唇抽动了一两下,又经过多次犹豫之后,他回答说:'橘子——橘子。'"

你无须剽窃其他艺术家,也无须艺术史上最轻微的那点基础,以寻找无畏

透纳
印象派绘画之父

号战舰的象征意义。它讲述的是年龄和青春，年老的英雄渐渐也需要依赖他人，眼盲的俄狄浦斯由一名小男孩引着，或者（因为所有的艺术感在某种程度上都是艺术家的一篇自传）甚至是指 64 岁高龄的海军上将透纳在马盖特的海岸区被敏捷、奔忙的索菲亚·布斯拖上岸。

但是，这幅画明显讲述的是一种转变，讲述的是伟大的航海时代、抗争激流时代的逝去。右手边的太阳渐渐西沉，就在船标那儿，无畏号将会最后一次抛下船锚。在左边，我们可以看到来自渐盈月[1]的银色光芒——有人说，这是科技新时代来临的标志。

无畏号战舰所留下的是一段所向披靡的传奇，为英国带来了和平与繁荣，这个国家成千上万的居民，都前往已经变成世界最大生产中心的作坊、工厂和码头工作。1824 年，英国银行结束了其合资的垄断业务，很快，规模巨大的金融大厦在这个城市渐渐兴起，巴克莱和米德兰[2]位居首位。

银行和保险公司需要职员。富人的马车也被马拖的大型公共汽车代替，吱吱呀呀地拖着一众能够支付车费的每一个人。上下班的概念也随之诞生。随着运输量的大幅度增加，乡村也得到了开发。漫画家乔治·克鲁克香克[3]居住在伊斯灵顿，1824 年，他笔下的城镇建设带给我们的是一幅可怕的景象。《伦敦要出城——砖和砂浆的进发》展现了一排排的烟囱肆虐着乡村原野，砖头齐发，被投掷到大批房屋建设之中，在毫无防御力的草皮上挖掘搅拌。1836 年，第一条通勤铁路建成，从伦敦桥站通往格林威治站，终日不停地在拱门中来回呼啸，惊扰着周边的居住区。

随着新的列车通车，新的烟囱耸立，人口也在大幅度增长，每一个新生命的降生都会加重人口过密的问题。不少艺术家和作家都跟威廉·布莱克[4]一样，哀叹工厂，哀叹机械化，哀叹城市化，但我不是非常清楚，透纳是否为他们中的一员。

1838 年，也就是他见到无畏号的那一年，他们开通了由帕丁顿出发的大西部铁路。1844 年，透纳试图在新作《下雨、蒸汽和速度》中发表自己对于这一发展的感慨。他向我们展现了一辆在梅登黑德跨过一座桥朝我们迎面而来的火车，而画作的"主人公"就是在锅炉中猛烈燃烧的火焰。

这并不是一幅反对工业化的画作。如果有，那也是在庆祝这足以让人视力

---

1. 渐盈月，泛指农历初十左右的月亮或月相。农历十五左右为圆月，渐盈月就是指快要变圆的月亮，一般在初十到十五之间。
2. 巴克莱和米德兰皆为英国银行公司。
3. 乔治·克鲁克香克，英国著名画家、插图画师和漫画家，擅长政治主题。
4. 威廉·布莱克，英国浪漫主义诗人，代表作有《纯真之歌》、《经验之歌》。

伦敦精神
伦敦市市长鲍里斯·约翰逊的伦敦生活指南

模糊的新机器的速度和力量,不像人类之前所见。你也不能说透纳对拖走无畏号战舰的拖船抱着完全敌对的态度,因为它是在快速地朝着我们移动,火焰从它那闪耀的黑烟囱中滚滚直入云霄。是的,你可以感受到它身后那艘如幽灵般的帆船散发出来的无限痛苦,但是透纳既不会排放出致癌物,也不会释放出二氧化碳。

就透纳而言,汽船是一种极好的新机器,能够将他快速带到马盖特,带回索菲亚·布斯的怀抱。我敢说,透纳从根本上来讲,是一个颇具独创性的代达罗斯,支持新技术的发展。但是问题于此牛头不对马嘴。他真正感兴趣的是颜色和动作,而那束光似乎是冲破了新纪元的工业气体照射而来,他为这种画作风格所找寻的借口,也比以往更加的印象派。

1870年,在透纳死后很久,克劳德·莫奈[1]来到伦敦。他前往画廊看到了透纳的画作。他去了泰晤士河岸的同一个视角位置,而且,和透纳一样,他也将议会选作了自己的画作主题。两人笔下建筑不尽相同,而后者的烟雾也比往日更浓厚,莫奈及其共事者也都成为了我们这个时代最受欢迎的画家,每隔一段时间都会刷新拍卖行的拍卖纪录。

但是毫无疑问,透纳是第一个取得此大突破之人。他是第一个断言"重要的并不是你所见之物,而是你见它的方式"这种原则之人。他是印象派之父。

1846年,透纳与索菲亚一起迁往他们位于切尔西的小屋。如果他爬上屋顶阳台,左右看看,他就会发现在伦敦观看这条河流的两个最佳视点。在他去世那天,1851年12月19日,他在自己卧室的地板上发现了这点,他好像是要如老虎一样爬到窗边看看这条河。

透纳的医生就在上午9点之前,还报告了"太阳穿过久久掩盖了太阳光辉的阴霾云层,将壮丽的太阳光洒满了整个房间"。透纳去世时悄无声息,一只手牢牢地握着他忠贞的索菲亚——对于她,他保持了一贯的小气作风,物质上的东西什么都没留下。

另一个版本说他留下了几句著名的话:"太阳是神。"这句话也许并不像你想的那样会带有颇具争议的分析。尽管自从梅利图斯开始,就有不少主教前来传教,但伦敦,无论如何都依然是一个没有宗教信仰的地方,其中只有25%的人口会在礼拜日前往教堂。无论他是否有意,透纳奇怪的阿芝台克信仰[2]无论

---

1. 克劳德·莫奈,法国画家,印象派代表人物及创始人之一。《印象·日出》、《卢昂大教堂》是其代表作。
2. 阿芝台克信仰,14~16世纪中美洲阿芝台克人的宗教信仰,以独特的"阿芝台克历"、人祭和众神崇拜为特征。

透纳
印象派绘画之父

如何都不如其他的理论有理有据，它对于削减人口一点作用也没有，直至今天，人口也在不断增长。

* * *

在透纳去世那年，维多利亚时期数以百万计的人前去参加大联展。海德公园建起的一座水晶宫殿，抑或是"大夏利马尔"，这是一座得益于贸易和技术新发明的宫殿。只需一先令，伦敦人就能看到从光之山巨钻到世界上第一台传真机实体的各种物品。

同年——1851年——巴黎和伦敦之间的第一条海底电缆铺设完成，之后是1866年纽约到伦敦，1872年墨尔本到伦敦。电子通信时代到来，电报机让航船变得更加简单，更加方便预测，更加缩减成本，并趋近于我们今天所说的"即时"系统。船只越来越多，越来越大，载货量也越来越大，投机商人修建了更大型的新港口，跟普莱斯托[1]在同一海拔的维多利亚港和艾伯特港。

伦敦现在成为了地球上无可匹敌的最富有城市，证券交易是纽约（在纽约，结算时间更加灵活，以鼓励更大的冒险和更多的收益）的五倍之多。所有的这些运河、港口、铁路、桥梁和海底电缆——所有的基础设施——都需要经济的支撑，如果没有伦敦优秀银行家的独创和胆量，任何一项都不可能得以实现。

---

1. 普莱斯托，伦敦东部埃塞克斯郡的一个工业区。

@ 自行车

  自行车适用于每个人。在它出现以来的 200 年间，它是所有技术突破中最为自由和民主的存在之一。随着世界的发展，它让穷人得以去距离稍远的地方求得工作，却没有经济上的损耗。在西方国家交通拥堵的城市之中，它让我们得以在排成长龙愤怒不已的汽车司机之间来回穿梭，抵达我们充满内啡肽的会议现场，展现出一种让别的同事发狂的"我能"精神。自行车设计巧妙，是一种出现在我们人类大脑中最为幸运的主意之一——因此，在此我必须要小心谨慎地提醒大家，第一辆自行车其实并不是在伦敦发明的。是的，恐怕这样的荣誉应该属于一位名为卡尔·德莱斯[1]的德国贵族，他是海德尔堡大学林业和物理学专业的一名学生，据说，他还发明了第一台打字机键盘。毫无疑问，1817 年，在曼海姆，有人第一个撞见了两轮双脚驱动的自行车，当时德莱斯带着他发明的老式自行车在乡村里四处转悠。但是没出一年，这个想法就被伦敦的一位发明家，丹尼斯·约翰逊盗用并加以了改进。在科芬园的约翰逊——他与前文中提到的那位作家或许是也或许不是远房亲戚——对这种自行车增加了一些非常关键的改进。如果你看看我们手上这幅德莱斯骑在他自行车上的画像，你会发现，这是一种非常具有农业工具特征的自行车。车轮的轮辐和轮圈都明显是由木头制成，整个自行车非常笨重，任何冲撞都会导致骑车人重伤。约翰逊是科芬园车身制造厂的很多专家之一，他用弯曲的金属框架和金属辐条代替了木头车轮，减轻了这个新发明的重量。与德莱斯不一样，他还为自己的产品找到了市场。1815 年之后的伦敦成为了世上最大的城市，里面充满了父辈在工业和帝国发展过程中大赚了一笔的青年一辈。这批人都是些花花公子。博·布鲁梅尔——他是历史上第一个仅仅因为穿着就声名大噪之人，他将父亲赚得的财富都用来购置蕾丝镶边的衬衣和紧身燕尾服，后来在诺曼底的一个疯人院去世，死时一无所有——的追随者。对于这些花花公子，约翰逊的自行车并不是四处转悠最为方便的工具。这就像是他们衬衣上不断摇摆的衣襟和长柄眼镜：这是一种时髦。在议会改革和工业发展遇到困难的那段时间，它就是对精英主义的一种轻浮无

---

1. 卡尔·德莱斯（1785—1851），自行车发明人。他还发明了绞肉机、打字机等能减轻劳动强度的机器。直到今天，铁路工人在铁轨上利用人力推进的小车也是德莱斯发明的，所以叫作"德莱斯"。

@ 自行车

耻的维护。丹尼斯·约翰逊制造并售出了大约 320 辆"行人轻便马车"——它还被称之为好玩儿马、极品马以及加速机,并于 1818 年为自己的产品申请了专利。他的儿子将父亲的发明带到全国各地售卖,一些年轻人渐渐学会了骑这种极品马,但总会栽跟斗。唉,道路如此颠簸,骑自行车也会对下腹部造成很不舒服的感觉,当他们在硬质路面上骑自行车时,这些花花公子就变得更加地不受欢迎了。1819 年,人们对于极品马的痴迷逐渐消失,皇家外科学院对外宣布自行车极为危险。但是,四十年后,脚踏车又开始流行起来,这种车是以约翰逊的自行车为基础发展起来的。这种最能彰显平等主义的交通工具,开始时是一种反平均主义的奢侈挥霍的象征,而城市自行车则始于伦敦。

第十五章
莱昂内尔·罗斯柴尔德
他资助了帝国

众所周知，根据统计结果，在伦敦骑自行车是很安全的，并且安全性越来越高了。但是，哪怕是最有经验的骑行者也不得不承认，在那么一两段路上，你会在心里画着十字，希望汽车司机们能注意到你的存在。

想要骑车通过马里波恩[1]的地下通道真的需要胆大心细，紧接着就是海德公园。更不用说在宪法山顶上，你还得骑车经过一条挤满了大巴和出租车的单行道。

而真正让人紧张无比的时候，是当你踏上从奈茨布里奇去往皮卡迪利街[2]的时候，你会同各种宝马、玛莎拉蒂一起等红灯。而当绿灯一亮，你就会冲出去，一路狂蹬，相信我，情况一定是这样，因为你可以看到每一辆停在你左侧，朝着柏宁大道[3]街尾而去的汽车。

在等待红灯变绿的过程中，各种车辆的引擎发出轰隆隆的响声，他们中有受够了道路施工的出租车司机，有急切想试试自己敞篷车加速性能的帅气女人，还有摩托骑士，他的后箱里装着必须要在半个小时之内送到手术室的还在怦怦直跳的心脏，你在他们的灼灼目光之下只想迅速开溜。

这种感觉就像穿过疯马或米歇尔·内伊[4]的铁蹄，他们的爪子已经扣进了地

---

1. 马里波恩，伦敦西敏市的富人区。
2. 奈茨布里奇位于海德公园南面，聚集着高端商店；皮卡迪利街则位于从海德公园向东的皮卡迪利广场，同样是高端商圈。
3. 柏宁大道，又称公园径，是伦敦威斯敏斯特市的一条主要道路，两侧不乏高级酒店和其他消费场所。
4. 前者是美洲苏族印第安首领，本名塔森科威特可，他在美国西部地区抵抗白人的入侵，以作战勇敢著称；后者为拿破仑一世手下的18名元帅之一。

莱昂内尔·罗斯柴尔德
他资助了帝国

下,犹如随时准备冲锋的野兽一般。当你在这金属浪潮的面前一摇一摆地骑往相对安全一点的皮卡迪利街时,你也许会问自己,为什么有这样一条城市快速路会穿过曾经因田园风情而闻名的柏宁大道。

这一切都得归功于前托利党交通部长欧涅斯特·马博的辛劳啊。在众多的提议里,这位智者断定伦敦所需要的是一条环大理石[1]拱门以及海德公园角的单行道(这条路被命名为马博环路,以纪念他开创的先河)。

1962年,他将这片迷人的土地变成了一片荒废之地,地上布满了大坑。我父亲曾说,那些坑大得足以将他那辆报废了的奥斯汀肌肉车都埋进去。为了在惠灵顿拱门(Wellington Arch)周围建造他的五车道环形交叉路,欧涅斯特·马博还拆毁了皮卡迪利街街尾的一排房屋。这些可不是老房子。

反正它们之中只有一栋稍微有点旧了,皮卡迪利街148号,汽车制造商和供应商社团的总部。但是它依旧是代表国家宏伟壮丽的一座丰碑,曾是以伦敦俱乐部的规格来修建的。这栋建筑里面有着蜂窝一样的酒窖,有仆人的宿舍,有着偌大的厨房和复杂新颖的燃气炉,扫得一尘不染的楼梯通往楼上的一间钢琴画室,里面放满了佛兰德地区的大师画作和法国的景泰蓝瓷器,透过漂亮的窗户,目光可以直接投到公园的另一边。

英国政府与银行之间达成的引起了轰动的交易之中的一桩,则是关于这个地址的。现在这片曾是莱昂内尔·罗斯柴尔德家族的土地,也是他与盟友本杰明·迪丝雷利[2]首相会面的地方,现在被一条汽车时常呼啸而过的交通要道给占据了。

那是在1875年,英国的权力达到鼎盛的时候。伦敦不仅是世界上人口最多的城市,还是世界车间和最大的制造行业之城。伦敦出产的铁甲船是世界上最多的,全世界有29%的铁甲船都是伦敦制造的。在用于实现奥林匹克复兴的伦敦东区,有着令人难以置信的气味刺鼻的大片工厂和制造厂。

的确,这就是为什么它们得待在东区,因为风可以将它们的潮气带走,免得刺激到生活在皮卡迪利街地区大厦中鼻子敏感的人们。它们中有生产黄麻纤维的、生产肥料的、生产橡胶的、生产化肥的,让整个空气中布满了一种像死鱼被煮沸了的标志性气味。它们中也有从事加工业的,它们将糖和从殖民地运来的橘子买入,然后加工成果酱,打上名牌标签然后加价卖出。有的采购原油,加工后卖出木馏油、石脑油、沥青、蒽、消毒剂、杀虫剂和各种苯胺燃料。伦敦进口木材、茶、咖啡、糖、燃料等等你能叫得上名的东西,然后伦敦的各种公司会将这些东西加工、包装然后运往世界各地。它们从印度进口棉花,然后

---

1. 大理石(Marble)在英文中的写法和读音都与欧涅斯特的姓氏(Marple)高度相似。
2. 本杰明·迪丝雷利,英国保守党政治家,同时也是作家。先后两次担任英国首相。

伦敦精神
伦敦市市长鲍里斯·约翰逊的伦敦生活指南

加工成服装又卖给印度人,除非印度自己能有大量的纺织工人。

而现在,迪丝雷利这个对帝国和女王抱有机会主义的浪漫主义者,看到了一个可以扩大国家的国际领导力的机会。1871年,一个以法国为首的财团开通了苏伊士运河,将地中海和红海连接到了一起,这个举动有着极大的战略潜力。这条运河减少了到达印度的时间,因为船只再也不需要长途跋涉地绕过好望角了。显而易见,苏伊士运河开启了整个东非的贸易和殖民的道路——英国曾有机会买下它,从而扼住这条新的贸易航道的咽喉。

土耳其帝国被毁灭了,埃及总督政权也被毁灭了,于是,开凿这条运河的公司发现这项新的基础设施计划的回报将达不到预期。埃及人要价400万英镑,在那个时候这是一笔令人吃惊的数字,几乎等于整个英国总财政预算的8.3%。迪丝雷利立即就想到了办法。

莱昂内尔·罗斯柴尔德是当时泛欧洲银行业王朝英国成员的领头人。在1870年,他曾上过《The Period》杂志的封面,被誉为现金和证券之王,就连中国的皇帝、苏丹巨头、拿破仑三世、罗马教皇、威廉一世和维多利亚皇后等世界的统治者们,都对这位蓄着大胡子的人表示敬意。他和他的家族对于从事大规模运输的投资有着大把的经验——他们曾帮助建立了整个欧洲的铁道运输网。他同时还是迪丝雷利和其妻子的密友。

首相刚一批准内阁关于400万英镑的计划,内阁秘书蒙塔·科里就被派遣到了位于圣斯威辛街的罗斯柴尔德总部——这个地址直到今天都仍然存在。他怀着一种轻松的心情去拜访了这位67岁的金融家。科里坐在镶满了橡木墙板的房间里,说道:"首相需要400万英镑,明天就要。"

罗斯柴尔德剥了一颗麝香葡萄放进嘴里,丢掉葡萄皮以后从容不迫地问道:"谁担保?"

"英国政府。"

"行。"

这对每个人来说都是一次绝妙的交易。法国人对英国的影响力如此明确地扩大感到十分不解,而以威廉·尤尔特·格莱斯顿[1]为首的反政府的自由党成员,这次却想不出任何严肃的反对理由。"这不会引起各种国际麻烦和问题吧?"格莱维尔在写给格莱斯顿的信中无力地问道。他甚至抱怨道:"我们要担上如此巨大的责任而不是立即与议会商量么?"

有着爱国之心的英国民众,十分乐意自己的祖国能拥有这条中东的咽喉要道,兴高采烈的迪丝雷利急忙给他的女王陛下写信报告好消息。"事情刚刚定

---

1. 威廉·尤尔特·格莱斯顿,最初是保守党大臣,后加入自由党,于1867年成为党内领袖。

莱昂内尔·罗斯柴尔德
他资助了帝国

下来了，夫人。法国政府完全都没料到。他们尝试了太多的办法，他们还试过放出利息很高的国债，他们早就应该转让给埃及政府了，但是还在上面加上了附加条件。"

"埃及总督感到十分厌恶和绝望，向陛下的政府提供了将他所持股份全部买下的机会——他之前是完全不会考虑这样的提议的。400万英镑！并且几乎是立即交易。"

"只有一个公司财团能做到——罗斯柴尔德的公司。他们表现得尤为可敬，以极低的利息预付了这笔款子，现在埃及总督所有的股份都是我们的啦，夫人。"

正如人们所想的，罗斯柴尔德的公司并没有做得太过。有人说这个剥葡萄皮的老家伙将英国政府的皮都给剥了。他们反对说，400万英镑的债务三个月的利息就是15万英镑，这很不合理。这样下来，一年的利息就是15%——这种利率可以向埃及政府要，但不能向英国政府要，像W. H. 史密斯这样的人如是说道。他是一个书商，同时也是财政部秘书。其他人则认为莱昂内尔和他的家族做了一场经典的内部交易，买下了埃及的股份，因为他们知道这些股份将因为这场交易而上涨。

莱昂内尔对各种评论毫不在意。当他的股票经纪人亚瑟·雷格建议他将这笔钱免息借给政府时，他捏碎了一颗葡萄，训斥道："亚瑟·雷格，你太年轻了，还有很多东西要学。我在这笔交易中赚了10万英镑，而我想要赚的是20万英镑。"

确实，英国政府这个买下埃及水道的大胆计划，对于纳税人来说是完全没有预料到的。第二年的一月份，运河的股份就上涨了50%。而到了1898年，英国政府所持股份的市值就达到了2400万英镑，是当年迪丝雷利所付出的6倍。其到了1935年涨到了9300万英镑。这些股票每年的分红从1875年的20万英镑涨到了1901年的88万英镑。

迪丝雷利不仅通过保护这条通往印度的快速通道维护了英国的利益，他还在交易中得到了巨大的收益。苏伊士运河在1956年之前都属英国所有，坦白地讲，其实并没有那么久，实际上英国只在埃及新政府成立前拥有运河。

就像迪丝雷利给维多利亚写的信中所说的，是银行体系使得英国有能力和埃及总督进行恰当的交易，要是没有莱昂内尔·罗斯柴尔德的话根本办不成。

在庆祝明年的女王陛下在位60周年纪念时，我们现代的伊丽莎白时代的英国人，将会感受到我们有太多东西值得骄傲了。人民的生活条件毫无疑问得到了提高，伦敦依旧是世界上最大的城市。产业收入要比1952年大为提高，我们还有了因特网，苹果电子产品和士力架冰激凌棒等新事物。

当然还有一些人一定会想方设法来掩盖庆典的光辉，以追溯上一个在位60年的英国君主。人们也必然会将伊丽莎白二世时代的生活与维多利亚时代相比

伦敦精神
伦敦市市长鲍里斯·约翰逊的伦敦生活指南

较——我也不能确定所有的平行比较都是令人欣慰的。

男人对比男人，女人对比女人，法律和情理的对比，我想，你们可能会争论说，维多利亚时代的人从活力、野心和成就上来说，都超越了以往的几代人，从表面上来看，还超越了我们这一代人。

我在写这本书的时候就觉得，伦敦的生活就像一只巨大的蝌蚪，到目前为止，我们已经沿着历史的尾巴滑行了150年，现在终于到了头：智者和名人大量出现的维多利亚时代就像蝌蚪的大头，使伦敦成为了现代的罗马之城，世界之都。要想公正地对待每个人的阶级或者利益是不可能的，然而一些人，如A.N. 威尔逊，他们已经做出了很了不得的成就。

也许是因为他们更明显地生活在死亡的阴影当中吧，维多利亚时代的人比我们这个时代的人对生活更加不知足。他们比我们起得早，走得更远，做更复杂的菜肴。他们写更长的小说，草草书写更长更多的忏悔日记，比以往时代的人留着更长的络腮胡和髭。

他们比以往时代的人更愤慨，更伪善，因此他们对性更为热爱，生的孩子也比以往时代更多。他们比现代英国中产阶级的人更热衷于绘画和音乐的艺术，特别是那些收入较少的人。

也许是因为他们至少从表面上看起来，比以往时代的伦敦人更笃信宗教，因此维多利亚时代的人都认为他们自己是在为上帝做事，并且像罗马时代的帝国主义者那样，把他们的成功认定为上天的偏宠。他们认为占领了大片的土地，是受到上帝的指示，将领土向印度和非洲扩张，也是上帝的计划。

与我们生活的时代相比，那是一个人人超凡自信的时代。最典型的就是在维多利亚年代的1854年，伊桑巴德·金德姆·布鲁内尔建造了大东方号，这艘船不仅有着革命性的创新设计，还可以承载足够的燃料，在英国和澳大利亚之间进行一次来回航行。其排水量达19000吨，是当时最庞大的一艘船，最重要的是，它的排水量是当时平均船只的4倍，以至于之后的40年内都没有比它更大的船了。确实，它的处女航更多的是为将来造船业的里程碑式的衬垫，但是没有关系，布鲁内尔的努力是十分值得赞扬的。

在受到双排纽扣的男士礼服这种日耳曼风格的影响下，维多利亚时代的各个富有清闲的阶层，成为了世界上学识最为严谨的人。正是在那个维多利亚时代，生活在伦敦布罗姆利区的、嘴上着一圈胡子的智者，构建出了进化论，这可能是过去200年来最为重要的科学技术成就了吧。要是你有机会去到布罗姆利，拜访当地的居民，见识到他们的物质和知识领域的优越性，你就会明白查尔斯·达尔文为什么可以构思出物竞天择、适者生存的自然主义原则了。

维多利亚时代的人几乎发明了或者规定了所有运动或者竞赛的规则，包括从

莱昂内尔·罗斯柴尔德
他资助了帝国

最开始的"击来击去"或者"让球飞来飞去"发展而来的乒乓球运动，在维多利亚时代的伦敦，人们很流行在餐桌上进行这种运动。总的说来，是维多利亚时代的人的爱好、想象力和行动的活力，将这个城市塑造成了我们今天所看到的样子。

我记得当我还是个学生的时候，有一次，对20世纪80年代的经济大繁荣，我同一个杰出的美国教授进行争论。我的观点是，当时的英国和伦敦是处在倒退的道路上。他轻蔑地说道："噢不不不，你们仍在靠着维多利亚时代的资本在过活。"在很大程度上来说他是正确的。

看看伦敦的各种华丽的建筑吧，从斯特兰德的皇家法庭到艾伯特纪念馆或者自然历史博物馆。要是你想找一幅能反映伦敦的简单画面的话，那城市明信片上的画，立刻就可以让世界各地的人知道你所说的是英国。你可以在下议院中看到巴里和皮金[1]的大师作品，当你看到维多利亚时代建筑的色彩，复杂构造和那种亲切感时，也就不难理解人们喜爱它们，并且直到今天都愿意为之付出更多了。

看看上议院那华丽的镀金栅栏，或者看看各个维多利亚时代市政厅的优雅和气派吧，再看看现在由冷冰冰的灰色金属和混凝土浇筑的圆体大楼。看到这些，我们都会哭泣。

我们渴望居住在维多利亚时代的排屋中，尽管一些可鄙的家伙看不起这样的房舍。排屋进门处有泥刮子，梁上有暧昧的古典山形墙，后院还有小而整洁的花园。我们将每天的污水输送到由天才设计师约瑟夫·巴扎尔杰特设计修建于维多利亚时代的巨大截流管中，从伦敦的地下流过。我们还能走到维多利亚时代的人修建的地铁站中，坐着地铁消失在他们挖掘的隧道之中，那个时候，其他地方还没有能在地下跑的火车呢。

当我们到达伦敦的干线站台时，我们（几乎总是能）看到一片维多利亚时代的工业古迹。如果说美国的一些城市是靠滚石音乐发展的，那当代的伦敦则是靠滚石发展而来的——滚动的砖石，还有在维多利亚时代让它们滚动起来的铁路。因为在维多利亚时代，有一种资源可以支持这种挥霍的建设，有一种手段可以让工程师们将立交桥建在赫尔本上空，将隧道挖掘在河流的下方。

这是一种比蒸汽机或者利用电能更重要的技巧技能。那就是借贷的技巧，为了保证有收益，将资金以合理的利率借贷出去时需要的管理金钱和控制风险的技巧。在伦敦有着许多购买和出售债务的行家老手，也有许多靠着赌债是否能有效回收来赚钱的人。

维多利亚时代伦敦人的伟大成就则是建立在伦敦银行业的优秀卓越上。正

---

1. 巴里，19世纪著名的英国建筑师，英国议会大厦即是其代表作品之一；皮金，19世纪伟大的英国建筑师、设计师、设计理论家。

伦敦精神
伦敦市市长鲍里斯·约翰逊的伦敦生活指南

如沃尔特·白芝霍特[1]曾在1873年于九曲花街上指出的一样，伦敦为世界作出的极大贡献，就是将私人的财富集中到了银行系统当中。"英国的资产总是可以迅速地转移到最需要以及最能创造资本的地方，就像水可以自己流向自己应该去的地方一样。"多亏了伦敦的商业银行和贴现银行，才使得萨默塞特地区的苹果种植者和林肯郡的小老太太们的存款，能够支援到建设美洲或普鲁士的铁路上，使计划成为现实。

伦敦的银行家们推动了世界贸易车轮的转动。1858年一个特别委员会规定道，"如果没有马地臣先生[2]或者巴林先生的认可，波士顿的个人是不能从广东购买茶叶作为货物的"。伦敦成为世界金融服务的中心，并不仅仅因为它是正在飞速发展的大英帝国的中心，还因为它是世界上最大的城市，因为它与其他国家的首都很好地联系在了一起——1851年它连通了到巴黎的第一条电缆，1866年又通过海底电缆连接到了纽约，1872年连通了墨尔本，其中还有一些是靠着艰难航行的大东方号完成的。所有这些特质都很重要，但是最关键的东西就存在于人们手中的钞票上。

那就是付款承诺，付款承诺则需要信托，局势越平静，信托就越容易履职。伦敦对于投资者来说，最吸引人的特质就是它是一个岛国的首都，不用面对外在的威胁，相对于欧洲其他国家来说可以保证长久的和平与稳定。从许多重要因素方面来考量，伦敦也是一个非常适合居住的城市，有着其他地方很少拥有的言论自由和团体组织。

自从中世纪以来，银行业就大多是外来人的职业，特别是犹太人，在拿破仑时代的动乱中，更多天赋异禀的外来者来到了伦敦。在那里，他们遇到的巴林家族总是告诉他们，在他们含混的日耳曼姓氏的背后，他们可不是犹太人的后裔，而是第一位在埃克塞特[3]定居的路德教牧师的后代。

自从约翰·巴林在1763年来到伦敦后，他便热衷于追逐名利，到了19世纪，他的家族已经有不止5位获得了贵族头衔，有着自己的城堡、养鸡场、赛马、优雅的女眷，还与政府有着密不可分的关系，直到1995年被一个名叫尼克·李森[4]的流氓交易员的未授权交易搞垮。

---

1. 沃尔特·白芝霍特，英国作家、社会学家、经济学家。《经济学人》杂志主编，坚信社会达尔文主义，其代表作为《物理学与政治学》，其思想对后世观念存在着一定影响。他曾如是说道："在许多时刻，有许多荒谬之人拥有荒谬之财，而市场上存在着投机以及各种恐慌。"
2. 马地臣先生，全名詹姆斯·马地臣，19世纪著名商人，曾在广州做鸦片生意险些破产，之后与威廉·伍德在广州创办《广州记录报》，报道商业行情和鸦片价格。后与威廉·渣甸在广州创办渣甸洋行。
3. 埃克塞特，罗马人建立的城市，位于英格兰西南部，是德文郡的首府。
4. 尼克·李森，号称神奇小子，以各种欺诈手段购入日经期指，之后神户地震令日经大幅下跌，导致这家纵横业界200年的银行以1英镑的价格被收购。

莱昂内尔·罗斯柴尔德
他资助了帝国

1795年阿姆斯特丹被法国占领以后,一些西班牙犹太人被迫加入了拿破仑的军队,同行的还有一些犹太裔和非犹太裔的德国人,他们中有施罗德、勃兰特、弗雷德里克·胡特、戈申。还有一些遭到土耳其迫害的希腊银行家们也逃难来到伦敦。汉布罗家族在1840年从德国和丹麦来到此地,比斯绍夫桑和施密特在1846年来此,克莱沃特则于1855年来到伦敦。来伦敦的还有一些美国人,比如皮博迪和J.P.摩根的父亲J.S.摩根[1],当然还有罗斯柴尔德家族。

罗斯柴尔德家族不仅仅是一个家族,他们还是一个靠着宗教和血缘联系在一起的合办企业。他们就像一个帝国,只要有罗斯柴尔德家族的人出现在欧洲的各大首都中,不出意料就会出现反犹太组织,它们就像一个包住了整个地球的巨大章鱼一样(这个比喻是最近高盛集团[2]提出来的,虽然在当今这个流行抨击银行家的气候之下,这只章鱼早就变成了笼罩全人类的吸血鬼乌贼)。

经过十足的努力以及对人们心理的分析控制,罗斯柴尔德家族成了世界上最富有的人群。经过了一些深谋远虑的计划的实施,他们的资产已经远远地超过了迈达斯和克里萨斯公司,这个曾经的世界第一富豪。他们从拿破仑时代突然爆发的战争中,赚到了自己的第一笔百万资产。

赫拉克利特[3]说,战争乃万事之源,那战争也一定是国际债券市场的先驱。如果说拿破仑和惠灵顿善于动员军队的话,罗斯柴尔德家族的人可以说就是动员金钱的天才。用一个当代人对其赞赏的话来说,他们是"金融波拿马"——金融界的波拿马家族,伦敦则是他们的运作中心。

这个故事可以追溯到1577年,一个名叫艾萨克·埃雷顿·罗斯柴尔德的人,他住在法兰克福的犹太巷子里。那个时候,犹太人的行为总是受到严格的限制。他们不能交易武器、香料、酒或者谷物。周日或者基督教节日的时候,他们必须待在犹太区中。他们交易钱币,也搞借贷,但是他们的财富总是受到限制。

1789年,法国大革命将法兰克福的犹太人从这样的束缚中解救了出来——这给梅耶·罗斯柴尔德[4]创造了机会。梅耶实际上是因为担任了黑森卡塞尔(Hesse-Kassel)[5]一位选举人的基金经理才富起来的,这位选举人曾被拿破仑流放,而后小心谨慎但有效地聚集起了自己的资产。

---

1. 摩根家族,美国经济发展史上最重要的一个家族。全盛时期的摩根家族拥有投资、信贷、钢铁、铁路、公共事业方面的业务,仅金融机构就有13家,20世纪30年代,摩根财团旗下银行和企业的资产总额占当时美国八大财团的50%以上。
2. 高盛集团,一家跨国投资银行和证券公司。
3. 赫拉克利特,古希腊哲学家,一生颇具传奇,本应继承王位的他将宝座让贤于自己的兄弟,然后去了阿尔迪美斯女神庙修行隐居。
4. 梅耶·罗斯柴尔德,罗斯柴尔德家族财团的创始人,被称为国际金融之父。
5. 黑森卡塞尔,全称为黑森卡塞尔体育俱乐部,位于德国黑森州卡塞尔而得名。

伦敦精神
伦敦市市长鲍里斯·约翰逊的伦敦生活指南

梅耶就是一只坚韧的老秃鹰，他教给他的儿子们各种有用的戒律，比如"宁愿与拮据的政府做生意，也不要同靠着好运发迹的政府交易"，"如果你不能做到受人爱戴，那你也必须做到让别人畏惧"，还有最不可思议的，"如果一个位居高层的人同一个犹太人建立了（经济上的）伙伴关系，那他一定是一个犹太人"。

他的其中一个孩子对这些教条学得特别好。他的名字叫内森·梅耶，他曾被派到曼彻斯特去进口纺织品，而后在 1804 年建立了罗斯柴尔德银行，以后搬到了伦敦。在之后英国对抗拿破仑的战争中，他在经济上支援了英国政府。西班牙和葡萄牙的补给者拒绝接受惠灵顿军队支付的纸币，内森则通过海峡走私了金条回来。到 1815 年，罗斯柴尔德银行与英国政府的交易额达到了 1000 万英镑，利物浦勋爵称他为一位"非常有用的朋友"。

罗斯柴尔德家族在接下来发生的滑铁卢战役中赚取了他们最大的一笔财富（至少大家都是这么说的）。若按某一个故事版本来讲，内森完全就是一个冷酷无情的人。

他早就已经成为了证券交易的一大巨头，当时一篇匿名的文章对他是这样描写的："罗斯柴尔德靠在柱子上，将手插在口袋中，静悄悄地想出了令人难以平静的诡计。"

这样充满硫黄味的叙述还有许多，并同样有着妖魔化的倾向。"眼睛通常被称为灵魂的窗户。但是谈到罗斯柴尔德，你甚至可以说他的窗户是虚伪的，你透过它们根本看不到任何灵魂"等等。在这个版本的故事中，内森是第一个听到惠灵顿胜利的消息的。他的一个信使从来自奥斯坦德的船上跳下来，为他带来了消息。他就立马去政府，报告了发生的事情。

哎，但是他并没有得到信任，因为伦敦政府刚刚收到英国在四臂村战败的消息[1]。接着他来到证券交易市场。这个时候他本来应该买下政府的债权——统一公债——只要当可喜的消息传来，这些债券立马就能上涨。但是内森太过于狡猾了。

他靠在柱子上，郁郁不乐的眼神中有着难以揣摩的神色。他没有参与英国政府债券的投资，反而抛售了。他抛售了全部债券，如此迅速，以至于债券交易市场上掀起了一场恐慌。内森·罗斯柴尔德一定知道点什么，投资者总结道，他一定是通过自己的代理人关系网知道滑铁卢战役输了。

"滑铁卢一役战败了！"大家耳语着传开了。内森继续抛售，公债的价格则继续暴跌——直到最后一刻，他突然转变。他从卖出变为买进，立刻买进囤积了

---

1. 拿破仑战争中一场非决定性的战役。交战双方分别是惠灵顿联军和米歇尔·内伊带领的北方军左翼部队。双方于 1815 年 6 月 16 日在四臂村附近的路口展开交战。

莱昂内尔·罗斯柴尔德
他资助了帝国

大量的英国统一公债,就像艾迪·墨菲和丹·艾克罗伊德在电影《颠倒乾坤》[1]中,大肆采购超市中的冰冻橘汁一样。

惠灵顿经典一战的胜利消息一传来,公债的价格就开始飞涨,他像过山车一样地卖出买进让他最少赚了2000万英镑,最高可以赚1.35亿英镑,真是一笔让人吃惊的财富。"我们估算不到有多少希望和储蓄在这场人为的恐慌之中被毁掉。"罗斯柴尔德家族在20世纪60年代的家族历史记载中这样写道。这个由约瑟夫·戈培尔[2]所写的,1940年开始发售的版本,正如你所预期的一样,尽管他在里面添加了罗斯柴尔德向法国将军谄媚行贿,以让拿破仑输掉战争的细节。

然而真相却有那么一点不同。就像埃斯库罗斯[3]尽情享受荷马盛宴的残羹剩饭一样,我也十分感激尼尔·伏尔加森[4]所写关于罗斯柴尔德家族1000页洋洋洒洒的狂文。他指出,滑铁卢对于罗斯柴尔德家族来说近乎一场灾难,因为他们相信战争还会持续很久,所以积累了大量的黄金。确实,罗斯柴尔德家族的情报系统可以让他们得到滑铁卢的消息,但是对于他们来说,收不收到消息不重要,因为这对他们来说是个坏消息。

军队即将被解散,也不再会有需要补给的军团。黄金的价格将会大幅度暴跌,他们将遭受毁灭性的损失。于是内森·梅耶有了另一个主意——绝不是像戈培尔版本里的那样一点也不爱国(他是加入了英国国籍的),但正是像那个版本描写的那样狡猾多端。他断定战争的结束对英国政府来说基本是个好消息,因为其债务能得到减轻,因此,他计算出英国政府的债券价格将会因此上涨。

于是他买进了政府的统一公债。事实上,他在他的竞争对手预计债券将不会继续上涨后还在买进,他的兄弟都力劝他谨慎一些。他整整持续一年都在买进,直到公债价格的涨幅达到了初始价格的40%,他才开始抛售。他确实因此赚取了一大笔利润,大约6亿英镑。

巴林家族的人对此感到惊叹和敬佩。"金钱在我们的时代就是上帝,罗斯柴尔德就是它的先知。"德国犹太诗人海因里希·海涅[5]这样说道。在1836年

---

1. 《颠倒乾坤》,一部美国喜剧片,上映于1983年6月8日,别名为《你整我,我整你》、《扭转乾坤》,但其英文名称的意思是"贸易地"。
2. 约瑟夫·戈培尔,全名保罗·约瑟夫·戈培尔,号称"创造希特勒之人",在纳粹政府担任国民教育与宣传部部长。
3. 埃斯库罗斯,古希腊著名悲剧诗人和作家,有强烈的爱国主义情感且拥护民主,被称为"悲剧之父"和"有强烈倾向的诗人"。他自称自己的作品是"荷马盛宴的残羹",代表作有《被缚的普罗米修斯》、《阿伽门农》等。
4. 尼尔·伏尔加森,全名尼尔·坎普贝尔·道格拉斯·伏尔加森,生于1964年,英国历史学家。
5. 海因里希·海涅,著名抒情诗人,代表作品《诗歌集》、《罗曼采罗》、《论浪漫派》。

伦敦精神
伦敦市市长鲍里斯·约翰逊的伦敦生活指南

去世之前，内森·梅耶就已经将他的家族放到了欧洲政治的中心。他受到了大陆上每一位亲王和首相的重视，他在政府经济中的作用是如此关键，因此有人说，要是没有罗斯柴尔德家族的赞成的话，战争是打不起来的。他的私人财产占到了英国 GDP 的 0.62%。

他和他的家族都缺少一样东西。如果你仔细思考围绕着滑铁卢之后那场政变的诽谤和诋毁的话，那你很容易就能想象出那是什么。他缺乏的是别人对他的认同。成功的犹太银行家也偶尔会遇到冷落和忽视，然后就会出现习以为常的歧视。到了罗斯柴尔德家族的第三代人，他们决定消除这样的现象。

内森·梅耶的儿子莱昂内尔从他自己做起，在接下来的十年中一直在开展争取犹太人权益的运动——争取有资格进入伦敦最高标准社团——下议院。在祖辈的习惯和惯例下，新任议员必须宣誓忠于种族特有的基督族群。很明显，犹太人不可能这样做。在自由党的支持和施压下，莱昂内尔决定考察这个问题。

1847 年夏天，他在伦敦参与了竞选。《泰晤士报》的编辑约翰·萨帝厄斯·德莱恩[1]十分支持他，并帮他撰写了竞选演讲。《经济学家》也表示支持他。有点古板偏执的托马斯·卡莱尔[2]宣称，莱昂内尔付给了他可观的酬劳，让他帮他撰写支持犹太人解放的小册子，但他拒绝了。"犹太人是低劣的，那么假犹太人，犹太人江湖郎中呢？一个真正的犹太人怎么可能成为议员，甚至成为他们那可悲的巴勒斯坦以外的公民呢？无论他的思想、脚步、努力朝向何方，都不可能。"

卡莱尔对犹太人的恶意已经跟不上时代的潮流了。莱昂内尔找到了常见的解决问题的办法。大笔的资金被时不时地用来贿赂选民，毕竟自从约翰·威尔克斯骄傲地回到议会，他已经是多政党的第三位支持者了。正如他的兄弟纳特所说，这是"家族的一场最伟大的胜利之一，也是对德国和世界各地的贫穷犹太人的最大好处"。

只有一个小麻烦。为了坐上那个位置，他还是得宣誓"忠于基督教"。作为犹太人被选举还是不够的，莱昂内尔还必须说服议会改变宣誓体系。现在迪丝雷利勇敢地担当起了这件事。

这位卷发的小说家和政治冒险家在 12 岁时就接受了基督教的洗礼，但是就血统和感情来说，他很明显是个犹太人。他十分喜爱莱昂内尔·罗斯柴尔德。实际上，他曾用坦克雷德的一段话，表达了他对整个罗斯柴尔德王国的敬爱。伊娃问坦克雷德：

---

1. 约翰·萨帝厄斯·德莱恩，《泰晤士报》的骨干人员之一，与托马斯·巴恩斯为《泰晤士报》两大主编。
2. 托马斯·卡莱尔，苏格兰讽刺作家、历史学家、评论家，代表作有《法国革命》、《论英雄、英雄崇拜和历史上的英雄业绩》。

莱昂内尔·罗斯柴尔德
他资助了帝国

"欧洲最大的城市是哪座?"

"毫无疑问是我祖国的首都,伦敦。"

"你们国家最受人尊敬的人有多富有啊!告诉我,他是基督徒吗?"

"我认为他和你来自于同一种族,有着同样的信仰。"

"那巴黎呢,谁是巴黎最富有的人?"

"我想,是伦敦最富有的人的兄弟吧。"

女子笑着说道:"我知道在维也纳,恺撒大帝使我们的同胞变成了帝国的贵族,如果没有他们的支持,帝国无疑还不到一个星期就会垮掉。"

莱昂内尔曾帮助迪丝雷利在法国的铁路股份中做投机生意,并且在我们正在讨论的时期中,莱昂内尔借给了迪丝雷利大笔的钱偿还了他大部分房屋的债务,让他过上了他觉得自己应该过的生活。莱昂内尔那美丽的有着一头黑发的妻子夏洛特也和迪丝雷利的妻子玛丽·安成为了好朋友。事实上,无儿无女的玛丽·安·迪丝雷利对莱昂内尔与夏洛特的5个美丽的孩子,产生了一种有点奇怪的迷恋。

为了他的担保人和犹太民众的利益,迪丝雷利投身到了议会的争斗当中,带着没有希望的论点——"犹太人杀耶稣是为了完成上帝的工作"。他告诉犹豫的议员,他们已经"履行了上议院的仁慈的意向",并"拯救了人类"。迪丝雷利说,基督教是犹太主义的实现,对于他来说,这个问题已经成为了表达他个人的复杂身份的机会。

自由党人喜欢他的这种说法。他的许多保守党同僚感到十分恐惧。至少有138人表示对党派领导的反对。奥古斯特·斯塔福德问道:"当迪丝雷利宣称,那些将耶稣钉在十字架上的人和那些跪在受难的耶稣面前的人,实际上是没有区别,我还必须为他喝彩吗?"保守党人已经露出了他们的原始本性。他们再一次向公众展示了他们的党派主张:"拒绝天主教会,拒绝犹太人。"他们的领袖本汀克在同僚兴起的愤怒中绝望地辞去了职务。

不顾保守党的反对,法案还是在下议院中通过了,但是现在,这个解放犹太人的事业,在上议院却遭受到了更为严重的伤害。在1848年5月那个进行辩论的晚上,莱昂内尔的妻子夏洛特熬着夜等着她丈夫从威斯敏斯特回来,终于在凌晨3点30分的时候,他们回来了。莱昂内尔仍在微笑——"他总是那么坚韧不拔和自我控制"——但是罗斯柴尔德家族的其他人和他们的支持者们脸上,却带着愤怒和尴尬的潮红。他们告诉她不要看演讲稿,因为这太丢脸了。

"我5点睡觉,6点醒来,我梦到一只大大的吸血鬼贪婪地吸我的血……很显然,当投票结果宣布出来时,一声巨大而热情的赞成的咆哮回荡在议会中。当然我们不应该受到这么多憎恨。我整个周五都在因过度的激动而啜泣和流泪。"

伦敦精神
伦敦市市长鲍里斯·约翰逊的伦敦生活指南

主教们都反对法案，特别是反对进化论的威尔伯福斯[1]，这使他自己看起来像个傻瓜。女王的叔叔坎伯兰公爵[2]说，承认那些否定我们的救世主存在的人，真是"太可怕了"。

在最后，莱昂内尔还开展了一项大胆的（也是有预见性的）进程。他贿赂了上议院。他的哥哥纳特建议直到法案通过了再给他们钱。"在通过法案的问题上，你对个人自由的问题讨论过多，你对于别的一无所知。"他甚至似乎还想贿赂艾伯特亲王，因为这位女王的伴侣，在统治阶层中有着举足轻重的地位。

在1850年7月，莱昂内尔准备宣读修改后的誓词并且上任的前几天，又为艾伯特最钟爱的计划——世界博览会——资助了5万英镑，包括修建海德公园的水晶宫。当你今天回顾1851年博览会上的阿尔伯特城——博物馆，阿尔伯特大厅——的辉煌壮丽时，请记住莱昂内尔·罗斯柴尔德为解放犹太人所作的斗争和搭上皇族成员的微妙艺术。

在与英国当权派顽强地交火十年以后，莱昂内尔终于在1857年被批准坐上议员的位置。在鲁肯伯爵（前不久还在精心策划克里米亚的大屠杀）的建议下，国会下院变更了流程，这样犹太人也可以忽略掉"忠于基督教"这样的字眼来宣誓忠诚了。

这是莱昂内尔和他的家族最终的完全胜利。这种胜利并不是说他真正地进入下议院，或者发表了演讲或者类似的事情，而是这种事情的原则。罗斯柴尔德家族在伦敦为他们移居的国家作出了长足的贡献。他们为对抗拿破仑的战争提供了资金，用那时的话来说，将大陆从暴政中挽救出来。

他们帮助伦敦成为了世界证券市场的中心，并确立了它作为全球金融首府的位置。他们向人们展示了私人投资也可以确立基础设施计划的事实。他们帮助英国获得了苏伊士运河，使帝国获得了不可估量的好处。

多亏了莱昂内尔的那股犟劲，他们才把事情做得更出色。在欧洲其他城市都还在经受1848年欧洲革命之后的反犹太人行动时，莱昂内尔就在法律为人性和常识所做的小小的但早该作出的改变上做出了贡献。他们在促进人们的坦诚、宽容和多元化上所作的贡献是举足轻重的，这些品质在之后的150年中，对于城市魅力来说都是至关重要的。这些与内森·梅耶·罗斯柴尔德所出生的国家，也是后来成为了英国新兴的最大经济对手——德国的景象，形成了可悲的对比。

---

1. 威尔伯福斯，英国政治家、社会改革家，一直以来致力于废除奴隶制度，让西印度群岛的奴隶制得以废除，并于1833年促成《废奴法案》的颁布。
2. 坎伯兰公爵，乔治二世的三儿子，1746年作为英军指挥官取得卡洛登战役的胜利后，对斯图亚特党进行了残酷镇压，被人们称为"屠夫"。

莱昂内尔·罗斯柴尔德
他资助了帝国

可以这么说，20世纪的罗斯柴尔德家族并没有再现他们祖先所获得的成功。在某一点上来说，他们甚至没能在美洲做出必要的突破，你也许会争论说，他们在争取社会认可的道路上走得太远了。他们不仅在贵族头衔上赶上了巴林家族。他们没有抵挡住每个成功的商业家族都会沾染上的陋习，他们想成为有成熟地位的、穿着高档的、一呼百应的、坐拥土地的贵族阶层的一员。

家族在整个英国和欧洲大陆上修建了大量融合各种艺术风格的房屋和城堡——最近一次计算的数目大概是41处——从冈纳斯伯里公园到沃德斯登庄园到费里耶尔城堡再到卡普·菲拉特。这可需要花些时间。他们还有需要训练的马匹，需要照料的树木，需要认证管理的仆人。他们在挥霍经济的能量。内森·梅耶可不会同意他们这么做。

直到今天，一个年轻的罗斯柴尔德家族的人，都还能因为在前南斯拉夫的海岸举办游艇派对而上报纸的头条。但是，再也没有谁需要他的准许才发动战争了。内森的乡间静居处冈纳斯伯里公园已经变成了博物馆。沃德斯登庄园卖给了盖蒂家族，皮卡迪利街148号也人间蒸发了。

然而那些喜欢研究历史的人也会感到欣慰，罗斯柴尔德银行仍在迪丝雷利曾经历过的地方，给出交通基础设施建设融资方面的好建议。我感觉在戈登·布朗的灾难性公私伙伴关系的最终废除中，这个公司将被伦敦的运输部门拖垮耗尽，而地铁将出现一种新的更为优秀的运作模式。

每当我一想到皮卡迪利街148号被野蛮地夷为平地，公园失去了往日的平静，我就会想起另一种有潜力的运输系统基础设施的杰作。在运输部门的某个地方，还放着一个保证欧涅斯特·马博的城镇快速道路的速度和实践性的绝妙计划，而不是将公园和皮卡迪利街的西段，变成原来那个充满花香的林荫大道的样子。你还可以铲平公园，然后以建在街道西段和马博的碾压机驶过处的华丽房地产来偿还。

当然，首先会有一笔预付开销，然后我们就得找银行以一个合理的利率进行融资。莱昂内尔·罗斯柴尔德熟知一切融资的事宜，在伦敦，如今也有很多银行家很好地学到了他的技巧。

* * *

在大联展那年，莱昂内尔也参与了捐资。那时，如果不是上百万，至少也是好几十万伦敦人都还处于贫困之中，生活在灰尘如山堆的小屋内。用查尔斯·狄更斯的话讲，臭气熏天到足以放倒一头小牛。

如此贫困的条件很难负担参观门票，现代漫画中表现了圆瞪双眼的穷人挤

伦敦精神
伦敦市市长鲍里斯·约翰逊的伦敦生活指南

在玻璃上往里看的场景。知晓自己生活在世界顶级城市——上天注定由艾伯特王子来统治这群劳苦大众，注定他能将钱财都归置在肯辛顿宫殿中的财神圣坛上——之中，对他们来讲也许不是一种安慰。

在现代人眼中，大联展就是一种狂欢，纪念一些我们无法接受的思想——种族主义、性别歧视、殖民主义、帝国主义、文化必胜思想和涡轮资本主义。

因此，我们应该记住，维多利亚资本主义使得我们的生活水平和国内的便利程度得到提升，造就了有史以来最大的社会变革：我的意思是女性解放。在那个世纪末，就该有女权主义者出现在街上，要求得到选举的权利。在那之前，会有两个女人来到伦敦向男人发起挑战，而且会拒绝接受否定的答案——而她们的其中一个将会来自少数民族。

@ 乒乓球

维多利亚时期对这个世界所作的所有贡献之中,在今天看来最具文化普遍性的几乎就是体育。我记得,在听见国际足联主席赛普·布拉特宣布足球是中国发明的时候——其实他非常清楚这项需要团体协作的运动是起源于1863年伦敦编成法典之时——我是多么的震惊。无论蹴鞠(在公元前3世纪出现的一项运动,参与蹴鞠的选手会将一个皮革制成的球体踢入一块丝绸编织而成的洞中)的魅力多大,它终究不是足球。

现代奥林匹克运动在什罗普郡的马奇文洛克都能找到它们的起源。1850年,当地一位名为威廉·佩妮·布鲁克斯博士的物理学家组织了马奇文洛克奥林匹克赛,这项赛事囊括了所有种类的体能运动,包括独轮手推车比赛和唱歌比赛。这场赛事非常成功,以至他在伦敦对希腊国王、希腊首相和希腊大使发出了连珠炮似的质问,极力劝说他们恢复原本在雅典举行的奥林匹克运动会——这一举动使得希腊人大为震惊。他的观点最终被亲英体育狂人皮埃尔·德·顾拜旦男爵采用。

在19世纪慢慢逝去的过程中,一项又一项的运动被编入英国法典——其发祥地基本都是在伦敦。1866年,体育俱乐部在西布朗普顿成立,最后逐渐发展成业余田径运动联合会,为所有的现代体育运动制定规则和范例。一开始的时候,拳击运动员只会互相击打对方的头部,你可以在《伊利亚特》中找到相关的拳击模式。但是1867年,昆斯伯里侯爵在伦敦以自己的名字命名了现代拳击规则,其中明文规定了拳击手套、静止姿势等等细节。1871年,维多利亚时代32个壮硕之人在鸡相街上的帕尔玛尔饭店聚集,成立了英式橄榄球联合会。1882年,赛艇运动员成立了业余划船联合会,规范了泰晤士河上的具有竞争性的划船比赛。在古希腊的浮雕上,你可以清楚地看到人们在参与曲棍球比赛——但是现代曲棍球的规则是在1886年曲棍球联合会成立的时候制定的。

现代草坪网球是由一位名为梅杰·沃尔特·克洛普顿·温格菲尔德的古怪之人发明的,这项运动一开始的时候名为司法泰克或者斯泰克。1888年,他们将温格菲尔德偏爱的计时沙漏形草坪换成了矩形草坪,草坪网球联合会也随之诞生。而最先使用球拍的是伦敦债务人监狱中的犯人。世界上第一个壁球网球场出现在哈罗[1]。全球板球之家位于马里波恩。世界上第一次有组织的游泳比赛于

---

1. 哈罗,伦敦西北面的一个市镇。

伦敦精神
伦敦市市长鲍里斯·约翰逊的伦敦生活指南

1837 年在赛喷汀举行。

在一个又一个的例子中，我们看到维多利亚时期的运动会由来已久，人们先是沉迷其中，后来又为其制定规则——一方面是因为规则是公立学校"公平竞争"理念中非常重要的一部分，还有一方面是因为想要决定谁胜谁负，规则是根本。

其中，有一项运动是完全在英国土生土长的：这里的土生土长不仅指规则，还有兴起这项运动的想法。维多利亚时期的人们都精力充沛，19 世纪 80 年代，他们想出了一个全新的饭后娱乐活动。他们将饭桌清理出来，将书本直立于饭桌中间，以此为界，形成一个横排障碍。然后，他们用锯短了的香槟软木塞等一些可以蹦弹的物品做成一个球，又用另外的书本或者雪茄盒猛击这个球，将它打到桌子的另一边。

1890 年，出现了第一个乒乓专利版本，包括一个直径 30 毫米的橡胶球，外面以布覆盖，配以球拍，并在桌子周围包上一排低低的木质围墙。一年之后，伦敦的约翰·雅克游戏公司推出了配有一个直径 50 毫米软木球的戈西马游戏，球桌上有一个一英尺高的横网，以及用上等羊皮纸制成的球拍——因此，会发出乒乓乓的声音。

市面上很快就出现了其他版本的乒乓球，也出现了各种各样的名字，比如挥夫划夫（Whiff Whaff）、砰砰（Pom-Pom）、呼唥（Pim-Pam）、内托（Netto）、乒乓（Ping Pong）、帕泊网球（Parpour Tennis），以及桌面网球（Table Tennis）。不久之后，通用的就只剩下乒乓和桌面网球两种了，因为这些不同版本的乒乓规则不同，所以为了消除众人的疑惑，人们在 1903 年达成一致，成立了乒乓联合会。

有意思的是，为什么这样的奇迹会发生在英国人的餐桌上呢。这也许是为了解决餐后的尴尬，试图让大家的交谈得以继续。也许是因为食物中缺乏乐趣，或者是多雨的天气阻挡了人们到户外打网球。也许就是因为维多利亚时期的人要比同时代的其他社会阶层更加富有，而且有闲暇去互相击打香槟软木塞玩儿。

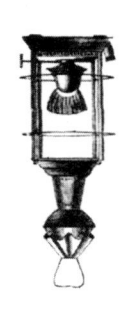

第十六章

佛罗伦斯·南丁格尔与玛丽·西亚尔
护士行业的先锋

  总的来说，对于佛罗伦斯·南丁格尔而言，这个晚上必然是很无聊的。她不参加宴席。她不会喝醉。事实上，对于酒精，她一向心生抗拒。

  1856年8月25日，在皇家萨里花园。佛罗伦斯·南丁格尔周围是一片欢乐的海洋。2000多名身穿燕尾服的士兵，他们开怀畅饮，相约不醉不归。花园里震耳欲聋，充斥着士兵们的歌声；这歌声回荡在这个新建的音乐大厅里，飘扬起来，飘过柱子，飘过阳台，散入到夜色之中。

  对于可以幸存于那场疯狂的大屠杀——克里米亚战争，这些士兵自然是欣喜若狂，他们为这位一再取得荣誉的戴着花边帽的小天使倍感自豪。为佛罗伦斯·南丁格尔敬酒的声音一波未平一波又起，回荡在整个音乐大厅之中。

  接着，人群之中出现了一阵更大的骚动。另一位同样出名的、同样为人所爱戴的女英雄出现在士兵的欢呼声中，四个壮汉将之高高抬起。她稳稳地坐在上面。如果佛罗伦斯·南丁格尔看到这种粗鲁的行为，隐约中担心淑女的礼仪问题，那是再正常不过的了。

  现在，这一位女英雄被抬着穿过人群，两名身材魁梧的中士紧紧相随，将任何有意一亲芳泽、触碰她衣服下摆的人推开。在玻璃灯光的照耀下，玛丽·西亚尔脸上焕发出光彩。她双目所及之处，都是一片欢乐的海洋。

  玛丽·西亚尔浑身散发出作为一名护士对她"孩子们"那种单纯的快乐，而对于这些士兵而言，她也不是什么陌生人。他们对玛丽·西亚尔也是再熟悉不过了。在英格兰乃至整个西方世界，人们有史以来第一次对黑色肤色的女子

伦敦精神

伦敦市市长鲍里斯·约翰逊的伦敦生活指南

表示公开的敬意。一想及此,玛丽·西亚尔更觉自豪。

在高高的台上,在荣誉之席上,佛罗伦斯·南丁格尔看了看玛丽·西亚尔的鹰钩鼻,而玛丽·西亚尔也满怀敬意地回望她亲切的战友、同样是护士的佛罗伦斯·南丁格尔。她看着她,心中若有所思。

我记得那是差不多8年前的一个早晨,我参加伊斯灵顿小学举行的一场晨会,看到我的一个孩子在演一场有关克里米亚战争的历史剧。我的孩子演的是维多利亚女王,而她所需做的,就是将奖牌别在佛罗伦斯·南丁格尔与玛丽·西亚尔这两个孩子身上。维多利亚女王的一句话多次在我耳畔响起,"做得好,我亲爱的佛罗伦斯·南丁格尔与玛丽·西亚尔阁下。如果没有你们,这场战争我们是绝无可能胜利的。"

看到此情此景,不得不说,我有些不屑一顾。集会结束后,我向伊斯灵顿的母亲们叹了口气,说:"谁听说过玛丽·西亚尔呢?"然后,又以绝对的肯定语气说:"在我小的时候,可从来没有人告诉过我她是谁。"

"她之所以出现在战争功臣的名单中,"我接着说,"无非是出于政治上的考量,仅此而已。"我加重了口气,心里想吓吓她们。

听到这些话语,肯定会有哪个父母会反对我的观点。因为,之后不久,我就意识到我完全错了。从玛丽·西亚尔身上,我看到了皇家萨里花园宴会的一丝影子。不仅如此,她的名气之后愈来愈大。第二年还是在同一条街道上,就出现了"西亚尔基金军事节"。包括11组军事乐队以及法国艺术大师指导的一些乐队在内,有超过1000名艺术家参加了这一盛事。

第一个晚上收费就高达8先令,而慕名而来的听众为数竟然有4万之众。玛丽·西亚尔的半身像由格莱亨勋爵雕刻而成。她出版了一本200多页的自传,内容既活泼生动又滑稽有趣。这本自传是英国有史以来第一位由黑人女子出版的书。如果你曾看过这本书,你可以看到玛丽·西亚尔的确是位令人印象深刻的女子;而如果你还未能看过的话,那我真诚地向你推荐。

"看,她就是玛丽·西亚尔,"萨尔曼·拉什迪在《撒旦诗篇》里写道,"她在克里米亚的战场上施展魔法,就像一位女巫一般。但是,透过佛罗伦斯跳动的烛光,人们几乎看不到这位隐匿的女巫。"

不过,那已经是二十多年前的事情了。现在,没有人会说玛丽受到了"不公正的对待",或是被人几乎遗忘了。西亚尔创立的行业此时方兴未艾,如日中天。她的经历成为了大学课堂里不可或缺的课程。但是,在我看来最为有意思的是,100多年的时间里,世人确实已经将之遗忘了。当然,这并不是说她是不重要的。但如果我说,40年前我们不大听说过这个人的话,我觉得,应该没人会对此表示非议。

佛罗伦斯·南丁格尔与玛丽·西亚尔
护士行业的先锋

到1877年的时候，皇家萨里花园已经被付之一炬了，这个花园随之卖出。人们关于玛丽·西亚尔募捐会连同音乐厅的记忆，也就因之消散无存。你或许可以猜到，之所以会出现这种结果，部分是因为种族歧视与性别歧视。除此之外，我们还应加上一些当代学者的观点，可怜的玛丽也是偏见的受害者……《斯库台天使》[1]自身偏见的受害者。

如果无法理解士兵对西亚尔和南丁格尔发自内心的尊崇之情的话，你所有应做的，便是回忆一下他们的经历。在她们的激励之下，这些士兵对站在他们面前的强敌不屑一顾，尽管他们拥有比赛瓦斯托波尔人的枪、哥萨克人的刀更为致命的武器。

与所有生活在19世纪中叶的伦敦人一样，这些士兵见识过疾病的恐怖之处。他们之中没有人知道为何霍乱会爆发，但所有人都看到了它是如何肆虐全城，如何泛滥开来，令人毫无招架之力。

他们只知道，一个身体硬朗、面色红润的健康人，只需一天的时间，便可以成为人们避之唯恐不及的传染源；只需一天，他的两颊会变得苍白、眼眶深陷、皮肤如褶子般吓人。斑疹、伤寒、虱子以克勒肯维尔、霍尔本、圣吉尔斯为根据地，在伦敦泛滥开来，如火箭升空一样一发不可收拾。

对于数以百万计的工人阶层而言，所谓的医疗救助不过是奢望。甚至，他们患病后，毫无治疗的概念。他们一批批地死亡，墓地随处可见，到最后，他们埋身之处也成了传染病的污染源。

在这个星球上最为繁华的城市，在有史以来最为伟大的帝国中心，伦敦居民的平均寿命竟然降低到惊人的35岁，这比在哈德良统治下的罗马居民的平均寿命都低。

19世纪的伦敦空前繁盛，而镜子的另一面是，它同时也因其发展而受到牵累。佛罗伦斯·南丁格尔在世的那些年里，伦敦这座巨无霸的人口以每十年20%的速度增加。的确，在大英帝国的繁盛巅峰时期，不少人积聚了惊人的财富。正如历史上的那些城市一样，总是不乏银行家在很短的时间里，几年之间或者几十年之间，积累的财富就足以与那些拥有世袭封地的贵族分庭抗礼。你可能听说过巴林家族（Baring），也可能听说过罗斯柴尔德家族，还有安东尼·特罗洛普笔下那些既冷血无情又玩世不恭的人物。如奥古斯特·梅洛特，他先是作为一个金融家为人所知，他极力鼓吹拉丁美洲的铁路兴建。而最后，人们却发现，梅洛特不过是一个卑鄙霸道、狂妄无知的骗子。从1809年到1904年这不到100年的时间里，先后逝世的全世界最富的40个人当中，有14个是银行家。

1.《斯库台天使》是一部以长期上演的英国科幻电视连续剧《神秘博士》为基础的大型广播剧，讲述的是1854年，赫克斯在克里米亚遇见了自己心目中的英雄佛罗伦萨·南丁格尔。

伦敦精神
伦敦市市长鲍里斯·约翰逊的伦敦生活指南

每一个此类大款的背后,都有着数以千计的小人物——就如狄更斯在《小人物日记》一书中所描绘的那些小人物。而这些普罗大众之外,还有一波又一波的穷人,过着更为悲惨的日子。他们从遥远的乡下奔赴城镇,他们的人数和痛苦与日俱增。

在《破败的伦敦》一书中,约翰·霍林思德估计,全伦敦有将近三分之一的人口居住于肮脏混乱的小道和庭院中。法国作家伊波利特·泰纳将其所见所闻做了如此描述:牛津街后面一望无际的小道上充斥着拥挤的人潮,成群结队的幼童坐在泥巴做的楼梯上。亨利·梅休也曾看到,年老的人靠拾捡路上硬邦邦的面包来度日,他们将这些脏面包洗干净,或去皮后吃掉,以此避免被饿死的悲惨结局。

查尔斯·狄更斯本人便是都市悲惨的最佳见证人,他所撰写的《荒凉山庄》和《雾都孤儿》必然会位于有史以来最具震撼力的文学作品之列。他所描写的内容使我们了解并记住,伦敦在维多利亚时期所呈现出的最糟糕的景象。然而,狄更斯有时也未能公平地对待19世纪资本主义的残酷性。

亨利·梅休曾采访过一个60岁的女人。她曾经接受良好的教育,但在受访时却寡居且身无分文。她精疲力竭且焦躁不安地躺在她工作所在地的最阴暗的地窖地板上,尝试着恢复体力。她曾是伦敦的250名普洱茶收藏者之一。

毫不夸张地说,她走街串巷寻找狗粪,并将这些狗粪卖给伯蒙德的制革工人。她全然没有意识到这种行为给她的健康造成的威胁——坦白地说,梅休同样没有意识到这一点。

作为一个有机体,伦敦已经患病,而且病情逐渐加重。

在1815年,根据决定,各个家庭获准使用约瑟夫·布拉莫尔推出的日益流行的抽水马桶,并将污水直接排入下水道中。直到1828年,140个下水道中的污水全都直接流入了泰晤士河。人们到了1834年,才开始充分体会到水源污染的恐怖性。按照圣保罗教堂教士西德尼·史密斯的话来说,"如果一个人在伦敦饮用了一大杯水,那么,与居住在地球表面其他地区的男人、女人和小孩相比,他已经将更多的生物吞入了腹中"。

但污水与疾病之间的关系仍被人们误解。他们认为使人类患病的仅仅是气味,即"瘴气"。埃德温·查得维克试图通过将更多的伦敦污物灌入泰晤士河,以解决臭气问题——这一行为带来了灾难性后果。

在1849年,霍乱再次爆发,14000人不幸罹难。直到1854年,当南丁格尔和西亚尔准备前往克里米亚的时候,这个难题仍悬而未决。她们对于我们现在所说的基本卫生一无所知——而这仅是她们所面临的最小的障碍。

按照各自不同的方式,这两个女人都已经拥有强烈的愿望,想要奉献自己

佛罗伦斯·南丁格尔与玛丽·西亚尔
护士行业的先锋

的生命以帮助病患。她们对于专业护士的诞生是非常重要的。

为了实现她们的抱负,这两个女人曾面对我们现在难以理解的偏见和歧视。让我们回顾她们的生平经历,尤其是当她们相聚在土耳其的一家医院中时。如果我说南丁格尔的生涯是一种意志的胜利,我希望我不会因为政治正确性而受到指责。但西亚尔的发展更令人称奇。

佛罗伦斯·南丁格尔的外祖父是靠铅矿发家致富的。这个家族在德比郡拥有一处地产,在汉普郡拥有一座名叫艾伯利公园的仿都铎式城堡。他们在佛罗伦萨(南丁格尔于1820年出生于佛罗伦萨)和巴黎度假,有幸见到许多名人。只要南丁格尔想到自己的未来,她得出的结论总是她会令她的父母感到失望。

她的命运原本是与一名体面的年轻男子结婚。但她没有这样的打算。她想成为一名护士。

随着年纪的增长,这种感觉变得愈发强烈。她想要通过做某件事情、通过实际行动赢得人们的尊重。她试图离家以成为索尔兹伯里医院的一名护士,而她的父母对此进行阻挠。她拥有一个远大的计划,想为受过教育的妇女成立一种女子新教团体。但她的妈妈表示反对。

在维多利亚时期的词汇中,"护士"一词即意味着一名多愁善感的老奶奶;或是嗜酒又爱打嗝的甘普太太;或是与接受治疗的男性患者交往太过随便的人。南丁格尔夫妇对他们的女儿说"不":护理工作对于一名年轻漂亮的姑娘来说不是一种合适的职业。"他们好像以为我想成为一名帮厨女佣似的。"她哭着说。

在长达8年的时间中,她努力克服这种反对。她反复阅读医疗委员会的大量报告;她熟记关于公共卫生的小册子;在伦敦停留时,她会前往破烂的学校和济贫院,停留在贫穷的环境之中。前一刻,她与她的母亲和姐姐在某些外国都市的繁华街区漫步;后一刻,她会出现在贫民窟之中。

一个名叫理查德·蒙克顿·米伦斯的衣冠楚楚的诗人和政客对她大献殷勤——但她拒绝了他,这让她的母亲非常懊恼。这并不是说南丁格尔无欲无求。"我拥有一种需要得到满足的情欲的本性,而他也拥有这种本性。"她若有所思地说。但她得出的结论是,"我拥有一种道德上的、活跃的亟待满足的本性,而这种本性并不存在于他的生命之中。"

这是维多利亚时代的悲剧之一——无疑是一个相当微不足道的悲剧——佛罗伦斯·南丁格尔似乎从未满足她的"情欲"本性。她从未与男性发生性关系。

这不是因为她是一名女同性恋,也不是因为她对男性没有吸引力——她曾赢得各种男士的垂青,其中包括牛津大学巴利奥尔学院"伟大导师"本杰明·乔伊特。问题无疑在于,任何类似的纠缠不清的男女关系,在她的眼中等同于屈服,等同于她所渴望表达的自主权的丧失。

伦敦精神
伦敦市市长鲍里斯·约翰逊的伦敦生活指南

"继续并且进一步被束缚在我目前的生活之中……令我没有权利抓住机会构造完整而丰富的生活。"——这无异于自杀。她在充满激情的回忆录中如此写道。令人感到震惊的是，这名才华横溢、精力充沛的年轻女子面对这样的选择：实现她的职业梦想，或是与某些蓄着络腮胡的笨蛋结婚。

"我还记得我在 6 岁时就已经拥有了现在的想法和感受，"她说，"某种专业、某种行业、某种必不可少的职业，某种能够充分利用我的所有才能的工作，是我一直觉得不可或缺的，是我一直渴求的。我还记得我首先想到和我最后想到的都是护理工作……我已经尝试了一切，不管是到国外旅行还是结交善良的朋友，应有尽有。我的上帝！我会变成什么样子？"

上帝很快回答了这个问题。有一天，当她在埃及底比斯旅行的时候，全能的神"召唤"了她。我们这些从未有幸被上帝召唤的人，只能对上帝的召唤感到好奇。

也许它就像是常规节目被党派政治广播所打断；或者也许就像字面意思那样，它是一种在头顶上响起的铃声。叮铃铃，叮铃铃，这里是总机，上帝在线上。你会接电话吗？

不管怎样，她是这样说的，"上帝在清晨召唤了我并要求我独自为他做善事"。秉持着维多利亚女王时代的人的认真态度，南丁格尔表示同意。她前往德国的一家医院工作，她的决心在 1853 年得到实现。

她成为了位于上哈利街的女性病患护理研究中心的管理者。南丁格尔夫人为此哭泣。"我们是生下了野天鹅的鸭子。"她这样说道。南丁格尔的母亲是错误的。

根据利顿·斯特雷奇说过的话，她的母亲孕育的不是一只天鹅，而是一只雄鹰。次年，她像雄鹰一般展开双翅，自由翱翔。英国或许已经成为有史以来最强大的帝国，但那并没有令"伦敦"满足。长期以来，俄罗斯对印度所怀有的意图使英国政府深感不安，而当俄罗斯与土耳其因耶路撒冷圣地的管理权爆发争吵的时候，英国政府似乎找到了教训俄罗斯的好时机。

但在哪里呢？他们查看了自己的地图。俄罗斯，嗯，是个大地盘。战争最终爆发于克里米亚——一个位于黑海的大半岛，1854 年 9 月，英国军队正在前往土耳其的途中。

此前不久，军队曾染上可怕的疾病，其中 8000 人饱受霍乱或者疟疾的折磨。《泰晤士报》发表报道，严厉批评了军队的医疗设施。雄鹰的双眼锁定了她的目标。

她给陆军部长西德尼·赫伯特写了一封信，表明她愿意为军队提供服务。南丁格尔在信中阐述了医疗设施建设如何紧跟时代发展，而赫伯特已经写信给他的朋友南丁格尔并请她提供帮助。遗憾的是，两封信同时发出，双方都等待

佛罗伦斯·南丁格尔与玛丽·西亚尔
护士行业的先锋

着对方的答复。

她带领一支由 38 名护士组成的队伍，其中包括她的姨妈麦（Mai），她们很快便跨越博斯普鲁斯海峡，遥望着广阔而破碎的于斯屈达尔[1]（旧称斯库台）军营，讨论着应当用哪种凝胶清洗部队。

正是由于报刊对这些事迹的报道，当年逾半百的胖妇人玛丽·简·西亚尔坐在位于巴拿马的酒店阳台上时，这些事迹引起了她的注意。尽管她年事已高（她比南丁格尔年长 15 岁），尽管她体形丰腴，尽管她皮肤黝黑，尽管她不具备任何正式资质，尽管她对俄罗斯一无所知，但是她深知她必须前往那里。她决定前往英国并自愿成为一名护士——并"体验光荣战争的盛况、自豪和情境"。

玛丽·简·西亚尔于 1805 年出生于牙买加的金斯顿。她是一位女性"医生"和一位名叫格兰特的苏格兰军官的女儿。因此她并非纯粹的黑人——事实上，她曾吹嘘她的血管中流淌着"苏格兰人的优良血液"。但她看上去更像加勒比黑人，她这一生都同情黑人和有色人种，并与他们感同身受。

她猜测，正是混血使她天生能够保持乐观和充满活力，使她在不少同龄人需要在他人陪护的情况下出行时，仍然能够走向世界各地。"有人曾说我像是女尤利西斯。"她骄傲地说。

当她年轻的时候，她曾前往英国、巴哈马、古巴和海地。她嫁给了一个名叫埃德温·霍雷肖·汉密尔顿·西亚尔的神秘英国男士，他被认为是霍雷肖·纳尔逊和艾玛·汉密尔顿的私生子。不管埃德温是谁，他都不具备他妻子那样的强健体质，他于 1844 年去世。她几乎没有在她的自传中提到这段长达 9 年的婚姻。

玛丽靠她的才智谋生。她精通厨艺。她能够制作咖喱、采摘番石榴和制作果冻。就像她的母亲那样，她是一名学习治疗各种可怕的热带瘟疫的女医生。

她是一个女老板，经营着一系列旅馆和疗养院，其中第一家位于金斯顿，她曾说过"我生命中最艰难的斗争之一，就是抵抗那些迫切想要穿上已故的西亚尔先生鞋子的人"。

我们有一幅玛丽在 1850 年的水彩人像画，虽然她有一点丰腴，但我们可以看出她非常漂亮，她拥有甜美而正直的外表。当她的第一家旅馆被烧毁的时候，她又修建了另一家旅馆，随后又去巴拿马经营一家极其兴盛的企业。她曾去淘金。她曾经烤食鬣蜥蜴。她曾经与著名的充满魅力的女冒险家萝拉·蒙特斯相遇（可能是虚构的）。

她总是关心所有患上霍乱的人。"我使用芥末催吐剂，热敷，在肚子和背部涂抹芥末膏药，我最初使用大剂量的氧化亚汞，随后逐渐减少药品剂量。"她说。

---

[1]. 于斯屈达尔，当年南丁格尔服务的战地医院所在地。

伦敦精神
伦敦市市长鲍里斯·约翰逊的伦敦生活指南

她为这些汤剂所取得的显著成功而自豪，但旺盛的精力让她始终乐于学习。

1849年曾爆发了一次可怕的霍乱疫情，当一个年满周岁的婴儿在她的疗养院中死亡后，玛丽在好奇心的驱使下将尸体从河岸上带了回来，并用手术刀进行了尸检。

"我无须在现场逗留，也无须向读者提供我的手术结果。尽管这些知识对我而言是新奇的、是必然有用的，但它们是任何医疗界人士都知晓的。"她本人也曾罹患疾病，但她活了下来。在1851年，她决定返回牙买加。当你考虑到她不仅是一名女性，而且是一个一辈子对种族主义感到敏感的黑人时，她的乐观和活力则更能吸引你的注意力。

在1821年，她曾与一名肤色比她更黑的年轻女性友人前往伦敦旅行。她记录到她们被伦敦街头的顽童戏弄，但没有任何警察斥责这些"小野兽"，"我们有时不得不在伦敦街道上四处绕行"。她于次年再次来到伦敦，希望可以销售她采购的西印度泡菜。

她始终认为英国的种族偏见远不像美洲的种族偏见那样糟糕。在她返回牙买加的前一个晚上，她参加了7月4日的晚宴，一个美洲人起身并发表了不知死活的粗俗言论。"感谢上帝创造了最完美的黄种女人。"他这样说道，而这番话在他的想象中是一种恭维。

"先生们，我想你们跟我一样懊恼于她不是纯粹的白人——但我相信，你们同我一样，庆幸她不是彻底的黑人。"他继续说道——请记住，这个白痴认为自己在取悦玛丽——"如果我们能够通过任何手段将她变白，她将得到任何交际场合的认可，而她无愧于此"。

这名男子可能已经喝醉，这个场合也许是在巴拿马的一家酒店中举办的派对，但玛丽并不接受这样的评价。她作出了激烈的回应。她说她乐于拥有"像黑人那样黝黑的"肤色，并呼吁"美国礼仪的全面改革"。

当她试图乘船从巴拿马回到金斯顿的时候，她经历了彼时仍然盛行于美洲的完全的隔离式种族主义。那是一艘美国轮船，当她进入公用大厅的时候，两名女士来到她的面前。

"你要去哪儿？"她们问道。

"金斯顿。"

"你打算怎么去那里？"

"乘船。"

"黄种女人，不得无礼。你打算乘坐什么运输工具？"

"当然是乘坐这艘汽船。我已经支付了路费。"她们在得知这一消息之后离开了（玛丽仍然待在原地），很快，另外8个或者9个人来到玛丽面前并将

佛罗伦斯·南丁格尔与玛丽·西亚尔
护士行业的先锋

她围住，问了同样的问题。玛丽的答案——她确实非常特别——引发了一阵暴风雨般的贬损言论。

"我认为一个黑人女子不能与我们一起待在这个大厅里。"其中一个人说。

"我以前从未与黑人同行，我希望现在不会开这样的先河。"另一个人说。

随后他们开始骚扰玛丽的女仆，并朝她的脸上吐口水。最后，一个美国老妇人来到玛丽坐的地方，给了她一些保守建议。"那么现在，我告诉你，为了你好，你最好自行离开，不要逼我的人采取最后手段。如果你执意如此，我认为你会为之后悔。"

（玛丽·西亚尔随后向女管事寻求帮助。但毫无用处。）

"在这个大厅中，"一个瘦瘦的表情木讷的女人说道，"你不能指望与白人待在一起，这是显而易见的。人性会大大恶化，这样的事情是不允许发生的。如果英国是如此对待有色人种，那是他们的事情。这里可不允许这种事情发生。"

女管事向一名支持玛丽不将座位让给他们之中任何一个人的英国人转述了这名英国女人的最后一句话。最终，这些心胸狭隘的人占了上风。玛丽和她的女仆被迫离开这艘美国汽船，她们在两天后登上了一艘英国汽船。

我们必须谨慎地评价这个故事。事实上，在这一时期，英国占据了道德制高点。整个帝国已经于1833年废除奴隶制度，而美国正因为这个问题爆发内战。也许英国人和美国人对种族一体化持有截然不同的观点。

当然，西亚尔的"自传"并非完全真实。尽管在我看来她的言谈和个性都是真实的，但毫无疑问，她的描述大都被"WJS"编辑修改，这名伦敦人为了出版发行而对它大加修饰。

永远不要忘记的是，出版这本书的目的就像是在皇家萨里花园中举办的部队晚宴那样，是具有金融性的。它的目的是要激发公众的赞赏和支持，因为他们有可能忘记玛丽在克里米亚战争中发挥的重要作用。因此，奉承她的读者并赞扬他们的善良和毫无偏见——他们不同于那些压迫奴隶的美国佬——有百利无一害。

也许真相位于两者之间。玛丽不仅对她的英国读者非常慷慨，而且以英国之名而自豪。她是以帝国为傲的子民，不管是在巴拿马还是在克里米亚，她都将她的宅邸称为"英国酒店"。

她曾谈及，她之所以治疗和帮助英国士兵是出于本能。在爱国精神和商业投机主义的共同作用下，她决定倾尽才智和力量，为克里米亚的英国军队服务。

她对回应感到失望和不快。在1854年的秋天，南丁格尔和西亚尔都身处伦敦。年仅34岁的南丁格尔作为位于土耳其的英国综合医院女性护理机构的负责人正准备出发。尽管对护士的呼声大涨，尽管针对克里米亚医疗护理的捐款源

伦敦精神
伦敦市市长鲍里斯·约翰逊的伦敦生活指南

源不断，玛丽·西亚尔却不断遭受严厉拒绝。

她前往陆军部，尝试拜访曾派遣南丁格尔的西德尼·赫伯特，但徒劳无获。一些顽皮的年轻男士找理由搪塞她，因此在前往医疗部门之前，她向总军需部门提出申请。一名男士有礼貌地听完了她的诉求。再次失败之后，她决定直接申请成为南丁格尔手下的一名护士。

她开始偷偷接近西德尼·赫伯特，坐在他那数十人来来往往的大厅之中，穿制服的仆役假笑着说，"黄种女人没有理由摆脱粗鲁无礼之名"。最后她放弃了这种方法，而去见了佛罗伦斯·南丁格尔的一名同伴。"她给了我同样的答复，我从她那面无表情的脸上，读出我不能被选中。"

作为最后的手段，她拜访了克里米亚基金的管理者，问问他们能否将她送去营地。一到那里，她坚信会有好转。但克里米亚基金拒绝了她。

没有人对她在治疗霍乱方面积累的经验感兴趣。她站在冬日的黄昏中，屈服于绝望。"感谢上帝，那是怀疑和猜忌第一次也是最后一次出现在我心中。美国人对我的肤色所持有的偏见是否有可能扎根于此？这些女士拒绝接受我的帮助，是否因为我的皮肤下流淌的血液比她们的血液更黑？"

"当我站在逐渐昏暗的街道上，泪水从我那愚蠢的脸颊上流淌下来。那是悲痛的泪水，即便所有人可以质疑我的动机，但是上帝不应拒绝向我提供我所寻求的契机。"在巨大的勇气的驱使下，玛丽·西亚尔决定乘坐自己的汽轮前往那里。除此之外，别无他法。

如果她不能加入南丁格尔的护士队伍，她将以随军小贩的身份前往那里，即作为在战场上向军队出售食物的军队追随者或供应食物者。她经由马耳他航行至君士坦丁堡，并在途中遇见了一名医生，这名医生为她给南丁格尔写了一封介绍信。

她揣着这封信，随后租用了一艘帆船启程前往医院所在的塞利米耶军营。海面波涛汹涌，海水在船身上进进出出。"时间和困难使我拥有了非常丰满、魁伟的体形——这是众多消瘦的美国女人所艳羡的——而且，我因为熟悉博斯普鲁斯海峡的环境而甚少身处险境。"

轮船很快便抵达了死气沉沉的军营，南丁格尔已在那里工作数月，而威严的加勒比妇人开始爬上高高的大门。

当佛罗伦斯·南丁格尔抵达斯库台的时候，映入眼帘的场景如同地狱。因俄罗斯大炮而致残的士兵们躺在病床上，长达4英里的病床紧密地排列在一起，它们挨得如此之近，以至于一名护士都难以从中间走过。这个地方爬满了老鼠和其他害虫。地板已经腐烂。士兵们不具备基本的物质享受，比如说脸盆、毛巾和肥皂。最糟糕的是，医院的地下室积满了大量污水，这个所谓的救死扶伤

佛罗伦斯·南丁格尔与玛丽·西亚尔
护士行业的先锋

之地，充斥着一股可怕的气味。

通过利用她的统计和数学知识——这些知识是她父亲违背她母亲的意志而传授给她的——南丁格尔指出，如果士兵仍然以这个速度死亡，那么军队很快就会所剩无几。无视性别歧视的军队医疗人员的抗议——他们轻蔑地称南丁格尔为"小妞"，并称她的命令"滑稽可笑"——南丁格尔坚持为士兵们提供报刊、经过适当烹煮的食物和牙刷。

"牙刷对于一名士兵而言又有何用？"她的一个反对者这样说道。南丁格尔征服了他。如果有人说某件事情是不能完成的，她会说，"但它必须被完成"，尽管她从未拔高嗓门，但她发现事情被完成了。

她尝试通过打开窗户来解决气味问题。她将管道固定。她削减了妨碍物资送达的繁文缛节。在她抵达医院之前，她已设法清洗大量衣物。南丁格尔成立了洗衣房。

根据利顿·斯特雷奇所说，值得高兴的是死亡率因此而开始下降——从 42% 减少至 2%。事实上，佛罗伦斯·南丁格尔大大改善了医院条件，这无疑拯救了许多人的生命。但她仍然不知道——仅胜过埃德温·查得威克——卫生保健与疾病之间的所有关联。

在 1854 年，也就是在南丁格尔出发不久前，约翰·斯诺得出了正确答案，并就此推测霍乱的致病因子产生于水源。这个突破没有得到广泛的认可。可怕的真相似乎是死亡率竟然在佛罗伦斯抵达后的 6 个月中增加了，而斯库台是这个区域中最令人印象深刻的瘟疫之房——在她抵达后的第一个冬天，4077 人在那里丧命。

这个死亡之房正是朝圣者西亚尔当时抵达之地，她下定决心在那里得到斯库台的天使的称号。

咯吱作响的门打开了，一名护士默许了她的进入。受伤的士兵也许已经被配备了报刊和牙刷，他们或许已经放弃咒骂南丁格尔的出现——但他们的状况仍然非常糟糕。玛丽·西亚尔开始在病床周围行走，据她自己所说，她开始为士兵们的处境而哭泣。

其中有些人是西印度群岛的老兵，他们通过她的金斯顿旅馆认出了她。一名上士大喊道"西亚尔大妈，西亚尔大妈"，并在跌在枕头上之前伸出了他那虚弱的双臂，他的光头上有一道可怕的伤口。玛丽不想显得太过冒昧，但由于似乎没有人对她感兴趣，她开始着手做一些护理工作——一会儿在这里更换滑落的绷带，一会儿又在那里放松过紧的绷带。

南丁格尔在哪儿呢？她最终找到了愿意读这封信的护士。"西亚尔夫人，"她一边翻阅着手中的文件一边问道，"你来这儿的目的是什么呢？""好吧，"

伦敦精神

伦敦市市长鲍里斯·约翰逊的伦敦生活指南

玛丽说,"我只想派上用场。"(就像她说的那样,她认为她能够不求回报只求果腹地为受伤的士兵们服务。)

结局是,她再次遭到委婉拒绝。"南丁格尔女士负责管理我们整个医院的员工,但我认为没有任何空缺……"

在她彻底拒绝之前,玛丽打断了她,并说她将在几天内前往前线。这名质问者显然因此而大吃一惊,她匆匆离开,将玛丽留在医院的厨房中。半个小时之后,出现在她面前的是佛罗伦斯·南丁格尔本人——"那个名垂千古的英国女人,听起来像英国男人在死期来临之前哼出的音乐"。

根据玛丽的描述,南丁格尔是一名身材苗条的女性,她用一只手的掌心轻轻地托着她那苍白的脸颊。她的表情热切而好奇,只有她那轻击地面的右脚显示出了她的不耐烦。"你想要什么,西亚尔夫人?凡是我们能为你做的事情——如果在我的权力范围之内,我将乐意效劳。"

玛丽会说什么呢?她显然不想待在医院中。她不假思索地说,她不想连夜赶回君士坦丁堡,并提到帆船的危险性。

医院中有任何供她休息的地方吗?最终,她在洗衣妇的宿舍中找到了一个睡铺,那里的跳蚤在她那丰腴的身体上饱餐一顿。"我敢保证,"她在她的回忆录中打趣道,"我认为跳蚤是整个土耳其唯一勤劳的生物。"

她带着浑身的跳蚤离开了南丁格尔的地盘。很快,她抵达数百英里之外,身处巴拉克拉瓦码头——一个身着明黄色连衣裙的胖妇人,忙碌地照顾着那些被转移到船上的残缺不全的男人。

只有在看见老大妈西亚尔的时候,缺胳膊少腿的士兵们才会发出欢乐的叫喊声(玛丽是如此吹嘘的),并热血澎湃地发誓重新回到战场上。"永远不要为我担心,西亚尔阿姨,"一名拥有蒙蒂·皮桑尼斯科式热忱的男士说道,"我会充分利用俄罗斯人给我留下的那一条腿。我将毫不畏惧地再次出现在他们面前。"

仅在几周之内,她在斯普林希尔找到了一个位置,该地距离巴拉克拉瓦约两英里。尽管遭受洪灾和盗窃,尽管她的土耳其木工无能,她仍旧建起了她的最新的"英国酒店"——一座由废铁、旧包装箱和浮木构成的西斯·罗宾逊式建筑,建筑物的屋顶上飘扬着一面巨大的英国国旗。

建筑物的内部全都非常舒适和温暖,直到1855年的圣诞节,西亚尔老大妈的宅邸成为了克里米亚最受欢迎的地方。那里有喧闹的葡萄干布丁盛宴,以及佐餐的红葡萄酒和苹果酒。她制作的八宝粥是如此受欢迎,以至于残废的士兵们为了吃到它而蹒跚地离开营地,军官们试图从她那仍然温热的烤箱中撬走她的蛋挞。

佛罗伦斯·南丁格尔与玛丽·西亚尔
护士行业的先锋

当西亚尔大妈不再依靠她的厨艺和饮品赢得不朽的热爱时，她展示出了普通女性所不具备的勇气。

当然，佛罗伦斯·南丁格尔本身也是勇敢的。她前往前线视察医院，并在那里停留了数日。她在大雪中站了几个小时。她穿过沟壑，在夜深人静的时候才拖着精疲力竭的身体回到她的小屋之中。但就无所顾忌这一点而言，南丁格尔彻底被西亚尔打败。

由于玛丽·西亚尔寻求刺激且不顾安危，她屡次身处于俄罗斯大炮的射程之内——那些被固定在地面的大型战舰大炮总是瞄准英军所在之地。子弹被投射到她的小骡子前的草地上，而战士们大喊道："卧倒，大妈，卧倒！"

有一次，一个炮弹从头顶上呼啸而过，她猛地卧倒在地面上，以至于她的手指永远弯曲变形。她目睹了卓尔纳战役的爆发，并照料了在战场上受伤的法国人、撒丁岛人和俄罗斯人。一个俄罗斯人的下颌遭受了严重的射击，西亚尔本能地用手指取出了他下巴中的子弹，使他免受死亡痛苦的折磨。

笑容慢慢在这个俄罗斯人的脸上绽放，随着西亚尔用手指快速捂住他的嘴巴，他死了。她将在她的后半生中背负这个伤痕。她是在围攻之后最先进入塞瓦斯托波尔的公民；她是一名生活的热情追逐者；她老谋深算（她曾经试图用面粉遮盖一匹劣马身上的秃斑，并将其卖给一些法国军队）；她似乎在医药方面非常成功。

无论她那当医生的母亲曾经教给她什么关于芥末催吐剂的知识，都发挥了作用。我们有官兵们提供的大量证明书，他们声称她治好了他们的肠道问题。"她异常成功地诊断和医治了各种各样的人。"威廉·拉塞尔说道，这名时报记者是使玛丽为公众所知晓的关键人物。

显然，到战争结束之时，她的名气大涨——几乎与南丁格尔不相上下。在皇家萨里花园的盛大晚宴前不久，时报宣布，"英国军队的女主管那令人钦佩的画像复制品"在位于摄政街的皇家理工学院出售，其标价分别为5先令、10先令和2英镑。她之所以名声大振，不是因为她是一个和蔼可亲的怪人，而是因为她为战争做出的贡献。

英国护理诞生于克里米亚战争的恐怖之中，似乎西亚尔和南丁格尔与它的起源密切相关——至少在初期是如此。护理的概念包括系统地处理疫病的症状，它现在被理解为城市生活的一个重要组成部分。

维多利亚时代的资本主义所取得的胜利带来了人口的繁荣，随之而来的必然是疾病的爆发。护理是人类对之反击的组成部分。在1855年，南丁格尔和西亚尔试图应对军队中的传染性疾病，伦敦人也于同年开始处理城市中某些最可怕的污染源。

伦敦精神

伦敦市市长鲍里斯·约翰逊的伦敦生活指南

史密斯菲尔德市场是一个恶臭的屠宰场，那里充满了粪便、血块和怒吼的垂死动物。为了卫生保健，这个市场被转移到了伊斯灵顿。同年，国会试图通过成立都市工作委员会来处理各种污水的组织争吵不休，这是现代人首次尝试在伦敦创建一个中央市政机构——也是今天的大伦敦市政府的原型。

到了1858年，河水的气味已经浓烈到使人神志不清，国会议员们无法继续容忍，而约瑟夫·巴扎尔杰特受托修建了这座城市至今仍旧依托的大型下水道系统。伦敦的统治者最终掏了腰包。

如果让穷人生活在肮脏和拮据的环境下，他们的疾病也会传染给富人。贫民窟开始被清理。在1867年，巴纳德医生推出了一个极好的活动来帮助居住在伦敦东区的孩子们。在1870年，皇家道尔顿洁具生产了瓷马桶，这种马桶不容易藏污纳垢。

卫生保健和通风的概念，确定了仍为英国资产阶级人士所喜爱的延展式排房的窗户和围墙的法定比例。1875年，《公共卫生法》规定，为了提高体能，公园应当按照这种方式设计。

那时有一千种以人类健康为名义的新制度，但没有一种像南丁格尔和西亚尔所推崇的简单想法那样意义深远：当人类患病的时候，一名专业护士将大大提高他们的存活率。在佛罗伦斯·南丁格尔逝世40年后，英国创建了国民健康保险制度，它的核心原则是每个人——就像克里米亚的士兵那样——应根据他们的需求而不是他们的支付能力接受医疗护理。

这或许不足为奇，在那个时期——20世纪中期，即在我出生不久前——玛丽·西亚尔已被人们遗忘。在克里米亚战争结束后几年，她被人们誉为一名伟大而勇敢的老妇人。她参观了营房并受到了那些仍记得她的部队的爱戴。她被不同的小王室成员聘用，并成为了其中一个人的按摩师。

一段时间之后，她的传奇色彩在变化无常的消息中褪色。她最终在帕丁顿死于"中风"，至少享年76岁。

而佛罗伦斯·南丁格尔的名气却越来越响，她继续公开地朝着圣徒前进。她在梅菲尔区居住，与一名年迈之人住在一起，以便吓走众多仰慕她的人（特别是西德尼·赫伯特和诗人阿克劳夫）。她撰写了数卷关于护理的百科全书；她将专业护士引进济贫院——因此她可以被称为是国民健康保险制度之母；她为医院进行了卫浴设计。

玛丽·西亚尔不具备南丁格尔的理论视野或抱负。她并不富有。她并非出身名门。她不具备关于统计学的知识。这一切都能够解释她的名声的下滑，然而，这不足以解释战后举行的、向她表示敬意的庆祝活动中一个引人注目的疏忽。

她的西亚尔基金得到了威尔士亲王（25英镑）和他的弟弟爱丁堡公爵（15

佛罗伦斯·南丁格尔与玛丽·西亚尔
护士行业的先锋

英镑）的支持。但她从未得到其他许多人所享有的认可。她从未受邀见到女王。

我们在伊斯灵顿小学看到的那种感人的颁奖仪式，以前从未有过。没有迹象表明，种族对于维多利亚女王而言是任何障碍。正如海伦·拉帕波特曾令人信服地表明，女王显然是色盲。她接见并祝福了整个帝国的所有种族的子民。在维多利亚女王本人的大量书信和日记中，我们找到了涉及乔赛亚·亨森、里克斯夫人、萨拉·福布斯·博内塔、杜立普·辛格和阿拉玛尤亲王——她曾接见过的所有人。

当你考虑到玛丽·西亚尔的名声和她赢得的民心，以及她在其他皇室成员那里获得的支持，她没有获得任何谒见机会是令人吃惊的。据拉帕波特说，有人必定已经令女王厌恶玛丽·西亚尔——而这个人肯定是佛罗伦斯·南丁格尔。

当"提灯女神"从克里米亚返回时，她立即被传唤到巴尔默勒尔，这两名女士在几次晚宴上谈论了战争和护理困难。在这些交流中的某些阶段，女王必定问及玛丽·西亚尔，南丁格尔似乎在某些时刻悄悄说了坏话。

我们有一封南丁格尔写给她姐夫、自由党国会议员哈里·弗尼爵士的信。这封信的顶部写着"烧毁"，暗示其他类似的评论应当被焚烧。南丁格尔说，西亚尔"对男士非常体贴"，并且"做了一些好事"。但麻烦在于酒精。

玛丽"使很多人酗酒"，虽然她并没有将西亚尔的"英国酒店"称为一所"糟糕的房子"，但她称其"并非与糟糕的房子有何不同"。她还补充道："不管在哪里，任何雇佣西亚尔夫人的人将会得到很多帮助——但也会得到很多醉酒和不当行为。"

陪审团的女士和先生们，我认为我们已拥有足够的证据。可怜而又善良的玛丽·西亚尔被剥夺了至高无上的礼物——觐见女王陛下的机会，换言之，一枚佩戴在胸前的锡制珐琅胸章——因为她一直被佛罗伦斯·南丁格尔暗中打压。

就算她用她的"一流"葡萄酒酒杯将人们灌醉那又如何？就算她有一个美丽的私生女在"英国酒店"中为她帮忙那又如何？就算某些法国官员因醉酒而试图与她打情骂俏那又如何？

她是一名充满活力且积极进取的女士，她为许多病人做了大量好事。但我认为我们仍然可以原谅佛罗伦斯·南丁格尔，即便她的罪名确实成立。她拥有最伟大的维多利亚时代名人的天生的自我信念，她想要改变世界。她想从根本上改变人们看待护理、看待女性的方式，这意味着女性和职业将被严肃对待。

这并非因为她是一个社交界女王，或是她想成为英国军队的女主管人（尽管这很有可能是原因之一）。这并非是说她出于个人原因责难酒精和性（尽管这可能影响了她的态度）。

原因在于她担心玛丽·西亚尔的酒精和消遣可能有损于她想做的事情。如

伦敦精神

伦敦市市长鲍里斯·约翰逊的伦敦生活指南

果你想得到她也十分仰慕她的黑人对手的证据,已被证实的是,南丁格尔本人向西亚尔的基金捐赠了相当可观的数目——但是是匿名捐赠的。

如今,西亚尔的支持者们建议,在圣托马斯医院的场地上树立一座纪念她的雕像,而南丁格尔在那里创办了她那著名的护士培训学校。维多利亚时代的拘谨埋没了她,而在不久之后,政治正确性抬举了她。

* * *

西亚尔对于酒精的态度得到了大多数伦敦人的支持。首都的人均酒馆数量虽比不上伯明翰或者曼彻斯特,但是只需在白教堂路上走一遭,你就能发现 45 家小酒馆。在每一个街角,都有一家酒馆。但是,酒馆并不只是喝酒醒神之所。

在酒馆,你可以寻求医疗建议、找到贷款和工作、讨价还价、了解联合会活动、参与政治辩论——还有妓女、八卦、热情、食物和酒水。你还可以到那里去阅读这个城市大多数人都在看的报纸。

在公交车上,在令人惊奇的新地铁上,在咖啡屋吃廉价早餐时,在餐厅吃大餐时,在城市的各个地方,都能看到读报纸的人们。伦敦的新闻界在 18 世纪的喧闹中扮演了光辉的角色。当时的报纸上还会出现大量低俗无礼的漫画,而当今时代则再也看不到了。

但是公平地说,在 19 世纪中后期,大多数的伦敦报纸都开始偏于严肃。W.H. 罗素[1] 和《泰晤士报》参与了让佛罗伦斯·南丁格尔享誉全国的斯库台丑闻的披露。整体来说,维多利亚时期的价值都源于新闻报道。

---

1. W.H. 罗素,《泰晤士报》的一名记者。

@ 约瑟夫·巴扎尔杰特与伦敦下水道

　　1848年秋天，超过14000名伦敦人在伦敦有史以来最严重的霍乱疫情爆发中丧命。当时，诸如佛罗伦斯·南丁格尔和伦敦助理行政长官威廉·法尔医生等杰出人士所拥护的主流医学意见表明，这些爆发于19世纪早期和中期的可怕霍乱疫情，都是由糟糕的空气和粗劣的卫生条件造成的。正是他们的影响力，使他们的观点掩盖了一名默默无闻的英国医生提出的观点，他声称，自己发现了霍乱与被污染的水源之间的关系。

　　这个人是约翰·斯诺医生，他的理论可能永远不会得到认可，因为研究1848年霍乱爆发事件的医疗部门，并没有注意到一个显著的关联性——霍乱的爆发正是始于一个将伦敦现有的污水排入泰晤士河的项目。这个项目是由都市污水处理委员会推出的，旨在提升伦敦下水道处理过去五十年间翻了一番的人口产生的生活污水的能力。约瑟夫·威廉·巴扎尔杰特是这个项目的助理建筑师。

　　8年后，巴扎尔杰特升职为新成立的都市工作委员会的首席工程师，并着手从工程和医学的角度分析问题。现有的伦敦下水道系统，将地表水和夜晚排出的大量未经处理的污水引入泰晤士河中。他所设想的大胆计划，是创建一个新的自动净化式地下污水管道系统，它包括了源自于1000多英里的新型街道下水道的长达82英里的超级下水道。这是一个规模空前的工程计划。自从阿尔弗雷德在罗马城的废墟之上进行伦敦重建，这座大都市就再未进行这样的结构改动。由于尚没有人具有这样的先见之明，政府曾先后五次驳回这个计划。

　　政客们之所以反对这个计划，并非仅仅因为他们目光短浅。巴扎尔杰特的项目需要时间、空间和类似铁路和公路系统扩张的新地下工程的支持。

　　在1858年夏天的"大恶臭"之后，当污水的气味变得愈发糟糕，许多国会议员逃离城市，当权者的态度软化并同意了这名留着小胡子的工程师提出的计划。获得批准的巴扎尔杰特就像所有拥有公共资金资助项目的优秀工程师那样，迅速地将计划规模翻番——这是伦敦人尤其应当感激的。在根据人口密度仔细计算了每根污水管道的宽度之后，在城市将进一步发展壮大且他们只想一步到位的前提下，卓有远见的巴扎尔杰特将计算结果翻倍。根据最近的研究，如果他保持原有的计算数据，这个下水道系统早在20世纪60年代就已经饱和。巴扎尔杰特的杰作成为了全世界羡慕的对象，从纽约到新西兰的各国城市都将其作为城市下水道系统的设计蓝图。

伦敦精神
伦敦市市长鲍里斯·约翰逊的伦敦生活指南

全世界有目共睹的是，巴扎尔杰特设计的下水道系统，不是将污水排入供水系统，而是使污水远离都市，从而使霍乱远离伦敦。事实上，这是这个项目所带来的意料之外的衍生成果，然而这似乎是与巴扎尔杰特那伟大的远见相称的成就——现在，唯有新一代的超级下水道才能取而代之。

第十七章

W.T. 斯特德

通俗新闻业的发明者

1885年7月4日星期六，《波迈公报》的读者们得到了一份关于什么内容将出现在下周报刊之中的预告。它不像一个宣传广告，反倒像一个令人毛骨悚然的警告。

"所有那些过于谨慎的人，所有那些假装正经的人，所有那些喜欢生活在由虚构的天真和纯洁所构建的愚人天堂之中的人，所有那些无视生命被伦敦地狱般生活所折磨的自私的人，最好不要阅读星期一和接下来三天的《波迈公报》。"

不像许多报刊那样，接下来出版的报纸大大辜负了关注者的兴奋心情。在7月6日星期一，在所有国民忐忑的目光下，《波迈公报》掀开了维多利亚社会中心最大的平坦石块之一。

在6页橘子酱色的报纸中，报刊揭露了维多利亚时代的卖淫真相。或者，至少它揭露了编辑所构思的真相，该编辑名叫威廉·托马斯·斯特德，是一个留着大胡子、来自北方的基督教福音狂热传道者。

斯特德在过去的几周中花费了大量精力撰写这篇文章，他将其命名为"现代巴比伦的少女贡品"。现代巴比伦指的是伦敦，而少女贡品是居住在伦敦的5万名年轻女性。她们是男性欲望的牺牲品，斯特德说，就像是被献给人身牛头怪物的雅典少女。

斯特德和同伴在维多利亚时代的伦敦的穷街陋巷中行走，拿着笔记本采访了所有涉及这一卑劣交易的人。

"几天几夜以来，我似乎被迫喝下了被诅咒的尸体中流下的脓水"，他喘着气说。他与皮条客交谈，与老鸨交谈，与那些被迫将自己的女儿卖给他人做

伦敦精神
伦敦市市长鲍里斯·约翰逊的伦敦生活指南

性奴的贫穷的酗酒父母交谈。他与一名担任国会议员的老色鬼交谈，这名议员恬不知耻地说自己经常贩卖年轻处女。

他在伦敦警察厅找到了一个经验丰富的警务人员，并问他怎样弄个未成年少女。"是不是我只要前往特定的地点，做自我介绍并支付金钱，管理人就会在适当的时候给我提供一名女佣——我的意思是说一个真货，不是装作处女的妓女，而是从未发生性关系的女孩？"

"那是当然！"这名法律工作者毫不犹豫地回答道。

"需要花费多少钱？"他问道。这名警察认为大约需要20英镑。斯特德现在谈到了关键问题——他想要揭露的真相。

"这些年轻女性，"他问警察，"她们自愿接受这些可怕的诱惑，还是说她们是被……强迫的？""好吧，"警察说，"据我所知，她们一般都不愿意。"

"那么，你的意思是说，"斯特德说道，新闻标题已经浮现在他的脑海中，"从法律上来看，那实际上是真正的强暴，居住在伦敦的本不情愿的纯真少女，不断被妓院的管理者提供给有钱人？"

"是的。"乐于助人的警察说道，当然，斯特德的故事已初具雏形。现在，强奸罪和非法勾当，使他有理由为他的读者们提供卖淫的故事，并使他满怀热情地进入了这个人间地狱。

"我们正在寻找大规模的强奸犯罪，"他告诉他的各阶层读者，"这样的行径必须被制止。这是特权阶层对普通民众的虐待。这是对穷人女儿的彻底侵犯，这会导致动荡，甚至是革命。"

"这是强大到足以摧毁王权的爆炸性新闻。"他必须实施这一切——为了拯救这个国家和女王陛下——证明他是正确的。

说斯特德的文风猥亵不过是一种保守说法。他没有针对这一事件为自己辩护，而是使读者去关注女性贞操的问题——女性贞操价值几何，如何验证女性贞操，以及失去贞操的恶劣环境。

在《波迈公报》这篇令人惊异的报道中，我们见到了最好的、最强大的新闻小报惯用伎俩的诞生。你通过发表某些关于人性弱点或性习惯的谴责来使读者在道德上站在正义的一方。通过详细说明你旨在谴责的内容来刺激读者，从而吸引他（当然还有她）的眼球（并增加订阅量）。

为了更凸显反差，斯特德指明性销售以及谈论性的最佳方法，是在道德运动中揭开它的面纱。他找到了一种谈论某种原本禁止谈论的东西的策略。

他拜访了那些鉴定女性贞操的妇女，其中一个人告诉他，"如果你从事这一行，你很快就能够分辨一个孩子是否未经人事"。他告诉我们，有一个老色鬼只会被14岁的女孩激起欲望——而且只有在她们被绑在床上的时候。他前往

W.T. 斯特德
通俗新闻业的发明者

不同的犯罪场所并对其表示异议——即实施强暴的静音室和地下室。

有时，这些恶名昭著的房屋从外面看上去没有任何异常之处，伦敦西部的一座豪华别墅——一栋粉刷过的漂亮房子，现在成为了国际银行家们的花园。"想要在一个不成熟的孩子的哭声中，享受独特奢华与狂欢作乐，需要一间填充室、暗室或是地下室。"

邻居们将永远不会干涉，他这样说道，并告知颤抖的公众，"你可以享受女孩的尖叫，并确信除了你之外没有人能够听见。"显然，除了他的所有采访和引用之外，斯特德认为，他必须做更多的事情来说服他的读者们。

他需要明确地证明，年仅13岁的女孩也被购买和强暴。他需要向他的读者们提供目击证据，以及相近的目击报告。他需要提供确凿的证据。他这样做了——而那显然是搬起石头砸自己的脚。

他与一个名叫莉莉的13岁伦敦女孩的故事，很快将他的伦敦卖淫报道推到高潮。他隆重但神秘地告诉我们："我的个人经历能够证实这个故事的真实性。"

莉莉几乎生活在社会金字塔的底层。据斯特德所言，她是数以千计的贫穷中产阶级仆人之中的一员。她是一个"勤劳的、热心的小东西，一个能吃苦耐劳的英国小孩，她的皮肤有些粗糙，她有着深蓝色的眼睛和短小结实的手指"。她能够读书写字，甚至能够创作关于她的梦想的小诗。然而，她没有充分发展她天分的机会。

她那酗酒的母亲为了金钱将她卖给了一个老鸨，而她那酗酒的父亲对此漠不关心。她被带到一名助产士那里，经检查发现她是一个处女。斯特德写道，这个女孩的年轻和纯真，激起了这个老流产者的怜悯之心。

"可怜的小东西，"她感叹道，"她还如此年幼，她的疼痛感必定极强。我希望你不会对她太过残忍。"为了缓解疼痛，她提供了一个装有氯仿的小药瓶，并收取了1英镑10先令——这个价格是它的实际价格的多倍，其中，1英镑1先令是童贞证书的价格。

这个女孩被带到了摄政街附近一所恶名昭著的房子中。"一切都是安静而停滞的，"斯特德说，"这个世界的可怕结局即将被揭开。"

几分钟后，买方进入了卧室。他关闭并锁上了房门。片刻的安静之后，响起了一阵失控而可怜的哭声——不是大声的尖叫，而是一种无助的、吃惊的尖叫，就像是受惊的羊羔发出的咩咩叫声。随后，小孩子用恐怖的声音开始哭泣，"有一个男人在房间里！带我回家，噢，带我回家！"

"随后一切再次恢复了平静。"

你会毫不惊讶地发现这个东西在伦敦人之中大受欢迎。斯特德的故事就像是在城市上空响起的霹雳。由于对这种话题的反对，W.H.史密斯拒绝采购这种

伦敦精神
伦敦市市长鲍里斯·约翰逊的伦敦生活指南

报刊,但人们等在《波迈公报》的办公室外,希望能够加印此报,当他们拿到报刊时便迫不及待地读了起来。

由于人们偷偷在厕所中阅读《波迈公报》,或者摘下大礼帽放在膝盖上,在火车上阅读此报,《波迈公报》的销售量猛增至13000份。对于36岁的斯特德而言,这是他那起起伏伏的职业生涯中最显著的胜利。

这篇耸人听闻的小报文章的原著者于1849年7月5日出生于恩布尔顿的诺森伯兰村。作为一名公理会牧师的儿子,他在5岁的时候就能够流利地阅读拉丁文。在凭借一篇关于克伦威尔的文章获得学校颁奖之后,他得到了詹姆斯·拉塞尔·洛威尔的诗集,洛威尔作品中深刻的青少年宗教经验,激发了斯特德的救世主信仰,他认为自己能够纠正这个世界之中的错误。

洛威尔曾撰文指出,一名编辑的任务是成为社会的摩西:"找到我们的工厂和城市之中的新法则表",并"成为将人们引入一个拥有更真实的社会秩序的迦南的领导者"。

这是一个启示,斯特德说,也是他的个人社论宣言。"我觉得我手中的神圣力量应当代表穷人、被驱逐者和被压迫者。"

在年仅22岁时,他成为了《北方回声报》的编辑,并推出了他的第一个巨大的论战运动:反对英国默许保加利亚的暴行——12000名保加利亚人在1876年的大屠杀之中被土耳其人杀害。

1880年,他的充沛精力和才华使他来到了伦敦,他认为这里的日报已经无可救药了。它们的排版糟糕,全都显得拥挤不堪,并且令人遗憾地缺乏活力和卖点。"它们是胡言乱语的作品,"他说道,"缺乏分量、影响力或者代表性人物。"

在1883年,他对贫民窟建筑物发起猛烈攻击,加速了新法的诞生。次年,他发动了一场名为"关于海军的真相"的论战,此举令政府困窘,筹集了350万英镑对英国舰队进行更新。

并非人人都喜欢所谓的"新报刊杂志"。诗人阿尔杰农·查尔斯·斯温伯恩将《波迈公报》称为"粪山公报"。马修·阿诺德将斯特德称为"蠢脑袋"。

更危险的是,斯特德遭到了对手报刊的嫉妒。在自行调查13岁的"莉莉"的悲剧故事时,时报的几名记者发现,事实并非如此简单。

在故事发生不久后,国会在媒体和公众的巨大压力之下,将成人的法定年龄从13岁提高至16岁——这正是斯特德想要的答案。有些国会议员对此半信半疑,不管是因为他们的个人偏好,还是因为他们反对因为媒体而自乱阵脚。

内阁大臣威廉·哈克特威爵士请求斯特德停止工作。"除非你通过法案,"斯特德说道,"并命令新闻界再次运转。"在7月8日星期三,即在莉莉的故

W.T. 斯特德
通俗新闻业的发明者

事发表后一天，国会再次接受这项法案，并于 8 月 7 日以法律形式通过。

的确，新闻界如今是强大的；的确，它拥有在关于性和道德的问题上威吓政客的能力（这让人想起了《世界新闻报》以及它对恋童癖者发起的猛烈抨击）。但即便是丽贝卡·布鲁克斯身处权力的巅峰之时，也无法像斯特德那样，凭借一己之力改变政府的意志。

然而，他的荣耀是短暂的。可怜的小莉莉和她被"强暴"的故事逐渐开始浮出水面。首先，她的母亲站出来说她不知道她的女儿——她的真实名字是伊莉莎·阿姆斯特朗——被出卖并成为妓女。随后，她那酗酒的父亲也告知雀跃的媒体，没有任何人曾就这一问题请教他。

最后浮现的是伊莉莎的恶魔式的男"买主"，这个在最高潮的一幕降临在她面前并将她吓坏的男人，（当然）不是别人而是斯特德自身。作为一名终身禁酒主义者，他在进入她的房间之前，显然喝下了一整瓶香槟壮胆。

欢闹、丑闻和愤怒交织在一起。斯特德不仅仅因为捏造事实而有罪。他似乎违反了他在不久前成功推出的根本法律。尽管他没有触碰伊莉莎（他只是想表明什么可能发生），他和其他计划者，包括助产士和老鸨，被指控绑架未成年少女。

这名反对卖淫的英雄式活动家被宣布犯有绑架罪和非法购买罪，并被判处 3 个月有期徒刑，他主要在霍洛威服刑。他后来宣称，自己在监狱中度过了一段非常灿烂的时光，并编辑了公报。但他的新闻工作生涯从未完全恢复。

他离开了《波迈公报》。《波迈公报》后来逐渐衰落并最终于 1921 年被《标准晚报》吞并。他创立并编辑了《评论回顾》，他在其中对当代名人进行人物描写，并写出了类似于"残杀婴儿被作为一种投资"和"梅布鲁克夫人应该被折磨致死？"的不朽新闻。在 1893 年，他推出了他自己的"日报"，但他的名声因为他反对波尔战争而受损。

他日益沉浸于唯灵论和宣传世界和平的运动之中——因此，他曾几次被诺贝尔奖提名——他开始变得难以摸清读者的喜好。

如果我们撇开他偶尔的荒谬言行，以及"少女贡品报道"的失败，斯特德具有某些令人难以抗拒的东西。他热爱并且关心新闻业，由于他对采访、肤色、引文、名人和轰动性事件所拥有的兴趣，在我看来他彻底改变和革新了他所在的行业。

难道还有其他编辑能够凭借个人力量创办两种报刊，至少在三个场合中迫使政府立法，并且雇佣奥斯卡·王尔德和萧伯纳担任评论家？他工作非常努力，每日从温布尔顿搭乘火车并于早上 8 点 20 分抵达办公室。在那个时候，他已经读完了报纸上包括调查在内的所有内容——即便他的一天开始于玩乐，穿着晨

伦敦精神

伦敦市市长鲍里斯·约翰逊的伦敦生活指南

袍让他的每个小孩骑一骑他拥有的驴。

当然，他是好色的，以典型的维多利亚时代的人的方式。林恩·林顿夫人甚至说他"通过皮肤渗出精液"，无论她这番话的意思是什么。但是他对"少女贡品"运作的设想，几乎是没有错误的。

如果他的方法有缺陷，我们也会为他辩称，这是新闻调查在这个世界上最初取得的成就之一。即使小莉莉的故事受到阻碍，但斯特德揭露了真正的残忍和虐待，并为社会作出了贡献。

斯特德在1912年4月15日去世，这仍然是二十世纪最大的新闻故事之一。他不需要杜撰任何语录；他不需要任何人为他扮演任何角色；他不需要阻碍故事的发展。他那令人难以置信的眼睛，早已洞察了整个事件的始末。

唯一的遗憾是他是无法复制的。他前往纽约追求世界和平（后来有人说诺贝尔和平奖等待着他），并通过某种方式预订泰坦尼克号的首航船票。

凭借典型的先见之明，他发表了《一艘装配了过少救生艇的油轮进入大西洋中部会发生什么》、《白星航运公司营救一艘撞上冰山的船舶的幸存者》的文章。据幸存者菲利普·莫克（Philip Mock）所说，他最后被发现时正与约翰·雅各布·阿斯特四世（John Jacob Astor Ⅳ）一起抓着救生筏，直到他们的双脚被冻僵，才不得不放开双手。

另一则报道说，在晚间早些时候，他曾英勇地帮助一些妇女和儿童进入救生艇。随后，他进入了头等舱的吸烟室，点燃一支雪茄，并开始阅读一本书。我希望他被迫效仿某些缺乏原则的男士，在救生艇中找到一席之地；然而，按照某些非常伟大的记者的传统，他为自己找借口——并留下来。

* * *

任何一个看过詹姆斯·卡梅隆优秀灾难电影《泰坦尼克号》[1]的人都知道，这艘船上的等级制度非常严厉。有钱人和有钱人一起，他们住在豪华舱；而充满友爱彼此关系密切的第三阶级乘客都会打上印记，被分配住在潮湿的船舱里。

它大致代表了一个还剩两年寿命的世界。1914年，伦敦人陷入了第一次世界大战的战火之中。对于英国及其在这个世界上所建立起来的经济政治霸权来

---

1. 泰坦尼克是一艘奥林匹克级游轮，是当时最大的客运轮船。1912年4月，泰坦尼克号从英国南安普敦出发，途经法国瑟堡-奥克特维尔以及爱尔兰昆士敦，开始其处女航，计划中的目的地为美国纽约。1912年4月14日，船上时间夜里11时40分，泰坦尼克号撞上冰山；4月15日凌晨2时20分，船裂成两半后沉入大西洋。两年后，第一次世界大战爆发。

W.T. 斯特德
通俗新闻业的发明者

讲,这是一场与日俱增的灾难。单是伦敦,就有12.4万名年轻人被送往战场受到屠杀,大多数都阵亡在战略上极度愚蠢的西部战线。在伦敦,十个人中就有一人在二三十岁的年纪牺牲。这个城市中几乎每个家庭都受到了这场大灾难的影响。

妇女的解放速度越来越快,这虽惊人却也是必然,同时还大大削弱了顺从和尊重的传统文化。战前的阶级体系在这样的大屠杀面前未能幸存。《唐顿庄园》的世界(如果它曾真的存在过)已经不复存在。正如温斯顿·丘吉尔在"二战"中的发现,英国军队不再认为他们的将军在邀请他们为国捐躯的时候是多么的英明神武。

换一个角度而言,第一次世界大战对伦敦来说也并非一无是处。女性工作难的问题有所缓解,数千女性得以前往军工厂任职。整个战争期间,女性解放几近黄金时代。你们是否还记得贝杰曼[1]在20世纪30年代创作的有关大都市郊区的挽歌?或者想想《淘气小威廉》的故事,讲的是成长于树木丛生的极乐世界的一个小男孩,他喜欢在溪流中逗弄鲑鱼,与他的忠犬四处漫步,在破败不堪的谷仓里玩游戏。那就是战争中的布罗姆利,一个小女孩可以在树林中漫步的世界。正如老笑话所说,流浪汉无所畏惧。

伦敦越来越大,各处都能看到新的电动地铁、有轨电车,看到大型红色公共汽车在满是落叶的街道上踽踽而行。伦敦郊区居民的生活得到了大大的改善,他们居住在花园般的仿都铎王朝的城市中,或者居住在小卵石修筑的半独立式住宅中。一早一晚,公共交通会迅速将他们带往种类繁多而且蓬勃发展的经济中心。

在大多数英国人遭受了20世纪30年代经济大萧条的影响之时,伦敦依然生机蓬勃,生产从史密斯薯片到胡夫电动吸尘器、从来复枪到汽车的一切产品。到了1939年,这个城市的幅员已经是1880年的6倍,人口数量达到从古至今的最高点——870万人口,比今天的伦敦人口要多出一百万。

随后,历史打出了其20世纪的第二拳[2]。好在伦敦已经成功化解了历史的第一次重拳出击,对于第二拳,它已作好了充分的准备。

---

1. 贝杰曼,英国桂冠诗人,代表作有《贝杰曼诗集》、《几朵迟开的菊花》等。
2. 第二拳,喻指第二次世界大战。

@《共产党宣言》

在工作日的晚上6点30分，站在苏霍区大风车街20号的门外，你就会观察到，大约有30个穿着工装的工人在一个名叫"Be@1"的普通酒吧中做客。这是一个与其他地方毫无差别的酒吧，也是一幅与其他地方毫无二致的场景，没有什么东西可以表明，这个酒馆曾参与改变了如今世界上数十亿人的生活。

那是163年前，在1847年的11月29日，另一个大概有30人的团体，在同一个地点的楼上（后来的红狮酒吧）碰面，召开了第二届共产主义联盟代表大会。坐在首座的是一位英俊的德国人，他长着一张诚挚的脸，有着一头蓬松的黑发，与他穿着的旧衣服有点不相称。在他左边是一个普鲁士人，脸上胡须丛生，将他的下半张脸都遮住了，他的口音听起来一定像彼得·舒梅切尔[1]（因为他是一个在曼彻斯特的磨坊工作了五年的普鲁士人）。这两个人就是卡尔·马克思和弗雷德里克·恩格斯。会议一结束，这两个人就担上了繁重的任务，为共产主义联盟撰写"行动计划"——这部作品就是后来被大家所熟知的《共产党宣言》。

这次会议在伦敦举行，是因为伦敦是他们还能继续保持会面的为数不多的地点之一，光是马克思自己就被德国、比利时和法国所驱逐。他们可以在维多利亚时代的伦敦生活和会面，不需要担心被迫害，更重要的是他们还可以继续学习。当恩格斯在写关于曼彻斯特工人阶层困境的学术论文时，马克思（与查尔斯·狄更斯）则成天泡在大英博物馆图书馆中，钻研资本主义和社会经济学的著作。在他身处伦敦的日子中，他大概累积了超过800页的关于资本土地财富，劳务雇佣，社会状况，外来贸易和世界市场的笔记和随记。德语版本的马克思和恩格斯的巨著，仅在他们在红狮酒馆召开的第二届代表大会过后4个月就完成了，随后很快被译为多国语言的版本，第一版英文版本于1850年面世。

这是一部构造学的巨著，它通过分析阶级斗争和资本主义的根源及未来，阐述资本主义的结束、社会主义的兴起和共产主义的最终胜利，改变了人们传统的思维板块。

然而奇怪的是，这部作品诞生的地方也是销量最少的地方。由于伦敦是马克思所栖息的地方，也是他受到教育的地方，因此这个首都相对来说还没有被他的作品影响到。宪章派的起义造成了一些震动，但是没有像马克思希望的那样严重地威胁到当权派。随着起义的偃旗息鼓，让马克思和恩格斯的作品得以出版的自由权，成为了限制它传播的首要要素。

---

1. 彼得·舒梅切尔，丹麦前足球运动员，曾效力英格兰曼彻斯特联队，并为球队夺得英格兰超级联赛冠军、英格兰足总杯以及欧洲联赛冠军。

@ 地下铁

看着为新的纵横轨道交通[1]规划的路径，我为伦敦的地下运输系统就快形成完整的圆圈而感到震惊。1863年1月10日，一大队维多利亚时代的人穿着深色西服，带着施工安全帽，希望能登上首都的第一列地铁，进行一次从帕丁顿和菲灵顿大街出发的长度为4英里的短途旅行——纵横轨道在2018年开通后，这两个站将再次连通[2]。这两个计划背后的动机从未变过。当时的出发点，同现在一样，都是为了缓解交通拥堵。伦敦在19世纪的前50年中，城市规模和人口数量有了令人难以置信的增长，但是交通运输系统还是停留在依靠马车上。伦敦中心的道路中有着如此多数量的马车作为交通工具，以至于经常会出现交通阻塞。正是在这样拥堵的其中一辆马车中，初级律师查理斯·皮尔森迸发了这样一个想法，他向大家高呼："上帝啊，我们真该修建在地下水道跑的火车。"到了1845年，他的下水道列车的想法发展成了一项成熟的地铁计划，这个计划将伦敦的几个主要终点站设在柏灵顿、尤斯顿和国王十字路。他的这个计划出现的时机真是太好了。随着报纸对马克·布鲁内尔[3]连接罗瑟希德以及沃平两个区域的泰晤士河隧道工程的定期更新报道，人们对挖掘计划的热情也在迅速增长，这位著名的工程师，或者说工程师之父，也正尝试他最新发明的挖掘防护装置，媒体报道说，这种装置很容易就会让人感到无聊，因为用了它以后，在首都的地下挖掘隧道，就像小孩子在玩过家家一样毫无难度。

当布鲁内尔的计划终于在18年后完成时，报纸的专栏报道和公众兴趣已经明显减少了，或许这就是为什么议会最终在1852年通过铁路法案时，驳回了以"随挖随填"技术开展的隧道挖掘计划。大都会线在8年后竣工，这条线路被人们赞颂为既具备实用性又具备经济性的工程界杰作，短短几个月以后，这条线路的日流量就达到了2.6万名乘客。在这条线上行驶的火车是由大西铁路公司特别制造的，由使用蒸汽动力和外置气缸的火车头拉动没有覆盖装饰的全部车厢。

其他的线路也很快跟上了脚步，比如汉默史密斯线和城市轨道，到了20世

---

1. 耗资260亿美元的伦敦铁路（及地铁）项目。该项目旨在将希斯罗机场与伦敦东部及中西部地区相连，每小时客运量为150万人次。
2. 1863年1月10日，全球第一条地下铁路在伦敦投入使用。地铁总长约7.6千米，牵引车头是蒸汽机车。
3. 马克·布鲁内尔（1769~1849），法国工程师。隧道盾构的发明人。曾从事土地和运河测量工作，后成为工程师和建筑师，修建公园、戏院，主持海港工程。1818年获发明盾构的专利权，这种盾构被命名为布鲁内尔盾构。

伦敦精神
伦敦市市长鲍里斯·约翰逊的伦敦生活指南

纪初期，已经发展出了 8 条地铁路线和 6 家独立的运作公司。理论上来说，地下铁路的发展是一项地理和经济的巨大成就。自由市场在逐步应对需求，伦敦也形成了一个新的交通运输网络。但是从实际上来说，运作公司和乘客都发现，这个运输系统既不是本轻利厚，也不是特别方便。搭乘地铁的人对于转线和换票也开始变得不耐烦，而对于运作公司来说，操作这样一个运输系统的花费是相当大的。对于这些公司来说，解决的办法是积极扩大规模和更新技术。通过将轨道铺设向城市郊区，就可以与传统的铁路运输竞争，吸引那些在很远的地方上班的人来搭乘地铁。很明显，未来的发展将不再依靠蒸汽动力，而是电能。随着伦敦进入一个崭新的世纪，地铁运作公司之间也开始竞争，看谁能率先将承载伦敦交通的地铁网领进 20 世纪当中。最终的赢家是查令十字、尤斯顿和汉普斯特德铁路和一个名叫查理·耶吉斯的美国资本家。

查理·耶吉斯在人们心中有着各式各样的形象，预言家、强盗式资本家和骗子，他就是美国正处于从牛仔时代到摩天大楼时代转变的体现。44 岁时，他已经经历过财富的获取和失去，受到过政治胁迫，因盗窃入过狱，受到过总统的大赦。他最终通过投资芝加哥的交通运输系统，成功地重建了自己的财富，正是这样的成功才让他意识到，刚刚起步的伦敦地下交通网络的发展潜力。在 1900 年 8 月游览伦敦的时候，他从汉普斯特德荒原开始，从头到脚地将伦敦仔细研究了一次，就像迪克·惠灵顿在他之前所做的一样，在他眼中就连街道都是由黄金铺设成的。到了 10 月，耶吉斯获得了建立查令十字、尤斯顿和汉普斯特德铁路的权利，到了来年的 3 月，他还有效地掌控了区域线和大都会线。布朗普顿及皮卡迪利环线紧跟着是大北线和斯特兰德线，还有 1902 年建立的行将就木的贝克街与贝克鲁铁路，它们一同构成了我们今天的皮卡迪利线。形如势不可挡的重型卡车一般的耶吉斯，又获得买下三条有轨电车公司和伦敦公共巴士公司的权利，建立了伦敦的一个综合性交通网络，通俗来说就是"联合集团"。

当回忆自己的一生时，这位年迈的大亨表示："我事业成功的秘诀就是去买进老旧的破烂，将之修葺一番然后抛售给其他人。"他于 1905 年去世，但是他的公司仍在为伦敦继续"修葺"他的综合交通运输网络，直到 20 世纪 30 年代，他们终于将公司"抛售"给了一个新兴的上市公司，那就是伦敦运输公司。

@ 红绿灯

不起眼的红绿灯很难称得上是一种足以激发伟大的民族感情的物体。事实上,如果有关于最不受欢迎的道路设施的民意调查,红绿灯很可能将排列在交通督导员、超速照相机和打瞌睡的警察之后。

虽然不受欢迎,但红绿灯仍然是伦敦出口最多的发明之一。几乎世界上的每一个国家,现在都使用由英国道路工程师约翰·皮克·奈特率先推出的这种简单的,由红色和绿色构成的道路控制系统。

当你想到这个设计调整了世界各地的现代交通控制系统、约40年来的机动交通工具,你就会认为约翰·皮克的工程学才华更加令人印象深刻。事实上,其最初的目的仅是控制马匹、马车和近视的国会议员——确保前两者远离后者。

根据下议院专责委员会的命令,约翰·皮克的任务是安装一个信号系统,以帮助国会议员和贵族人士通过国会外的马路。为什么这一届国会成员需要帮助才能过马路尚不十分明确——想必死亡率的上升是引发关注的一个原因。奈特的解决方案是一个令人印象深刻的22英尺高的柱子,上面有两个方向不同的信号灯臂,由站在柱子底部的警察对其进行控制。当双臂水平伸展,则标志着"停止";当双臂形成45度角,则意味着"注意"。在晚上,臂状物上的绿色和红色煤气灯将被点燃,绿灯意味着"停止"而红灯意味着"前行"。

他的设计以他唯一知晓的运作非常出色的物体为根据——铁路信号。在19世纪初,英国铁路率先使用了一种"杆灯结合"系统来控制它那蓬勃发展的铁路系统,而约翰·皮克认为,两车道运输和四车道运输没有理由与轨道运输的运作方式有任何不同。

约翰·皮克的发明,最初于1868年12月在威斯敏斯特的乔治街和大桥街的交界处投入使用。根据记载,这是首次将绿灯和红灯用作前进和停止的标志。不幸的是,灯的持续时间过于短暂,并且它在安装后不到一个月的时间内发生爆炸,弄伤了操作它的警察,并使英国公众在接下来的60年内远离红绿灯。然而,在约翰·皮克的设计之中,伦敦人已经瞥见了全球交通管制的未来,而它是由绿色和红色组成的。

第十八章

温斯顿·丘吉尔
他使世界免于暴政，并且是福利国家的无名的创始人

如果你没有去看过战时内阁办公室[1]，我建议你马上去看一下（当然是在读完这本书以后）。我指的是入口开设在克莱夫路右侧，外事办公室和财政办公室中间的地堡。你也许会不知不觉地认为这是一个旅游陷阱，一个靠着人们对温斯顿·丘吉尔的狂热来赚钱的神龛。你只需要走过堆满了沙袋的门楣，往里走几步，你就会发现，这并不是什么骗人的噱头。

这并不是某种杜莎蜡像馆风格的电子式的丘吉尔体验，这是真实事物的感受。你会被带回到 70 年前伦敦和英国面对着他们最重大的磨难的时候。当你的目光放到昏暗灯光的前指挥中心上时，你就会开始了解，在第二次世界大战中作为一个伦敦人的感受。

这些房间被精心地保存下来，你几乎会觉得自己回到了 20 世纪的 40 年代。你可以听到大号塑料电话的嘎嘎声和工作时发出的咕噜咕噜的声音。红色、白色和绿色的电话线将这些小小的房间与世界各地的英国军队联系起来。你还可以想象，身着制服的服役人员小声咕哝着，他们在将彩色的大头钉按入地图上时，像打了蜡似的胡子在热浪下变得卷曲的情形：这里又有一艘大型军舰沉没了，那里又狼狈地被日军突破了。

你还可以看到长相好看的速记打字员腋下的衣服，因为被汗水浸湿而呈现的深色补丁，他们必须得啪啪啪地迅速打字，才能跟得上他们的主顾连珠炮似的酒后的兴奋发言，你还能听到各种保持空气凉爽的小发明的运转声，比如壁

---

1. 这是第二次世界大战期间英国政府的秘密办公及会议地点。

温斯顿·丘吉尔
他使世界免于暴政，并且是福利国家的无名的创始人

挂的电扇，由北极公司[1]研制的、美国人捐赠的新奇玩意，红木色的空调装置。

如果你够幸运的话，运营总监格里·麦卡特尼还能破例允许你进入战时内阁会议室，在这里，你几乎能闻到烟草被吸进艾登[2]、比弗布鲁克[3]、艾德礼[4]和丘吉尔他们的猪肝色的肺中，然后又呼出来的味道，他们每人身前都摆放了一个方形的金属烟灰缸。

从来没有任何地方能像这里一样，让我立刻就回想起一个已经去世的历史人物，以及他的个性。我几乎能感受到他在我们身后走廊中穿着红色的连体服走来走去，叫来他的秘书或者让人给他拿来一瓶500毫升的宝禄爵香槟，或者感受到他在电视直播中给全国观众问好之前，给自己用高脚杯斟上一杯兑水的威士忌。这套拍摄的设备现在都还依然装在他的桌子上。

当你走进他的居室，你可以在他那张整洁的为人民服务的小床上，感受到他的外在仪表，床上铺着平整的床头板和蓝色的被罩。你还可以在白色陶瓷便壶底上感受到，在旁边桌子上一个金属罐子放着的干燥的哈瓦那雪茄也能看出来。拉起床对面墙体地图上的帘子，你就能看到丘吉尔每次从小睡中醒来看到的所有画面——这是伦敦防御工事和其弱点的详尽描写，上面还有最容易被德国坦克攻入的地方，以及可能会出现阴谋诡计的地方。

你立刻就能在这个地方感觉到吞云吐雾间指点江山的感觉。这种感觉并不喧闹或者令人兴奋，或者不安，而是一种绝望的孤注一掷。

当他们在1939年8月第一次开始加固政府设备的时候，伦敦还是无可辩驳的世界最大城市，也是这个仍是世界上出现过的最强帝国的中心。短短几个月后，所有的权力和权威经过不断催促，集中到了这几间破旧的摆放着俗气的棕色扶手椅和丑陋窗帘的会议室当中——所有这些怀旧的东西只要作为故事刊登在随便一部本地书刊中，就能勾起那些已经被人遗忘的退休老人尘封心中的记忆。

你可以从原始的信息技术中体会到这种孤注一掷：发黄的标签和档案，巨大的射频仪器，摆在丘吉尔书桌前那瓶可怜的胶水瓶——现在已经变成油腻的沉淀物了，他曾用这瓶胶水将裁剪下来的简报按他自己喜欢的顺序粘贴。还有那些木制的符记，告诉这些不见天日的地下战争者，这一天外面是什么样子，从这些上面你也能体会到这种绝望的感觉。最重要的是，当你想到放置在天花板上的3～9英尺厚的混凝土板，你就能理解他们的恐惧和迫切的心理了。

---

1. 北极公司，美国一个著名品牌冰箱的生产商。
2. 艾登，英国保守党领袖，于1955年至1957年任英国首相。
3. 比弗布鲁克，英国保守党政治家，《每日快报》业主，1940年任丘吉尔内阁的飞机制造部大臣。
4. 艾德礼，英国工党政治家，1945年至1951年任英国首相，其在任期间让英国成为了现代福利国家并对主要工业实行国有化。

伦敦精神

伦敦市市长鲍里斯·约翰逊的伦敦生活指南

造成绝望的原因很简单。伦敦那时遭到了攻击,遭到了无情的、施虐狂一般闻所未闻的轰炸。在其他所有的噪音中——丘吉尔的咆哮,电话铃声,风扇转动的声音——你可以想象到掉落在伦敦之上的高爆炸药的响声,你甚至会想,就连这个地堡都无法承受一次直接的正面轰炸。

回顾第二次世界大战,很明显,战争对于英国和英国在世界上的地位是一场灾难。对于我们这代生活在战后的软弱的人来说,最可怕的事情莫过于时而发生的爱尔兰共和军的战斗和基地组织了,而大空袭的恐怖是人们无法想象到的。这比伦敦大火事件(猜猜死了多少人?对,6个)还要可怕致命得多,并且持续的时间很长,日复一日,月复一月,从1940年的秋天持续到1941年的春天,1944年又开始继续,震耳欲聋的声音就像模仿贝多芬交响曲一样,高潮一波又一波。

每个人都知道空袭即将到来,伦敦毫无防御之力。当1938年内维尔·张伯伦从慕尼黑归来时,他曾试着解释他对希特勒的绥靖政策,他向一位表示怀疑的内阁描述道,他的恐惧随着他朝着伦敦飞来而剧增,他看到他的下方有数千处容易遭到攻击的房屋。自从1934希特勒上台掌权并大力促进德国空军力量发展时,让丘吉尔感到焦躁不安的便是来自空中的威胁。他警告道:"这里才是希特勒在世界范围内最大的目标,我们就像一只巨大而肥美的、有着营养价值的奶牛,被绑住后等着野兽来扑食。"

他发出了警告,如果人们不听他的话,将要发生的事情是非常可怕的。一周或者10天之内就会有3万到4万人死于高爆炸药,300万到400万恐慌的伦敦民众将会被赶入空旷的野外。"空中的威胁是我们无法躲避的,我们必须在原地面对它。我们不能撤退,不能迁走伦敦,不能迁移靠着泰晤士河生活的人民群众。"1939年,人们通过新闻短片看到了日本轰炸上海的场面[1]。他们也知道了秃鹰军团在1937年对格尔尼卡[2]所做的一切。

随着战鼓长时间而缓慢的敲响,这种恐慌一定会变得更大。1939年,几万儿童被撤走,——对大多数东区的孩子来说,对于能够从古怪的中产阶级家庭和刻板的生活习惯中逃离出来,他们感到非常高兴。剧院和电影院关了又开。之后,在1940年9月7日那个周六的晚上,空袭轰炸从东区开始了。战斗机指挥部和英国的参谋长被德军的320架轰炸机打了个措手不及,随之而来的还有600架战斗机,长驱直入地飞到主要的工商业目标上空。他们轰炸了伍尔维奇阿森纳、贝克顿煤气厂、威斯汉姆发电厂,还袭击了东区的码头和贫民窟。

---

1. 1937年8月23日下午1点,日本对上海火车站等地点投下炸弹,造成伤亡不计其数。
2. 希特勒从德国国防军中抽调人员组成了秃鹰军团,并将其秘密派往西班牙,以支持弗朗哥将军的叛乱,其间,对西班牙城市格尔尼卡进行了狂轰滥炸。

温斯顿·丘吉尔
他使世界免于暴政，并且是福利国家的无名的创始人

很快火势就变得非常凶猛，天空好像橙色的黎明到来了一样，火焰如灯塔一样方便地指引着之后的250架德国轰炸机，继续完成它们的使命。斯蒂芬·因伍德将这个场景记录了下来，到了早上的时候，总共有1000多处地方燃烧着火焰，3条主要的铁路线被迫关闭，430名伦敦人死亡，1600人受伤。码头上满是货物燃烧形成的特别火焰，伦敦正是靠着这些货物的进口和出口才变得强大的。

燃烧着的辣椒散发出的烟雾，让消防员们有种正在呼吸火焰的错觉。一桶桶朗姆酒就像炸弹一样炸开，运送的涂料燃烧成了一片温度极高的白色火焰，还有橡胶燃烧形成的令人窒息的黑色烟雾和茶叶燃烧以后发出的、让人觉得甜得发腻的芳香。空袭是在秋天开始的，来年春天还加强了。1941年4月16日，德军的容克88[1]开始呼啸在夜空中。它们将水师提督门炸开了一条很长的裂口，丘吉尔戏称说，这样他就可以有更好的视野观察纳尔逊纪念柱[2]了。像恐怖电影一般的画面数都数不清，比如，一位受人爱戴的牧师为了让人们进来避难，死在了教堂的阶梯上；比如，主要污水管道的爆炸，释放出了200年来伦敦人都没有忍受过的臭味；比如，一个死了上百年的尸体被炸弹从它的铅质棺材里炸了出来，它的头就在人们眼前晃来晃去。

1941年5月10日，这座城市已经被攻击了无数次，当人们（那些设法入睡的人）醒来时，他们发现法院、伦敦塔、皇家造币厂都被袭击了。大桥被炸毁，车站被关闭，大英博物馆中的25万本藏书被烧尽，威斯敏斯特大厅燃起了火焰，下议院也被毁坏。还有一枚炸弹甚至炸穿大本钟，让钟面上像多了麻点和伤疤一样。如果这样的攻击节奏再慢一点，持续几年的话，恐惧的气氛将达到顶点。

到了1944年，由于新的喷气式飞机的技术和火箭炮技术的出现，希特勒开始使用V1和V2导弹来进行攻击，使得大批惊恐的民众开始逃离城市，这样的场景颠覆了约翰逊博士的格言：只有厌倦了生活的人才会选择留在伦敦。到了战争结束的时候，这座城市已经遭受了长时间的灾难性的损害，很多损害可以说是无法修复的。18座城市教堂被摧毁，其中14座是由雷恩设计修建的，整座城市包括东区，都布满了大片的破坏痕迹。3万人死亡，5万人重伤，11.6万户家庭被摧毁，还有28.8万户住房需要大修。大概还有100万处建筑——整个伦敦房屋的一半——需要修缮。

大空袭对伦敦造成的不仅是物质上的伤害，它还对人们的心理造成了影响。可喜的是，所有伦敦人在这场灾难中都表现得很好，当然，还是有可耻的例外。

---

1. 容克88是第二次世界大战中德军的主力轰炸机。
2. 纳尔逊纪念柱位于伦敦市中心，用以纪念在特拉法加海战中牺牲的霍雷肖·纳尔逊上将。

伦敦精神
伦敦市市长鲍里斯·约翰逊的伦敦生活指南

劫掠者们徘徊在破碎的夜总会当中,就像菲利普·齐格勒记录的一样,他们从死人或者昏迷的人身上抢劫钱包,从他们身上拽耳环。他们还会派出负责观察的人员,以便在救援人员到来之前第一时间赶到现场。尽管严格上来讲,在炸弹袭击过后的地方实施抢劫是要被判处死刑的,但是地方的治安官却似乎变得心软了。到了1941年,劫掠的恐慌已经变得十分广泛,对这种行为判决5年刑事监禁变得十分常见。未成年的罪犯则是被判鞭打之刑。

伦敦警察厅设立了一个反抢劫特别行动队伍,1941年的警察可不会因为体罚罪犯而感到内疚。亨利·格林[1]是这样描写被警察抓住的人的,"他的衣服大部分都被撕破了,拖着后跟慢吞吞地走,嘴角还有因被痛殴流出的鲜血,滴在他的脚上"。对这种与我们当今社会警察对抢劫者的合法收押形成的强烈反差,也许我们没有必要去进行何种谴责。

尽管有着这样的惩罚,在1944年德军轰炸机再次回来进行的"小型空袭"中,抢劫发生的概率还是更高了。在西汉普斯特,一家无线电商店的货物在轰炸的20分钟之内就被抢劫一空。一位居住在阿伽门农路的居民抱怨道:"那晚发生的抢劫案真是太可怕了。当那个菜贩的老婆找到她的提包时,里面的钱全都没有了。"在空袭的压力下,一些伦敦人甚至遭到了反犹太主义的毒害——盛行于纳粹德国的对犹太人的歧视,就好像轰炸为这种古老疾病的胚胎打开了发育的温床。

现代的孩子们听老师讲授了许多关于希特勒和大屠杀的史实。但是,他们却很少听别人说起犹太人在战时的伦敦,被指控占据防空设施的位置。内政部被日渐加剧的反犹太主义的报告搞得焦头烂额。当然,说犹太人在防空设施中的自私表现是没有证据的,但是,哪怕像乔治·奥威尔[2]这样讲究的作家,都用一种也许会让他的粉丝失望的语气评论道:"犹太人最不好的地方就是他们不仅爱引人注目,还不厌其烦地做出这样的行为。"

战争中最为悲剧的事件之一发生在1943年3月1日,当人们陆陆续续走进贝思诺格林车站的时候,一批火箭弹在旁边的维多利亚公园爆炸,一位女性在楼梯的顶部绊了一跤,几秒钟之内,恐慌和骚乱的人群就夺走了178个人的生命,他们不是被踩踏而死就是被挤得窒息而死。有人说这是间谍或者德国特工的杰作,但是更多的伦敦人——尽管他们并不了解真相——责怪的是犹太人。他们认为是犹太人恐慌地奔逃造成的惨剧,整个城市的人都在传着这样的想法。据当时的民意调查,有27%的人对犹太人持敌视的态度。

---

1. 亨利·格林,英国大文豪,代表作《失明》、《爱着》、《活着》。
2. 乔治·奥威尔,英国作家,生于印度。代表作《动物庄园》和《1984》。

温斯顿·丘吉尔
他使世界免于暴政，并且是福利国家的无名的创始人

这是非常奇怪的，也是令人不愉快的。我们不仅看到了战时英国人道德方面可耻的一面，我们可能还得面对另一个糟糕的现实——表面上英勇无比的英国军队，有时候被指控说连战斗的欲望都没有，而这个私底下的指控者，就是温斯顿·丘吉尔。

1940年1月16日——他到海军部再次任职的时候——他给第一任海军军务大臣杜德利·庞德写了一份言辞激烈的便条。"直到战斗开始，我们的军队都还是那么弱小，毫无希望，我们的空军力量完全比不上德军。"事实证明了他的话。在所有军事部被要求执行的军事调动中，他们最擅长的就是撤退——厚颜无耻地掉头飞速逃跑。

他们在1940年5月撤离了纳尔维克[1]，这次耻辱让丘吉尔坐上了首相的位置。他们从法国逃了回来，我们奇迹般地自我欺骗，仍将敦刻尔克（Dunkirk）看作是一场胜利[2]，而实际上，他们得以乱糟糟地逃回来，完全是因为德国人作出了奇怪的决定，停止了进军，才让英国军队得以脱身。1941年5月，英国军队在克里特着实吃了一场败仗，被德国伞兵的战斗技巧和勇猛赶下了海岛，这被伊夫林·沃[3]沮丧而尖刻地记录在册。但是，对于在新加坡发生的灾难来说，这些几乎是微不足道的。

2月10日，丘吉尔给身在印度野战部队的总司令韦维尔元帅发了封电报，向他警告他正身处险境。丘吉尔说，听着，你应该认识到我们在伦敦所看到的情形。他指出，在新加坡的英国军队兵力要比日本在整个马来半岛上驻扎的兵力还要多。"这场战斗必须不惜一切代价，至死方休。第18师得到了一个名垂青史的机会。指挥官们和高级官员们应当与军队士兵们同生共死。英国的荣誉和英国军队的荣誉已经到了岌岌可危的时候了，美国人还在吕宋岛顽强抵抗，这关系到我们整个国家和民族的声誉……"

呜呼哀哉，将军们却认为没有必要听从丘吉尔的劝诫。在丢命和丢脸之间，他们全部选择了丢脸。1942年2月15日，新加坡投降了，这次事件加重了丘吉尔心中的不安：英国的军队，就拿士兵来作对比，他们完全没有德国军队所具有的东西，甚至连日本的军队都比不上。他很担忧，于是写信给维奥莱特·朋安·卡特尔[4]，"我们的士兵完全没有我们父辈士兵那样优秀。1915年，我们的士兵可以在枪林弹雨中战斗到耗尽最后一颗炮弹。而现在，他们连俯冲轰炸机都

---

1. 纳尔维克，挪威北部港市。
2. 1940年5月，英法联军在德国机械化部队面前溃不成军，英军在港市敦刻尔克执行了当时史上最大规模的撤退行动。
3. 伊夫林·沃，英国作家，代表作为《衰落与瓦解》、《旧地重游》、《荣誉之剑》等。
4. 维奥莱特·朋安·卡特尔，英国女政治家和日记作家。

伦敦精神
伦敦市市长鲍里斯·约翰逊的伦敦生活指南

抵抗不了。我们在新加坡部署了这么多兵力，这么多，他们完全应该做得更好的"。

帝国总参谋部参谋长艾伦·布鲁克与丘吉尔的意见是一样的。他在他1942年2月18日的日记中指出，"如果我们的军队在作战时不能表现得比现在更好的话，我们的帝国就可能会灭亡"。也许对觥筹交错的政治家和将军们来说，这样批评我们的军队有些过了，但是，就连日本人都觉得自己在新加坡能取得胜利实在是太幸运了。获胜的山下将军1992年在他的回忆录中指出，他当时的进攻是虚张声势的。"我当时只有3万人，对手的数量是我的3倍多。我知道，如果新加坡的战斗长时间持续下去的话，那我一定会输的……"

如果说丘吉尔对英国士兵在新加坡的软蛋行为感到窘迫的话，那他对于接下来在托布鲁克[1]发生的事情感到的就是耻辱了。当消息传来的时候，他正和罗斯福一起坐在美国总统办公室，听到一个3.5万人的卫戍部队，在利比亚一个小镇上向一小批德国军队投降了。他沉思自语："被打败是一回事，耻辱又是另一回事。"但是，如果丘吉尔怀疑英国士兵的勇气和精神，其他人就会怀疑丘吉尔和他的领导能力了。

政府开始失去补缺选举的机会了，6月25日，一场"对中央指导战争不再抱有获胜希望"的运动，被提上了国会下院的日程。当辩论会在7月举行时，各个党派的议员都开始攻击丘吉尔，包括温特勋爵（他是作为爱尔兰贵族进入下院的），他说："我们快要成为像德国人一样的人了——元首总是对的。在我进入这里的37年中，我从未见过这种以内阁责任制来为首相开脱的情况。"

安奈林·比万[2]称这个问题根本就与英国士兵的士气无关，而是军官阶层的无能！军队中充斥着阶级成见。"如果隆美尔在英国军队中，那他也只能当个军士！"

最后，英国军队终于在阿拉曼有力地找回了场子。蒙哥马利[3]及时地在兵力和坦克数量上集中了二对一的优势，彻底地阻止了德军朝着开罗前进的脚步。丘吉尔对这一刻的到来欢呼雀跃（这不是战争的结束，也不是战争结束的开端，而是一段战阵开端篇章的结束），我记得甚至到了20世纪70年代，"二战"的退伍老兵都还在向我诉说着，这是一次战争的转折点。

但是现在我不确定是否是这样。真正的转折点，一定是美军的加入，或者说斯大林格勒战役。蒙哥马利在阿拉曼遭遇了3个德军师团，而俄国人在斯大

---

1. 托布鲁克，利比亚地中海沿岸港口城市，"二战"期间是北非战役的主要战场。
2. 安奈林·比万，英国工党政治家，在1945年至1951年担任卫生部长期间创立了国民保健制度。
3. 蒙哥马利，英国陆军元帅，于1942年在阿拉曼取得盟军"二战"的首次重大胜利，1944年指挥盟军地面部队在诺曼底登陆，1945年5月7日代表盟军接受德国的投降。

温斯顿·丘吉尔
他使世界免于暴政,并且是福利国家的无名的创始人

林格勒战役中击败了 160 个德军师团。我们以另一种规模来讨论这件事,随着战争的继续,很明显,丘吉尔和英国相对来说重要性变小了。

正当同盟国都在为欧洲的解放作准备的时候,丘吉尔似乎战略性地放慢了脚步,他建议采取外围的佯攻,就像在加里波利战役[1]中一样。一次,斯大林拿英国海军的"勇猛"来嘲笑他,因为两名英国水手在俄国的摩尔曼斯克打架,被裁决长时间关押到西伯利亚。对他们受到的不公正待遇,丘吉尔一点办法都没有,由此也可以看出英国影响力的削弱。

斯大林和罗斯福开着射杀数千德国军官的玩笑,丘吉尔在中间就像配角一样,只能自负地在一边发着闷火。俄国和美国因为共同击败了大部分德军,穿过易北河将手握在了一起。而丘吉尔只是代表着他背后的国家势力,而早在伦敦战败之时,英国就已经耗尽了元气。

城市的工业基地已经被摧毁,城市的产能减少了 40%,由于伦敦是制造业中心,不可能恢复到战前水平,甚至公职领域也在 1954 年才回到战前水平。儿童的教育被严重中断,公民的文化水平也因此降低。柏蒙西、芬斯伯里和萨瑟克区损失了 38% 的人口,柏拉、索地治损失了 45% 的人口,斯特普尼则损失了一半。醉鱼草和柳兰在炸弹炸过的地方抽出了嫩芽。美国人战争一结束就无情地取消了供给租借法案,英国人只能努力奋斗偿还债务。

1942 年 11 月 10 日,丘吉尔在伦敦市长的宴会上说:"我没有当上国王的第一部长,这样,我就不用主持大英帝国的清盘了。"然而,他所说的就是战后这几年将要发生的事情——大多数是在美国的指示下发生的。丘吉尔在 20 世纪 30 年代,耗费了太多时间在开展反甘地和反印度独立上。他曾做过的一次演讲内容没能经得起时间的考验,他公开指责甘地就像一个参与煽动的中殿律师[2],并说"看到这样一个苦行僧半裸着身体走上总督宫殿的阶梯,以平等的身份与帝国王权的代表和谈,是骇人听闻,令人厌恶的"。他还预言说,如果印度获得了独立的话,将出现大量失业者。当印度在战争中遭受到饥荒的折磨,并向丘吉尔请求食物援助时,他无情地拒绝了。

他说,事情不可能有那么糟糕,如果甘地还活着的话。

丘吉尔在仕途中开过很多玩笑,但是这不是其中之一,到了 1948 年,玩笑终于落到了他的头上。印度获得了独立,然而他却不能做什么——因为 1945 年

---

1. 加里波利战役发生于 1915 年至 1916 年的达达尼尔海峡靠欧洲一侧的加里波利半岛,为第一次世界大战的重要战役。
2. 中殿律师学院,英国伦敦四所律师学院之一,负责向英格兰及威尔士的大律师授予执业认可资格,凡获得资格者被称为中殿律师。中殿律师学院的历史可上溯至公元 14 世纪,学院取名自当地历史上曾经存在的圣殿骑士团总部。

伦敦精神

伦敦市市长鲍里斯·约翰逊的伦敦生活指南

他被完全地逐出了公职。

1945年7月16日这天，《时代》周刊杂志在沃尔瑟姆斯托赛狗场，做了一期彩色的竞选前夜民意调查的片子，播报员跟着这位70岁的首相走了进来。他刚进来问好，全场就响起了嘘声。观众呼喊道："我们要艾德礼！做我们这个自由国家的首相……"丘吉尔在观众"轰击他"之前，对此表示了异议——这正是《时代》想要的场面。

当他发表关于改善住房条件以及增加食物产量的讲话时，观众一直在发出嘘声，第二天，这种普遍的"冒犯君主罪"仍在继续，一个17岁的听众还将一串点燃的鞭炮朝着他的脸扔了过去。丘吉尔劝说自己，这些喝倒彩的人只是少数——就像当他去到其他被炸弹炸过的地方后，认为他们自己也是受难的少数人一样。但是当投票箱最终被打开时，很明显，那些人代表了整个国家的意见。这位战争领袖的选票被竞争者甩开了几条街。

一位修正主义者记录说，丘吉尔对英国的领导可能是这样的（或者说事实就是这样）：在20世纪30年代，丘吉尔坚持战争对国家没有好处的观点，但是战争却把丘吉尔推上了国家的首席位置。在将英国带进了一场本来可以避免的同德国开展的战争以后，他主持了一场又一场失败的战役，而伦敦的公民，特别是穷人们，被残忍地炸死了。在经历了6年的战斗以后，英国发现自己变得如此虚弱，如此贫穷，唯一能做的就是摘下旗帜，让出帝国，然后接受一个地位较低的世界角色。经历过这些变迁兴衰以后，大部分英国民众想在选举中，以20世纪最大的一面倒的局势，将丘吉尔踢出政坛就毫不奇怪了。

我确定还有其他的指控在等着他：说他是一个种族主义者，性别主义者，优生学的笃信者，或者说他宁愿冷眼看着考文垂被轰炸，也不愿相信英国人破解德国电码的知识，或者说他没有做出足够的努力来制止大屠杀，等等，还有更多。这些都是修正主义者——比如查穆尼、旁丁这类人对他提出的指控，好笑的是，这些人能起到什么样的影响呢。我们依然敬爱他，至少我赞美他，我们都知道，他的名声就像巨大的拉什莫尔山一样显赫，那些修正主义者的玩具枪，连一点擦痕都制造不出来。

就像所有人类一样，英国人是本能地按阶级划分地位的民族。他们喜欢将事物和个人都按等级排列，并且喜欢在这个问题上喋喋不休。但是在两类重要的问题上，你会发现，几乎所有人都是保持一致的，那就是：莎士比亚是我们的第一作家，丘吉尔是我们的第一政治家。英国有大概430条马路、大道、街道和胡同是以他的名字命名的。杜莎夫人为他做了整整10个不同的雕像。

我们现在也许忘了丘吉尔在他的演讲上花费了多少精力，他大概花了14个小时在演讲稿的创作，在镜子前练习节奏的停顿和手势的使用上。但是我们记

温斯顿·丘吉尔

他使世界免于暴政，并且是福利国家的无名的创始人

住了他的大部分内容，尤其是因为他而了解到，如果你想与英国人进行心灵的交流，那你就应该多使用盎格鲁－撒克逊人的简短词汇。"从来没有什么东西能像人类的战斗一样，大多数人将大部分的功劳归功于小部分人的身上"，或者"我没有什么能给予的，除了我的血，我的力，我的泪，还有我的汗"。我将那三个拉丁词汇变成了27个盎格鲁－撒克逊人词汇。这就是为什么它们能刺入人心。看看这句："我们应当在沙滩上战斗，我们应当在着陆场上战斗，我们应当在田间，在树林间，在山野间战斗，我们永不投降。"当然，唯一一个拉丁词汇就是投降。

注意，丘吉尔可是拥有着6万的词汇量，他可以用它们随意组成他想说的话，他还十分精通于用华丽的辞藻来装点短小的词汇，用简洁有力的话语来补充浮夸的字眼。他在1906年的著名演讲中说，德兰士瓦的中国合同劳动工人不应该归结为奴隶身份，因为这个词是非常极端的，这种话在术语上来说是不精确的。大家很快就喜欢将这种说法委婉地用于国会的谎言上。

约翰·F. 肯尼迪说（为了弥补他父亲的过错），他可以将语言动员起来，让它参与到战斗当中。1953年丘吉尔获得了诺贝尔奖——不是为政治家准备的传统奖章"和平奖"，而是文学奖。"他对于历史和传记描述手法的精通，就像他的杰出口才一样有着极高的价值。"无论你觉得这个评判员的品味如何（他否决了W.H. 奥登，D.H. 劳伦斯，伊夫林·沃，伊斯拉·庞德等等人的申请），他所获得的这项成就，是其他英国政治家很难比得上的。

他的品行在英国政治上仍是护身符一样的存在，任何有着丘吉尔作风的小缺点或者行为上的小癖好都会被认为是合理的。报纸曾取笑过鲍勃·马克兰农的软弱性格，因为他在失去自己的社会民主党领导位置后曾被别人看见流眼泪。社会民主党是一个已经消亡了的中立党派。他解释说，他的哭泣是有着"丘吉尔作风"的。如果有人说你参与第一线政治过于年迈，你总是可以说，丘吉尔67岁才当上首相呢。要是你在午休时间喝个烂醉，你还是可以说，丘吉尔也经常喝大量的香槟、威士忌和白兰地。要是你想抽烟，你可以告诉那些批评你的人，丘吉尔可是很少香烟离身地出现在人们面前的。要是有人对你说写作和政治不能兼得，你可以提醒他们，丘吉尔在政治事业之外还写新闻呢，还有——天哪，差点忘了——他在希特勒入侵波兰之后，掌握了整个英国海军，而那个时候，他还在继续写《英语国家史略》。

如果你犯了大错，你可以指出，丘吉尔在加里波利溃败以后还是重振了起来。要是你在演讲中突然忘了词，卡住了，丘吉尔永远是你的榜样，他有一次在议会中忘了词，便只是简单地坐了下来，用手抱着头。要是有人想拿你来开玩笑，不要忘了罗伊·詹金斯（Roy Jenkins）对丘吉尔的见解（当然还有对他自己的），

伦敦精神

伦敦市市长鲍里斯·约翰逊的伦敦生活指南

每一个伟人都有关于自己的滑稽事。如果你是一个学渣，数学不行，拉丁语更不行，那丘吉尔就是你的典范呀。他可是社会大学永远的校长。

在投了他票的人心中，他依旧是那样独特地了不得，不仅是因为他在战争期间领导了联合政府，也是因为他的政治身份是如此多变。他的身上总有让所有大众喜爱的东西，就拿"欧洲"这个永恒的辩题来说吧。一个英国的欧洲统一论怀疑者指出，他在1930年的演讲中强调，英国就像书拉密女[1]，总是居住在远离欧洲其余部分的地方。而一个欧洲统一论支持者却相反，他有着许多关于建立一个欧罗巴合众国的战后狂想。他乞求上帝（我已经做好了去见我的创造者的准备，而全能的上帝是否作好了经历考验来见我的准备，那就是另一个问题了），然而他却很难再被称为基督教徒了。

他的判断力就像鹰一样锐利也像风一样柔和。他在20世纪30年代做的第一次演讲，就说墨索里尼是"罗马天才，人类最伟大的立法者"。而在40年代向军队说这样的话就不那么合适了。据说，他曾尝试在苏联刚刚形成时就将之扼杀。但是在一次莫斯科峰会中，他以这样的祝酒词向斯大林敬酒："当我发现我与一个伟人，一个名声不仅传遍了俄罗斯，还传遍了全世界的伟人建立了友好和亲密的关系时，我就更有勇气，更充满希望地行走在世间了。"他并没有以无法改变的姿态划清政治界限，也没有觉得尴尬与难堪。

只要你走进下议院的大厅，你就可以看到奥斯卡·内蒙[2]所作的丘吉尔叉开双脚站立的巨大雕像，你会发现雕像左脚有一点儿异样。雕像的其他部位都是深沉的黑褐色，而脚尖却被擦得十分光亮，泛着金色的光辉。那是因为丘吉尔的左脚脚尖，像耶路撒冷圣墓教堂祭坛下被经常擦拭的石头一样。它是各党派的政治家们习惯于用手指缓缓抚摸的神圣之物，就好像这样做就能进入到议会中一样，就好像他们希望能有像星空一样的才华，能顺着脚尖进入到他们的手臂中，以此增加自己的教育津贴，住房补助，或者随便什么都可以。

军队的军士们要求议员们停止这样的习惯，因为雕像上的铜质在逐渐消失。但是所有党派的议员们仍然会抚摸它。自由党提出的理由是，因为在1904年他叛出了保守党，并声称"我讨厌保守党，他们的人、他们的话、他们的思想都跟我没有一点相投"。而保守党很明显也可以提出理由，因为他在20世纪20年代再次叛出，变成了一位纯粹主义的财政大臣。他以保守党的身份领导了这个国家，也以保守党的身份去世。玛格丽特·撒切尔曾热切地向人们说明，她与丘吉尔曾有过密切的关系，尽管没有证据显示他们曾相识，她还是说她曾亲

---

1. 书拉密女，《圣经·雅歌》中的女主角。
2. 奥斯卡·内蒙，英国雕刻大师。

温斯顿·丘吉尔
他使世界免于暴政，并且是福利国家的无名的创始人

切地称呼丘吉尔为"温斯顿"。

工党历来都声称，他曾在1940年的工党投票中动用权力，他们以此来吹嘘他战时首相之父的身份。罗伊·詹金斯称这是一个虚构的故事，如果是这样的话，艾德礼同样也只会满足于待在哈利法克斯[1]了——也许他还会被唆使与希特勒和解呢。而真正真实的是丘吉尔的政见——不管是帝国主义的，堂吉诃德式的，传统主义的，但最主要的还是仁慈宽厚的——并不是像想象中的那样，与艾德礼的社会主义政见有那么大的分歧。

让我们回头看看斗狗场发生的混乱事件吧，就在1945年7月，他在竞选中所受耻辱的头一天晚上。丘吉尔因为住房和食物的生产问题遭到了观众的嘘声，然后尝试着以他富有磁性的中音，讲述劳动与社会主义来挽回局面。"荒谬的乌托邦世界若非人类心灵和知识水平的极大提高，是绝对不可能出现的，关于这个愚笨思想和哲学梦想的愚蠢的派系斗争，会让所有的计划都被抵消掉。"据《时代》报道，这句话说完以后满场都是哄笑声，然后丘吉尔接着说道："如果这戳到了你的痛处，那我很抱歉。"

报道没有明确说明他们是在笑什么。也许是他的保守党支持者们，在听到这种古老的连珠炮似的头韵体，或者带着节奏感的雄辩术后表示快慰。也许是他们喜欢听到他对左翼分子的炮轰。也许是一些人在嘲笑他，觉得他的声音坦白地讲就像拙劣的模仿，与他们毫无关系。人群中有人还记得20世纪30年代的失业现象，也有人愿意让工党尝试建立一个乌托邦的世界，不管是否是像丘吉尔所说的那样荒谬。

丘吉尔对工党批判的主旨是，工党对人性有着一种不切实际的演绎，会要求所有的政府机构服从于它的意志。换句话说，这是关于老旧的"保姆政府"的争论，坦白地说，丘吉尔上台后，人们的生活变得比以前富裕一点了。

A.J.P. 泰勒[2]在他写的关于英国1914年到1945年的奇妙历史书籍中，一开始就评论说，1914年以前，一个通情达理、奉公守法的英国人终其一生，可能都不会注意到邮局和警局范围之外的其他国家的存在。到了1945年，伦敦人已经习惯于生活在一个别人告诉他该怎样穿衣，吃什么东西，做什么饭菜，公共场合应该谈论什么话题的世界中。当1944年第一枚V2火箭弹被发射到奇西克时，政府还在掩饰，假装是一次瓦斯爆炸。

一些人总是坚持主张，说丘吉尔还是因为国家职能的扩大被疏远了，他们还引证了他的花天酒地和他写给粮食部长伍尔顿勋爵的福斯塔夫式的公务便条。

---

1. 哈利法克斯，英格兰北部城镇。
2. A.J.P. 泰勒，英国历史学家。

伦敦精神
伦敦市市长鲍里斯·约翰逊的伦敦生活指南

伍尔顿当时正在处理肉类紧缺的问题，他极力向人们推广一种不含肉的馅饼，被人们称作伍尔顿馅饼。"几乎所有我认识的好吃鬼最后都英年早逝，死于身体机能衰退，"丘吉尔写道，"相比于科学家，英国士兵看起来更像是正确的。他们关心的只有是否能吃上肉。一想到我们进口了如此多吨位的东西，我就不明白为什么会有那么多严峻的食物问题。只允许英国民众喝牛奶，燕麦片，吃土豆这些东西，只在节日里喝一点酸橙汁的话，我们会输掉战争的。"

这些都是闹剧，但是在联合政府中，这种保姆似的思想还是占了大多数。这在两党之间——工党和保守党——挑起了争论，称多年以来联合政府一直是在扮演一种枷锁的角色，或者说丘吉尔对于左翼的国务管理者来说，是一个外表光鲜，十分好战的面子人物，一个陈腐的保守党人。对于丘吉尔的本性和履历来说，这种评价都是不公平的。艾德礼持有一种观点，说他"与全世界的普通人有着相投的意气，范围十分广泛地和谐一致"。实际上这是安德鲁·罗伯茨的观点，安德鲁·罗伯茨是现代丘吉尔作风的杰出人物，他表示"他在一生中都是坚定不移的左派自由主义者"。

1908年，他是第一批呼吁制定最低工资的英国政治家之一。1910年，他拒绝考虑部署军队来对抗托尼潘迪地区的骚乱者。1911年的时候，他想开展一次公民投票（当然，男性公民）来承认女性的政治选举权，但却被阿斯奎斯[1]驳回了。并不是说丘吉尔对于战时形成的福利制度一无所知或者作壁上观，他在1943年3月21日所做的名为"战后"的播报中，预见了战后重建的4年计划，说这项计划"将会涵盖5种或者6种具有实际意义的措施"。

这些措施包含"对所有阶级，所有年龄层都必须要有的，包含各个方面的国家强制保险"；可以消除失业现象的政府政策，这些政策应当"能够为发展建设起到一种平衡的效用，并且可以依据形势的要求随时生效或终止"；"为全民所有的企业和事业建立的更为宽阔的领域"；新住房；教育的重大改革；大为扩展的医疗卫生和福利服务。

在战争中期，丘吉尔准确描绘出新耶路撒冷的形状，艾德礼尝试着合作，上升到包括更大的国有化。在大选竞选中，伴随着庞大的官僚机构，公务员不再是仆人。它似乎不符合自己的关键卖点，即通过创造国家财富团结人们。它似乎在拼命地夸大国家控制的危害，以创造他自己和工党之间更大意义上的差异。

他的抨击失败了，因为他听起来像一个党的黑客，这时人们已经习惯听他说祖国之父和救世主。顺便说一下，他肯定是。丘吉尔对当今公众和政治家的

---

1. 阿斯奎斯，英国自由党政治家，于1908年至1916年间出任英国首相。

温斯顿·丘吉尔
他使世界免于暴政，并且是福利国家的无名的创始人

持久控制这一想法，归因于两个巨大且有联系的成就。

他带领英国体验第二次世界大战带来的转型，在这个时代，阶级和性别障碍（在一定程度上）比以往任何时代都更有效地被打破，在其中，人们可以看到政府在创造就业机会中所起的作用。因此，他是现代纪元的主要创造者之一，提出了一些解决方案——战后福利国、国民保健服务和全面教育，这些在他执政生涯中可以清楚地看到。保守党可能会指出，原贝弗里奇计划是以保险为基础的系统，旨在避免今天的福利和贫困陷阱。但是，这是一种狡辩。

丘吉尔帮助我们战后生存，更重要的是确保英国人好好享受战后生活。他确保英国赢得战争。如果温斯顿·丘吉尔没有在1940年接管，结果可能会有所不同。

这是多么糟糕的容易忘记的事情。英国是孤独的。俄罗斯表现出令人厌恶的冷嘲热讽，加入德国瓜分波兰和密谋给希特勒提供战争机器。法国以令人目不暇接的速度加入。丹麦、挪威、荷兰和比利时，事实上，在这种或那种程度上，整个欧洲大陆都成为了纳粹的过膝长靴，一些人积极地去舔皮革。

在伦敦，在英国的美国大使约瑟夫·P. 肯尼迪曾欢呼预测，在英国的民主已完成。而在那年夏天，丘吉尔了解到英国的军事地位，让他感到绝望。他的参谋长说：这一切都依赖于英国皇家空军。如果他们失去对德国空军的控制，英国能否坚持下去是不得而知的。

在我们看来，现在好像英国不得不做的是生存下来，坚持下去，直到美国人最后做出正确的事情（已用尽了可用的替代品），并把我们救出火坑。在1940年的夏天，没有人知道日本会犯轰炸珍珠港的错误，或德国同时宣布对美国的战争，希特勒会如此失常地进攻俄国。伦敦人记得第一次世界大战带来的巨大损失，并认为，有可能与希特勒达成交易——以墨索里尼作为中介。也许暗示了在中东和非洲地区的英国属地，可能会被交易以换来和平。

丘吉尔不同意。在20世纪30年代，当工党是无可救药的和平主义者时，他正在重整军备。当保守党支持绥靖政策时，他却直接反对。当他谈到这场斗争会直到最后时，英国人民相信丘吉尔也会斗争到最后。他的勇气具有传染性，最重要的是，人们知道他的背景，也知道他的生活充斥着惊人的大胆行为。1896年，在古巴，他首次遭到攻击，在那里他有了抽雪茄和午睡的习惯。1897年，他在印度西北边境多次经历战斗，沿着前线，骑着他灰色的小马驹，几乎被杀。1897年，他参加了由英国军队发起的最后的骑兵冲锋，在苏丹的恩图曼，他写信给他母亲：我开枪打死了五名男子，还有两名尚未确定是死是活。没有什么能阻止我。我消灭了所有那些干扰我的人。

在1899年，我们发现他在布尔战争中做报社的通讯者，但他立志成为一名

伦敦精神

伦敦市市长鲍里斯·约翰逊的伦敦生活指南

有故事的记者。他乘坐的火车在一次伏击中脱轨，他英勇地组织反击，但被抓获，后来逃离了监狱，跳下载货的火车，隐藏在小树林里。随着"一战"形势的加剧，他倡导用飞机。当时还处于发展初期，十分危险，但他到达了比自己高140倍的高空并差一点得到了飞行执照。

酿成达达尼尔海峡的灾难后，为了救赎，他离职去了西部战线，一个人负责皇家苏格兰毛瑟枪团第6营、100次远征到无人区，晚上在铁丝网和尸体中来回穿梭。在整个第二次世界大战中，虽然他已经60多岁了，却仍然有惊人的体力和无畏的精神。在他不顾一切的外交使命中，他走了11万英里，穿梭于斯大林、罗斯福和其他人之间，忍受着颠簸、结冰和恶劣条件。1943年，他出国173天。他乘坐的飞机被击落；当他下船后，船只被击沉。

伦敦人回应了他所表现出的信心，而且领导者与被领导者之间形成了一种共识。正如菲利普·齐格勒所说的一样，这可不是什么"闪电战"一般的神话。在城市的生活时光的确是一段非比寻常的时光，人们感到更有活力，更特别，正如小说家伊莉莎白·鲍恩所说的一样——他们为他们的邻居做了无数善举。当第一枚炸弹炸响时，大多数伦敦人既不惊慌失措，也不趁火打劫。

当地下防空洞被击中时，一位匈牙利的医生正在就诊。他说："就连你们现在的英国人都不能完全理解当时的那种人民纪律，袭击发生之时，没有一个病人在歇斯底里地大喊大叫。在其他国家可不会发生这样的事情。"他决定开一所连锁的精神病诊所，处理炸弹引起的神经官能症的病例。而这样的诊所之前都因为病人很少而关门。即使受到挑衅，伦敦人也能举止坚定而得体。若一个人想踢被俘获的德国轰炸机飞行员，人们不会反对。但是，看起来好像他要扭动飞行员的左轮手枪并射击他时，人群都上前干预。

死亡和危险持续存在于这些事件中。丘吉尔不仅仅只是得益于这种效果，也阐明了国家的精神。他后来解释道：我不是狮子，但我很幸运，我有着狮子般的气质。到他的职业生涯结束为止，他的性格似乎成为了整个国家的特征。伊诺克·鲍威尔后来提道：1955年，温斯顿·丘吉尔被赋予了国家活标志的称号，他成为了英国人民的化身。这就像一个备受宠爱的宠物和它的主人，你不能说到底是谁在模仿谁。

看他的五官：蒜头鼻子和脸颊，微微凸出的下巴和突起的嘴唇。他有100马力的成熟心智（在那个时候，100马力已经很大了），但却不太机灵。他与克莱芒蒂娜有一段漫长而幸福的婚姻，有四个孩子，与好看的速记打字员之间没有一丝丑闻，就像一个对性没有需求的英国人一样。

他已成为国家的象征，也是他所保卫城市的象征，他杰出、反常并且传统，还痴迷于技术进步；这些形容是完全符合他的，他于1955年退休，女王应该为

温斯顿·丘吉尔
他使世界免于暴政，并且是福利国家的无名的创始人

他提供伦敦公爵的爵位。令人失望的是，女王陛下的私人秘书此前已确定丘吉尔会拒绝的。

这是正确的吗，当然，不只是因为头衔已经给了伦道夫·丘吉尔和他的继承人和接班人。虽然伦敦人很钦佩丘吉尔，但我不确定他们会对此想法——现在他是他们的君主——做出何种反应，许多人热切地希望如此，但并不是所有人都这样。伦敦和伦敦人都在日新月异地发生变化，丘吉尔清楚地意识到这一点。

我和格里·麦卡特尼站在内阁秘书爱德华·布里奇斯爵士曾待过的地方——内阁战情室里。我一直在想，是什么让我喜欢去那里。当时，在炮击过程中，城市的许多珍品被砸碎，许多生命逝去，至少有一些遇难者和一无所有的人会把部分责任推到丘吉尔身上。我想知道，是什么让他喜欢早晨坐在那里阅读送来的人员伤亡和灾害的名单，一直等到华盛顿睡醒，因此，你可以到通讯设备那里去看看，看一下是否有东西能帮忙解释这个问题。

我立刻知道了我必须做的事情。格里曾在这里说："我们通常不会让人们……"，"丘吉尔家族都不愿意……"但这都已经是过去了。我所坐的这个位置，是他70年前曾坐在这里指挥战争的位置，我的手肘所触碰的木制桌面，曾被他的袖子摩擦得十分光亮。我想我感觉到了丘吉尔的活力和机智，像他一样蔑视一切。我很害怕我的局促和紧张情绪，被外面的游客透过玻璃窗用手机抓拍，然后传到网上，显示我的自负。我急忙起身。让我发表意见的话，我只能说，这样的椅子和桌子对于一个将世界从暴政中挽救出来的人来说，太小太普通了。而我想，这可能是因为他想与他所致力建造的战后世界保持一致吧。

* * *

1965年1月30日，温斯顿·丘吉尔爵士完成了他的最后一次大型调遣。辞世之前，他早已做了细致入微的谋划，小到他想要唱诵的那首赞美诗。这次行动被命名为"不愿来临"。他的棺材在威斯敏斯特教堂的大厅中停放了三天，总共321360人次前来吊唁，表达他们对于这个二十世纪最伟大的英国人的尊重。

然后，他被放置在一台炮架上，穿过拥堵的送葬人群，被送往圣保罗教堂。而后又将棺木装在伦敦塔附近的大型汽艇"海文格"号上，穿过伦敦桥，逆流而上，前往滑铁卢。在这里，一列专用蒸汽火车将这位与世长辞的领导人载往他位于牛津郡布莱顿（Bladon）的墓地。

送葬的人群庄严肃穆，鸦雀无声，偶尔会传来一些啜泣的声响。在汽艇逆流而上之际，一束由十六个英语字母组成的温斯顿·丘吉尔名字的电光划过伦敦的天空。接下来也许就是最为令人动容的举动了，在丘吉尔穿过伦敦池——

伦敦精神
伦敦市市长鲍里斯·约翰逊的伦敦生活指南

位于伦敦塔和伦敦桥之间——之时,举重机都伸长了手臂向他致敬。

10年之后,这些举重机也许都已不复存在,港口也早已消失。19世纪之后,自从奥鲁斯·普劳提乌斯在此修建新的港口,这个港口就再也不值一提。

随着20世纪60~70年代慢慢过去,很明显伦敦已经进入了一个停滞或者衰退的时代。老工厂已经倒闭,人口数量也开始下降。苏伊士运河受到美国的牵制,1963年加入共同市场又受到戴高乐的鄙夷,大不列颠的运势开始下落。

但是,伦敦仍然有着一些绝妙的东西献给世界。如果我将镜头拉近,认真观察那些给丘吉尔送葬的人,我会看到在某种程度上,他们已经从我们的这个纪元过渡到了下一个纪元。圣保罗教堂之外的人们都戴着高顶帽。在面对镜头时,人们都淡然地脱下帽子,眼睛都不眨一下。

而在我研究眼前那些女士的衣着——她们的长筒靴,及膝的长外套——之时,我看到20世纪60年代的发展正处于高潮时期。她们看起来与我母亲早年的照片很像。温斯顿·丘吉尔去世之时,披头士正风靡整个美国,在葬礼的仅仅四个月之后,滚石乐队发布了凯斯·理查兹[1]在午夜灵感突发创作的一首歌曲,并且一夜之间红遍了世界各地。这首歌名为《我无法心满意足》。

---

1. 凯斯·理查兹,滚石乐队的创始人之一。

@ 老式伦敦红色双层巴士

当伦敦在 2005 年宣布终于淘汰老式双层巴士时，整个城市上空响起了一声巨大的悲鸣，就像一群乌鸦从塔楼上被惊飞时发出的声音一样。各大报纸都在发表请愿，还有很多人写了学术小册子来捍卫这种已经非常古老的机器。

奇西克生产线上走下的最后一辆双层巴士制造于 1968 年，那些还在街上残喘着通过交通信号灯的双层巴士就像是受伤的战象。它们没有空调系统，布鲁塞尔斯曾对这种巴士发表过指责，说它们是对当代人健康和安全标准的一种损害。

但是它们广受人们喜爱。它们在 20 世纪里代表的不仅是伦敦。它们是战后灰暗世界中唯一的色彩，并将它们的这种时髦别致保持了 50 年。它们是在伦敦人修建的伦敦街道上行驶的最后一批巴士，对于生活在伦敦的伦敦人，它们是最后一批能在各种具体方面满足伦敦乘客需求的巴士。

双层巴士的故事始于 1947 年，这一年，英国还在策划着如 NHS 一样的革命。奇西克的巴士生产线在战时被转为应用于哈利法克斯轰炸机的生产，这件事在人群中广为流传，人们都想知道，这条生产线是否从中学到了什么东西。事实就是，伦敦运输以一种战后少有的强大自信，决定将多年的造车经验和从乘客意见中学到的东西，用来建造出一种高级巴士。建造这种巴士耗费了数年的研究、设计和计划的时间——俄国人将人造卫星发射到太空中的时间都没这么长。1956 年，这种巴士终于准备好面世了。它借鉴了战时飞机机身的铆接铝材技术，它被建造出来的时候，就像叫作垒高的拼装玩具一样。

巴士上有一个新设计的供售票员站立的小隔间，这样就不会阻碍乘客通过开放平台上车和下车。它还有一套供暖系统——这是当时的一大进步；车轮还有各自独立的悬挂；全自动变速箱的使用也让它行驶得更为平顺。它的意义更在于，它是城市设计的一项杰作。

伦敦运输的传奇人物，执行总长弗兰克·皮克在 1941 年临终之前，下达了一定要让这种新式巴士具有好看外表的命令。它们必须是一件"街道中的家具"，他说。它们必须像警察的头盔或者吉尔斯·吉尔伯特·斯科特的电话盒子一样，能够抓住人们的眼球。是道格拉斯·斯科特——这个设计制造了勃特顿热水器和广播转播台的人——赋予了"马路大师"卷曲的车顶和可爱的圆形窗户。他明确地指出，在巴士的内部要用上"深红色的里衬的面板，中式的绿色窗户围边，

伦敦精神
伦敦市市长鲍里斯·约翰逊的伦敦生活指南

还有明黄色的天花板"。他创造性地用暗红和暗黄色格子花呢的绒面毛毯作为坐垫的面料，伦敦运输想尽了各种办法来设计新巴士，他们想让这些座位上随时都有人去坐。

那个时候，巴士与私人轿车的竞争在不停地加剧，伦敦在1945年到1960年间，私人轿车的数量几乎翻了一倍。有轨电车——既干净又环保，也非常受欢迎——（十分悲剧地）为了给轿车让出更多的路，被淘汰掉了；而"马路大师"的目的就是用来取代有轨电车的。

新式巴士大获成功。人们在1954年到1968年间，总共生产了2875辆新式巴士，产生了大量的驾驶员空缺，因此伦敦运输在巴巴多斯岛、牙买加和特立尼达岛对驾驶员和售票员进行了积极的招募。确实，"马路大师"巴士在改变伦敦，使其变得更多元和接纳加勒比移民中有一定作用。它们突突地缓慢行驶过了20世纪70年代和80年代，即便到了20世纪90年代，它们的数量只剩下了600辆，但它们仍然是这座城市的里程碑，每一辆都是，如同特拉维斯·埃尔伯勒形容的，它们是有着强健身躯的柴油动力的红色卫兵，守护着伦敦。

如果说有一样东西宣判了它们在2005年的最终结局，那就是政府在20世纪60年代作出的致命决定，把钱注入到英国莱兰地（Leyland）的巴士产业中——希望能让这个行将就木的企业起死回生——而不是将钱投资到伦敦自己的巴士产业的发展中。

这样的结果就是，原本属于这些巴士的引擎和变速箱，都变成了供应载重卡车的引擎和变速箱，这样，它们更适合拉上32吨重的沙石，而不是一车的乘客。因此，只有将"伦敦的新式巴士"设计成具有干净和环保技术特点的城市街道巴士才是最适合的，当然，还要回应它最基本的请求，恢复它身上可供乘客上下车的平台。

第十九章
凯斯·理查兹和滚石乐队
他和米克·贾格尔先生给了这世界摇滚乐

以往的人都非常熟悉和了解一个醉汉的狂热。他们知道当音乐和酒精结合会发生什么。欧里庇得斯（希腊的悲剧诗人）就告诉过我们，一群和蔼的女人是怎样变成幻想着与流行乐队成员发生性关系的少女的，她们可能会找上一位名叫潘特尔斯的小伙子，把他榨得渣都不剩。

当然，你需要喝适量的酒精来麻醉，这样你足以保留一些原始的节奏感。你还需要合适的音乐。在我二十岁左右的一段时间里，我听见有人放起了滚石乐队的《现在出发》，才发现自己是在一个学生的房子里——即使是现在，我也在犹豫要不要给出确切的地址，因为我担心遭到报复。

我能听到你的窃笑。

我完全知道，世故的人对那三声似警笛般刺耳的和弦有着什么样的想法。我的老朋友詹姆斯·德林博尔曾经谱写了另一个版本的《现在出发》，他认为那很烂很拙。但我可以告诉你，声音从撞坏的旧磁带录音机里传出来，似乎震动了我的胸腔。在我的内分泌系统某处，比如肾上腺、垂体和下丘脑有了一种微小的反应。我不知道是怎么了，我能感觉到自己已变得害羞和敏感，在过去的一小时中，一直试图与坐在我旁边的贫穷小女生搭讪。

然后，我被歌曲的第二小节震惊了，同样猛烈的三个电音，很快它变成了纯粹的"人格分裂"。克拉克·肯特[1]当时就在电话亭里。我可不会告诉你们我

---

1. 克拉克·肯特是虚拟超级英雄超人的姓名，他平时穿着普通，但在需要的时候会走进电话亭换成超人的制服。

伦敦精神
伦敦市市长鲍里斯·约翰逊的伦敦生活指南

跳起来拍打着胸口,另一只手还拉着一个女孩。可能还有另外的状况,因为坦率地说,除了我们在五斗橱上跳舞和砸几把椅子之外,其他细节我都不记得了。我记得的感觉是音乐给了心灵的满足。

至今我一听到凯斯·理查兹的即兴演奏,那种感觉就会再一次产生。世界上的数十亿人也会有这样的感觉。这上百首断断续续的摇滚/流行音乐仍在我们的脑海播放器里,为我们增加了阅历,也为我们的生活增加了一些"声动"。

我会争论,噢不,没有任何争论,我毫无畏惧地断言,摇滚/流行乐是20世纪最重要的流行艺术形式,并将继续占据排名。在视觉,可塑性,诗歌或文学艺术上,它没有真正的挑战者,它在文化传播上比电影还普遍。因此,这是英国文化最伟大的胜利之一,摇滚/流行乐在20世纪60年代的伦敦,开出了最美丽和最迷人的花朵。

从表面上看,这是一个令人惊讶的胜利。到目前为止,我们已经看到伦敦已经有了一些世界上最伟大的诗人、剧作家、小说家、画家、建筑师、科学家、自由思想者、演说家和词典编纂者。但在有近2000年历史的城市中,我们并不能这样说:伦敦的本地人是公认的全球音乐领先者。有很多人是从别的地方到伦敦来进行他们的音乐事业,因为这里有金钱和听众。他们的名字貌似都是外国人的名字,如海顿或者汉德尔[1]。

在20世纪后半期,音乐界就像掀起了16世纪时戏剧天赋的旋风那样,产生了像莎士比亚一样有戏剧天分的人才。在世界范围来看,至少有两个地方是人才辈出的地方,就像超新星爆炸点一样。披头士乐队[2]——过去100年内在音乐上最有影响力的团体(他们来自利物浦,但几乎他们所有的歌曲都在伦敦制作,是伦敦让他们成名的)——也是在这个时候出现的。然后比披头士乐队更精力充沛的对手——滚石乐队——也出现了,他们做了历史上最大和最成功的巡回演出。

诚然,也有许多其他乐队出现在伦敦郊区,被世界各地的人所称赞。但保守说来,披头士乐队和滚石乐队是其中两颗最闪亮的星星。

在一定程度上来说,这是个人品味的问题。人们会质疑我的品味,就像他们会争论披头士和滚石乐队之间谁更强一样。中年人往往是滚石乐队中米克·贾格尔的粉丝(就像托尼·布莱尔[3]),或许他们也会认为凯斯是很酷的一个人。

---

1. 海顿,奥地利作曲家,莫扎特和贝多芬都是他的学生;汉德尔,德国作曲家。
2. 披头士乐队,也被译作甲壳虫乐队,在20世纪60年代掀起了摇滚狂热。
3. 电影《加勒比海盗》中,约翰尼饰演的杰克船长表现出了滑稽却富有吸引力的走路模样。

凯斯·理查兹和滚石乐队

他和米克·贾格尔先生给了这世界摇滚乐

因为我强烈地认为,在年轻人心目中,凯斯是真正的男人。

当我还年少的时候,有人对我说麦克(Mike)只是个花架子,一个爱故弄玄虚的人,而凯斯才是更好的音乐家。他曾创作了一首悲伤、凄切和旋律缓慢的歌:《流泪是傻瓜》。他同样擅长谱写高亢的合音形式的音乐,如《不会总是心想事成》。他开口如火山爆发,双三重和弦让你的眼球扩大,让你的嘴唇变绿,并让你的手靠着椅子不停抽搐,他绝对是这样的人。

《我无法心满意足》、《黄糖》这两首歌一开始就让人震撼。有人告诉我,这两首歌是凯斯创作的。他是一个知道怎样开场才具有轰动效果,以及怎样将其推向高潮的人。那时的我便开始模仿凯斯,我买了一件深紫色绒衣(当我写这些时,额头上浸满了汗水),并试图做到完美,用笨拙的手指在借来的吉他上弹奏着那首《我无法心满意足》,但我还是彻底失败了,没能成为一位摇滚明星,这更加深了我对凯斯的英雄崇拜。

我对凯斯的理解是这样的,凯斯是微光孪生子乐队的人才,这支乐队经营了数年,一直在新音乐快讯杂志《最快挂掉的摇滚明星》排行榜上,他们还设法同西方世界最吸引人的女性发生关系,如乌施·欧博梅尔,安妮塔·帕伦贝尔格和帕蒂·汉森。

凯斯在几十年里都在吸食大量的奇怪化学药品,似乎这些东西已经损坏了他的身体组织,像一些印加木乃伊一样;他创作了大量具有独创性的作品,改变了摇滚音乐,就像他改变自己相貌一样果断。

他已经变得非常富有。例如,1989 年到 2003 年之间,他帮滚石赚了 12.3 亿英镑。但 60 岁时,他还是那么有活力,连出演电影《加勒比海盗》的约翰尼·德普也模仿过他醉酒的模样。在我写这本书的时候,他都还想再来一次巡回演出呢。如果不是他的脸色看起来如此糟糕的话,你也许还会说,他就像是一个活广告呢,告诉人们纯海洛因和可卡因有益于健康。

在这一章对过去年月的忧思中,我看到的是理查德时代的伦敦。我曾在特威克南的一家河滨公园,面对着鳗鲡派岛的别墅和船屋。我凝视着潮湿的泥滩,并试图想象著名的鳗鲡派岛酒店神秘焚毁前的美丽景色——那是 60 年代的神奇夜晚,那时的空气中充满了凯斯的吉他和嘶号,涂料的气味和广藿香的味道,穿着明亮图案的棉布连衣裙的女孩在浅滩嬉戏。我还曾去过牛津街 100 俱乐部,帮助开展维持它继续运转的活动。

我咀嚼着口香糖,穿过伊灵百老汇的小巷,呼吸着这里的空气,阿历克斯·科纳曾在这里创建了他的著名俱乐部。1962 年 7 月 12 日,50 年前的这里,米克、凯斯与布赖恩·琼斯首次公开演出,滚石乐队应运而生。我还经常骑着自行车去切尔西的伊迪丝·格罗夫,引头眺望 102 号公寓的厨房窗户,这里是凯斯与

伦敦精神

伦敦市市长鲍里斯·约翰逊的伦敦生活指南

布赖恩·琼斯一起度过年少岁月的地方。后来，这个地方变得十分脏乱，因此他们离开了这个地方，留下了堆积的水槽，并且用胶带封了这扇门。

多年来，我一直跟随他的脚印，但从来没有遇到他这样的人，直到不久前，我的命运出现了不可思议的转折。

那是在一个周一的晚上。我一直游逛在克里登的街道，与当地的商人谈业务，并解释我们的一些动乱之后的融资和再生计划。我还参加出席了科芬园的典礼，目的是作一个简短的演讲，纪念高贵和博学的科爵士，并给他颁奖。

当我到达皇家歌剧院时，觉得它像是存在于另一个世界的地方。路上挤满了巨大的豪华轿车，光亮的黑色宾利和迈巴赫。即使是晚上十点后，仍然有许多人等着签名，对经过的任何人欢呼和大喊。

里面正在举行与全国名人有关的最重要和最神秘的仪式。这是 GQ 的年度绅士奖。我走进这个形状像一个巨大拱形温室的大厅，看着聚光灯打在身着燕尾服的绅士身上。

他们不仅是大腕，也是明星。这是主办单位组织的一场成功的盛会，他们告诉波诺的粉丝斯汀会出场；又告诉斯汀的粉丝波诺会出场，然后当然，他们就都来了。然后人们便开始相互祝贺，场中萨尔曼·拉什迪将应人们的要求，解释接下来与凯莉·米洛的打算，人们谈论说比尔·克林顿很崇拜麦当娜，而加尔各答的德蕾莎修女则在他耳旁窃窃私语，开一些黄色笑话——这些你懂的。其他各个行业的大腕也感受到这种狂欢的气氛，他们相聚在这里，还用圣杯畅饮杰卡斯红酒，这可是上帝用过的圣杯。

这就是我当时的感觉，我找到了我的座位，并向政治家乔治·奥斯本、剧院导演特雷弗·纳恩和优雅的女性们致敬。

我气喘吁吁地对出现在我身边的高高瘦瘦、富有曲线美的金发美女说："很抱歉我来晚了。"

她说："没关系。史蒂芬·弗莱已经讲了很久，我们都有点想走了。"

我说："噢好吧，什么时候轮到我？"

"快了。年度作家——凯斯·理查兹过后你就发言。他就在那儿。"她说着，像是在证明她没有骗我。

我瞪大眼睛："在哪里？"

"那儿，右前方。"她指着头发像灰白鸟巢一样的那个人。

接下来的几分钟里，我一直盯着他的头发，直到他转过头，我看见了他那张出名的脸，一张典型的罗马人的脸。等等。罗马人的脸？那不是凯斯。他是汤姆·斯托帕德爵士，他有一头像苍鹭巢一样的头发。

凯斯在哪里？但女孩已经走了，而我则一直在试图寻找他。以我的经验，

凯斯·理查兹和滚石乐队

他和米克·贾格尔先生给了这世界摇滚乐

这些记者都很难找到他。有一次,我花了三天时间跟着希拉克来到法国,他的工作人员向我保证,在竞选访问快完时,他会接受记者采访。但在多次的失望之后,我曾设法在他的必经之路上等他,这条小巷是他开车经过的地方。

我伸出手,大声喊道:"希拉克总统。你好,我是鲍里斯·约翰逊,来自伦敦!"他停顿了一小秒,我的心情非常紧张,但他似乎心情很好的样子。他说:"你好,我是雅克·希拉克,来自巴黎!"然后,两个保镖终止了这场谈话,我感觉我就像一个遭受两面夹击的四分卫一样,后来希拉克便走了。我尝试了各种办法,但我不能理解那句话。

所以我知道,如果我充分利用时间,我就能很好地将之总结为一个简单的压倒性的问题了。颁奖典礼一直持续到晚上,我一直在思考我知道什么,我想知道什么。

我曾仔细研读凯斯的自传,他靠着这本自传赢得了写作奖。在一遍遍地阅读后,我认为我已经知晓了他的一切。滚石乐队是我们的文化地标,它饱经风霜也很古老;它也是现代伦敦的一种历史,如特拉法加广场的石狮。

正如我所说,比尔·怀曼比我父亲年纪还大,即便他最近似乎退出了乐坛,但是 68 岁时他们仍在玩摇滚。他们创造了数十亿英镑的财富。他们懒洋洋的声音被广告界的人认可,并成为这个国家最强大的品牌之一。我是认真的。就我所看到的情况,这个大嘴标志在英国可是有着一席之地的。

更重要的是,这么多年来,他们创造了一个不朽而伟大的摇滚/流行音乐选集,如果没有一些推动创意的狂热之情,他们不会有这么多作品。显然,这是米克·贾格尔和凯斯·理查兹共同努力的结果,这得算上他们之间爱恨交加的关系。为了寻找他们友谊的关键时刻,不得不追溯到半个多世纪前。1962 年,他们乘车经过伊灵的阿历克斯·科纳俱乐部;更之前的 1961 年 12 月,他们在锡德卡普火车站偶遇,在那里,米克正准备去伦敦经济学院,凯斯发现他胳膊下夹着查克·贝里[1]和穆迪·瓦特尔斯[2]的唱片。

要知道米克和凯斯之间的事,你需要追溯到他们上小学的时候,他们的小学在伦敦达特福德和温特沃斯之间的郊区。还要知道当他们 11 岁时又发生了什么。最关键的是,米克·贾格尔通过了升学考试,去了达特福德语法学校。而凯斯却没有通过,如果他没有显示出一些绘画和音乐才能的话,他可能去的就是二流学校了。

于是,凯斯去了达特福德的一所技校,那时他的作品被认为非常糟糕,他

---

1. 查克·贝里,美国著名摇滚歌手、词曲作家。
2. 穆迪·瓦特尔斯,美国顶级布鲁斯音乐家之一。

伦敦精神
伦敦市市长鲍里斯·约翰逊的伦敦生活指南

对于自己被迫复读一年也感到十分恼火。看着他的采访，或了解一下他的生平，你就知道他是一个很有思想且聪明的人，不仅是历史上十大吉他手之一（滚石杂志说的），还是康涅狄格州图书馆里有关军事史方面的读者。但在他 11 岁那个脆弱的年龄段，英国的教育机构却告诉他，他的知识水平与他的好友和邻居不一样。

根据 1944 年的巴特勒法案，适龄儿童的教育被分开——英国中产阶级当然很快反对——他被认为抽象思维能力较差，不太适合做像迈克尔·菲利普·贾格尔那种资产阶级一样的工作。那时的他能即兴演奏，引起成群的少女狂喊，而那时的贾格尔还从事着脑力工作。

这种悬而未决的问题——智力和创造性哪一个居首要地位——是滚石乐队的助推器。这个团体的核心是竞争与合作要同时进行。这是一场多形式的竞争，50 年后，迈克尔爵士将会在这样的某些方面引领潮流。

这场斗争被认为是为了得到女性的陪伴和原始的生活需求。在某种意义上，他们的争斗刚开始时是势均力敌的，凯斯明白，如果自己能在主打歌中露骨地使用男性至上的语言，他完全能够得到少女们的支持。

在他的描述中，他没有讲清楚如何从布赖恩·琼斯手中将安妮塔·帕里博格夺过来的细节（如果你想知道的话，这件事就发生在那台叫"蓝色莉娜"的宾利的后座上，那是 1967 年夏季的一个分水岭，司机正载着他们从西班牙去往摩洛哥）。尽管凯斯指责米克与安妮塔在《迷幻演出》中入浴场景的拍摄之后，有时候还会发生关系（我觉得这位女士仍然否认这个指责），但凯斯也一定做了这样的事来回击米克，他曾一度在玛芮安妮·菲丝弗与米克交往时与她发生关系。我们经常聚在一起聊着这样的八卦——他还说米克经常毫无征兆地回来，他不得不飞也似的从窗户跑出去，有时候连袜子都忘了呢。

很多年前，跟我一起出去的一个女孩从聚会上回来（我没有收到邀请），她说她遇到了米克·贾格尔。"当然，我吻了他。"她说。我问："为什么？""只是在脸颊上，我觉得这是我应该做的事。"不知道凯斯会不会让女孩也有这样的反应，目前尚不清楚。他一直讨论这件事情，在《LIFE》杂志上，他变得朴实，可以看出，他不是特别想赢得这场比赛，并且见到女孩，他居然很害羞（安妮塔一直坐在宾利的后座），而不像古代的好色之徒，贾格尔人生的最后几十年都与帕蒂一个人在一起。

他不想与贾格尔竞争，朝社会上层攀登。其实他俩都是中产阶级：贾格尔的父辈和祖辈都是教师，凯斯是沃尔瑟姆斯托女市长的孙子（几乎可以肯定，1945 年的她曾追随着丘吉尔的脚步）。20 世纪 60 年代的伦敦是"新贵族"和老人的混合体。伦敦人才越来越多，有电影明星、设计师、摄影师、还有郊区

凯斯·理查兹和滚石乐队

他和米克·贾格尔先生给了这世界摇滚乐

的摇滚明星和模特，还有一群没落的、或多或少有贵族气息的老伊顿[1]药商和艺术经销商。

米克曾经想当一名政治家，但他更喜欢像其他有钱的花花公子一样厮混。一次他们被要求在一本杂志问卷上说出他们心目中的英雄。米克写下了"公爵"，而凯斯写下的是"列车大盗"。他们最终的分道扬镳是在2003年，米克打电话告诉凯斯，说他将要接受托尼·布莱尔的爵士称号，他完全不能拒绝这样的机会。"你可以放下你喜欢的任何东西，伙计。"凯斯说。

该授勋仪式是"可笑的"，他后来抱怨道，他大声地说他可不愿意同这些"戴着冠状头饰，身披貂皮衣裳的人"一同登台。

贾格尔也还击说：理查兹是一个"不幸的人"。采访者问："你想表达什么，他怎么不幸了？"米克说："如果你们能理解我所说的不幸，那你们就能明白任何事了。"

我们可以看出凯斯在不满什么，他在不满人们对滚石乐队的差别看法。并不是说米克可以给年轻人树立好榜样，而凯斯代表吸毒的恶棍，不是这样。

他俩都因毒品而被逮捕过，也都被监禁过。至于对社会的贡献，米克拥有会计师的头脑，他一直避开了英国税务，他计算出戈登·布朗改革会花费他们1.2亿英镑，于是取消了1999年的旅游。让我们来看看事实吧，是因为布莱尔尊敬他，米克才在众多摇滚者中得到了他的爵士称号，或者也许是阿拉斯塔尔·坎贝尔[2]觉得，他们需要一些不一样的星团出现在授勋名单上。

不管他有什么主张，凯斯都会感到很厌烦，因为他没有得到同样的认可。在《LIFE》中，凯斯对米克的音乐才能和快速高效的写词才能赞不绝口。他可以写出淫秽的、颓废的、讽刺的、感伤的、深情的、假装深情的和残酷的歌词。他的写作具有很强的穿透力。下面是《黄糖》的第一章节：

> 黄金海岸奴隶贩运船开往棉田
> 在新奥尔良市场贩卖
> 伤痕累累的老奴隶知道他的命运
> 在午夜听到他鞭打妇女
> 啊，黄糖，你的味道为何如此好？
> 黄糖，就像一个年轻的姑娘

---

1. 在英语中，老伊顿人的意思是继承着显要家世却不争气的败家子。
2. 阿拉斯塔尔·坎贝尔，英国记者、作家和政治顾问。

伦敦精神
伦敦市市长鲍里斯·约翰逊的伦敦生活指南

近乎种族主义和性别歧视的材料遭到了广泛谴责,坦白地说,我们大多数人度过一生,才勉强弄清了他所表达的意思。在保守党聚会上,我曾遇见过各式各样喝得烂醉的女酒鬼,在听了几十年乡村酒吧女郎的歌之后,才有人把我从这种痛苦中拉了出来,他解释道,歌手开始的第一句就是,我在孟菲斯遇见了一个喝得烂醉的女酒鬼。

我一直以为《野马》与《活累了》有异曲同工之处,但现在我才发现,这是"天真的想法"。我开始明白这些词对营造感情氛围至关重要,曲调总是给这些歌词以力量。哼着曲调,跟着调子舞蹈。大部分曲调似乎都是凯斯谱写的。

米克可能吟诵过《我无法心满意足》,并写下了这些词,但凯斯创造了这首歌的曲调。一天早上醒来,打开卡式录音机,他发现缪斯女神已经把曲调托梦给他了,他便起床将这些曲调组织记录了下来。对于我这样一个业余音乐爱好者来说,当读他关于怎样正确弹奏和调整吉他,打开吉他的G系统(还是其他的什么,我也不清楚)的专题论文时,我觉得简直是太激动人心了。他谈到了他如何辛苦并精确地调整吉他,以便弹奏出他脑海里的音乐,你会觉得他就是行家。

有幸听到一流艺术家谈论他的技艺,就如你看一个最为高深莫测的线路草图一样。他使用放大器、延长线和盒式磁带录音机,希望捕捉一些难以捉摸的效果。有时他会花很长时间待在录音室努力完善一首歌,而其他人都已在地板上睡着了。由于药物的作用,凯斯熬了一夜,最后完成了他的创作。

就凯斯的自我描述来说,他是一个非常矛盾的人。在2005年的一次采访中,他再一次表明,米克一直在努力地工作,但他自己相对来说确是个无名利心的人。"我醒来时,会赞美上帝,然后确保所有的手机都是关闭着的。而米克早晨起床就会制订好一个计划。"经典的英式虚伪和假装业余的做法让我印象很深。

很明显,凯斯不是懒散的瘾君子。他是一个创造性的斯达汉诺夫[1]式的人。《LIFE》的长期技术展示中有一条留言,大胆地分析了布鲁斯音乐是如何演变成摇滚的,以及故事中滚石乐队所处的位置。该留言说凯斯与米克一样聪明,升学考试的判断是错误的。

两根木材的摩擦才能产生火焰。正是不变的竞争推力,打动了其他人,才产生了天才。内部的充沛精力是滚石乐队的动力源泉,但仿佛这还不够,还必须要有来自对手的巨大外部压力。正如有了一个米克派和凯斯派,人们才被划

---

1. 斯达汉诺夫,苏联的一个矿工,由于在增产运动中出众的勤劳而受到表彰和奖赏,意指勤劳刻苦。

凯斯·理查兹和滚石乐队

他和米克·贾格尔先生给了这世界摇滚乐

分为两派，一派拥护披头士乐队，一派喜欢滚石乐队（还有许多人两个都支持，这取决于他们的心情）。

两个乐队都是由男性组成的，两个乐队都得益于领队的创造性张力。他们都打算征服美国，并成功了；尽管他们合作了一些歌曲——甚至协调他们的出版，以免破坏对方的宣传——但外界还是认为他们是公开的竞争对手。

安德鲁·龙格·奥德汉姆以前是披头士乐队的宣传人员，后来不知怎么又成为了滚石乐队的经理，他知道如果米克和凯斯发达起来的话，他们能做到的不仅是打破查克·贝里的纪录。他们将像约翰和保罗一样领军乐坛。于是，他把他们锁在一个房间里，并让他们写自己的东西。在整个辉煌的十年中，披头士乐队和滚石乐队就像是一种半正式的竞争。龙格·奥德汉姆认为，对自己的产品细分是非常重要的，于是他提出披头士乐队是健康积极的，而滚石乐队是放荡不羁的这样的宣传提议。

披头士与漂亮的女孩，如辛西娅·列侬或简·阿谢尔一起外出。滚石乐队成员的女朋友因吸毒被逮捕，只穿着皮草大衣，嘴里还叼着半根火星巧克力棒——警方津津乐道地向媒体述说这些毫无根据的联想。披头士做迷幻音乐，滚石乐队也做，但他们的音乐中还多了对魔鬼的崇拜。

披头士乐队写了《佩珀中士寂寞芳心乐队》这首歌。滚石乐队模仿这首歌写了《魔鬼陛下的乞求》。《让它流血》也是模仿《顺其自然》的，等等。如果艺术上的成功是以公众满意度来判断，显然披头士乐队是遥遥领先的。虽然他们在1970年之前就解散了，但是他们比其他任何乐队写的排名前十的歌、发的排名前十的专辑都多得多，其中包括滚石乐队。尽管披头士是他们那个年代的产物，并且写出了红极一时的歌曲，但只要想到别人可能会赶超他们，他们就会受到鞭策继续努力。

到了这个年代的最后几年，伦敦四周出现了各种各样的人才。新一代人已经出现，他们接受NHS[1]的培养，有免费的牙科治疗，构造良好的排水渠，较高的收入，文法学校和艺术院校都是政府资助的高级公立学校。青少年头戴丝绸头巾，身穿皮革背心和肮脏的羊皮大衣，在卧室或者车库中拨弄琴弦这样的场景变成了华而不实的幻影。

仍留在滚石乐队中的比尔·维曼来自刘易舍姆，罗尼·伍德来自希灵登一个古老的家族，查理·瓦特来自伊斯灵顿，还有，不要忘了布赖恩·琼斯，他最开始的职业是在皇后大道的维特尼购物中心做销售助理。

---

1. NHS(National Health Service)，即英国国家医疗服务体系，这个体系一直承担着保障英国全民公费医疗保健的重任。

伦敦精神
伦敦市市长鲍里斯·约翰逊的伦敦生活指南

齐柏林飞船乐队[1]的成员吉米·佩奇来自克罗伊登附近的沃林顿。他受的教育几乎都是在阿克顿县文法学校。雷·戴维斯和他的奇想乐队[2]来自霍恩西。戴夫·克拉克五人组来自托特纳姆。小脸乐队来自东哈姆。

他们演出的地方都是郊区俱乐部，在伦敦西南部很出名。在里士满，有小龙虾俱乐部、车站酒店和里士满田径俱乐部；当然，也有鳗鲡派岛和许多其他俱乐部。伦敦占地656平方英里，是迄今为止欧洲最大的城市，庞大的连接村庄和城市中心的网络，规模性和多样性更有利于培养人才，让摇滚/流行乐更流行。

可以肯定的是，美国人是摇滚乐的先驱，最出名的是查克·贝里，穆迪·沃特和猫王。但是，要了解伦敦的独特贡献，你必须记住，只有极少数的美国城市才有它这么大。美国有许多音乐革命的中心：新奥尔良、纳什维尔、孟斐斯、洛杉矶、纽约、亚特兰大，等等。但没有一个单一的大都市，聚集这么多人才。

回到我们的核心比喻上来：伦敦核堆里的铀棒比美国任何一个城市的还要多。当这个东西爆炸，它更可能产生闪光，照亮世界，就像披头士和滚石乐队的演奏一样。为什么伦敦起到了举足轻重的作用，还有最后一个原因，我认为应把这个归功于我之前的合著者戴维德·杰夫科。年轻的伦敦白人能玩黑人音乐——12小节的布鲁斯音乐，而年轻的美国白人可能只能面露难色地看着。

你只有看看查克·贝里唱的《约翰尼·古德》视频，才能明白整个事情是怎么开始的。几十年来，美国黑人爵士乐和蓝调音乐家一直在指控白人音乐家取巧地夺取了他们的理念，并用它们来赚更多的钱。因为这一指控有根有据，所以，美国白人音乐家在对于能不能将蓝调音乐用于盈利，并且还要以一个黑人音乐玩家的表演风格来玩这件事，开始踟蹰不前了。

而另一方面，中产阶级伦敦人理查兹和贾格尔，却没有这样的烦恼。对于歌唱如下内容，比如今天早上他们醒来，而他们的女人离开了他们这样的事，他们觉得没有什么可笑或无礼的。这只是在向他们所爱的音乐致敬。那么伦敦的摇滚乐发生了什么，使它真正成为这个靠进出口贸易推动繁荣的城市的最高典范呢？

米克·贾格尔和凯斯·理查兹等人得到了穆迪·沃特和查克·贝里的认可。他们坐在自己的卧室和艺术学院的公共厕所中听他们唱歌，模仿他们的宗教虔诚，以他们所希望的原汁原味的黑人方式唱歌和演奏。一段时间后，1964年左右，他们开始分支成迷幻和流行，接着是《闪光的爆竹》——纯摇滚音乐。当滚石

---

1. 齐柏林飞船乐队，英国著名摇滚乐队，是硬摇滚和重金属的鼻祖之一。
2. 奇想乐队，英国流行音乐的奠基者之一。

凯斯·理查兹和滚石乐队

他和米克·贾格尔先生给了这世界摇滚乐

乐队去了美国，玩起那些蓝调派生的歌曲，有效地把大部分美国观众引入到一种源于美国的音乐风格里。

这是伦敦的胜利，我总结道，随着GQ年度人物大奖接近高潮，我越来越觉得这是凯斯·理查兹的功劳。现在是晚上11时许，参加宴会的人越来越累。因此，许多顶尖的名人站在台上致敬，他们似乎太过渴望名利。最后上台发言的是克普（Keef），他在台上四处闲逛——夹克袖子卷起，露出他强壮有力的手腕，扎在额头上的束发带使他看起来像一个古老的约翰·麦肯罗——我们就显得逊色了。

他的讲话是简短的、滑稽的和谦虚的，讲完就回到自己的座位上。轮到我了，介绍了塞巴斯蒂安·柯伊[1]之后，带着一股子冲劲，我说服凯斯的代理人芭芭拉·查容（我曾遇到过的一个好心人），让我站在他身边。我恳求：只要5分钟，芭芭拉，3分钟也可以。

最后，凯斯拍了照回来之后，大家为了得到坐在他身旁的荣幸，展开了一场激烈的争论。我后来得知，凯斯的人拒绝史蒂芬·弗莱的原因是，他被误认为是首相戴维·卡梅伦，虽然一片混乱，但我必须得承认我有一点点高兴。

我盼望这一天盼了几十年，我发现自己所坐的位置，离这位化着黑色烟熏妆的传奇般的人物只有几英寸，我注意到他的脸有着与奥顿[2]一样的线条，他的牙齿与美国人一样白。我们开始闲聊我是多么享受生活，还有他的爷爷奶奶，还有他在战时的达特福德度过的童年生活，他说那时，曾有一颗炸弹爆炸，刚好把砖头炸飞到了他的婴儿床上。

但我们周围的人群越来越拥挤，我知道我必须说出口了。

我叫道："呃，凯斯。"

他礼貌地答道："市长先生。"

"我有这个想法，呃……"我试着在这些疯狂地恳求他在餐巾纸上、20英镑面值的纸币上甚至是她们左乳上签名的五花八门的人群中把我的话说完。

过了一小会儿，或者说一大会儿，他们终于被拉开了，我才能喘着气接着将这个故事讲完，这个故事是从乔·沃什那里听来的，他是老鹰乐队里极具天赋的吉他手。

"乔·沃什透露说，直到他去听过滚石乐队的音乐会，他才第一次听到穆迪·沃特，对吗？"

凯斯点头："是的。"

---

1. 塞巴斯蒂安·柯伊，伦敦奥运委员会主席、前英国田径运动员及保守党成员。
2. 奥顿（1907~1973），英国杰出诗人。

伦敦精神
伦敦市市长鲍里斯·约翰逊的伦敦生活指南

然后，我继续这一话题。"你可能会说滚石乐队在摇滚乐历史上是值得批判的，"从这里开始，我几乎是半喊着说了，"因为他们将蓝调音乐交还给了美国？！"

凯斯无比亲切地说："我同意。"

我也同意，凯斯。再继续探讨也不为过。在摇滚新闻历史上，它可能不是最长和最深入的锐利采访，但它比我与希拉克的谈话有用得多。

我没必要再浪费他的时间，强迫他坐在他的狂热粉丝中吐露出在他的书中所写的奇闻轶事。他肯定了我的关键点。没有滚石乐队，一支如老鹰乐队一样伟大的美国乐队，将永远不会被穆迪·沃特创造出来。没有凯斯·理查兹，乔·沃什绝不会来演奏史诗般的吉他独奏，重复《加州旅馆》这首歌的高潮。

如同19世纪伦敦引进了糖和橙子，用它们制作成果酱卖到世界一样，20世纪伦敦引进美国蓝调音乐，并把它变成摇滚或流行音乐再转手出口。这是一个伟大的贸易。

现在，凯斯·理查兹是时候发展他的皇家歌剧院了，我就是他崇拜者大潮中的一员。我注视着频频亮起的闪光灯，它们就像中国新年时的焰火一样。当他与随行人员钻进豪华轿车时，我就开始思考，自从他第一次在伦敦亮相以来，究竟发生了多么翻天覆地的变化啊。

在凯斯成长的过程中，关于摇滚乐最重要的一点是，它是颠覆性的，所以才被拒绝。各个音乐人说这是"对于流行音乐发生的最可怕的事情"。当120位小阿飞[1]被拉到伦敦东部的影院花圃上跳舞时，马尔科姆·萨金特爵士[2]哼着说："这音乐无非是简单的大鼓砰砰作响。我认为，如果摇滚乐会煽动年轻人产生骚乱，这显然是不好的。"

电影《全天摇滚》实际上是被禁播的。这是一个法律不健全的世界，以王室宫务大臣为首的审查机构是反对同性恋的，于是它跟《查泰莱夫人的情人》一样被禁播了。警察缉捕队于1966年搜查了维多利亚和阿尔伯特博物馆的明信片商店，以便搜缴奥博利·比亚兹莱[3]的画，这是一种愚蠢的做法。

这种反对的风气助长了这样一个反文化世界的建立，人们发现，在反抗中可以得到这么多的乐趣。对于沉迷于药物和女人的凯斯来说，明显也是一个反文化的角色。反文化的声音是响亮的，而且还在持续。

20世纪60年代的反文化，在警察搜捕、资产阶级歇斯底里和严厉的裁判

---

1. 指20世纪50年代穿潮流服饰，爱好摇滚乐的年轻男子。
2. 马尔科姆·萨金特，英国指挥家、管风琴师。
3. 奥博利·比亚兹莱，英国画家，是新艺术运动时期的著名艺术家。因患有肺结核英年早逝。

凯斯·理查兹和滚石乐队
他和米克·贾格尔先生给了这世界摇滚乐

下生存了下来。事实上，就算努力压制，它也能蓬勃发展。如果一开始政府批准的话，它反而还可能不会出现呢。

要我说的话，在1967年7月1日，当《泰晤士报》发表滚石乐队的领导者在雷德兰兹因贩毒被捕时，腐朽就开始了。像一些维多利亚时代的老妇人松开她的紧身胸衣开始摇摆起舞一样，《泰晤士报》认为判刑太苛刻了。"是谁杀鸡用了牛刀？"这是威廉·李斯·莫格[1]所用的新闻标题。

是《泰晤士报》——也被称作"怒吼者"！——站在这些骨瘦如柴的吸毒流氓这一边。自从20世纪60年代反文化开始，它就开始每况愈下。随着岁月的流逝，更多赞成同性恋权利或性别平等或言论自由的自由法建立了起来，从某种程度上来说，在今天看来，这种反文化的想法基本上已经不存在了。

反文化价值观已经成为主流，并随着GQ颁奖典礼上的庆典有了空前的发展。我最近一次在电台播报中提出这一点时，互联网上一些人谴责并气愤地说：他们仍有性虐待、恋尸癖和其他一些癖好——因此那些自傲的反文化拥护者从价值观上来讲，仍是被上流社会拒绝的。尽管我认为他们人数不多并且总是胆大妄为，但我们还是要平等地看待这件事。

很明显，社会上至少有一小批年轻人（主要是男人）十分忧虑，愤怒地排斥一些在20世纪60年代的反抗活动中人们所拥护的价值观——比如性宽容和性自由。也许有一些人会认为，新的反文化是伊斯兰教义的狭隘版本。

但原来的反文化已经扩大，已经渗透到社会大众，在某种程度上，对伦敦和伦敦经济是有益的。玛丽·奎恩特曾经在她的公寓剪裁缝补，而现在这个地方变成了一个伦敦时装产业的工厂，市价210亿英镑，有着8万名雇工。以前的放荡人物——威廉·巴勒斯和弗朗西斯·培根，已经被我们现在拥有的梦幻般的年轻英国艺术家代替了。掌握了他们，就掌握了财富的源泉。我们还有杰出的翠西·艾敏，她丝毫不会为向世界宣布她是一个保守党人而感到羞耻。

侨民屋[2]仍然存在，但它现在已经成为了格劳乔俱乐部和其他各种装修豪华的场地，里面充斥着大量极具天才的人：他们来自广告、媒体、公关、电视制作、电影编辑等行业。这就是为什么伦敦能成为世界上最重要的"创意、文化和传媒产业"的中心。

我们可能还会说到英语这门语言，对于充满活力的金融部门和相关的法律和会计服务，对各种创造性有着无止境要求的工作都是与英语息息相关的。伦敦与欧盟和美国有双重关系。但有一种艺术形式比任何其他的都能加强我们的

---

1. 威廉·李斯·莫格，英国记者和公务员，《泰晤士报》编辑，大不列颠艺术委员会主席。
2. 侨民屋，原指伦敦苏霍区迪恩街的一所艺术家和其他创造性人士的俱乐部。

伦敦精神
伦敦市市长鲍里斯·约翰逊的伦敦生活指南

情绪，它创造了一种有着纯粹合作力量的氛围和感情。这种比其他任何一种艺术形式更有助于使一个城市看起来更酷的东西，就是音乐，如果音乐使你的城市可爱，那么各种文化部门的人都会有信心去扭动和摇摆。

  伦敦有着比世界上任何一个城市都多的现场音乐表演场所，大概有400处，每天晚上演出的人要比其他时候多。在20世纪60年代，伦敦成为了世界摇滚和流行音乐之都。作为滚石乐队幕后的推动，凯斯·理查兹在这一成就上起到了很大的作用。一个爵士称号？他所做的可不是一个称号所能衡量的。

第二十章

米德兰大酒店
重生的象征

由于我的晚餐伴侣来晚了,我有大量的时间来研究餐厅及其工作人员。这是个多么漂亮的地方!大概有三个金发的妇女在照看我的自行车头盔和背包,给我指了一张相对安静的桌子,我萎靡地跌坐在座位上,她们则打量着我。

墙壁的颜色是鲜艳的芥末黄,非常有品味的色调,在某种程度上,衬托了细长大理石壁柱顶部扭动着的山毛榉叶的金色。天花板有五彩缤纷的旋涡状的装饰,像一些气氛狂热的婚礼上的蛋糕,整个空间的波曲线,会让你觉得仿佛已经沉醉在了其中。

我的同伴仍然没出现,但我的心情改善了,一群微醉的 IT 顾问在喝酒庆祝一些合同,并请了我一杯酒。她终于出现了,我非常兴奋,不管嘴里吃的什么都觉得像是美味。事实上,我能很快告诉大家的是,这真是一顿豪华的菜肴——我可不是餐厅的评论家。

有人无条件地给我们端来一个小的陶瓷烧杯,里面有黄色的东西。是汤,还是奶油冻?我们不能分辨出是番茄味的或香草冰淇淋味的还是混合味的。但一个小时左右后,我们心情舒畅地进完了餐,便走向出口,在那里,我们被一位名叫塔米尔的男子拦住去路。他想带我们参观。他一直在给我们说:这是一个不可思议的工作好地方,我们看了以后就会知道为什么。

我们是从双向楼梯上去的,楼梯像一个 DNA 螺旋,我们还经过了画着古典帐幔,坐着维多利亚时代妇女的绘画,它们的名字是《工业》和《宽容》。墙

伦敦精神
伦敦市市长鲍里斯·约翰逊的伦敦生活指南

壁的颜色是一种高贵红，上面画着金色百合花。橡木栏杆是光怪陆离和温暖的。印花棉布地毯是厚的和蓬松的，用闪闪发光的黄铜棒固定。塔米尔想向我们展示一间主卧室，于是电话打到接待处看它是否有人住，而我们则幻想着我们可能会发现的奢侈场景。随时都能抽到雪茄？设有按摩浴缸？唉，租主卧室的人现在充分将它利用起来了，谁会责怪呢？

接着，我们漫步通过女士吸烟房，它是1902年为了尊重女权设立的。它有一个昏暗的回廊，里面有如同科尔瓦多大清真寺[1]里华丽的内部拱门，然后我们来到阳台上，深吸尤斯顿路的香味。我看着楼下的交通——很顺畅，我很高兴看到这一点，又注意到像城堡一样的酒店，人们在来来回回地徘徊，天窗，像一个陡斜屋顶上兵船的炮眼，也像巫师帽锥形炮塔。您心想可能会有小叮当冲出来，也可能是邓布利多[2]。就好像巴伐利亚国王路德维希被邀请来设计一个火车站酒店，然后他的思维在威尼斯总督宫和布鲁塞尔大广场之间产生了纠葛一样。这是维多利亚时代哥特式粉色砖墙一般的幻想，这家酒店是伦敦的历史故事之一，至今已经140多年了。

我们不只是在这里吃晚饭。我们也在这里研究，见证建筑物的光荣重生，我们需要给建筑打蜡，刷白，再打蜡，这让城市有信心。米德兰大酒店于2011年重新开业，它有顶级的豪华公寓，被人们誉为重生的杰作。这是创始人乔治·吉尔伯特·斯科特（1811~1878）做的正确计划。它的重生是一个奇迹。自我出生开始，在20世纪的大部分时间里，它都处在关闭状态，被抛弃，被嘲笑和被忽视，1966年时，他们宣布将要拆掉它。

米德兰大酒店于1873年首次开业的时候是它的顶峰，它是伦敦越来越奢侈的车站酒店中最华丽、最昂贵的。有为钢琴爱好者准备的摆放着高级钢琴的卧室，有铺着阿克明斯特地毯的地板。人工操作的升降机可以将大衣和行李运到房间。还有放满了葡萄酒的酒窖，一个每天可以洗净、烘干、熨平3000件衣服和脏被单的洗衣房。开业之后，《建筑师》杂志这样报道：整个建筑装饰精巧而华丽，显然丝毫没有顾及成本。

白金汉郡牧师乔治·吉尔伯特·斯科特的儿子是个明星建筑师，与他同时代的还有理查德·罗杰斯和诺曼·福斯特[3]，他们都热衷于哥特式的风格。这不只是一间酒店。每一幅壁画，每一束花饰或毫无意义的华丽装饰都是一个宣言，向人们宣布这是我们的，是我们的，是维多利亚时代的伦敦人的。想想那些议

---

1. 科尔瓦多清真寺，位于西班牙。其地基是罗马神庙和西哥特式教堂的遗址。
2. 小叮当，彼得·潘故事中的小仙女；邓布利多，小说《哈利·波特》中的巫师。
3. 理查德·罗杰斯，英国建筑师，爵士，代表作"千年穹顶"；诺曼·福斯特，英国皇家建筑师学会会员。

米德兰大酒店
重生的象征

会和宫殿吧,这就是我们建立车站酒店的方式!

几十年后,这种客套话似乎真的成真了。米德兰大酒店已成为谢菲尔德刀具商们喜爱的场所了,成为有利于西部游牧的羊毛商人和克莱德赛德造船商的地方了,它也在根据客户们多种多样的要求在不停地改善。电灯是19世纪80年代才开始安装的。居民抱怨关于马拉交通的噪音,酒店便付款用木块橡胶来铺设道路。城市的第一个旋转门安装于1899年,尽管那个时候套间浴室非常稀少(这种结构是他们在萨瓦时产生的灵感),但在第一次世界大战之前也有了迅速的发展。

随后在1918年2月17日,大教堂的拱形售票处被德国飞机抛下的炸弹击中。爆炸造成20人死亡,许多人受伤。但是真正意义上的第一个厄运是在1921年降临的。由于时间更紧了,铁路的运行已经由政府接管,进行合理化设置。还作了这样的决定:这些车站将服务于圣潘克拉斯-格拉斯哥、曼彻斯特、谢菲尔德、利兹和诺丁汉,同时也服务于尤斯顿。米德兰大酒店一下子就缺少了客源,渐渐失去了自己往日的富丽堂皇。到1930年,这个地方已经变得非常混乱,来访的澳大利亚板球队成员的包被盗,画家保罗·纳什在20世纪30年代初过了一个悲惨的夜晚,默默地坐在一个破收音机前,并喝了"我喝过的最毒的咖啡"。

1934年,伦敦米德兰和苏格兰铁路主席——约西亚爵士面临着是否需要毁掉这一杰作。这是一个庞然大物,一个令人尴尬的能勾起人们对维多利亚时代记忆的、一个市场无法再承受的庞然大物。破坏和摧毁它?他觉得有点不可思议。酒店在1935年关闭,理论上这栋建筑成为了铁路运输公司的办公室。事实上,正是因为保养成本才导致了大部分建筑物被遗弃。

孩子们有时会穿过门,爬上灰尘覆盖的地毯,发现画上的维多利亚妇女仍在俯视着伦敦,它们的名字是《工业》和《宽容》,可显然,它们所注视的地方没有达到这样的期待。建筑历史学家马克·吉尔瓦德于1950年被召回进入大楼,发现房间是脏的和空荡荡的,爬上梯子到屋顶的西部塔,这里有伦敦的壮丽景色。到了20世纪60年代,西海岸干线的电气化使得大多数列车都通往了尤斯顿。圣潘克拉斯被降级,英国铁路在1966年写下的一封起决定性作用的信中,要求部长们批准这个"必要的更改",允许他们在乔治·吉尔伯特·斯科特的工程中使用落锤破碎机。

这个酒店曾经是一种文化和社会摆脱了维多利亚这个标杆的隐喻。相对于财富和全球地位已经持续下降,这象征着城市的自信。两百多年来,伦敦人口第一次真正毫无预料地减少。自从1940年以来,规划者一直在说,伦敦在英国经济中占有优势,其创造财富的能力应该以某种方式分散到其他地区。现在规划者得到了他们想要的东西,却不是他们想的方式得到的。

伦敦精神

伦敦市市长鲍里斯·约翰逊的伦敦生活指南

奇怪的运动是与战时巴洛委员会一起开始的，该委员会认为，伦敦在生产和贸易中占主导地位。1941年伦敦郡议会委托帕特里克·阿伯克龙比爵士执行他著名的生产计划，直到1944年，他才说该计划有很多好处。阿伯克龙比承认，伦敦的老城区中心和村庄以及改善交通运输网络的重要性。可是阿伯克龙比计划的主旨，是将60万人从伦敦移到"新市镇"或"花园城市"，虽然意图无疑是好的，但这种被迫的迁徙，往往会伴随着对亲情和友情关系的破坏，这会建设出一种没有人情味的市郊高楼。

即使在1967年，我们也可以找到巴洛-阿伯克龙比教条的痕迹，东南规划委员会的第一次报告，重复了必不可少的要求——这些要求现在看起来，就像是对帝国经济重地和世界工厂城市的疯狂攻击。报告说，应该持续努力地开始发展制造业和继续控制办公楼发展，尽可能鼓励办公中心远离伦敦。让制造业远离伦敦能给一个国家带来利益。

鉴于伦敦的就业率，这些话在现在看来似乎令人难以置信。规划者呼吁伦敦的财富应当像这么多的果酱制造业一样蔓延到更宽的领域，但他们未能预测到码头的崩溃和传统制造业的衰落。

在这一年，我出生了。1964年，码头似乎蓬勃发展。西印度码头是糖、水果和硬木贸易中心，伦敦桥下游有炼油厂、发电厂、冷饮店和工业企业，如达格南的福特。伦敦码头每天仍有11000辆面包车或货车，各种货物被装上6300艘驳船，然后驶离港口。但是，表面之下，伦敦的港口并不是这样好。

码头工会活动早已沸腾：我永远不会忘记已故的伟大的比尔·迪兹[1]，他告诉我，码头工人拒绝加载登陆日的登陆艇，因为他们没有得到工作报酬，而他的工人被强迫独自完成自己的工作——这些都造成了致命的影响。1947年的码头劳工计划推出的一成不变的东西，没有被其他竞争对手采纳。灵活性是必不可少的，因为码头对世界贸易最终起到的作用，不应该收缩而应该扩大。

20世纪60年代是见证集装箱运输曙光的时代，高8英尺、宽8英尺、长40英尺的金属立方形货物抵达伦敦。装卸货物的船只每艘都需要25英亩的泊位。它们并不需要大批的码头工人、搬运工人、装卸工人和仓库管理人，因为关于谁做什么事是一个很复杂的划分。它们只是需要有带动力的人。伦敦的老码头很快就得到了快速的发展。伦敦码头和圣凯瑟琳码头被卖给开发商，即使是伟大的维多利亚时代后期的海槽，也在1981年被淘汰了。教授杰里米·布莱克把它总结在了伦敦战后历史里，他认为近年来伦敦的相对地位下降，与伦敦码头地位下降是有着一定关系的。

---

1. 比尔·迪兹（1913-2007），英国保守党政治家，内阁成员，曾任《每日电讯报》主编。

米德兰大酒店
重生的象征

为了服从经济的必要性和规划者的意志，人们离开这里去了埃塞克斯、圣奥尔本斯和其他周边城镇。从20世纪60年代中期起，伦敦的人口急剧下降。1939年，870万；1951年，819万；1961年，799万；1971年，745万；1981年，680万；1991年，689万；1993年，693万。今天的伦敦约有760万人，人口想要恢复到战前的数目会是一个漫长的过程。在传统就业下降，老落户社区的破坏下，犯罪率开始上升也并不那么令人惊讶了，犯罪率在1955年到1967年之间上升了3倍，并在20世纪70年代持续上升。

采取激进的计划来解决伦敦的交通问题，特别是"高速公路盒子"这样的计划，在居民的抗议中被搁置。因此，不断上升的犯罪率，僵硬的运输，官方对新的办公地点的敌视和码头运输的下滑，工商业在这时开始起飞是不足为奇的。不仅"英国病"，还有一个"伦敦因素"往往在阻碍经济的投资和增长。我还记得我在20世纪70年代时的伦敦的童年，也许你也记得。我记得一些美好的事物：支付两便士就能得到片状冰激凌或一个果子露喷泉饮料，与公园和运河旁的其他孩子一直玩个不停（如果我们打架，我们只用拳头，而不是刀），并把木板放在牛奶箱上，在自行车上做埃维尔·克尼维尔[1]跳的动作，还要避开地上的白色狗粪。

我还记得经济危机慢慢潜入我们的意识，闪烁的灯光，还有政府和工会之间毫无意义的战争。我记得在一个漆黑的下午路过国王十字路口，从后座的方向看到圣潘克拉斯和前米德兰大酒店门口，聚集了闷闷不乐的特兰西瓦尼亚人群，便问道：这是什么。

有人尖酸地说：哦，这是维多利亚时代的人。在那些日子里，维多利亚时代意味着乏味、可笑和过时。地毯没了，油漆掉了，地板换了，门脱离了它们的铰链。在英国铁路所占用的那几个房间里，吊灯已经被晃来晃去的荧光条取代，墙壁已被粉刷，绿色的树荫下多了小学和疯人院。

没有人会将英国铁路弃之不顾，虽然约翰·贝奇曼和其他人英勇保存它不被破坏——甚至将它作为一级保护目标——但是它已经没有了特殊用途，酒店行业也就不会有需求。几年来，米德兰大酒店作为纪念屹立在那个角落，提醒人们，伟大的城市可以衰败也可以繁荣。

来到底特律这个在1950年到2008年之间人口下降了58%的地方，在前身为豪华大酒店的摇摇欲坠的遗址上，你会发现很多被毁坏的宴会厅。前往巴格达，似乎很难相信它曾经是地球上最强大和人口最多的城市。正如奥维德所说的那

---

1. 埃维尔·克尼维尔，美国极限运动家，特技明星，因表演摩托车飞跃闻名于世，被称为"世界头号飞人"。

伦敦精神
伦敦市市长鲍里斯·约翰逊的伦敦生活指南

样,这里有一个麦田特洛伊。

米德兰大酒店杂乱无章地从一个半官方机构易手到另一个机构。然而在20世纪80年代发生了一些事情。伦敦的衰落开始逆转,人口开始回升。荒芜的港区垃圾场成为理想的水边住宅。一些人或者一些事情有助于伦敦经济的好转,我知道,对这种现象的任何分析都会引起争议。

想要得到观众嘘声的最简便方式就是在BBC提问时间,提到玛格丽特·撒切尔,或者提到20世纪80年代的企业精神,或金融服务业的繁荣发展。她的反对者会肯定地指出,无论伦敦在她执政时经历了什么,那都不是唯一的现象。纽约经历了一个非常类似的回潮现象,从港口到经济都依赖于银行和其他服务行业。撒切尔夫人的支持者可能会说,伦敦优于纽约,英国政府在为伦敦的成长和活力创造条件时更为大胆一些。

政府解除了对高层写字楼的限制,撤销了工党的乔治·布朗施加的禁令。他们推动了1986年的大改革,在伦敦建立了一个新的强大的金融集团。他们以那种令人震惊的粗鄙和贪婪,释放了伦敦雅皮士们心中的动物精神。到1996年,伦敦、纽约和东京又重新回到了重要的世界地位上,它们都是世界上最伟大的金融中心之一。法国的半数贸易和意大利买卖股份在伦敦举行,还有90%的欧洲跨境买卖股份也在伦敦举行。世界上一半的船舶经纪和一半的兼并和收购业务也在伦敦进行。城市的增长和专职服务,如律师、会计和保险也更为看重办公的地点,这时人们把眼光放到了四周的棕色地带[1]上,开始讨价还价。

1989年,前米德兰大酒店终于被一位有诚意的开发商购买,并提出把它重新做回一家酒店。然而在那时,商业的计划并不合理,需要提出更多的改变。因为我相信撒切尔政府一定会采取信贷等措施,或至少其中的一些。交通基础设施被设在新的金融区——伦敦金融区的旧码头、轻轨码头和朱比利支线。撒切尔夫人同意弗朗索瓦·密特朗的想法,在英国和法国之间海峡处建立通道。1996年,政府采纳了这个令人鼓舞的决定,把高速路线从欧洲通过斯特拉特福延伸到圣潘克拉斯。

这是新的铁路,车站的改造改善了酒店的经济。当如此多的火车开往尤斯顿时,1921年的大灾难开始好转了。现在圣潘克拉斯是国际传奇之站,大量青铜交易在这里进行。它是通往巴黎之门,欧洲之星有助于使伦敦成为世界上第五或第六大法属城市,法国总统候选人觉得在伦敦有那么多的选民,去伦敦应当慎重。

现在回想起来,很显然,20世纪中期已经失去了数十年,不只是失去米德

---

1. 棕色地带,指城镇中曾经兴建过房屋或工厂而现今废弃不用的土地。

米德兰大酒店
重生的象征

兰大酒店，也失去了伦敦的交通投资。隧道也变得腐烂。1933年，一系列伟大的维多利亚时代的桥梁出现后，唯一新建的桥梁横渡在奇西克，塔桥的东部一直通到达特福德。现在伦敦人口上升相当快（当然相对于其余的国家），我们不能在它身上再次犯错误。我希望读者能原谅我指出这样一个事实，伦敦的交通规划者正在寻找第二条从哈克尼到切尔西的横贯铁路，这可以在部分程度上，缓解计划中的从尤斯顿到伯明翰的高速通道的压力。

他们还计划将伦敦北部的贝克鲁线延伸到伦敦的南部去，引进伦敦东部的新河流干线，并延长轻轨和电车的使用，如修建电车站。这是一个新的维多利亚方案，把横梁从东延伸到西，升级管道，并建立一个巨大的河下水道，处理当拦截器溢出时会出现的难以想象的后果。在这样一个隧道的现状下，这些改进与其说是一个经济上的必要性，还不如说是作为出自人道主义的必要性。随着新的信号传输方式的诞生，火车跑得更快，更多动能变成热能。

再就是，我们必须从码头产能的突然快速的减少中学到教训。很显然，从前的伦敦码头的问题不是需求不足。总体来说，世界贸易的持续发展贯穿了整个20世纪70年代。可想而知，伦敦有着像费利克斯托和鹿特丹港市一样的转口贸易的优势。这只是一个基础设施的问题。码头太小以至于不能容纳集装箱运输，因此伦敦失去了一个生产、投资、就业和信心的连锁效应般的机会。

随着21世纪的高速发展，我们处于会犯同样错误的危险中。自从温斯顿·丘吉尔的妻子被第一次飞行吓坏，将之视为一个新的疯狂危险的交通方式以来，已经100年了。现在航空不只为了商务旅行，也为了货物运输。超过三分之一的世界贸易是通过航空来完成的，其中包括71%英国制药的出口，而且这个比例呈上升趋势。中国人正在不断开辟或扩大许多英国人几乎没有听说过的城市航线，英国商业在与这些新市场连接中处于相对弱势的地位。每周都会有17500人次的飞行机位，这些飞机从法兰克福飞往中国大陆，也有来自巴黎的15000个机位，还有来自阿姆斯特丹的11000个机位和来自希思罗机场的9000个机位。如此这般，不久以后，中国和印度的国内生产总值都将会超过美国。但这对英国商界人士来说，让他们从伦敦飞往以后将会形成的大城市，要比从大陆上有竞争力的城市机场飞去更困难。如果要飞到成都、南京、杭州、厦门和广州，你可以直接从伦敦的大陆对手之一的机场去，但你却无法从希思罗机场去。

但是希思罗机场的扩建引发的噪音超标已经影响到25万人，也影响了M4和M25高速公路，这个扩建就是一个错误。即使在伦敦西部郊区再搭建另一条跑道，希思罗机场的跑道仍然要比阿姆斯特丹（6跑道）、巴黎（4跑道）和马德里（4跑道）要少。正确的方案是寻找新的枢纽机场，在泰晤士河口附近新建四条跑道，才是24小时都能保持环保的解决方案，这有利于人口的增长，鸟儿

伦敦精神

伦敦市市长鲍里斯·约翰逊的伦敦生活指南

也不用担惊受怕。这不仅有助于从塔桥到谢佩岛的泰晤士河口区部分地区的复苏，也有助于巩固伦敦的领先地位，成为欧洲的商业中心，为子孙后代谋福。有一天，飞机会释放出比今天更少的二氧化碳，我们等着那天的到来。

在中世纪，伦敦在港口和桥梁方面是成功的，因为在水中运输具有比陆地移动重物更小的阻力。空气阻力则更小，所以飞行运输是 21 世纪的运输工具。伦敦水生港口太小，不能满足人们的需求，所以我们需要扩建，我们需要新的维多利亚，也就是我们今天的机场。不只是因为我们要进口和出口服务类的业务，或者吸引中国游客（这些目标都不赖），还因为公共交通的改善有利于所有人。先不说任何其他缺点，目前的限制就是成本提高了，而人们收入却还很微薄，无论伦敦多么可爱，每个人仍然需要一个假期。到法国高速路的建成，让大陆商人沉溺在圣潘克拉斯奢华的瑞士酒店中，也给该地区和该地区以外的成百数千人带来了经济利益。

我意识到，在这本简短的《伦敦精神》中所写下的是奇怪的故事。我们一直在讨论一群出色的人才给伦敦和世界带来了不平常的事——英语、悬挂的拱门和债券市场等等。争论的话题——交流、灵感和竞争，是否受到了其他人才的刺激而蓬勃发展——你在每个伟大的城市都会听到。莎士比亚是个天才，但他依照托马斯·基德的《李尔王》写的《李尔王》，就像他依托马洛的《马耳他的犹太人》写了他的《威尼斯商人》。然而只有成千上万有能力或者有欲望获得他人认可的人中，才会出现一个真正出色的人，就像诗人说的，许多花儿生来十分娇艳，然而它们的芬芳却浪费在了沙漠的空气里。

就像这样的故事一样，我们代表着许许多多的"普通"人，去观看莎士比亚的戏剧的人，或者是像那种不幸的、给罗伯特·胡克洗内衣的人。我们往往关注的是上层人士，熟悉的权力阶层和过去两千多年君主制里的贵族、教会、金融家、议员们，现在的媒体更是这样。我们都认为，大多数的人民群众能好好享受生活，过他们想过的生活。

但伦敦人常常爆发。他们可以发起排外的大屠杀来反对外国的资本家，正如他们在农民起义中做的一样，他们还被如市议员汤奇（Tonge）这样的政治家教唆。或者他们就像在威尔克斯的小曲里说的一样，被商人和他们的支持者所操纵，操纵的目的是动摇国王的特权。有时他们是真的被不公所刺激而犯罪，比如戈登暴动；有时他们则是被唆使而犯罪。但这也是一个城市的政治的胜利，数百年来伦敦一直没有出现革命，那是因为整个英国明白，贫富之间的差距绝不能大。

人类可能就像一个走路前进的人，某种意义上总会不可避免地将一只脚放在另一只脚前。而步子从来没有迈得这么大时，身体则可能失去平衡，有摔倒

米德兰大酒店
重生的象征

的危险。有才华的或有野心的人充分利用机会,一个城市的贫富差距自然就会增加,大家也都能看见这种差距。就像离心机分离奶油和牛奶一样,一个城市的生活不平等现象在出现快速的加剧。城市是滋生不公正的地方。

思考这些老问题,则可以帮助人们记起圣雄甘地的预测。他说:真正的印度并不是因为数个城市而出名,而是因为它的 70 万个村庄。国家经济的增长不是依赖于城市,而是依赖于村庄。最近去过印度的人可以做证,这只是一个浪漫有吸引力的情结,却是完全错误的。住在印度城市的人比住在村庄有更好的医疗服务,更好的教育,较高的人均国内生产总值和较低的碳排放,这就是为什么印度人都涌向城市。对伦敦人来说,情况也是这样的,这与他们比其他国家高出 30% 的生产力有确切的联系。但甘地所说的话仍然在我们的心中产生了某些影响,不是吗?

我们向往在村庄生活,回到将我们驱逐出来的伊甸园,那里有人类堕落前的纯真和美丽。当我们在伦敦附近散步,我们可以看到它是 150 个村庄和市镇中心的枢纽,现在或多或少都与公共交通有连接。这是为什么我试探性地指出:我们伦敦政府正在试图做一些事,把村庄拉回到城市里,就像种树,升级公园,引进自行车租赁计划,鼓励人们参加街头派对彼此了解,因为在这些地方,人彼此直呼其名,犯罪率就会下降。也许最重要的一点,是要坚持我们之间的相互义务。

如果事情的发展对村里的一部分人有坏处的话,那每个人都会知道,并向别人伸出自己的援手。城市中也需要这样的精神。需要有一部分人做其他人和孩子的良师,帮助小学的孩子好好读书,帮助足球队,这才是(原谅我再次提起)我们设置社区服务的目的,将伦敦人团结在一起。

看来,甘地把村庄作为创造就业机会的中心,他想到的是国家的成长需要扩展这些传统的刀耕火种。然而,这也是不对的。城市产生许多新的就业机会,因为城市有数量庞大的潜在客户,使企业规模化经营,降低成本,并扩大生产。那是为什么餐厅、剧院和咖啡馆在城市做得红火,而不是在村庄兴旺的原因。

城市是动力产生的地方,甘地低估了它们对人的吸引力,人们将之看作是令人兴奋的、可以隐姓埋名的和逃离家庭窥探的地方。城市也刺激了村庄生活的人民。但在经济困难时期,城市却是一个条件艰苦的地方。人们都需要帮助,当他们失业时,他们要去当学徒,去实习和去找能找到的任何工作。小型企业应接纳年轻人,政府也应帮助年轻人。目前,我们要明白,我们投资的基础设施和项目,不仅在经济低迷时期创造了就业机会,也在经济繁荣时创造人力和物质的资本,以便有更好的竞争力。

有时候,你不得不相当努力地工作,做一个有准备的人,这样你就会尽早

伦敦精神
伦敦市市长鲍里斯·约翰逊的伦敦生活指南

开始你的生活。正如我所说,在米德兰大酒店,我们有一流的牛排和薯条。但不难发现,工作人员似乎都出生在伦敦以外的地方,他们中有波兰人,印度人,埃及人。你不得不怀疑,这么多本土年轻的伦敦人,似乎缺乏接受这份工作的资格。是缺乏技能,还是缺乏抱负,还是缺乏教育呢?他们不屑于这样的工作,与这样的生活对立吗?与职业道德有关的是什么呢?不管它是什么,如果这个问题被正确认识,如果年轻的孩子在数学、阅读和写作方面有一定的基础,这个问题就不是问题。

回顾21世纪早期的伦敦,前几代人是我们的骄傲,这是无法辩驳的结论。我知道你期望我这样说,事实上这也是我的工作,但我也碰巧相信它是真实的,一个有着辉煌过去的城市,未来也是不平凡的。

我们有最标准的时区,我们也有官方语言。尽管信贷紧缩,我们仍然有世界上最大的金融服务行业——人们对外国银行家有所钦佩,应始终记住,是他们带给伦敦资本和就业的机会。好莱坞电影是由苏霍提供编辑和特效的。苹果手机的应用程序,是在伦敦东部的新兴文艺区被发明出来的。我们出口奇西克的自行车到荷兰。我们出口沃尔瑟姆斯托的蛋糕到法国(我常忍不住说,让他们尝尝沃尔瑟姆斯托的蛋糕)。我们出口哈克尼的芭蕾舞鞋到中国。

在离我办公室几百码的地方,他们几乎完成了这座塔,不管你对伦佐·皮亚诺的设计怎样看,它都会成为欧洲最高的办公建筑。这座塔如果与东伦敦的奥林匹克公园、码头以及有助于推进巴特西、克里登和其他地方的发展潜力相比,就算不上什么。

如果我们可以理清教育,不断对交通投资,解决我们的航空问题,并提供人们工作岗位,改善成千上万的家庭生活质量,伦敦将继续带领英国走向经济复苏,并吸引世界各地的赞美者。过去的伦敦创造了这个花园般的城市——有公园和梧桐树,为了使数以百万计的人生活在尽可能舒适的地方,做出了许多复杂的解决方案。他们中有些人是天才,他们的想法有助于塑造世界,虽然他们大多都并不起眼。

他们留给我们的不只是珍贵的楼宇和公共交通系统。他们创造了罗马人能够深刻理解的东西:他们说伦敦打造成了一个全球品牌。他们留给这座城市一种美誉,吸引人们来到这里,来到伦敦桥寻找金钱、食物、名誉和伴侣——这些是一个人想要的所有东西。

最后我想说的是,伦敦人2000多年的努力,创造了这座城市的全球品牌形象和号召力。或者,正如伦敦最著名的诗人和剧作家所说:"没有了人民,城市将会是什么样呢?"

后 记
莫·法拉

在 5000 米决赛的开头几分钟，我们似乎就要迎来一个国民性的尴尬，在接下来的时间，我都不忍直视了。

我们这位运动员不仅仅是接近最后，他明显是最后一个了。这究竟是哪门子的策略？接着，他似乎找到了自己的步伐，人群的嘈杂声此起彼伏，激荡的回声使体育场紫色的遮阳篷颤动着，就像那些罗马的暴徒发狂时一样。

这位英国选手终于开始向目的地加快移动了，一个又一个地超越其他选手。而现在，选手们都明显地比先前更快地加速，比起先前 71 秒一圈的速度，现在已经提升到 61 秒一圈。他们瘦长的小腿快速抽动着，手臂也加速摇晃，都快看不见影子了。因为英国选手这小小的伪装和突然加速的策略，让人相信，他会领先于埃塞俄比亚、肯尼亚和美国的选手。

现在，我又开始担心了。因为比赛只剩下几圈了，而莫·法拉在第四还是第五圈被堵住了，他那精心谋划的策略被那些聪明的选手限制着，他们的钉鞋和手肘挡住了他，使他无法超越他们——这样看起来，他似乎没办法赢取任何奖牌了。而在最后一圈冲刺的时候，他终于不负众望。

在一个星期前，他就说过，在赢得 1000 米长跑之后，自己已经非常疲惫。很多人认为不仅是身体上的精疲力竭，他的心理层面也达到了临界点，没有饱满的精神让他来个最后一击！但是他仍然来了个惊人的放手一搏。

接下来的 45 秒，全国人民进入了一种发作式的表现。我们转向自己的座位前，啤酒罐直接被扔在地上。大家的心率开始加速，手放在脸上，毛细血管浅浅地扩张起来，无意识的尖叫就那样爆发了出来！

全国各地的人群都在那个晚上观看着大屏幕，孩子们被大人举起双肩，好让他们目睹这一历史性事件的发生。数百人开始在伦敦桥的站台上反复呼喊着他的名字，在海德公园同样也有几万人。而在奥林匹克体育场内，这地方好像成为了一个巨大的吼叫着的涡轮发动机：那些国民的呼喊声仿佛真的在推着他向前去。

当他离冲刺还剩数百米的时候，有大概 5 个菲尔特姆般的瘦长家伙正跟随其后，每当他们想要超过莫·法拉的时候，我们便更使劲地喊着他的名字。

伦敦精神
伦敦市市长鲍里斯·约翰逊的伦敦生活指南

"莫！莫！莫！"他的名字好像混合进了一种难以形容的元音发声之中，伴着这种超音波爆炸声在后面推动着他，他向着终点线全力冲刺。他不让22岁的埃塞俄比亚选手格雷梅斯科尔那不顾一切的最后拼搏成为他冲向终点线的威胁，二人都在最后一刻不断加速。当莫冲线的时候，他渐渐睁开眼睛，那是一种麻木而欣喜的表情，极端的狂喜让他拍打着自己光滑的头顶，他整个人埋在膝盖里，高举双手，就好像越南电影中那些人被射中背部的情景一样。

* * *

英国有了一位新英雄，长跑项目的双金牌得主。第二天，所有报纸的头版都有莫·法拉的报道——"他就是一个活动机扑[1]"，照片是莫·法拉用自己的手做成了一个M形摆在自己的头上，或者与尤塞恩·博尔特的合照。如果你问英国人民他们在2012年奥运会上最光荣的一件事，大多数人会回答："莫·法拉赢得金牌的那一刻。"

人民爱莫·法拉，并赞赏他的率真、谦虚和真诚。

当我在写下这篇文章的时候，莫·法拉被放大的人头画像已经出现在伦敦的各大广告牌上，那些大企业也为他们赞助了莫这个明智的选择而向自己道喜，当然又更加卖力地销售他们的产品。在奥运会准备期间，莫·法拉竟然也是一名遭受了很多辛辣和令人不快的辱骂的英国运动员，这不禁令人感到奇怪。

他被很多媒体评论为一个"整容的英国人"。他在索马里出生，这里需要指出的是——不知为何，这便让他为英国国家队效力成为一件不好的事。甚至，有一家报纸在2012年3月以"那英国人[2]真是侮辱了我们的奥运会"为题，报道了莫·法拉的相关新闻。这家报纸指出，有61个"整容的英国人"在国家队里，包括莫·法拉以及其他在国外出生的运动员。

其实"整容的英国人"的概念有点模糊不清。在国外出生就不是英国人了吗？于是，我们谈论起那40%的伦敦人都是"整容"过的。在一些区，像威斯敏斯特、纽汉和布伦特，更有50%的人是在国外出生的。所以，这真的是一个很幼稚的说法，至于对莫·法拉的评价更加荒谬。他应该是在摩加迪休[3]出生的，在他18岁来到英国的时候，他确实一句英语也不会说，也不会阅读和书写表达，甚至无论是哪种语言他都没有掌握。他那因为胜利的快乐而眼球突出的样子，

---

1. 活动机器人，英文为mobot，与莫·法拉的名字Mo发音相近。
2. 原文为"plastic brit"，专指那些转换国籍为英国人参加奥运会的移民运动员。
3. 摩加迪休，索马里首都。

后记
莫·法拉

不仅给英国人带来了欢呼，连索马里的人民也感到光荣。

他的很多家庭成员还在索马里，尤其是他的母亲和兄弟们，他们住在索马里北部一个偏僻的小地方，他们要走4公里的路穿过大草原才能找到最近的电视，目睹莫·法拉那个胜利之夜。但是，当他欢迎我到他特丁顿的公寓做客时，他所说的一言一词并没有索马里口音，而是带着自然的伦敦腔。

我们坐在沙发上，看着外面的丛林公园[1]——方便他进行训练，他的妻子塔尼亚在一旁为我们煮茶。他过继的女儿蕾哈娜忙于录制那晚的录像片段，还有两个小宝宝在藤条婴儿床上熟睡着。那对婴儿是艾莎和阿曼尼，她们在父亲拿到双金牌之后不久便出世了。她们的脸上有着一般刚出世的婴儿那种对所有事物充满疑惑的平静。莫已经戒掉了家用游戏机的足球游戏——他也是一个狂热的阿森纳球迷。

他穿着一件T恤和一条运动长裤，他那萎黄的脚直接赤裸踏在地板上。他跟我说起在索马里长大的模糊回忆，还有南方和北方的内战。

"只有一个国家，一种宗教信仰，一种语言，问题是，人们都没有受过教育。在非洲的很多地方，如你所知，部族对他们来说是何其重要。也正是部族的冲突而引起了这些战争。"

他可以从外表上分辨出索马里的南方人和北方人。他说，"不是从牙齿分辨出来——就像他一样，很多索马里人都有两颗突出的门牙。是皮肤的颜色。"他记得北方人在摩加迪休受到安全的威胁之前，他都可以在大街上随便奔走。后来他们搬家去了吉布提[2]，随后他当IT顾问的父亲来到了西伦敦。

在学校的时候，他觉得难以适应。因为一开始不会说英语，当他听到一些孩子呼喊着"来啊！敢不敢"时，他把这个当作是一种问候而不是要打架的挑衅。

"来啊！敢不敢。"小莫·法拉也对学校里的一群人喊，他希望被邀请到孩子们的游戏中。

结果，他马上就被打了一顿。

那时，学校的体育老师艾伦·瓦金森保护着小莫·法拉避免这些欺负。瓦金森发现这个孩子在足球场上有着超凡的速度。"他跟我说，参加一个跑步俱乐部吧。我总以各种借口去推搪，因为我喜欢的是足球。"

他真的有那么好吗？

"不，没有那么好。我以为我是不错的，但是严格来说，我没有任何技能。我可以传球，但是我不会点球和带着球穿过那些对手。他们只让我打右路，仅

---

1. 丛林公园，伦敦第二大公园。
2. 吉布提，东非的一个国家。

伦敦精神
伦敦市市长鲍里斯·约翰逊的伦敦生活指南

此而已。"

当我在英国广播公司第五套频道工作时，我的上司特里（Terry）来到的时候，我便问他，我真的有那么好吗？他回答："没有，你是垃圾。"接着我说："那你为什么要我？"他说："嗯，你可以跑上跑下。"

莫非常感激他的恩师瓦金森，他还记得16岁那年，瓦金森带着他去参加佛罗里达州的青少年奥运会。"我去过奥兰多的迪士尼乐园，回来之后我便是一个焕然一新的人了。我想成为一名跑步选手而不是足球运动员，改变我的是，我想去做这个事情不是因为别人想我去做，而是因为我看到了回报。"

他在学业上的进步让他获得了更大的自信，尽管他去了特维克南的圣玛丽大学，他还是没有完全摆脱他早期那种鲁莽的品性。

"我在大学的时候是一个爱捣乱的小伙，我和同学经常做一些调皮捣蛋的事情。有一晚，我们出去玩，我决定从京斯顿大桥跳下去。有人不知道说了什么关于警察的话，接着我们拔腿就跑。"

"而且你什么衣服都没有穿，"蕾哈娜突然插嘴，她看起来像10岁了，但是其实还没过7岁的生日，"然后你躲在灌木里。"

我想说的是，不管他藏在哪里，警察应该都不会去捉他。在2005年之前，他已经开始认真对待长跑训练，并开始在运动员的圈子里受到注意。从2007年开始，他已经在欧洲和国际锦标赛3000米到10000米的长跑项目中，获得耀眼的金牌成绩。

很明显，他的妻子塔尼亚对他有巨大的影响。他们十四五岁的时候在菲尔特姆社区学校认识。两夫妻都是运动员，妻子是一个短跑运动员。他们有一些年少浪漫的回忆，之后却各奔东西了。在2012年他们终于结婚，他们的婚礼聚集了很多其他运动明星。

塔尼亚为他料理饮食（她说，只是周末烧烤和一些简单的英式菜式），而在孩子们出生之前，她还是莫的经纪人。当然，她为丈夫的成就感到非常骄傲。在5000米长跑获胜的那个晚上，有些报道拍到她在场的镜头，并给予了强烈的批评。有一家报纸说，她因为要承受一个新国民偶像妻子这样的包袱，而感到"非常痛苦"。

塔尼亚很想跟我澄清这个事情：她对莫是完全没有怨言的，但是对那些奥运会官员有些意见。"莫跟他们说，我要跟我的家人待一会儿，他们说不可以，要继续前进。莫只能听他们的指示循规蹈矩。我非常生气，但是什么都不能说。我愿意不断地澄清这个问题。"

"包在我身上吧！"我说。

伙计们，让我们清楚明白这件事：莫·法拉是忠诚的英国人，忠诚如伦敦

后记
莫·法拉

塔上的守卫。他是地道的英国人，就如地道的苦啤酒，他是英国特有的存在，就如英国特有的斗牛犬、潮湿的周一银行休假日，或者英式电影里超烂的双关语，或是在寒冷的雷丁车站月台上售卖的热乎乎的康瓦尔郡菜肉烘饼。

而现在他真的把自己生活分开成两个部分，一个是在特丁顿的生活，一个是在美国俄勒冈州波特兰耐克训练营的生活。这是因为美国有非常好的训练设备，那些仪器能让他在受伤的时候也可以进行训练。莫·法拉不得不到那儿训练。大家都不能责备他，怪只能怪英国的运动员训练系统还有缺陷，不能让我们优秀的运动员在这里进行训练。

无论他去到哪里，他依然是那个在菲尔特姆被欺负的小孩，在京斯顿桥上纵身一跃的顽皮小伙。他已被河水洗涤清净，受到大家温暖的祝福。

当然，他不会忘记自己在索马里的根。他带着塔尼亚与家人见面（塔尼亚发现那是一次非常复杂的经历），他又开办了一个针对解决非洲饥饿问题的慈善机构。他也是伦敦的索马里社区的带头人物，他是这个总是遭受到枪支和刀具威胁的群体的新希望。而总的来说，他也是年轻人的好榜样。

我曾经跟他一起去过一些伦敦的学校，看着那些完全认同他以及他所获得的成就的孩子们对他表现出的无限崇拜。他给孩子们说了一些关于以后人生可以做些什么的建议，即便现在他们无法去做这些想做的事情，但是，如果他们爆发出自己的全力，很多事情在今后都会变得有可能。在成就、努力以及如何克服困难的经历方面，他是一个很好的学习案例。

总的来说，他同时也是移民群的一个活广告，对觉得我们应该对寻求庇护者关闭英国大门的人，他就是有力的回驳。莫·法拉是英国人，因为他的父亲就在这里的豪士罗出生。直到1991年因为索马里内战，他和父亲才急于逃亡，英国就是一个极好的避难之地。移民观察（Migration Watch），这个反移民组织，他们对莫·法拉的到来又是持怎样的态度呢，他们要把他撵出英国，然后把我们所获得的两枚金牌剥夺掉，以及毁灭那场使国家人民都团结起来的运动盛事吗？我们暂时还没有听到这样的意见。

* * *

在一定程度上，奥运会展现出了伦敦作为一个国际化城市的胸怀。这场盛事把全世界的运动精英聚集起来，然后让他们参与了这场可能会给他们中的一些人带来不朽功名而让其他选手默默无闻的斗争之中。

莫·法拉的凯旋是伦敦的胜利，这样一来，他展示了你可以多快地成为一个伦敦人，而伦敦人就可以多快地把你记在他们的心上。他的成功对穆斯林来说，

伦敦精神
伦敦市市长鲍里斯·约翰逊的伦敦生活指南

也是有好处的。他是一个虔诚的穆斯林,当人群在狂呼"莫!莫!莫!"的时候,他们肯定也是在叫喊着穆罕默德的简称。

我再次问他,体育场里面的嘶吼是否真的对他的表现有用。

"很认真地说,这真的有用。当有人为你欢呼呐喊的时候,你会得到一种爆发力。我可以感觉到呐喊声越来越大。然后我等着那个埃塞俄比亚的小伙采取行动,他在最后真的跑得很快。如果我在那两秒之间大意的话,我真的可能赢不了这场比赛。"

可以说我是一个多愁善感的人,但是我喜欢这种想法:这个穆斯林移民因为伦敦人民为他做出的疯狂欢呼而赢得了这个比赛。

他的故事感动了我,可能因为我想起了我伟大的穆斯林祖父,他在1909年来到伦敦,在恐惧中度过余生。如果知道孙子已经成为了他的避难之地的市长的话,他肯定很惊喜(尽管可能没有伦敦选举区的成员那么惊喜)。

那么小艾莎和小阿曼尼的未来将会是怎样呢?我并不清楚,但是他们的父亲会让其知道,没有什么东西可以限制他们去做自己想要做的事情。我想,这是使他感到十分光荣的,也使伦敦感到十分光荣。

致谢

如果没有斯蒂芬·因伍德的慷慨无私，这本书根本无法完成，他帮我挑选了最具可读性、思想性而且有趣的伦敦及其发展状况的诸多资料。一次快速午餐后，漫步于齐普赛，他便提出了所有绝佳的建议，就像一位优秀的导师，引领我理出自己的思路。他还友好地同意了帮我快速浏览一下我的书稿，但是必须强调的是，所有出错的事实、鉴赏和评判你们都该归咎在我身上。非常感谢这位布拉肯伯里学者。

我参考借鉴了太多的书籍，无法一一列出以感谢它们的作者，虽然引领读者对找寻一些自己尤为喜欢或者感兴趣的书方能彰显公平。

想要有关布狄卡女王的更多信息，你们可以去找寻米兰达·阿尔德豪斯-格林的作品来看看。

这本书里大部分有关阿尔弗雷德大帝的内容都源自理查德·埃布尔斯的杰出作品。

如果你想了解更多有关约翰·威尔克斯的信息，你应该立即去购入亚瑟·卡什编撰的一本才华横溢的传记。

伦敦博物馆的杰克·罗曼允许我在他的图书馆里耗费无比漫长的时间，对他和他的职员们的耐性我表示万分的感激。

博学的戴维德·杰夫科一再地给我提供所有种类的小窍门和纠正意见。安德鲁·罗伯茨非常友善地帮我审查了丘吉尔的那个章节。维姬·斯普拉特仔细研究了大部分章节。丹尼尔·莫伊兰指出了马格鲁斯·马提尔和马格纳·马特之间一些可疑的联系。劳拉·约翰逊提供了一些非常有趣的有关礼节起源的小建议，而吉娜·麦勒则在乒乓那节内容中提供了很多帮助。

全书中史诗般的作品都出自乔纳森·瓦特之手，我特别感激他倾囊相授自己对于中世纪工会结构和桥式融资的了解。我还想感谢我的代理人娜塔莎·费尔韦瑟，最后我还要感谢我的出版商苏珊·瓦特，没有他们的热诚相助和全力推动，这本书根本无法完成出版。